신장공기
(오다 노부나가)

오타 규이치 지음
박현석 옮김

玄 人

신장공기
(오다 노부나가)

信長公記
(織田 信長)

히에이잔에 화공을 가하다

* 일러두기

1. 이 책의 내용 중 일부는 출판사의 견해와 다름을 밝혀둔다.

2. 이해의 편의를 돕기 위해 인물 및 지명 등의 뒤에 작은 글씨를 덧붙여 가능한 한 많은 정보를 줄 수 있도록 노력했다.

3. 본문 속 일본어 표기의 경우 'か'와 'た' 계열의 글이 어두에 올 때도 원래의 발음을 살려 'ㅋ', 'ㅌ' 등으로 표기하였다.
   예) 교토→쿄토 / 도쿄→토쿄 / 지바→치바

4. 일본어의 '大'가 장음 '오'로 발음되는 경우, 장음을 살려서 '오오'로 표기하였다.
   예) 오사카→오오사카

5. 한자를 일본어로 읽은 경우는 ( ) 안에 넣었으며, 우리말로 읽은 경우는 [ ] 안에 넣어 표기했다.

6. 단위환산은 대략적인 수치를 ( ) 안에 넣어 표시했다.

7. 각 인물의 이름은 되도록이면 하나로 통일하였다.

목 차

수권[首卷] 노부나가가 쿄토로 들어가기 이전까지의 기록 _ 7

    권1 1568년(에이로쿠 11년, 35세)
이후의 오다 노부나가의 생애에 관한 기록 _ 80

    권2 1569년(에이로쿠 12년, 36세) _ 92

    권3 1570년(겐키 원년, 37세) _ 102

    권4 1571년(겐키 2년, 38세) _ 123

    권5 1572년(겐키 3년, 39세) _ 130

    권6 1573년(겐키 4년, 40세) _ 140

    권7 1574년(텐쇼 2년, 41세) _ 167

    권8 1575년(텐쇼 3년, 42세) _ 180

    권9 1576년(텐쇼 4년, 43세) _ 208

    권10 1577년(텐쇼 5년, 44세) _ 222

    권11 1578년(텐쇼 6년, 45세) _ 239

    권12 1579년(텐쇼 7년, 46세) _ 266

    권13 1580년(텐쇼 8년, 47세) _ 308

    권14 1581년(텐쇼 9년, 48세) _ 337

    권15 1582년(텐쇼 10년, 49세) _ 372

수권[首卷]
노부나가가 쿄토로 들어가기 이전까지의 기록

(1) 상하로 나뉜 오와리노쿠니

오와리노쿠니[1]는 8개 군(郡코오리)으로 이루어져 있다. 위쪽의 4개 군은 슈고다이[2]인 오다 노부야스(織田 信安)가 각 사무라이(侍)를 자신의 편으로 삼아 지배했는데, 이와쿠라(岩倉) 성에 머물고 있었다. 나머지 절반, 아래쪽의 4개 군은 또 다른 슈고다이인 오다 타쓰카쓰(織田 達勝)의 지배 아래에 있었으며, 위쪽의 4개 군과는 강을 사이에 두고 있었다. 키요스(淸洲) 성에 오와리노쿠니의 슈고[3]인 시바 요시무네(斯波 義統)가 머물고 있었는데, 타쓰카쓰도 같은 성에 머물며 슈고를 도왔다.

오다 타쓰카쓰 집안에는 세 명의 부교[4]가 있었다. 오다(織田

---
1) 尾張国. 옛 일본의 행정구역 단위였던 쿠니(国) 가운데 하나. 지금의 아이치(愛知)현 서부. 토가이도(東海道)에 속해 있었으며 비슈(尾州)라고도 불렸다. 자세한 위치는 책 뒤의 지도 참조.
2) 守護代. 막부에서 임명한 지방장관인 슈고(守護)의 대리인.
3) 守護. 막부에서 임명한 지방장관으로 처음에는 치안을 담당했으나 점차 세력이 커져 그 지역의 영주화 되었다.

이나바의 카미5)・오다 토자에몬(藤左衛門)・오다 노부히데(信秀_{노부나가의 아버지})였는데, 이 세 사람이 만사를 처리했다. 노부히데는 오와리의 변경에서 가까운 쇼바타(勝幡)라는 곳에 성을 가지고 있었다. 할아버지는 사이간(西巖_{요시노부}), 아버지는 게쓰간(月巖_{노부사다})이고 노부히데에게는 노부야스(信康)・노부미쓰(信光)・노부자네(信実)・노부쓰구(信次)라는 동생들이 있었다. 대대로 무명[武名]이 높은 집안이었다. 노부히데는 특히 뛰어난 인물로 각 집안의 유능한 사람들을 벗으로 사귀었으며, 그들을 아군으로 삼았다.

어느 날, 노부히데는 오와리노쿠니의 중앙부에 있는 나고야(那古野)로 가서 그곳에 견고한 성을 쌓으라고 명령하고, 적남[嫡男]인 오다 킷포시(吉法師_{노부나가의 아명})를 그 성에서 살게 했다. 첫 번째 카로6)인 하야시 히데사다(林 秀貞), 두 번째 카로인 히라테 마사히데(平手 政秀), 세 번째 카로인 아오야마 요소우에몬(青山 与三右衛門), 네 번째 카로인 나이토 쇼스케(内藤 勝介) 등의 장로를 붙여주었으며, 경제 방면의 경리는 히라테 마사히데가 담당케 했다. 킷포시는 여러 가지로 불편한 일이 많았으나 그러한 가운데서도 텐노보(天王坊_{쓰시마 신사})에 다니며 학문을 닦았다.

---

4) 奉行. 명을 받들어 일을 행하는 담당관. 무가에서 행정사무를 담당하던 각 부처의 장관.
5) 因幡守. 이나바는 쿠니의 이름, 카미는 관직명으로 장관을 뜻한다. 즉, 이나바노쿠니의 장관을 말한다. 일본어로는 이나바노카미라고 읽는다. 이러한 관직명에 대해서는 우리나라에서도 일본어를 그대로 읽는 것이 일반적인 듯하나 그 의미를 조금 더 쉽게 전달하기 위해 위와 같은 식으로 표기하되 필요한 경우에는 일본어를 그대로 읽어 표기하도록 하겠다.
6) 家老. 가신 가운데 우두머리로 집안의 일을 총괄했다.

(2) 아즈키자카 전투

1542년 8월 상순, 스루가노쿠니(駿河国시즈오카 현 중부·북동부,슨슈)의 이마가와 요시모토(今川 義元)의 군세가 미카와노쿠니(三河国아이치 현 동부,산슈)의 쇼다하라(正田原)로 공격해 들어와 7단으로 진을 펼쳤다. 이때 미카와의 안조(安祥) 성은 오다 노부히데가 지키고 있었다. 스루가 세력의 유하라(由原)라는 무사가 선진[先陣]에 서서 아즈키자카(小豆坂)로 군세를 보냈다. 이에 노부히데는 안조에서 야하기(矢作)로 출격, 아즈키자카에서 동생들인 노부야스·노부미쓰·노부자네 등과 함께 적에 맞서 일전을 치렀다.

이때 뛰어난 활약을 펼친 자는 오다 노부히데·오다 노부야스·오다 노부미쓰·오다 노부자네. 오다 노부후사(信房)는 창에 맞아 상처를 입었다. 나이토 쇼스케는 뛰어난 무사를 베어 무명[武名]을 높였다. 나고야 야고로(那古野 弥五郎)는 키요스 사람인데 목숨을 잃었다. 시모카타 사다키요(下方 貞淸)·삿사 마사쓰구(佐々 政次)·삿사 마고스케(孫介)·나카노 카즈야스(中野 一安)·아카가와 카게히로(赤川 景弘)·칸베 이치자에몬(神戸 一左衛門)·나가타 지로우에몬(永田 次郎右衛門)·야마구치 노리쓰구(山口 教継) 등은 잇따라 세 번이고 네 번이고 적에게로 뛰어들어 각자 더없는 공을 세웠다. 참으로 격렬한 전투였다. 이 전투에서 나고야 야고로의 머리는 유하라에 의해서 떨어졌다.

이 무렵부터 이 부근에 스루가의 군세가 침입하게 되었다.

(3) 킷포시의 관례식

킷포시는 13세 되던 해(1546)에 하야시 히데사다·히라테 마사히데·아오야마 요소우에몬·나이토 쇼스케가 수행하여 후루와타리(古渡) 성으로 가서 관례식을 치르고 오다 사부로 노부나가(織田 三郎信長)라는 이름을 쓰기 시작했다. 이때의 주연과 축하는 이만저만한 것이 아니었다.

이듬해, 오다 노부나가가 처음으로 출진하게 되었기에 히라테 마사히데가 그를 위한 채비를 맡았다. 붉은 줄무늬가 들어간 두건과 말을 탈 때 두르는 망토 차림이었으며 말도 갑옷을 둘렀다. 스루가의 적군이 침입한 미카와의 키라(吉良)·오오하마(大浜)로 수하를 지휘하여 출진, 곳곳에 불을 질렀다. 그날은 야영하고 이튿날 나고야로 돌아왔다.

(4) 미노로 침공했으나 5천의 병사를 잃다

오다 노부히데는 오와리노쿠니로부터 원군을 얻어 어느 달에는 미노노쿠니(美濃国/기후 현 남부,노슈)로 출진, 그 다음 달에는 다시 미카와노쿠니로 군대를 내는 등 분주했다.

1547년 9월 3일, 노부히데는 오와리노쿠니의 군세를 지휘하여 미노노쿠니로 침공해 들어갔다. 각 마을에 불을 질렀으며, 9월 22일에는 사이토 도산(斎藤 道三)의 거성[居城]인 이나바야마(稲葉山) 성 아래에 있는 마을들로 밀고 들어가 불을 지르고 중심지의 입구까지 다가갔다.

이미 저물녘, 오후 4시 무렵이 되어 군세를 철수시키기 시작했는데 각 부대의 병사들이 절반쯤 물러난 참에 사이토 도산의 군세가 남쪽을 향해 우르르 달려들었다. 응전했으나 수많은 병사들이 무너졌기에 버티지 못하고 노부히데의 동생인 오다 노부야스·오다 이나바의 카미·오다 몬도노카미(主水正)·아오야마 요소우에몬·센슈 스에미쓰(千秋 季光)·모리 아쓰모토(毛利 敦元)·장로인 테라사와 마타하치(寺沢 又八)의 동생·모리 토쿠로(藤九郎)·이와코시 키사부로(岩越 喜三郎)를 비롯하여 용맹한 5천 명7) 정도가 목숨을 잃었다.

(5) 타이라노 카게키요의 칼, 아자마루

그에 앞서 오와리노쿠니에서는 오다 하리마의 카미(播磨守장관)를 보내 미노의 오오가키(大柿) 성을 지키게 해두었다. 지난 9월 22일의 커다란 전투에서 이긴 사이토 도산이, "오와리 놈들, 잔뜩 겁을 집어먹었을 테니 이러한 때에 오오가키를 포위하여 공격하기로 하자."라며 오우미노쿠니(近江国시가 현고슈)에 원군을 청해 11월 상순, 오오가키 성 부근까지 공격해 들어왔다.

지난 9월 22일의 전투 때, 센슈 스에미쓰는 예전에 타이라노 카게키요(平 景淸)가 쓰던 칼인 아자마루(あざ丸)를 찬 채로 목숨을 잃었다. 그 칼을 미노 군에 속한 카게야마 카즈카게(陰山 一景)가 손에 넣어 허리에 차고 이 성을 공격할 때 가담했다. 미노의 서부, 오오가키 옆에 있는 우시야산(牛屋山) 다이니치지(大日寺절)의 경내에 진을 치고 걸상에 앉아 있었는데 성 안에서 매우 강한 활로 화살촉을 둥글게 만든 화살을 허공으로 향하더니 공격군이 있는 쪽으로 쏘기 시작했다. 그 화살이 카게야마 카즈카게의 왼쪽 눈에 맞았다. 그것을 뽑았더니 다시 두 번째 화살이 오른쪽 눈에 박혔다.

---

7) 5천 명은 오류이며, 50명이 아닐까 하는 설도 있다.

그 후, 이 아자마루는 돌고 돌아서 니와 나가히데(丹羽 長秀)가 소유하게 되었는데 나가히데는 자꾸만 눈병을 앓았다. "이 칼을 소지한 사람은 반드시 눈병에 걸린다는 소문을 들었습니다. 아쓰타(熱田) 신궁(신사)에 봉납하는 것이 좋을 듯합니다."라고 사람들이 충고했기에 아쓰타 신궁에 봉납했더니 눈도 바로 좋아졌다고 한다.

(6) 오오가키 성을 구원하다

11월 상순, 사이토 도산이 오오가키 성 근처까지 공격해 들어왔다는 보고가 거듭 들어왔다. "그렇다면 우리도 출진하기로 하자."라며 11월 17일, 오다 노부히데는 오오가키 성을 공격하고 있는 적의 배후를 포위, 공격하기 위해서 다시 원군을 청하여 키소가와(木曾川)·히다가와(飛驒川) 등의 커다란 강을 배로 건너 미노노쿠니로 공격해 들어갔다. 타케가하나(竹ヶ鼻)에 불을 지르고 공격했으며, 아카나베(茜部) 초입까지 진출하여 곳곳에 불을 질러 연기를 피워올렸다. 그러자 도산은 깜짝 놀라 공격을 늦추고 이노쿠치(井口)에 있는 이나바야마 성으로 물러났다. 이처럼 노부히데는 한시도 지체하지 않고 기민하게 출진했다. 이때의 공은 말할 필요도 없는 사실이다.

11월 20일, 그가 성을 비운 사이에 오와리 내부에서 키요스 사람들이 노부히데의 후루와타리 성으로 군세를 보내 부근에 불을 지르고 적대행위에 나섰다. 이러한 사태가 벌어졌기에 노부히데는 미노에서 돌아왔다. 이후, 노부히데는 키요스 사람들과 싸우게 되었다.

히라테 마사히데가 키요스의 카로 가운데 사카이 다이젠(坂井 大膳)·사카이 진스케(甚介)·카와지리 요이치(河尻 与一)와 같은 사람들에게 휴전을 촉구하는 편지를 몇 번이고 보냈으나 히라테의 교섭은 받아들여지지 않았다.

이듬해(1548)의 늦가을, 서로가 양보하여 화목했기에 전쟁은 끝났다. 이때 히라테가 다이젠·진스케·요이치에게 화목을 기뻐하는 편지를 보냈는데 그 첫 부분에 옛 노래가 한 수,

〈소매 적셔 뜬 물이 언 것을 오늘 입춘의 바람이 녹여줄지〉라고 덧붙여져 있었던 것을 기억하고 있다. 이처럼 히라테 마사히데는 사소한 일에도 풍류를 아는 마음을 가진 사람이었다.

(7) 노부나가의 행실

히라테 마사히데의 노력으로 오다 노부나가를 사이토 도산의 사위로 삼는 혼담이 성사되어 도산의 딸(노히메)을 오와리로 맞아들였다(1548). 그런 일도 있었기에 이 무렵은 어느 쪽이나 평온하고 무사했다.

노부나가는 16·17·18세 무렵까지 특별히 이렇다 할 놀이에도 빠지지 않았으며 밤낮으로 마술[馬術]을 연마했고, 또 3월부터 9월까지는 강에서 수영을 했다. 수영은 매우 잘했다. 그 무렵, 죽창으로 시합하는 모습을 보고, "어쨌든 짧은 창을 쓰는 것은 불리한 듯하다."라며 자루의 길이를 3간(5.5m), 혹은 3.5간(6.4m)으로 하게 했다.

당시 노부나가의 차림새와 행동을 보면, 한쪽 소매만 끼워 유카타비라(湯帷子홑옷)를 걸치고, 한바카마8)를 입었다. 부싯돌 쌈지네 하는 것들을 여럿 몸에 매달고 머리는 차센마게9). 그것을 붉은색이나

---

8) 半袴. 옷자락이 발목까지 오는 하의.
9) 茶筅髷. 차 젓는 도구를 거꾸로 세운 것처럼 묶은 머리.

연두색 실로 감아 세워서 묶고, 주홍색으로 칠한 칼집에 든 커다란 칼을 허리에 찼다. 부하들에게는 모두 붉은색 갑주를 두르라고 명령했으며 이치카와 다이스케(市川 大介)를 불러 궁술 연습, 하시모토 잇파(橋本 一巴)를 스승으로 삼아 화승총 연습, 히라타 산미(平田 三位)를 끊임없이 불러서 병법 공부, 거기에 매사냥 등.

참으로 꼴사나운 모습도 있었다. 거리를 돌아다니며 사람들의 시선도 의식하지 않은 채 밤이나 감은 말할 것도 없고 오이까지 씹어먹었으며, 거리에 선 채 떡을 먹고, 남에게 몸을 기댔고, 늘 남의 어깨에 매달려 걸었다. 이 무렵은 세상 일반에 예의바른 것이 옳다는 인식이 있었기에 사람들은 노부나가를 '천하의 멍청이'라고밖에 부르지 않았다.

(8) 이누야마, 모반을 꾀하다

오다 노부히데는 후루와타리 성을 허물고 스에모리(末盛)라는 곳에 산성을 쌓아 그곳을 거성으로 삼았다.

1549년 1월 17일, 위쪽의 군에 속한 이누야마(犬山)와 가쿠덴(樂田)에서 군대를 내어, 카스가이하라(春日井原)를 지나 류센지(竜泉寺) 아래에 있는 카시와이(柏井) 초입으로 공격해 들어와서 여기저기에 불을 질렀다. 스에모리에서 바로 노부히데의 군세가 달려가 일전을 치러 적을 물리치고 수십 명을 베었다. 이누야마와 가쿠덴의 군세는 카스가이하라를 지나 달아났다.

누가 한 일인지는 모르겠으나,

〈목줄을 끈 채 먼 산을 보고 짖으며 개가 너른 들판을 이누야마로

달아났네〉

라고 적은 팻말이 여기저기에 세워졌다.

노부히데의 동생인 오다 노부미쓰는 무용이 매우 뛰어난 무사였다. 이 사람은 모리야마(守山)를 거성으로 삼고 있었다.

(9) 오다 노부히데, 병으로 세상을 떠나다

오다 노부히데는 전염병에 걸려 여러 가지로 기도와 치료를 행했으나 낫지 못하고 마침내는 1551년 3월 3일에 42세의 나이로 세상을 떠나고 말았다. 생사의 무상함은 세상의 흔한 일이지만, 슬픈 일이다. 바람이 슥 불어와 풀 위의 이슬을 흩어놓고, 한 무리의 구름이 보름달의 빛을 가리는 것과 같다.

생전에 절 하나를 세워 반쇼지(万松寺)라고 명명했다. 노부히데를 이 절의 개기[開基]로 삼고 법명을 토간(桃巖)이라고 붙였으며, 돈을 시주하고 쿠니 내의 승려들을 모아 성대한 장례식을 집행했다. 마침 칸토[10]를 오가던 수행승들도 다수 참가하여 승려는 약 300명이나 되었다.

하야시·히라테·아오야마·나이토 등의 카로들이 노부나가를 수행했다. 동생인 노부유키(信行)는 가신인 시바타 카쓰이에(柴田 勝家)·사쿠마 모리시게(佐久間 盛重)·사쿠마 노부모리(信盛)·하세가와(長谷川) 아무개·야마다(山田) 아무개 등이 수행했다.

노부나가가 향을 올리기 위해 일어났다. 그때 노부나가의 차림새는

---

10) 関東. 칸토 지방. 지금의 토쿄와 사이타마·군마·토치기·이바라키·치바 현으로 이루어진 지방.

자루가 긴 칼과 단도를 새끼줄로 감고, 머리는 차센마게로 감아 세우고, 하카마11)도 입지 않았다. 불전으로 나가 가루 향을 덥석 집더니 불전을 향해 내던지고 자리로 돌아왔다. 동생 노부유키는 예의바르게 카타기누12)와 하카마를 입었으며 예법에 맞게 행동했다.

노부나가에 대해서 저마다, "저 천하의 멍청이가."라고 말했으나, 그 가운데서도 쓰쿠시(筑紫큐슈)에서 온 떠돌이 중 한 사람만은, "저 분이야말로 쿠니모치다이묘13)가 될 사람이다."라고 말했다고 한다.

스에모리 성은 노부유키에게 시바타 카쓰이에·사쿠마 노부모리 및 그 외의 쟁쟁한 자들을 붙여 물려주었다.

히라테 마사히데의 아들로는 장남인 고로우에몬(五郞右衛門)·차남인 켄모쓰(監物)·삼남인 히로히데(汎秀) 삼형제가 있었다. 장남인 히라테 고로우에몬은 좋은 말을 가지고 있었다. 그 말을 노부나가가 원했으나, "저는 말을 필요로 하는 무사이니, 헤아려주십시오."라며 어린아이 같은 말을 해서 헌상하지 않았다. 노부나가의 원한은 얕지 않았다. 종종 그 일을 떠올렸기에 주종이 불화하게 되었다.

사부로 노부나가는 카즈사의 스케(上総介차관) 노부나가라고 스스로 관명을 붙였다.

얼마 뒤, 히라테 마사히데는 노부나가의 실직[實直]하지 못한 모습을 보고 안타까워하며, "노부나가 공을 보살펴온 보람이 없으니 살아있어도 소용없다."라고 말하고 할복하여 목숨을 끊었다(1553).

---

11) 袴. 겉에 입는 주름 잡힌 하의. 상의인 하오리(羽織)와 함께 정장으로 입는다.
12) 肩衣. 소매가 없는 상의.
13) 国持ち大名. 1개 쿠니 이상을 소유한 다이묘.

(10) 사이토 도산과 노부나가의 회견

1553년 4월 하순의 일이었다. 사이토 도산(노부나가의 장인)이, "토미타(富田)의 지나이초(寺内町)에 있는 쇼토쿠지(正德寺)로 갈 테니 오다 카즈사의 스케 나리도 그곳으로 와주셨으면 합니다. 대면하고 싶습니다."라고 말해왔다. 그 이유는 최근 노부나가를 시기하여, "사위님은 천하의 멍청이입니다."라고 사람들이 도산의 면전에서 말했기 때문이었다. 사람들이 그렇게 말하면, "아니, 멍청이가 아닐세."라고 도산은 늘 말했으나, 대면하여 그 진위를 파악하기 위해서라는 말이 들려왔다.

노부나가는 사양도 하지 않고 승낙, 키소가와·히다가와 등의 큰 강을 배로 건너 그곳으로 갔다. 토미타라는 곳은 민가가 700채 정도 있는 풍요로운 마을이었다. 쇼토쿠지에는 오오사카(大阪)의 본산에서 주지대리가 파견되어 있었으며, 미노와 오와리 두 쿠니의 슈고(장관)로부터 허가장을 얻어 세금을 면제받고 있는 절이었다.

사이토 도산의 계획은 노부나가가 실직하지 못한 사내라는 말을 들었기에 놀라게 하여 웃어주겠다는 것이었는데, 나이 든 자 7·800명쯤에게 예법에 맞춰 카타기누와 하카마를 입고 품위 있는 차림새를 하게 한 뒤 쇼토쿠지 불당의 마루에 나란히 늘어앉게 한 다음 노부나가로 하여금 그 앞을 지나도록 준비를 해두었다. 그리고 도산은 동구 밖의 오두막에 숨어 노부나가의 행렬을 엿보았다.

그때 오다 노부나가의 차림새는, 머리는 차센마게를 납작하게 짠 연두색 끈으로 감아 세우고, 유카타비라(홑옷)를 한쪽 소매만 끼워 걸치고, 금은으로 장식한 장도와 단도 2개 모두 긴 손잡이를 새끼줄로 감고, 굵은 삼끈을 팔뚝에 감고, 허리에는 원숭이 조련사처럼 부싯돌 쌈지와 표주박 일고여덟 개쯤을 매달고, 호랑이 가죽과 표범의 가죽을 4가지 색으로 나누어 염색한 한바카마(하의)를 입고 있었다. 따르는 무리는 7·800명쯤으로 줄줄이 늘어서서, 자루가 3.5간(6.4m)인 붉은색 창 500자루, 활과 총포 500자루를 들었으며, 건장한 아시가루14)를 행렬 앞에서 달리게 했다.

숙사로 쓸 절에 도착하자 병풍을 두르게 한 뒤 태어나서 처음으로 머리를 단정하게 묶고, 언제 염색해두었는지 아는 사람이 없는 갈색 나가바카마15)를 입고, 역시 사람들에게 알리지 않고 마련해둔 작은 칼을 찼다. 그 차림새를 본 집안사람들은, "그렇다면 요즘의 멍청이 같은 모습은 일부러 꾸민 것이었구나."라고 깜짝 놀랐으며, 모두가 점차 그 사정을 이해하게 되었다.

노부나가는 불당으로 성큼성큼 나아갔다. 마루로 오르는 곳으로 카스가 탄고(春日 丹後)·홋타 도쿠(堀田 道空)가 마중을 나와서, "어서 오십시오."라고 말했으나 노부나가는 모르는 척, 여러 사무라이가 늘어서 있는 앞을 성큼성큼 지나 마루의 기둥에 몸을 기대었다.

잠시 후, 병풍을 밀어젖히고 도산이 나왔다. 그래도 여전히 시치미를 떼고 있었기에 홋타 도쿠가 다가와, "이분이 야마시로의 카미(도산) 나리이십니다."라고 말하자, "오셨는가?"라고 말하고 문지방 안으로 들어가 도산에게 인사를 한 뒤 그대로 자리에 앉았다. 잠시 후, 도쿠가 양념한 물에 만 밥을 내왔다. 서로 술잔을 교환했으며 도산과의 대면은

---

14) 足輕. 평소에는 잡역에 종사하다 전시에 보병으로 활약하는 하급무사.
15) 長袴. 옷자락이 끌릴 정도로 긴 하의.

무탈하게 마무리 지어졌다. 도산은 떫은 감이라도 씹은 듯한 표정으로, "가까운 시일 안에 또 뵙겠소."라고 말하고 자리에서 일어났다.

노부나가는 돌아가는 도산을 20정(2km)쯤 배웅했다. 그때 사이토 쪽의 창은 짧았으며 노부나가 쪽의 창은 길었는데, 그것을 치켜들고 열을 지어 가는 모습을 보고 도산은 마뜩잖다는 듯한 얼굴을 한 채 아무런 말도 하지 않고 돌아갔다.

도중에 아카나베라는 곳에서 이노코 타카나리(猪子 高就)가 사이토 도산에게, "아무리 봐도 노부나가 나리는 멍청이입니다."라고 말했다. 도산은, "그래서 안타까운 게다. 이 도산의 아들들은 틀림없이 그 멍청이의 가신이 될 것이다."라고만 말했다.

(11) 산노야마·아카쓰카 전투

1552년 4월 17일, 오다 노부나가가 19세 되던 해의 일이었다. 나루미(鳴海)의 성주인 야마구치 노리쓰구와, 스무 살 된 그의 아들 노리요시(教吉)는 오다 노부히데가 아끼던 자들이었으나 노부히데가 세상을 떠나자 곧 모반을 꾀해 스루가(이마가와) 세력을 안내하여 오와리로 침입하게 했다. 괘씸한 일이었다.

야마구치 노리쓰구는 나루미 성에 아들 노리요시를 남겨두고 카사데라(笠寺)에 요새와 성채를 만들어 카즈라야마 나가요시(葛山 長嘉)·오카베 모토노부(岡部 元信)·미우라 요시나리(三浦 義就)·이이노오 아키시게(飯尾 顕玆)·아자이 코시로(浅井 小四郎) 5명을 배치했다. 노리쓰구 자신은 나카무라(中村)에 있는 집을 전투에 견딜 수 있도록 개조하여 자리를 잡았다.

이러한 정세 속에 있던 4월 17일, 19세인 오다 노부나가가 800명쯤의 군세를 데리고 출진, 나카네무라(中根村)를 지나 코나루미(小鳴海)로 나아가 산노야마(三の山)에 올랐다.

적인 야마구치 노리요시는 20세, 산노야마에서 동쪽으로 15정(1.6㎞), 나루미에서 15·6정 북쪽에 있는 아카쓰카로 군세 1천 5백쯤을 데리고 출진했다. 선진은 아시가루(보병)와 시미즈 마타주로(淸水 又十郎)·쓰게 소주로(柘植 宗十郎)·나카무라 요하치로(中村 与八郎)·하기와라 스케주로(萩原 助十郎)·나리타 야로쿠(成田 弥六)·나리타 스케시로(助四郎)·시바야마 진타로(芝山 甚太郎)·나카지마 마타지로(中島 又二郎)·소부에 큐스케(祖父江 久介)·요코에 마고하치(橫江 孫八)·아라카와 마타조(荒川 又蔵). 이들을 선진으로 삼아 아카쓰카로 공격해 들어왔다.

노부나가는 산노야마에서 이러한 정황을 보고 곧 아카쓰카로 군세를 출격시켰다. 선진은 아시가루(보병)와 아라카와 요주로(荒川 与十郎)·아라카와 키우에몬(喜右衛門)·하치야 한냐노스케(蜂屋 般若介)·하세가와 쿄스케(長谷川 橋介)·나이토 쇼스케·아오야마 토로쿠(靑山 藤六)·토다 소지로(戸田 宗二郎)·카토 스케노조(賀藤 助丞).

적과 아군 사이의 거리가 5, 6간(10m)으로 좁혀졌을 때 뛰어난 사수들이 서로 활을 쏘았다. 아라카와 요주로가 투구의 챙 아래에 화살을 깊이 맞아 말에서 떨어지자 적이 끌고가기 위해서 달려들어 정강이를 잡아끄는 자도 있었고 칼자루를 끄는 자도 있었다. 아군 쪽에서는 요주로의 머리와 몸통을 잡아당겼다. 그때 요주로가 차고 있던 금은 장식의 장도는 길이 1간(1.8m), 칼집의 폭이 5, 6치(16㎝전후)나 되었다고 한다. 칼집을 이쪽으로 잡아당겨 마침내는 칼과 머리, 몸통 모두 이쪽으로 끌어왔다.

오전 10시 무렵부터 정오 무렵까지 난전[亂戰]이 펼쳐져, 맞붙었다가는 물러나고 다시 지지 않으려 밀려들어가 서로 맞붙곤 했다. 창으로 찌른 적은 하기와라 스케주로·나카지마 마타지로·소부에 큐스케·요코에 마고하치·미즈코시 스케주로(水越 助十郎). 적과 아군의 거리가 너무 가까웠기에 양쪽 모두 목숨을 빼앗은 적의 머리를 취할 수가 없었다. 노부나가 쪽에서 목숨을 잃은 자는 30명에 이르렀다. 아라카와 마타조를 이쪽에서 생포했으며, 아카가와 헤이시치(赤川 平七)가 적에게 사로잡혔다.

서로 뒤엉켜 불꽃을 튀기며 치러진 전투는 4·5간(8m)을 사이에 두고 벌어졌으며, 수 시간 계속되었다. 이 전투에서 야마구치 노리요시는 우와야리(上槍)였다. 당시에는 우와야리와 시타야리(下槍)가 있었다. 적과 아군 모두 서로가 아는 사이였기에 조금도 방심하지 않았다. 말에서 내려 싸웠기에 말들이 적진으로 달려갔으나 전쟁이 끝난 뒤에 한 마리도 남김없이 서로 돌려주었다. 생포한 병사도 교환했다.

이렇게 해서 노부나가는 그날 안으로 돌아왔다.

(12) 후카다 성·마쓰바 성 탈취 경쟁

8월 15일에 키요스 성의 사카이 다이젠·사카이 진스케·카와지리 요이치·오다 산미(織田 三位)가 모의하여 마쓰바(松葉) 성을 공격, 오다 노부우지(織田 信氏)에게서 인질을 취했으며, 마쓰바 성 근처의 후카다(深田)라는 곳에 오다 타쓰준(織田 達順)의 거성이 있었는데 그곳 역시 쳐서 2개 성 모두를 점령했다. 인질을 엄중히 감금하여 노부나가를 적대시하겠다는 뜻을 분명히 했다.

 노부나가가 19세 되던 해(1552)의 가을, 이러한 정황을 듣고 8월 16일 새벽에 나고야를 출발, 이나바지(稻庭地)의 강가까지 출진했다. 모리야마에서 오다 노부미쓰가 달려왔다. 마쓰바·산본기(三本木)·키요스 세 방면으로 부대를 나누기로 하고 이나바지의 강을 건넜다. 노부나가와 노부미쓰는 한 부대가 되어 카이즈(海津) 쪽으로 공격해 들어갔다.

 적은 키요스에서도 30정(3.3km)쯤 출격하여 카이즈라는 마을로 진출했다.

 노부나가는 8월 16일 오전 8시 무렵 동쪽을 향해 공격해 들어가 수 시간 불꽃을 튀기며 싸웠다. 노부미쓰의 가신 가운데 코쇼[16] 출신으로 수차례 무공을 세운 적이 있는 아카세 세이로쿠(赤瀨 淸六)라는 무사가 앞 다투어 사카이 진스케와 맞서 한동안 치열하게 싸웠으나 목숨을 잃고 말았다. 키요스 세력은 마침내 싸움에서 졌으며 사카이 진스케가 전사했다. 추조 이에타다(中条 家忠)와 시바타 카쓰이에가 함께 쳐서 그 머리를 취했다. 이 외에 목숨을 잃은 자는 사카이 히코자에몬(坂井 彦左衛門)·쿠로베 겐스케(黑部 源介)·노무라(野村) 아무개·에비 한베에(海老 半兵衛)·이누이 탄바의 카미(乾 丹波守 장관)·야마구치 칸베에(山口 勘兵衛)·쓰쓰미 이요(堤 伊与)를 비롯하여 훌륭한 무장 50기 정도, 같은 장소에서 목숨을 잃었다.

---

16) 小姓. 귀인 곁에서 시중을 들던 소년. 시동.

마쓰바 성에서는 20정(2.2㎞)쯤 출격하여 성의 외곽을 감싸듯 하고 지켰으나 노부나가 쪽에게 밀려 마지마(真島)의 다이몬자키(大門崎) 일각에서 버티며 오전 8시 무렵부터 정오 무렵까지 싸웠다. 몇 시간 동안 화살을 주고받으며 싸우는 동안에 부상자가 다수 발생하여 병력이 부족해졌기에 물러나려던 순간, 다시 아카바야시 마고시치(赤林 孫七)·토쿠라 야스케(土倉 弥介)·아다치 세이로쿠(足立 淸六)가 목숨을 잃었기에 마쓰바 성으로 철수했다.

후카다 성에서도 30정(3.3㎞)쯤 출격하여 산본기 거리에 수비를 위해서 진을 쳤다. 이렇다 할 방어물도 없는 곳이었기에 공격을 받자마자 무너졌으며 이토 야사부로(伊東 弥三郎)·코사카이 히사조(小阪井 久蔵)를 비롯하여 강용한 무사 30여 명이 목숨을 잃었다.

이렇게 해서 노부나가는 후카다·마쓰바 2개 성으로 공격해 들어갔다. 적은 항복하고 두 성을 건네준 뒤 키요스 성으로 철수하여 한 무리가 되었다.

이때부터 노부나가는 키요스 성을 봉쇄하고 적지의 농작물을 취해버렸으며, 성을 탈취하기 위한 싸움이 시작되었다.

(13) 야나다 야지에몬의 충절

이 무렵, 키요스 성 안에 있던 오와리의 슈고의 가신 가운데 야나다 야지에몬(簗田 弥次右衛門)이라고 신분이 낮은 자가 있었는데 재미있는 책략으로 과분한 봉록을 받는 어엿한 무장이 되었다. 그 경위는 다음과 같다.

키요스 성에 나고야 야고로[17]라고 16·7세로 나이는 어리나 병사

300명쯤을 거느린 자가 있었다. 야지에몬은 이 야고로에게 여러 가지 말로 접근하여 남색[男色]관계를 맺었다. 그리고 "키요스 성 안을 분열시킨 뒤 노부나가 나리의 편이 되어 출세를 하라."고 종종 부추겼다. 몇몇 카로에게도 같은 말을 했는데 욕심에 눈이 어두워져 찬성했다.

그런 다음 야지에몬은 노부나가를 찾아가서, "충절을 다하겠습니다."라는 말을 은밀히 전했다. 노부나가는 크게 만족했다.

어느 날, 노부나가는 야지에몬의 안내를 받아 자신의 군세로 키요스를 공격했는데, 마을을 불태워 성을 고립시켰다. 노부나가 자신도 출마했으나 성이 견고했으며 그곳에는 오와리의 슈고도 있었기에 결국에는 군세를 철수시켰다.

키요스 성 안에, "슈고 나리께서는 틈을 보아 키요스 성을 빼앗을 생각이시다."라고 말하는 자도 있었기에 키요스 성 안 사람들은, '외부보다 성 내부가 더 중요하다.'며 주의하고 경계를 강화했다.

(14) 오와리의 슈고, 자결하다

1554년 7월 12일, 슈고의 아들을 수행하여 젊고 강용한 사무라이들이 모두 천렵을 나갔다. 키요스 성 안에 있는 슈고의 저택에는 나이 든 자들만 약간 남아 있을 뿐이었다.

사카이 다이젠·카와지리 사마노조(河尻 左馬丞)·오다 산미는, "슈고의 저택에는 누구와 누가 남아 있다."라고 손가락을 꼽아가며 상의를 한 뒤, "지금이야말로 절호의 기회다."라며 사방에서 한꺼번에 밀고 들어가 슈고의 저택을 포위했다. 앞쪽의 널따란 방으로 들어가는

---

17) (2)에 등장하는 인물과 이름은 같으나 다른 인물.

입구에서는 아무개 아미(阿彌)라는 도보슈18), 그는 노래의 명인이었는데, 그가 공격해오는 자들을 마구 베어 비할 데 없는 공을 세웠다. 또한 성벽의 총안을 지키던 모리 교부노조(森 刑部丞) 형제도 적을 닥치는 대로 베어 수많은 자들에게 상처를 입혔으나 전사하고 말았다. 두 형제의 머리는 시바타 카쿠나이(柴田 角内)가 취했다. 뒷문에서는 쓰게 무네하나(柘植 宗花)라는 자가 달려나가 적을 마구 베어, 이 역시 비할 데 없는 공을 세웠다.

슈고의 저택을 둘러싼 사방의 지붕 위에서 활을 든 병사들이 쉴 새 없이 화살을 쏘아댔기에 슈고 쪽은 막아내지 못하고 저택에 불을 지른 뒤, 슈고를 비롯하여 일문 및 가신 수십 명이 할복했다. 시녀들은 해자로 뛰어들었는데 해자를 건너 목숨을 건진 자도 있었으나 물에 빠져 죽은 자도 있었다. 가여운 일이었다.

슈고의 아들은 천렵을 하다 홑옷을 입은 채 곧장 노부나가를 의지하여 나고야로 달아났다. 그렇게 해서 200인 부치19)를 받게 되었으며 텐노보에서 살게 되었다. 슈고의 또 다른 어린 아들은 모리 주로(毛利 十郎)가 보호하여 나고야로 데리고 갔다.

오와리의 슈고는 오다 씨의 주군이기는 하나, 지금은 오다 씨가 실권을 쥐고 있는데 그 오다 씨에게 무모한 반항을 꾀했기에 신불의 가호도 얻지 못하고 이처럼 비참하게 허무한 죽음을 맞이한 것이다. 스스로 자초한 최후라고는 하나, 시대의 흐름에 역행하여 질서를 어지럽히면 그에 상응하는 결말을 맞게 되니 무시무시한 일이다.

---

18) 同朋衆. 승려 모습을 한 시종.
19) 扶持(후치). 무사가 봉급으로 주인에게서 받는 쌀. 1인 부치=1일 5홉.

성 안에서 슈고를 위해 밤낮으로 성심을 다하여 분골쇄신하던 자들도 일단은 의분을 느껴 화를 내었으나, 모두 집이 불에 탔기에 식량과 평소 입을 옷조차 없어서 어려움을 겪게 되었다.

(15) 시바타 카쓰이에의 나카이치바 전투

1554년 7월 18일, 시바타 카쓰이에가 키요스로 출진했다. 참전한 아시가루는 아비코 우쿄노스케(安孫子 右京亮)·후지에 큐조(藤江 九蔵)·오오타 규이치(太田 牛一)·키무라 시게아키(木村 重章)·시바사키 마고조(芝崎 孫三)·야마다 시치로고로(山田 七郎五郎) 등.

키요스 세력은 산노 쪽에서 응전했으나 뒤로 밀려났으며, 아지키무라(安食村)에서 다시 막으려 했으나 역시 버티지 못했다. 뒤이어 조간지(誓願寺) 앞에서 방어하려 했으나 마침내는 마을의 초입인 오오보리(大堀) 안까지 밀렸다. 카와지리 사마노조·오다 산미·하라(原) 아무개·사이가 슈리(雑賀 修理)가 달려들어 2, 3간(5m)을 사이에 두고 싸웠으나 시바타 세력의 창은 길고 키요스 세력의 창은 짧았다. 점차 창에 찔렸으나 한 걸음도 물러나지 않아 카와지리 사마노조·오다 산미·사이가 슈리·하라·하치자카(八坂)·코키타(高北)·후루사와 시치로자에몬(古沢 七郎左衛門)·아사노 히사조(浅野 久蔵) 등 30명 정도의 뛰어난 자들이 목숨을 잃었다.

슈고의 가신인 유우 키이치(由宇 喜一)는 아직 나이 어린 17·8세였는데 홑옷 차림으로 돌진하여 오다 산미의 머리를 취했다. 노부나가의 칭찬은 이만저만한 것이 아니었다.

오와리의 슈고가 키요스의 오다 씨에게 반역을 꾀한 것이 원인이기는 했으나, 집안 대대로 섬겨오던 주군의 목숨을 빼앗은 대가는 곧 분명하게 나타나, 그로부터 아직 7일밖에 지나지 않았는데 관계자는 전부 목숨을 잃고 말았다. 하늘의 뜻을 어기는 것이 얼마나 무시무시한 일인지를 눈앞에서 볼 수 있는 사건이었다.

(16) 무라키 요새 공격

그 무렵, 스루가 세력(야마가와)이 오카자키(岡崎)에 진을 치고 시기하라(鴫原)에 있는 야마오카 덴고로(山岡 伝五郎)의 성을 공격하여 빼앗았다. 오카자키에서 계속 원조하여 시기하라 성을 근거지로 오가와(小河)에 있는 미즈노 타다마사(水野 忠政)의 성을 다음 목표로 삼았다. 스루가 세력은 무라키(村木)라는 곳에 견고한 성을 쌓고 농성했다. 가까이에 있는 테라모토(寺本) 성도 인질을 보내 스루가 세력의 편으로 돌아섰으며, 노부나가를 적대시하여 오가와로 가는 도로를 끊었다.

노부나가는 적의 후방을 공격하는 작전을 세우고 출진하려 했으나, 나고야 성을 비운 사이에 키요스의 적이 틀림없이 나고야 성을 공격할 것이다, 마을이 불에 타서는 큰일이다, 라고 생각했기에 장인인 사이토 도산에게 성을 지킬 병력을 파견해달라고 부탁하기 위한 사자를 보냈다.

도산 쪽에서는 1554년 1월 18일에 나고야 성이 빈 동안 지키기 위한 부대로 안도 모리나리(安藤 守就)를 대장으로 삼아 병사 1천 명쯤, 거기에 타미야(田宮)·코야마(甲山)·안자이(安斎)·쿠마자와(熊沢)·모노토리 신고(物取 新五) 등을 더해, "보고 들은 상황을 매일 보고하라."는 명령을 주어 출발케 했다. 전원 1월 20일에 오와리에 도착했다. 노부나가는 그 부대를 자신의 거성인 나고야 부근의 시가(志賀)와 타바타(田幡) 2개 사토[20]에 진을 치게 했으며, 20일에 진 치는 것을 격려하기 위해 스스로 나아가 안도 모리나리에게 인사했다.

노부나가는 이튿날 출진할 예정이었으나 카로인 하야시 히데사다·미마사카의 카미(美作守장관) 형제가 불복하여 하야시의 협력자인 마에다 요주로(前田 与十郎)의 아라코(荒子) 성으로 물러나버렸다. 다른 카로들이, "어떻게 하면 좋겠습니까?"라고 묻자 노부나가는, "그렇다면 그대로 상관없다."며 1월 21일에 '모노카와(ものかわ)'라는 말을 타고 출진했다. 그날은 아쓰타에서 묵었다.

22일은 뜻밖에도 큰 바람이 불었다. "바다를 건널 수 없습니다."라고 뱃사람들이 말했으나 노부나가는, "예전에 와타나베(渡辺)·후쿠시마(福島)에서 미나모토노 요시쓰네(源 義経)와 카지와라 카게토키(梶原 景時)가 물러날 때를 대비해서 배에 거꾸로 저을 수 있는 노를 달지 말지를 놓고 언쟁을 벌였을 때의 바람도 이 정도였을 것이다. 무슨 일이 있어도 건널 테니 배를 내도록 하라."라고 말해 억지로 배를 내게했다. 200리(80km) 정도의 거리를 겨우 1시간쯤 만에 달려 도착했다. 그날은 야영을 하게 하고, 노부나가 자신은 곧 오가와로 가서 미즈노 타다마사의 아들인 노부모토(信元)를 만나 그곳의 자세한 정황을 듣고 오가와에서 숙박했다.

---

20) 郷. 옛 일본의 행정구역 단위로 쿠니(国) 안에 코오리(郡)를 두고, 그 아래에 다시 사토(郷)를 두었다. 명칭에 관해서는 쿠니를 '코쿠', 코오리를 '군', 사토를 '고'로 읽기도 했다.

1월 24일, 날이 밝음과 동시에 출격하여 스루가 세력이 버티고 있는 무라키 성에 공격을 가하기 시작했다. 북쪽은 천연의 요해지로 지키는 병사도 없었다. 동쪽이 정문이고 서쪽이 뒷문, 남쪽은 건너편이 선명히 보이지 않을 정도로 커다란 구덩이(마른 해자)를 항아리 모양으로 파서 견고한 태세였다. 노부나가는 공략하기 어려운 남쪽을 맡아 병사들을 배치했다. 젊은 무사들이 서로 지지 않겠다는 듯 구덩이를 기어올랐으며, 그러다 떨어지면 다시 기어올랐다. 부상자, 사망자의 숫자를 알 수 없을 정도였다. 노부나가는 구덩이 끝에 진을 치고 서서, "성벽의 총안 3군데를 철포[鐵砲]로 쏘아라."라고 말해, 철포를 바꿔가며 쏘게 했다. 노부나가 자신이 지휘했기에 병사들 모두 앞다투어 오르며 공격하여 무너뜨리고 또 무너뜨렸다.

서쪽의 뒷문 쪽은 오다 노부미쓰가 공격했는데 이곳도 역시 성에 바싹 다가섰다. 바깥쪽 성벽에 로쿠시카(六鹿)라는 자가 가장 먼저 올랐다. 동쪽의 정문은 미즈노 노부모토가 공격했다.

성 안에 있던 스루가 세력도 비할 데 없이 훌륭하게 맞섰다. 그러나 틈을 주지 않고 공격했기에 성 안에서도 사상자가 발생하여 병사의 숫자가 점차 줄어들자 마침내는 항복하고 말았다. 당연히 철저하게 쳐부수어야 했으나 아군 쪽에서도 부상자와 사망자가 다수 나왔고, 또 해가 저물었기에 사죄를 받아들여 항복을 승낙했으며 그 뒤처리를 미즈노 노부모토에게 명했다.

노부나가의 코쇼들도 여럿이 부상을 입거나 목숨을 잃어 차마 눈 뜨고 볼 수 없는 모습이었다. 오전 8시 무렵에 공격을 시작, 오후 5시 무렵까지 공격하여 뜻한 바대로 일을 마무리 지었다. 그러나 노부나가는 본진으로 돌아가 부하들의 활약과 부상자, 사망자에 대해서 여러 가지로 이야기하며 감사의 눈물을 흘렸다.

이튿날에는 테라모토 성을 공격하여 성 아래에 불을 지르고 이후 나고야로 돌아왔다.

1월 26일, 노부나가는 안도 모리나리의 진으로 찾아가 이번 일에 대한 감사의 인사를 건넸다. 27일, 미노 세력은 쿠니로 돌아갔다. 안도 모리나리는 사이토 도산에게 노부나가가 밝힌 감사의 뜻을 전한 뒤, 커다란 바람을 뚫고 바다를 건넌 일, 무라키 성을 공격한 경위 등을 자세히 보고했다. 도산은 노부나가에 대해서, "무시무시한 사내다. 이웃 쿠니에 두고 싶지 않은 인물이다."라고 말했다고 한다.

키요스 성에 있는 슈고다이는 오다 타쓰카쓰 이후 오다 노부토모(信友)로 바뀌어 있었다. 영주인 사카이 다이젠은 코슈고다이[21]였다. 사카이 진스케·카와지리 사마노조·오다 산미 등과 같은 유력자들이 목숨을 잃었기에 다이젠 혼자서는 버틸 수 없으리라 생각하여 이렇게 된 이상 오다 노부미쓰에게 의지해야겠다고 생각했다. "힘을 빌려주시어 노부토모 나리와 노부미쓰 나리 두 분께서 슈고다이가 되시기 바랍니다."라고 간청했더니, 노부미쓰가, "다이젠께서 바라시는 대로."라고 대답하고 결코 두 마음을 품지 않겠다는 뜻의 서약서를 써서 다이젠에게 보냈기에 일이 잘 마무리 지어졌다.

1555년 4월 19일, 모리야마 성의 오다 노부미쓰가 키요스 성의 남쪽 성루로 거처를 옮겼다. 표면상으로는 그것이 전부인 듯했으나,

---

21) 小守護代. 슈고다이의 보좌관.

사실 노부미쓰는 노부나가와 연락하여, "제가 키요스 성을 모략으로 빼앗겠습니다. 그 대신 오타이가와(於多井川강)를 경계로 오와리 아래쪽 4개 군 가운데 강 동쪽의 절반을 제게 주십시오."라는 약속을 비밀리에 맺어두었던 것이다. 이 노부미쓰는 노부나가의 숙부다. 오와리노쿠니의 절반, 즉 아래쪽 4개 군은 오타이가와를 경계로 하여 동서로 2개 군씩 나뉘는데, 그 가운데 2개 군을 영유하겠다는 약속이었다.

4월 20일, 노부미쓰는 사카이 다이젠이 인사를 위해 남쪽 성루로 오면 그를 살해할 생각으로 병사들을 은밀히 배치해두고 기다리고 있었다. 다이젠은 성 중간까지 왔다가 이상한 기운을 감지하고 허둥지둥 달아나 그대로 스루가로 가서 이마가와 요시모토에게 의지하여 그곳에 머물렀다.

뒤이어 노부미쓰는 슈고다이인 오다 노부토모를 궁지에 몰아 할복하게 한 뒤, 키요스 성을 탈취하여 노부나가에게 넘겨주고 자신은 나고야 성으로 옮겼다.

같은 해 11월 26일, 불의의 사건이 일어나 노부미쓰는 횡사하고 말았다. 서약서를 어긴 것에 대한 신벌이 곧 내린 것이었기에, 하늘의 뜻을 거스르는 것은 무서운 일이라며 세상 사람들 모두 말했다. 그러나 노부나가에게 있어서는 행운과도 같은 일이었다.

(17) 오다 히데타카의 죽음

같은 해 6월 26일, 오다 노부미쓰를 대신하여 모리야마의 성주가 된 오다 노부쓰구(노부나가의 숙부)가 젊은 사무라이들과 류센지 아래에 있는 마쓰카와(松川) 나루터에서 천렵을 하고 있는데 오다 노부유키(노부나가의 동생)의 동생인 히데타카(秀孝)가 혼자서 말을 타고 지나갔다. "괘씸한 놈, 말을 탄 채 성주님 앞을 지나다니."라며 스가 사이조(洲賀才蔵)라는 사무라이가 활을 집어 화살을 쏘았고, 불행하게도 히데타카가 그 화살에 맞아 말에서 떨어졌다.

노부쓰구를 비롯하여 젊은 사무라이들이 강에서 올라와 그를 보니 노부나가의 동생인 히데타카였다. 나이는 15·6세로 분을 바른 듯 피부가 희었으며, 붉은 입술에 유화한 모습, 이목구비가 남들보다 뛰어나 그 아름다움을 어디에도 비할 데 없는 젊은이였다. 모두 이를 보고 가슴이 털컥 내려앉았다. 노부쓰구는 옷도 제대로 입지 못하고, 모리야마 성에도 들르지 않은 채 그 자리에서 말에 채찍을 가해 어딘가로 달아나버리고 말았다. 그로부터 수년 동안 떠돌아다니며 고생을 맛보았다.

형인 노부유키는 이 사건을 듣고 곧 스에모리 성에서 모리야마로 달려가 성 아래에 불을 질러 모리야마 성을 고립시켰다.

노부나가도 키요스에서 단기[單騎]로 30리(12km)를 단숨에 달려가 모리야마의 초입인 야다가와(矢田川)에서 말에게 물을 먹였다. 그곳으로 이누카이 나이조(犬飼 内蔵)가 달려와서, "노부쓰구 나리는 그 걸음에 어딘가로 달아나셨고, 성에는 아무도 없습니다. 성 아래는 노부유키 나리가 전부 불태웠습니다."라고 아뢨다. 그 말을 들은 노부나가는, "나의 동생이라는 자가 따르는 자도 없이 하인처럼 혼자 말을 타고 돌아다니다니 있을 수 없는 한심한 일이다. 설령 살아 있다 할지라도 절대로 용서할 수 없었을 것이다."라고 말한 뒤 키요스로 돌아갔다.

그런데 노부나가는 조석으로 말을 조련했기에 이때도 왕복 모두 거칠게 말을 몰았으나 말도 잘 견뎌서 아무런 일도 일어나지 않았다. 노부나가의 뒤를 따르던 다른 자들의 말은 늘 마구간에 묶어둔 채 평소 타지 않았기에, 야마다 지부자에몬(山田 治部左衛門)의 말을 비롯하여 억센 명마라도 편도 30리조차 끝까지 달리지 못하고 숨을 헐떡이며 도중에 쓰러지는 것이 속출하여 그 말에 타고 있던 자들을 당황하게 만들었다.

(18) 노부나가에게 맞선 노부유키·하야시·시바타

모리야마 성은 오다 노부쓰구의 카로들이 지휘하여 지키고 있었다. 성을 지키는 자들은 쓰노다 신고(角田 新五)·타카하시 요시로(高橋 与四郎)·키타노 시모쓰케의 카미(喜多野 下野守장관)·사카이 시치로자에몬(坂井 七郎左衛門)·사카이 키자에몬(喜左衛門)과 그의 아들인 사카이 마고헤이지(孫平次) 및 이와사키(岩崎)의 니와 우지카쓰(丹羽 氏勝) 등, 이들이 성을 수비하고 있었다.

노부유키 쪽에서는 시바타 카쓰이에·쓰즈키 쿠란도(津々木 蔵人)를 대장으로 하여 키가사키(木ヶ崎) 초입에 군세를 배치했다. 노부나가 쪽에서는 이이노오 사다무네(飯尾 定宗), 그의 아들인 히사키요(尚清) 및 그 외의 각 세력을 파견하여 물 샐 틈 없이 성을 포위하고 모리야마 성을 봉쇄했다.

오다 노부히로(織田 信広)라는 사람은 노부나가의 이복형이었다. 그의 동생 가운데 노부토키(信時)라는 영리한 자가 있었다. 사쿠마 노부모리가 기회가 있을 때마다 노부나가에게 말을 올렸기에 모리야마 성을 이 노부토키에게 주었다. 쓰노다 신고·사카이 키자에몬은 모리야마 성의 두 카로였다. 이 두 사람이 협의하여 노부토키를 데려다 모리야마의 성주로 삼은 것이었다. 이때의 충절로 시모이이다무라(下飯田村)에 있는 야사이켄(屋斎軒)의 옛 영지와 녹봉 100섬이 노부토키에 의해서 사쿠마 노부모리에게 주어졌다.

이러한 정세의 추이 속에서 노부나가의 으뜸가는 카로인 하야시 히데사다·그의 동생인 하야시 미마사카의 카미 및 시바타 카쓰이에가 서로 상의하여, "셋이서 노부유키 나리를 돕기로 하자."며 노부나가에 대해서 이미 역심을 품고 있다는 풍설이 여러 가지로 들려왔다.

노부나가는 무슨 생각을 한 것인지 1556년 5월 26일에 노부토키와 단둘이, 키요스에서 나고야 성에 있는 하야시 히데사다를 찾아갔다. "절호의 기회이니 노부나가 공을 궁지로 몰아 할복하게 만듭시다."라고 동생인 미마사카의 카미가 말했으나, 하야시 히데사다는 그 의견을 너무나도 수치스럽게 생각했던 것이리라. "3대에 걸쳐서 은혜를 입어온 주군을 부끄러운 줄도 모르고 여기서 살해하기에는 천벌이 두렵다. 어차피 조만간에 폐를 끼치는 짓을 하게 될 테니 지금 할복하게 만들지는 말자."라며 목숨을 살려 노부나가를 돌아가게 했다.

하루이틀 지나서부터 하야시 등은 노부나가를 적대시하는 깃발의 색을 분명히 했다. 하야시 편에 선 아라코 성도 아쓰타와 키요스 사이를 차단하여 노부나가의 적이 되었다. 코메노(米野) 성과 오오와키(大脇) 성은 키요스와 나고야 사이에 있다. 이곳도 하야시 편에 서서 그들과 함께 노부나가에 맞서기로 했다.

이야기를 되돌려서, 모리야마 성 안에서는 노부토키가 사카이 키자에몬의 아들인 마고헤이지를 남색의 상대로 삼았기에 마고헤이지는 늘 주군을 옆에서 섬기며 중용되어 그에 비할 자가 없었다. 그랬기에 쓰노다 신고는 충절을 다했음에도 불구하고 곧 가벼이 여겨지게 되었다. 여기에 원한을 품은 쓰노다는, "성벽과 목책이 허물어졌으니 다시 쌓겠습니다."라고 말한 뒤 공사를 시작했으며, 그 도중에 토담이 무너진 곳으로 병사들을 들어가게 하여 노부토키를 위협, 할복을 하게 만들었다. 이후, 이와사키의 우지카쓰 등을 자신의 편으로 만들어 성을 빈틈없이 지배했다.

정황이 이처럼 움직이고 있는 가운데 노부나가는 오다 노부쓰구가 오래도록 떠돌아다니고 있는 것을 딱하게 여겨 노부쓰구의 죄를 용서해주고 모리야마의 성주로 복귀시켰다. 그러나 노부쓰구는 훗날 카와우치(河内)의 나가시마(長島)에서 전사하고 만다.

하야시 형제의 획책으로 인하여 노부나가와 노부유키 형제의 사이가 벌어지게 되었다. 노부유키가 노부나가의 직할령인 시노기산고(篠木三郷)를 힘으로 빼앗았다. 노부유키는 틀림없이 강가에 요새를 쌓아 강 동쪽의 영지까지 빼앗으려 할 터이니 그 전에 이쪽에서 요새를 쌓아야겠다고 생각한 노부나가는, 8월 22일에 오타이가와(강)를 건넌 곳에 위치한 나즈카(名塚)에 요새를 쌓게 하고 사쿠마 모리시게로 하여금 지키게 했다. 이튿날인 23일은 비. 강물이 눈에 띄게 불었고, 또 노부나가 쪽의 요새 공사도 아직 끝나지 않았으리라 생각한 것인지 시바타 카쓰이에가 병사 1천 명쯤, 하야시 미마사카의 카미가 수하 700명쯤을 데리고 출동했다.

24일, 노부나가도 키요스에서 군세를 내어 강을 건너자마자 적의 선진인 아시가루에게 싸움을 걸었다.

 시바타 카쓰이에가 병사 1천쯤을 데리고 이노우(稲生)의 동구 밖에 있는 가도를 따라 서쪽을 향해 공격해 들어왔다. 하야시 미마사카의 카미는 남쪽의 전원지대 쪽에서부터 수하 700명쯤을 데리고 북쪽에 있는 노부나가 세력을 향해 공격해 들어왔다. 노부나가는 마을 외곽에서 6·7단(70m 전후) 물러난 곳에 군세를 배치했다. 노부나가 쪽의 병사는 700명을 넘지 않았을 것이다. 동쪽의 수풀 끝에 포진했다.

 8월 24일 정오, 우선은 동남쪽에 있는 시바타 군을 향해서 절반이 넘는 병사로 하여금 공격케 했다. 엎치락뒤치락 뒤얽혀 싸우다 야마다 지부자에몬이 목숨을 잃었다. 그 머리는 시바타 카쓰이에가 취했으나 카쓰이에 자신도 부상을 당해 후방으로 물러났다. 삿사 마고스케와 그 외의 강용한 자들이 쓰러졌기에 병사들이 노부나가 앞으로 도망쳐왔다. 그때 노부나가 주위에는 오다 쇼자에몬(織田 勝左衛門)·오다 노부후사·모리 요시나리(森 可成) 외에도 창을 든 추겐[22])들이 40명 정도 있었다.

 노부후사와 요시나리 두 사람이 시바타 세력 가운데 쓰치다(土田)의 오오하라(大原)라는 자를 찔러 쓰러뜨리고 엉겨붙어서 목을 베자, 양쪽이 서로 달려들어 싸웠다. 이때 노부나가가 커다란 목소리로 성을 내는 것을 보고, 비록 적이기는 하나 과연 한 집안 사람들이었기에 노부나가의 위광에 두려움을 느껴 멈춰 섰고 결국에는 어지러이 달아나

---

22) 中間. 사무라이와 하인 사이의 지위에 있는 자.

버리고 말았다. 이때 노부후사의 부하 중에 젠몬(禅門)이라는 자가 코우베 헤이시로(河辺 平四郎)를 베어 쓰러뜨리고 노부후사에게, "머리를 취하십시오."라고 말했으나, 노부후사는, "지금은 그럴 새가 없다. 얼마든지 벤 채로 내버려두도록 하라."라고 말하고 앞으로 앞으로 달려나갔다.

뒤이어 노부나가는 남쪽으로 향해 하야시 세력을 공격하기 시작했다. 쿠로다 한베에(黒田 半兵衛)와 하야시 미마사카의 카미가 오랜 시간에 걸쳐서 칼을 맞대었는데 한베에가 왼쪽 팔을 잘리고 말았다. 서로 숨을 돌리고 있을 때 노부나가가 달려와 미마사카의 카미와 맞섰다. 이때 오다 쇼자에몬의 고용인인 구추 스기와카(口中 杉若)가 뛰어난 모습을 보였기에, 훗날 발탁하여 스기 사에몬노조(杉 左衛門尉)라는 이름을 쓰게 했다. 노부나가가 미마사카의 카미를 찔러 쓰러뜨린 뒤 머리를 취해 원통함을 풀었다.

시바타와 하야시 양쪽 세력이 어지러이 달아나자, 각 사람들이 말을 끌고 와 거기에 올라 뒤를 따르며 머리를 취한 뒤 돌아왔다. 그날은 키요스로 복귀했다.

이튿날, 적의 수급[首級]에 대한 검증(首実検쿠비짓켄)이 있었다. 하야시 미마사카의 카미의 머리는 오다 노부나가가 베어가지고 왔다. 카마타 스케노조(鎌田 助丞)는 쓰다 사마노조(津田 左馬丞)가 베었다. 토미노 사쿄노신(富野 左京進)은 타카바타케 산에몬(高畠 三右衛門)이 베었다. 야마구치 마타지로(山口 又次郎)는 키마타 로쿠로사부로(木全 六郎三郎)가 베었다. 하시모토 주조(橋本 十蔵)는 사쿠마 모리시게가 베었다. 쓰노다 신고는 마쓰우라 카메스케(松浦 亀介)가 베었다. 오오와키 토라조(大脇 虎蔵)·코우베 헤이시로를 비롯하여 뛰어난 자들의 머리가 450급 이상이나 되었다.

이 전투 이후 적은 어쩔 수 없이 나고야와 스에모리 성에서 농성했다. 노부나가는 이 두 성 사이를 수시로 공격해서 성 부근의 마을까지 불태우고 작전을 전개했다.

노부나가의 어머니는 스에모리 성에서 노부유키와 함께 살고 있었다. 무라이 사다카쓰(村井 貞勝)와 시마다 히데미쓰(島田 秀満) 두 사람을 키요스에서 스에모리 성으로 불러들여, 이들을 어머니가 보내는 사자로 삼아 노부나가에게 여러 가지로 사죄의 말을 전하게 했기에 노부나가는 나고야와 스에모리 두 성의 사람들을 용서하기로 했다. 노부유키·시바타 카쓰이에·스즈키 쿠란도는 먹장삼을 입고, 어머니도 동행하여 키요스 성으로 가서 노부나가에게 예를 취했다.

하야시 히데사다는 용서하기 어려운 자였으나, 그가 앞서 노부나가를 위협하여 할복하게 만들자고 했을 때의 일을 말했기에 노부나가는 그때의 상황을 고려하여 이번의 죄는 용서를 해주었다.

(19) 오다 노부히로의 모반

노부나가의 이복형인 노부히로가 노부나가에게 모반하기로 결의하고 미노노쿠니의 사이토 요시타쓰(斎藤 義龍도산의 아들)와 논의했다. 그리고 "적이 공격해 들어오면 노부나가는 언제나 가벼이 출진한다. 그러한 때에 노부히로가 출진하면 키요스의 거리를 지난다. 그러면 주인이 없는 성을 지키고 있던 사와키 토우에몬(佐脇 藤右衛門)이 반드시 나와서 접대를 하니 다음 기회에도 반드시 평소처럼 나올 것이다. 그때 사와키를 살해하고 혼란한 틈을 타서 성을 빼앗은 뒤, 연기를 피워 신호를 보내겠다. 그것을 보면 곧 미노 세력은 강을 건너 근처까지 공격해오도록 하라. 노부히로도 군세를 내어 노부나가를 돕는 척하다가 전투가 시작되면 노부나가 세력의 후방을 치기로 하겠다."라고 모의한 뒤, 굳게 맹세했다.

미노의 세력이 평소보다 느슨한 모습으로 강가 부근에 집결했다는 보고가 있었다. 이에 노부나가는, '그렇다면 집안에서 모반이 있겠구나.'라고 생각하여, "사와키는 성에서 절대로 나가서는 안 된다. 마을 사람들도 마을의 외곽을 경비하고 성문을 닫아, 노부나가가 돌아올 때까지 누구도 들여서는 안 된다."라고 말해놓은 뒤 출진했다.

노부나가의 군세가 출발했다는 소식을 들은 노부히로는 수하의 병사들을 남김없이 데리고 키요스로 출진했다. 그러나 '노부히로 나리가 도착했다.'고 말을 전해도 그들을 안으로는 들이지 않았다. 노부히로는, '모반이 들통 난 것일까?'라는 의심이 들었기에 서둘러 철수했다. 미노 세력도 철수했다. 노부나가도 돌아왔다.

노부히로가 적대 행위를 개시하여 노부나가와 맞선 지도 이미 오랜 시간이 지났다. 노부나가가 어려움을 겪고 있을 때 그를 돕는 자는 매우 드물었다. 이처럼 노부나가는 오로지 혼자서 집중공격을 받는 입장에 놓였으나, 번번이 공을 세운 강용한 사무라이들이 7·8백 명이나 어깨를 나란히 하고 있었기에 전투에 임해서 단 한 번도 실패를 한 적이 없었다.

(20) 무도회를 개최하다

어느 해의 7월 18일, 노부나가는 무도회[舞踊會]를 개최했다.

1. 적귀[赤鬼]로 분장한 것은 히라테 나이젠(平手 內膳)의 가신들.
1. 흑귀[黑鬼]는 아자이 빗추의 카미(浅井 備中守)의 가신들.
1. 아귀[餓鬼]는 타키가와 카즈마스(瀧川 一益)의 가신들.
1. 지장[地藏]은 오다 노부하루(織田 信張)의 가신들.
1. 마에노 나가야스(前野 長康)·이토 부헤에(伊東 夫兵衛)·이치하시 토시히사(市橋 利尚)·이이노오 사다무네는 각각 벤케이(弁慶)로 분장했다. 벤케이가 된 자들은 특히 정성껏 분장했다.
1. 하후리 시게마사(祝 重正)는 해오라기가 되었다. 잘 어울렸다고 한다.
1. 노부나가는 천인[天人]으로 분장하고 작은북을 치며 여자의 춤을 추었다.

쓰시마(津島)에서는 홋타 도쿠 저택의 정원에서 한바탕 춤을 춘 뒤, 키요스로 돌아왔다.

쓰시마 5개 마을의 노인들이 키요스로 와서 춤에 대한 보답을 행했다. 이 역시 상당한 것이었음은 말할 필요도 없다. 노부나가는 노인들을 가까이로 불러서, "이거 참 우습소."라거나, "잘 어울렸네." 라는 등, 각 사람들에게 허물없이 말을 건넸으며, 황공하게도 부채질을 해주기도 하고, "차를 마시게."라고 권하기도 했다. 참으로 고마운 일이었기에 노인들은 염천 아래에서의 고생도 잊고 모두 감격의 눈물을 흘리며 돌아갔다.

아쓰타에서 동쪽으로 10리(4km) 떨어진 곳에 위치한 나루미 성은 야마구치 노리쓰구에게 맡겨두었다. 이 사람은 무용이 뛰어난 자였으나 탐욕스러운 인물이었다. 예전부터 노부나가에게 반역을 꾀하여 스루가(이마가와) 세력을 끌어들였고, 이웃한 오오타카(大高) 성과 쿠쓰카케(沓懸) 성을 계략으로 탈취했다. 이 3개 성을 늘어 놓고 보면 솥의 세 발과 같은 위치에 있었는데, 3곳 모두의 거리는 10리쯤 되었다.

나루미 성에는 스루가에서 오카베 모토노부가 조다이[23]로 와서 머물렀으며, 오오타카 성과 쿠쓰카케 성에도 수비병을 잔뜩 배치했다. 그로부터 얼마쯤 뒤에 이마가와 요시모토가 야마구치 노리쓰구와 노리요시 부자를 스루가로 불러들여 이마가와 가에 충성을 다한 상을 내리는 대신 무정하게도 부자를 모두 할복하게 만들었다.

노부나가는 오와리노쿠니의 절반은 지배할 수 있을 터였으나, 카와우치 일대는 니노에(二の江)의 뉴도[24] 핫토리 토모사다(服部 友定)가 빼앗아 노부나가의 수중에는 속하지 않았으며, 치타군(智多郡)에는 스루가 세력이 침입했고, 나머지 2개 군도 정세가 어지러웠기에 확실히는 노부나가의 지배에 따르지 않았다. 이와 같은 정황 속에 있었기에 노부나가는 만사에 있어서 자신의 뜻과 다른 일들이 많았다.

(21) 텐타쿠 장로의 이야기

그 무렵, 텐타쿠(天沢)라는 천태종의 스님이 있었다. 불교의 모든 성전을 2번 읽었다는 고승이었다.

어느 날 칸토로 내려가는 도중에 카이노쿠니(甲斐国 야마나시 현 코슈)에서, "신겐 공께 인사를 올리고 가시오."라고 관리가 말했기에 타케다

---

23) 城代. 성주를 대신하여 성을 지키던 자.
24) 入道. 불문에 들어간 3품 이상의 귀인.

신겐(武田 信玄)을 만나 인사를 했다. 신겐은 우선, "화상은 어느 지방 분이시오?"라고 출신지를 물었다. "오와리노쿠니 사람입니다."라고 대답하자, 다시 어느 군이냐고 물었다. "노부나가 공의 거성인 키요스에서 동쪽으로 50정(5.5km) 떨어진 곳에 있는 카스가이하라의 외곽, 아지마(味鏡)라는 마을의 텐에이지(天永寺)라는 절에 주지로 있습니다."라고 대답했다. "노부나가 나리의 모습을 있는 그대로 남김없이 들려주시오."라고 말했기에 다음과 같이 들려주었다.

"노부나가 공께서는 매일 아침, 말을 조련하십니다. 또한 철포를 연습하시는데 스승은 하시모토 잇파입니다. 이치카와 다이스케를 불러 활을 배우십니다. 평소에는 히라타 산미라는 사람을 가까이에 두시는데 이는 병법의 스승입니다. 종종 매사냥을 나가십니다."라고 말했다.

"그 외에 다른 취미는 없으시오?"라고 물었다. "춤과 노래를 즐기십니다."라고 대답하자, "코우와카마이25)의 스승을 부르시나?"라고 다시 물었다.

"키요스의 초닌26) 가운데 유칸(友閑)이라는 자를 종종 불러들여 춤을 추십니다. 「아쓰모리(敦盛)」를 한바탕 추는 것 외에 춤은 추시지 않습니다. '인간 50년, 하늘 아래 세상과 비교하면 몽환과 같구나.' 이것을 부르며 춤을 추십니다. 또한 노래를 즐겨 부르십니다."라고 대답하자, "별난 것을 좋아하시는군. 그건 어떤 노래요?"라고 신겐이 물었다. "'죽음은 이미 정해진 일, 나를 기억토록 하기 위해 무엇을

---

25) 幸若舞. 무사에 관한 노래를 부르며 부채로 장단을 맞추어 추는 춤.
26) 町人. 도시에 사는 상인·장색 계급.

할꼬, 필시 그것을 이야기하겠지.' 이것입니다."라고 대답하자, "잠깐 그것을 따라해보셨으면 하오."라고 신겐이 말했다. "출가한 몸으로 노래한 적이 없기에 할 수가 없습니다."라고 말했으나, 꼭 좀 보여달라고 했기에 흉내를 내보았다.

(22) 로쿠닌슈

"매사냥을 나갈 때에는 토리미(鳥見)라고 부르는 20명에게 새를 찾아보라 명령하여 2·30리(10km 전후)나 앞으로 가서 이 마을, 저 곳에 기러기나 학이 있으면 한 사람은 그 새를 지키고 있고 한 사람은 보고를 하게 되어 있습니다.

또한 로쿠닌슈(六人衆)라는 것을 정해두었습니다. 활을 든 자 셋은 아사노 나가카쓰(浅野 長勝)·오오타 규이치·홋타 마고시치(堀田 孫七). 창을 든 자 셋은 이토 키요조(伊東 淸蔵)·키도 코자에몬(城戸 小左衛門)·홋타 사나이(堀田 左内홋타 도쿠). 이 사람들은 늘 노부나가 공 신변에 머물러 있습니다.

우마노리(馬乗り)라는 것이 1명, 야마구치 타로베에(山口 太郎兵衛)라는 자가 짚에 등에를 매달아 말을 탄 채 새 주변을 슬금슬금 돌며 점차 가까이 다가갑니다. 노부나가 공은 매를 팔에 앉힌 채 새에게 들키지 않도록 말 위에 숨어서 다가가다가 달려나가 매를 날립니다. 무카이마치(向かい待ち)라는 자를 정해두는데 그에게는 괭이를 들리고 농부처럼 꾸미게 하여 논을 가는 흉내를 내게 합니다. 매가 새에게로 달려들어 맞붙어 싸우기 시작하면 무카이마치가 새를 잡습니다. 노부나가 공은 매우 능해서 새를 자주 잡는다고 들었습니다."

"노부나가 나리는 전투에 능하다고 들었는데, 과연 그 말대로인 듯하오."라며 타케다 신겐은 감탄한 듯했다. "이만 실례하겠습니다."라고 말하자 신겐은, "돌아가실 때도 꼭 들러주시오."라고 말했다. 이렇게 해서 신겐 앞에서 물러났다고 텐타쿠 화상은 말했다.

(23) 나루미 성을 포위하고 요새를 쌓다

오와리노쿠니 속으로 이마가와 요시모토의 군세가 침입했기에 노부나가는, '이는 커다란 일이 될 것이다.'라고 마음속 깊이 각오를 했다고 한다.

스루가 세력이 점령하고 있는 나루미 성의 남쪽에는 쿠로즈에가와(黒末川)라는 강이 있는데, 강이라기보다는 만[灣]과 같은 곳이어서 조수의 간만이 성 바로 아래까지 이른다. 성의 동쪽으로는 골짜기가 이어져 있고 서쪽 역시 깊은 진흙의 논이다. 북쪽에서 동쪽에 걸쳐서는 산이 이어진다.

성에서 20정(2.2km) 떨어진 곳에 탄게(丹下)라는 오래된 저택이 있다. 노부나가는 이를 요새로 정비하고 미즈노 타테와키(水野 帯刀)·야마구치 모리타카(山口 守孝)·쓰게 겐바노카미(柘植 玄蕃頭)·마키 요주로(真木 与十郎)·반 주자에몬노조(伴 十左衛門尉)를 배치했다. 동쪽에는 젠쇼지(善照寺)라는 절의 옛터가 있었다. 이를 요새로 만들어 사쿠마 노부모리와 그의 동생인 노부나오(信直)를 배치했다. 남쪽에는 나카지마(中島)라는 조그만 마을이 있다. 이를 요새로 삼아 카지카와 타카히데(梶川 高秀)를 배치했다. 쿠로즈에 만 맞은편 2곳에, 나루미와 오오타카 두 성 사이를 차단하기 위해 요새를 지었는데

마루네야마(丸根山)에는 사쿠마 모리시게를 두었으며, 와시즈야마(鷲津山)에는 오다 히데토시(織田 秀敏)와 이이노오 사다무네 부자를 배치했다.

(24) 이마가와 요시모토의 죽음

1560년 5월 17일, 이마가와 요시모토가 쿠쓰카케에 진을 쳤다.

'이마가와 쪽은 18일 밤에 오오타카 성에 식량을 보급하고 오다 쪽의 원군이 오기 전인 19일 아침, 조수의 간만을 고려하여 우리 쪽의 요새를 공격할 것이 확실하다는 정보를 얻었다.'라는 내용의 보고가 18일 저녁이 되어 사쿠마 모리시게·오다 히데토시로부터 노부나가에게 날아들었다.

그러나 그날 밤 노부나가와 카로들의 이야기 가운데 작전에 관한 화제는 조금도 오르지 않았으며 여러 가지 잡다한 이야기만 나누다, "자, 밤도 깊었으니 그만 돌아가도 좋네"라고 귀가를 허락했다. 카로들은, "운이 다하면 지혜의 거울도 흐려진다고들 하더니, 바로 지금이 그러한 때인 듯하네."라고 서로 노부나가를 평하고 조소하며 집으로 돌아갔다.

예상했던 대로 새벽녘에 사쿠마 모리시게·오다 히데토시로부터, "이미 와시즈야마·마루네야마 두 요새가 이마가와 쪽의 공격을 받고 있습니다."라는 보고가 들어왔다.

이때 노부나가는 「아쓰모리」의 춤을 추었다. "인간 50년, 하늘 아래 세상과 비교하면 몽환과 같구나. 한 번 목숨을 받아 멸하지 않는 자 있는가."라고 노래하며 춤을 추고, "나발을 불어라, 갑주를 가져와라."라고 말해 갑옷을 입고 선 채로 식사를 한 뒤, 투구를 쓰고 출진했다.

이때 그를 따른 것은 코쇼인 이와무로 나가토의 카미(岩室 長門守)·하세가와 쿄스케·사와키 요시유키(佐脇 良之)·야마구치 히다의 카미(山口 飛騨守)·카토 야자부로(加藤 弥三郎). 이들 주종 6기가 아쓰타까지의 30리(12㎞)를 단숨에 달려갔다. 오전 8시 무렵에 카미치카마(上知我麻) 신사 앞에서 동쪽을 보니 와시즈·마루네 두 요새는 함락된 듯 연기가 피어오르고 있었다. 이때 노부나가 세력은 기마 6기와 잡병 200명 정도였다. 해안가를 따라 가면 거리는 가까웠으나 바닷물이 차서 말이 달리기 불편했기에 아쓰타에서 위쪽의 길을 달리고 또 달려서 우선 탄게의 요새로 갔고, 다음으로 사쿠마 노부모리가 진을 치고 있는 젠쇼지의 요새로 가서 장병들을 집결시켜 진용을 갖추고 전황을 살폈다.

적인 이마가와 요시모토는 4만 5천의 병사들을 이끌고 있었는데 오케하자마(桶狭間)에서 인마[人馬]에게 휴식을 주었다. 5월 19일 정오, 요시모토는 북서쪽을 향해서 진을 쳤으며, "와시즈·마루네를 함락시켜 더없이 만족스럽다."라고 말하고 노래를 3번 불렀다고 한다.

이번 전투에서 토쿠가와 이에야스(德川 家康)는 붉은색 갑주를 두르고 이마가와 쪽의 선진을 맡았다. 오오타카 성에 군량을 보급하고 와시즈·마루네 공격에 애를 먹고 고생을 했기에 인마를 쉬게 하기 위해서 오오타카에 진을 치고 있었다.

노부나가가 젠쇼지까지 온 것을 알고 삿사 마사쓰구·센슈 스에타다(千秋 末忠) 두 장수가 병사 300쯤을 이끌고 이마가와 세력을 향해 용감하게 돌진했으나, 적 쪽에서도 우르르 공격을 해왔기에 그 창 아래에 센슈 스에타다·삿사 마사쓰구를 비롯하여 50기 정도가 목숨을 잃고 말았다. 이를 보고 요시모토는, "요시모토의 창끝에는 천마[天魔], 귀신도 당해낼 수 없다. 매우 유쾌하구나."라고 기뻐하며 유유히 노래를 부르고 진을 움직이지 않고 있었다.

전황을 살핀 노부나가가 나카지마로 이동하려 하자, "나카지마로 가는 길은 양 옆 모두 진흙이 깊은 논이기에 발이 빠지면 움직일 수가 없어 1기씩 종대로 나아갈 수밖에 없습니다. 군세가 소수임을 적이 똑똑히 볼 것입니다. 당치도 않은 일입니다."라며 카로들이 노부나가가 탄 말의 재갈을 쥐고 저마다 말했다. 그러나 노부나가는 이를 뿌리치고 나카지마로 이동했다. 이때 노부나가는 채 2천도 되지 않는 병력이었다고 한다.

나카지마에서 다시 장병을 출격시켰다. 이때 역시 억지로 뜯어말려서라도 노부나가 자신의 출격을 막으려 했으나 노부나가가 말했다. "모두 잘 들어라. 이마가와의 병사들은 저녁에 배를 채우고 밤새 행군하여 오오타카에 군량을 보급하고 와시즈·마루네에서 애를 먹고 고생을 하여 지친 자들이다. 우리는 새로이 가세한 병사들이다. 그리고, '소수의 병력이라 할지라도 다수의 적을 두려워해서는 안 된다. 승패의 운은 하늘에 달렸다.'는 말을 모르는가? 적이 밀려들면 물러나고, 적이 물러나면 뒤를 쫓으면 된다. 어떻게 해서든 적을 두들겨 쓰러뜨리고, 뒤를 쫓아 무너뜨려라. 간단한 일 아닌가? 적의 무기 따위는 주우려 하지도 말아라. 그냥 버려두어라. 전투에서 이기기만 한다면 이 전투에 참가한 자는 집안의 명예, 대대로 이름을 떨칠 것이다.

모두 전력을 다하라."

이렇게 말하고 있을 때 마에다 토시이에(前田 利家)·모리 나가히데(毛利 長秀)·모리 주로·키노시타 요시토시(木下 嘉俊)·나카가와 킨에몬(中川 金右衛門)·사쿠마 야타로(佐久間 弥太郎)·모리 코스케(森 小介)·아지키 야타로(安食 弥太郎)·우오즈미 하야토(魚住 隼人) 등이 손에 손에 적의 수급을 취해 들고 돌아왔다. 이들에게도 위의 말을 하나하나 들려주었다.

산기슭까지 군세를 몰고 갔을 때, 격렬한 소나기가 돌이나 얼음이 쏟아지듯 퍼붓기 시작했다. 북서쪽을 향해 포진한 적에게는 비가 얼굴로 쏟아졌다. 아군에게는 뒤에서부터 들이쳤다. 쿠쓰카케 고개에 있는 소나무의 밑동으로 두 아름, 세 아름이나 되는 녹나무가 비 때문에 동쪽을 향해 쓰러졌다. 너무나도 다행스러운 일이었기에, "이번 싸움은 아쓰타 다이묘진(大明神)의 뜻에 의한 싸움이다."라고 모두가 말했다.

하늘이 갠 것을 본 노부나가가 창을 꼬나쥐고 커다란 목소리로, "모두, 공격하라, 공격하라."라고 외쳤다. 검은 연기를 피워올리며 달려드는 것을 보고 적은 물을 뿌린 듯 뒤쪽으로 우르르 무너졌다. 활, 창, 철포, 기치, 깃발, 대오가 흐트러진다는 것은 이를 두고 하는 말일까? 요시모토는 주홍색으로 칠한 가마까지 버리고 어지러이 달아났다.

"요시모토의 하타모토[27]는 저기다. 저쪽을 공격하라."라는 노부나

---

27) 旗本. 대장이 있는 본진, 혹은 본진의 무사.

가의 명령. 오후 2시 무렵, 동쪽을 향해 공격해 들어갔다. 처음 적은 300기쯤이 둥그렇게 모여 요시모토를 감싼 채 물러났으나 두 번, 세 번, 네 번, 다섯 번 뒤돌아서 베고 찌르는 동안 점차 사람의 숫자가 줄어 결국에는 50기쯤이 되었다.

노부나가도 말에서 내려 젊은 무사들과 앞을 다투듯 적을 찔러 쓰러뜨리고, 베어 쓰러뜨렸다. 흥분할 대로 흥분한 젊은 무사들, 어지러이 달려들어 칼을 마구 휘두르고 투구를 깨고 불꽃을 튕기고 불길을 내뿜었다. 난전이었으나 피아의 구별은 깃발의 색으로 알 수 있었다. 이때 노부나가의 우마마와리[28]와 코쇼, 사상자의 숫자를 헤아릴 수 없었다.

핫토리 하루야스(服部 春安)는 요시모토에게 달려들었다가 무릎이 잘려 쓰러졌다. 모리 요시카쓰(毛利 良勝)가 요시모토를 베어 쓰러뜨리고 머리를 취했다. 훗날, "이는 전부, 예전(1554)에 키요스 성에서 슈고가 목숨을 잃었을 때, 모리 주로(요시카쓰의 일족)가 홀로 나이 어린 슈고의 아들을 지켰기에 그 신불의 가호가 지금 나타나서 요시모토의 머리를 취하게 된 것이다."라고 사람들이 말했다.

이마가와 세력에게는 운이 다했다는 증거일까? 오케하자마라는 곳은 좁고 복잡한 곳이라 논의 진흙에 빠졌으며, 초목이 높고 낮게 우거져 더없이 험한 곳이었다. 깊숙한 진흙으로 달아난 적은 그곳에서 빠져나오지 못하고 기어서 돌아다녔는데, 젊은 무사들이 그 뒤를 쫓아 2개고 3개고 저마다 머리를 취해 노부나가 앞으로 가지고 돌아왔

---

28) 馬廻り. 말을 탄 장수를 곁에서 호위하던 기마무사.

다. "머리는 전부 키요스에서 살펴보도록 하겠다."라고 노부나가는 말했으나, 요시모토의 머리만은 여기에서 보고 한없는 만족감을 느꼈다.

출진했을 때와 같은 길을 따라서 키요스로 돌아왔다.

이야기는 뒤로 거슬러 올라가나, 노부나가의 아버지인 오다 노부히데는 야마구치 노리쓰구·노리요시 부자를 오래도록 아꼈으며 나루미 성을 그들에게 맡겼다. 뜻밖에도 노부히데가 죽자 야마구치 부자는 곧 두터운 은혜도 잊고 노부나가에게서 등을 돌려 이마가와 요시모토에게 충성을 바쳐 거성인 나루미에 이마가와 세력을 들였고, 그 때문에 치타군은 요시모토에게 속하게 되었다. 거기에 아이치군(愛智郡)으로 밀고 들어와 카사데라(笠寺)라는 곳에 요새를 세우고 오카베 모토노부·카즈라야마 나가요시·아자이 코시로·이이노오 아키시게·미우라 요시나리를 머물게 했다. 나루미에는 아들인 야마구치 노리요시를 두었으며, 카사데라의 이웃인 나카무라고(中村郷)를 요새로 개조하여 야마구치 노리쓰구가 자리를 잡았다. 이처럼 거듭거듭 충성을 다했음에도 불구하고 요시모토는 스루가로 노리쓰구·노리요시 두 사람을 불러들여 상은 조금도 주지 않고 비정하게도 말할 필요도 없다며 할복케 했다.

세상은 말세라고들 하지만 이번에도 일월이 엄연히 하늘에 머물며 정사[正邪]를 밝히 한 것이다. 이마가와 요시모토는 야마구치 노리쓰구가 머물던 곳으로 와서 나루미에 4만 5천의 대군을 전개했으나 아무런 보람도 없이 겨우 1천 분의 1밖에 되지 않는 노부나가의 2천 안팎의 군세에게 패해서 달아나다 목숨을 잃고 말았다. 비참한 운명이라고 해야 할지, 인과는 뚜렷하며 선악 2개의 도리는 분명하여 하늘의 뜻을 등지면 무시무시한 결과를 맞이하게 되는 법이다.

야마다 신에몬(山田 新右衛門)은 원래 스루가 사람으로 요시모토가 아끼던 자였다. 요시모토가 전사했다는 말을 듣자 말머리를 돌려 싸우다 목숨을 잃었다. '목숨은 의[義] 앞에서 가볍다.'는 말은 이러한 일을 나타내는 것이다. 후타마타(二俣)의 성주인 마쓰이 무네노부(松井 宗信) 및 마쓰이의 일문과 일당 200명이 그 자리에서 싸우다 목숨을 잃었다. 이번 싸움에서 이름 있는 무사 여럿이 목숨을 잃었다.

그런데 카와우치 니노에의 뉴도인 우구이라(うぐいら)의 핫토리 토모사다는, 요시모토 편에 서겠다며 군선 1천 척쯤을 거미의 새끼를 흩어놓은 것처럼 바다 위에 늘어놓고 오오타카 성 밑인 쿠로에가와 하구까지 올라왔다가 이렇다 할 움직임도 보이지 않고 물러났다. 돌아가는 길에 아쓰타 항구에 배를 대고 토오아사(遠浅) 해변으로 상륙하여 마을에 불을 지르려 했다. 그러나 아쓰타의 마을 사람들이 이들을 유인하여 한꺼번에 공격해서 수십 명의 목숨을 빼앗았기에 어쩔 수 없이 카와우치로 물러나버리고 말았다.

노부나가가 말 앞에 이마가와 요시모토의 머리를 걸게 하고 서둘러 돌아왔기에 아직 해가 남아 있을 때 키요스에 도착했다. 이튿날 수급을 살펴보았다. 머리의 숫자는 3천여가 되었다.

그런데 요시모토가 쓰던 채찍과 활을 쏠 때 끼는 장갑을 가지고 있는 도보슈를, 시모카타 쿠로자에몬(下方 九郎左衛門)이라는 자가 생포해서 데리고 왔다. 노부나가는, "근래 보기 드문 공적이다."라며 상을 내리고 매우 흡족해했다. 그 생포되어온 자들에게 요시모토가 목숨을 잃을 당시의 전후 상황을 묻고 수많은 머리 하나하나에 누구의 것인지 알고 있는 자의 이름을 쓰게 했다.

이 도보슈에게 금은으로 장식한 장도와 단도를 주고 요시모토의 머리를 들려 스루가로 돌아가게 했다. 여기에는 10명의 승려를 뽑아 따르게 했다.

노부나가는 키요스에서 남쪽으로 20정(2.2km), 아쓰타로 통하는 가도의 스가구치(洲賀口)라는 곳에 요시모토의 무덤을 세웠다. 공양을 위해 그곳에서 천부경을 독경케 하고 커다란 탑을 세웠다.

이번에 요시모토를 베었을 때, 요시모토가 늘 차고 다니던 비장의 명도[名刀] 사몬지29)의 칼을 노부나가가 거두어들였는데, 몇 번이고 시험 삼아 베어본 뒤 늘 차고 다니기로 했다. 이번 전투에서 승리한 공적은 말할 필요도 없는 일이었다.

한편, 나루미 성에는 오카베 모토노부가 들어앉아 있었으나 항복했기에 목숨만은 살려주었다. 적은 오오타카 성·쿠쓰카케 성·치류우(池鯉鮒) 성·시기하라 성 등 5개 성 모두를 넘겨주고 물러났다.

(25) 토쿠가와 이에야스, 오카자키 성으로 돌아가다

토쿠가와 이에야스는 미카와의 오카자키 성으로 들어가 그곳을 거성으로 삼았다.

이듬해(1561) 4월 상순, 노부나가가 미카와의 우메가쓰보(梅ヶ坪) 성을 공격했다. 적을 궁지로 몰아넣고 보리밭을 베어 쓰러뜨렸다. 그러나 적 쪽에서 강용한 사수들이 성에서 나와 힘껏 응전했기에

---

29) 左文字. 도공의 유파.

백병전이 벌어졌고 마에노 요시타카(前野 義高)가 목숨을 잃었다.

이 전투에서 히라이 나가야스(平井 長康)가 솜씨 좋게 화살을 쏘았기에 적의 성 안에서도 칭찬하며 화살을 보내왔다. 노부나가도 감탄하여 표범 가죽으로 만든 커다란 화살통과 흰 바탕에 무늬가 들어간 말을 상으로 주었다. 더할 나위 없는 명예였다.

노부나가는 야영을 하고 거기서 타카하시군(高橋郡)을 공격했다. 끝 쪽에서부터 불을 질러 적을 압박하고 보리밭을 베어 쓰러뜨렸는데, 여기서도 활에 의한 공방이 벌어졌다. 뒤이어 카지야무라(加治屋村)를 불태우고 다시 야영을 했다. 이튿날 다시 이보(伊保) 성을 공격했다. 보리밭을 베어 쓰러뜨리고 거기서 바로 야쿠사(矢久佐) 성을 공격했다. 보리밭을 베어 쓰러뜨리고 돌아왔다.

노부나가의 동생 노부유키는, 류센지(절)를 성으로 개조했다. 위쪽의 군에 속하는 이와쿠라의 오다 노부야스와 공모하여, 노부나가의 직할령 가운데 수확이 좋은 토지인 시노키산고를 빼앗으려 일을 꾸몄다.

노부유키의 남색 상대 가운데 쓰즈키 쿠란도라는 자가 있었다. 집안에서 평판이 좋은 사무라이들은 모두 쓰즈키 아래에 배속되었다. 우쭐해진 쓰즈키는 안하무인이 되어 시바타 카쓰이에를 소홀히 대했다. 이를 원통하게 여긴 시바타는 노부유키가 이번에 또 모반을 꾀하고 있다는 사실을 노부나가에게 고했다.

그 이후부터 노부나가는 병에 걸린 척하고 모든 외출을 삼갔다. "형제 사이이니 문안을 가시는 것이 좋을 듯합니다."라고 어머니와 시바타 카쓰이에가 권했기에 노부유키는 키요스로 문안을 갔다.

1557년 11월 2일, 노부나가는 카와지리·아오가이(青貝)에게 명령하여 키요스 성 북쪽 망루의 한 방에서 노부유키를 살해케 했다. 이때의 충절을 인정하여 훗날 에치젠(越前후쿠이 현 북부 및 쓰루가,옛슈)이라는 커다란 쿠니를 시바타 카쓰이에에게 준 것이다.

(26) 니와 효조의 충절

1559년, 노부나가가 갑자기 쿄토(京都)로 들어가겠다고 발표하고 수행할 자 80명을 지명하여 쿄토로 향했다. 쿄토·나라(奈良)·사카이(堺)를 둘러보고 쇼군30) 아시카가 요시테루(足利 義輝)를 알현 한 뒤, 수일 쿄토에 머물렀다. 이번 상경이야말로 영광스러운 일이라며 한껏 치장을 하고 금은으로 장식한 커다란 칼을 당당하게 찼다. 수행하는 자들도 모두 금은으로 장식한 칼이었다.

키요스 사람인 나고야 야고로의 가신 가운데 니와 효조(丹羽 兵蔵)라고, 재치 있는 자가 있었다. 노부나가 일행과는 별도로 쿄토를 향해 올라갔는데 도중에 어느 정도 지위가 있어 보이는 인물 대여섯 명과 그 외의 사람들을 합쳐 30명쯤 되는 한 무리가 쿄토로 올라가는 것과 마주쳤다. 시나(志那)의 나루터에서 그들이 탄 배와 같은 배에 올랐다. "어디 사람인가?"라고 묻기에 효조는, "미카와노쿠니 사람입니다. 오와리노쿠니를 지나왔는데, 그 쿠니에서는 노부나가 공의 위세에 눌려 모두가 얌전히 지내는 듯했기에 저도 자중하며 지나왔습니다."라고 대답했다. 그러자 그들 가운데 한 사람이, "카즈사의 스케(노부나가)의 운도 그리 오래 가지는 않겠군."이라고 말했다.

그들은 사람들의 시선을 피하려는 기색이 역력했다. 하는 말도

---

30) 将軍. 세이이타이쇼군(征夷大将軍)의 줄임말로 막부의 최고 지위자.

이상했기에 효조는 의심스럽게 여겨 주의해서 그들이 묵는 곳 가까이에 숙소를 잡고 일행 가운데 영리하게 보이는 아이를 구슬려서 친해진 다음, "그분들은 온천에라도 가시는 건가? 어떤 분들이신가?"라고 물어보았다. 아이는 효조가 미카와노쿠니 사람이라고 말했기에 마음을 놓고, "온천이 아닙니다. 미노노쿠니로부터 커다란 임무를 명받고 카즈사의 스케 나리를 살해하기 위해 쿄토로 올라가는 중입니다."라고 대답했다. 그들의 이름은 코이케 요시우치(小池 吉内)·타이라 미마사카(平 美作)·치카마쓰 타노모(近松 賴母)·미야카와 하치우에몬(宮川 八右衛門)·노기 지자에몬(野木 次左衛門)과 그 외라는 것이었다.

밤, 그들의 하인들 틈에 섞여 주요한 인물들 부근까지 다가가서 이야기를 엿들어보니, "쇼군만 마음을 정하시고 그 숙소 사람들에게 명령을 내려주시기만 한다면 철포로 쏘기에 아무런 번거로움도 없을 게요."라고 말했다.

이튿날, 효조가 발걸음을 서둘러 앞질러 가서 쿄토로 들어가는 입구에서 지켜보고 있자니 곧 밤이 되어 그들도 쿄토에 도착했고, 니조(二条)의 타코야쿠시(蛸薬師에이후쿠지) 부근에 숙소를 잡았다. 밤중에 그 숙소 문의 좌우 기둥을 깎아 표시를 해두었다. 그런 다음 노부나가의 숙소를 수소문해보았더니 카미쿄(上京) 무로마치(室町) 거리의 뒷골목에 있다는 것이었다.

노부나가의 숙소를 찾아내어 문을 두드리자 보초를 서는 자가 있었다. "쿠니에서 심부름으로 왔습니다. 급한 용건입니다. 카나모리(金森) 나리나 하치야(蜂屋) 나리를 뵙고 싶습니다."라고 말했다. 두 사람이 나와 만나주었기에 위의 사실들을 전부 세세하게 보고했다.

카나모리 나가치카(長近)와 하치야 요리타카(賴隆)가 곧 노부나가에게 보고하자 노부나가는 니와 효조를 불러들여, "그들의 숙소를 알아두었는가?"라고 물었다. "니조 타코야쿠시 부근의 여관에 전원이 함께 들어갔습니다. 여관의 문기둥을 깎아 두었으니 틀릴 리 없습니다."라고 대답했다. 그로부터 상의를 하는 사이에 날이 밝았다.

노부나가는, "그 미노 사람들을 카나모리가 알고 있다고 하니, 아침 일찍 그 여관으로 가보도록 하게"라고 명령했다. 효조를 데리고 예의 여관으로 간 카나모리는 뒷문을 통해서 불쑥 들어가 그 사람들을 만났다.

"당신들이 어젯밤에 쿄토로 들어온 일은 노부나가 공도 알고 계시기에 이렇게 제가 온 것입니다. 노부나가 공에게 인사를 가도록 하십시오."라고 말했다. 노부나가가 알고 있다는 말을 들은 그들은 깜짝 놀라 낯빛이 바뀌었다.

이튿날 미노 사람들은 오가와오모테(小川表)로 갔다. 노부나가도 타치우리(立売)에서부터 오가와오모테를 구경하기 위해 길을 나섰다. 거기서 그들을 만나 이야기를 나누었다. "너희들은 이 카즈사의 스케를 살해하기 위해서 쿄토로 들어온 것이라고 들었다. 솜씨도 없는 것들이 이 노부나가를 노리다니, 사마귀가 낫을 휘둘러 마차에 맞서려는 것과 다를 바 없는 일이다. 당키나 하겠느냐? 아니면, 여기서 해보겠느냐?"라고 몰아붙였기에 6명은 어찌해야 좋을지를 몰랐다.

쿄토의 입이 건 사람들은 노부나가의 언동을 2가지로 평했다. "한 성의 주인으로 있는 자가 쓰기에 적합한 말이 아니다."라고 말하는 자도 있었다. 또, "젊은이에게는 어울리는 말이다."라고 말하는 자도 있었다. 며칠 후, 노부나가는 모리야마까지 내려갔다. 이튿날은 비가 내렸으나 새벽녘에 출발하여 아이타니(相谷)에서 핫푸토우게(八風峠고개)를 넘었고, 키요스까지의 270리(106km) 길을 서둘러 한밤중이 지난 오전 4시 무렵에 키요스에 도착했다.

(27) 뱀 퇴치

그런데 신기한 일이 있었다.

오와리의 중앙에 위치한 키요스에서 동쪽으로 50정(5.5km) 떨어진 곳, 삿사 나리마사(佐々 成政)의 거성인 히라(比良) 성 동쪽에 남북으로 길게 뻗은 커다란 둑이 있었다. 그 서쪽에는 아마가이케(あまが池)라고 해서 크고 무시무시한 뱀이 산다고 전해지는 연못이 있었다. 둑 밖의 동쪽은 30정(3.3km)에 이르는 평탄한 갈대밭이 이어져 있었다.

어느 해의 1월 중순, 아지키무라 후쿠토쿠고(福德鄕)의 마타자에몬(又左衛門)이라는 자가 비 내리는 저녁에 둑을 지나다 굵기가 1아름쯤이나 될 법한 검은 물체를 보았다. 몸은 둑 위에 있었는데 머리가 둑에서 길게 뻗어나와 거의 아마가이케에 달하려 하고 있었다. 사람의 발소리를 듣고 머리를 쳐들었다. 얼굴은 사슴과 같았고 눈은 별처럼 반짝였다. 혀를 내밀었는데 그것을 보니 새빨간 것이 사람의 손바닥을 펼친 것 같았다. 눈과 혀가 빛나고 있었다. 이를 본 마타자에몬은 온 몸의 털이 곤두설 정도로 너무 두려웠기에 왔던 길 쪽으로 달아나버리고 말았다.

히라에서 오오노기(大野木)의 숙소로 돌아와 이 사실을 사람들에게 이야기했기에 소문이 퍼졌고 어느 틈엔가 노부나가의 귀에도 들어갔다.

　1월 하순, 예의 마타자에몬을 불러 사정을 직접 들은 노부나가는, "내일 연못의 물을 빼고 뱀을 잡겠다."고 널리 알렸다. 히라고, 오오노기무라·타카다고고(高田五鄕)·아지키무라·아지마무라(味鏡村)의 농민들에게 물을 퍼낼 통·가래·괭이를 들고 모이라고 명령했다.

　그날 수백 개의 통을 늘어놓고 아마가이케의 사방에서 달려들어 4시간쯤 물을 퍼냈더니 연못의 물 7할 정도가 줄었다. 그런데 그 이후부터는 아무리 퍼내도 물이 줄지 않았다.

　이에 노부나가는, "물속으로 들어가서 뱀을 찾겠다."고 말했다. 단도를 입에 물고 한동안 연못 속에 들어가 있다가 마침내 밖으로 나왔다. 뱀 같은 것은 없었다. 우자에몬(鵜左衛門)이라고 물질을 잘하는 자에게, "다시 한 번 들어가보아라."라고 명령하여 자신의 뒤를 이어 찾아보게 했으나 어디에서도 커다란 뱀은 보이지 않았다. 이에 노부나가는 결국 거기서 키요스로 돌아왔다.

　사실은 몸이 오싹해질 정도로 위험한 일이 있었다.

　그 무렵, 삿사 나리마사가 노부나가에게 역심을 품고 있다는 풍설이 있었다. 그랬기에 이때 나리마사는 일어날 수 없을 정도로 중한 병에 걸렸다고 거짓말을 하고 나가지 않았는데 그는, "노부나가는 틀림없이 작은 성 가운데 이 성만큼 좋은 성도 없다고 들었으니 뱀 퇴치를 나온 김에 나리마사의 성을 둘러보겠다며 이 성으로 와서 나를 힐책하여 배를 가르게 할 것이다."라며 걱정했다.

　나리마사의 일족으로 가신들의 장로인 이구치 타로자에몬이라는 자가 있었다. "그 일이라면 제게 맡겨주시기 바랍니다. 노부나가 공을 시해하도록 하겠습니다. 만약 성을 보고 싶다며 온다면 이 이구치에게 안내를 명할 것입니다. 그러면 저는, 여기에 배가 있으니 여기에 올라 우선은 성을 둘러보시는 것이 좋을 듯합니다, 라고 말하겠습니다. 노부나가 공께서 옳은 말이라며 배에 오르시면 저는 의복 자락을 허리에 지르고 단도를 꺼내어 코쇼에게 건네준 뒤 배를 젓겠습니다. 노부나가 공을 수행하기 위해서는 아마도 코쇼들만이 배에 오르리라 여겨집니다만, 설령 3명이든 5명이든 나이 든 자가 탄다 할지라도 품속에 작은 칼을 숨겨두었다가 기회를 보아 노부나가 공에게 달려들어 몇 번이고 찔러 숨통을 끊은 뒤, 끌어안은 채 강 속으로 뛰어들 테니 안심하시기 바랍니다."라고 말했다.

노부나가는 운이 매우 좋은 사람으로 아마가이케에서 어디에도 들르지 않고 바로 돌아왔다. 대체로 한 성의 주인으로 있는 사람은 매사에 주의를 기울여 방심해서는 안 되는 법이다.

(28) 히기쇼[31] 집행

오와리노쿠니 카이토군(海東郡) 오오야무라(大屋村)에 오다 노부후사의 가신으로 진베에(甚兵衛)라는 쇼야(庄屋촌장)가 살고 있었다. 이웃 마을인 잇시키(一色)에는 사스케(左介)라는 자가 있었다. 두 사람은 매우 각별하게 지내는 친한 사이였다.

어느 해의 12월 중순, 오오야무라의 진베에가 연공을 바치기 위해 키요스로 들어가 집을 비운 사이에 잇시키무라의 사스케가 밤에 도둑질을 하기 위해 진베에의 집으로 들어갔다. 아내가 눈을 떠 사스케와

---

31) 火起請. 달군 철을 들게 하여 들지 못한 자의 말을 거짓으로 판정하는 재판.

몸싸움을 벌였고, 그의 칼집을 빼앗았다.

이 사건을 키요스에 호소했고, 두 사람은 슈고에게 각자 자신의 입장을 이야기했다. 잇시키무라의 사스케는 당시 실권을 쥐고 있던 노부나가의 유모의 아들인 이케다 쓰네오키(池田 恒興)의 가신이었다.

히기쇼로 판정하게 되어 산노샤(山王社)라는 신사의 신전에 담당관들이 늘어섰으며 재판 당사자 양쪽에서 입회인을 내었다.

여기서 하늘의 뜻은 거스를 수 없다는 사실을 보여주는 무시무시한 일이 일어났다.

사스케는 달구어진 철을 들지 못하고 떨어뜨렸는데 그 무렵 이케다 쓰네오키 일당은 한껏 권세를 누리고 있었기에 사스케가 징계를 받지 않도록 하기 위해 증거가 되는 히기쇼의 철을 빼앗아 소란을 피우고 있었다.

그때 마침 매사냥을 마치고 돌아가던 노부나가가 그곳을 지났다. 그 소란을 보고, "활·창·무구를 갖추고 사람들이 모여 있는 것은 어떤 이유에서냐?"라고 물었다. 양쪽의 말을 들으며 그 모습을 가만히 지켜보고 있던 노부나가의 얼굴빛이 갑자기 변했다. 히기쇼를 행했을 때의 상황을 듣더니, "철을 어느 정도로 달구어서 들게 했느냐. 그때와 똑같이 철을 달구어라. 한번 보기로 하겠다."라고 말했다.

철이 벌겋게 변할 때까지 잘 달구어, "이렇게 해서 들게 했습니다."라고 말했다. 그러자 노부나가는, "내가 이 철을 무사히 받아들면 사스케는 처벌을 받지 않을 수 없을 터이니, 그리 알고 있도록 하라."라고 말한 뒤 뜨거운 도끼를 손 위에 받아들고 세 걸음 걸어가 신전에 놓았다. "어떠냐, 잘 보았겠지?"라며 사스케를 처벌케 했다.

참으로 굉장한 일이었다.

(29) 미노의 슈고 토키 요리노리

사이토 도산은 원래 야마시로노쿠니(山城国 교토 부 남부,조슈) 니시오카(西岡)의 마쓰나미(松波) 아무개라는 자였다. 언제부턴가 킨키[32]에서 나가 미노노쿠니의 나가이 토자에몬(長井 藤左衛門)을 의지하여 그에게서 녹봉을 받았고, 가신도 둘 수 있게 되었다. 그러다 무정하게도 주인을 살해하고 주인의 성을 취해서 나가이 신쿠로(新九郎)라는 이름을 썼다.

나가이의 일족과 집안사람들도 야심을 품고 서로 싸우게 되었다. 그러던 중에 신쿠로가 오오쿠와(大桑) 성에 있던 미노의 슈고인 토키 요리노리(土岐 頼芸)에게 협력을 의뢰하자 간단히 가담해주었다. 그 덕분에 신쿠로는 자신의 뜻을 이룰 수 있었다.

토키 요리노리의 아들 가운데 지로(次郎)와 하치로(八郎)라는 형제가 있었다. 도산은 분에 넘치게도 지로를 사위로 맞아들여 비위를 맞추었으나, 기회를 봐서 독살해버렸다. 그리고 남겨진 딸을 후처로 삼으라며 억지로 하치로에게 떠넘겼다. 도산은 주인[33]을 이나바야마에서 살게 했으며, 토키 하치로를 그 산 아래에서 살게 하고 사흘이나 닷새마다 한 번씩 찾아가서 툇마루에 단정히 앉아, "매사냥을 나가셔서는 안 됩니다."라거나, "승마 따위 당치도 않은 일입니다."라고 말해

---

32) 近畿. 쿄토 및 그 주변 지역을 일컫는 말.
33) 슈고다이인 사이토(斎藤) 씨.

새장 속의 새처럼 다루었다. 이에 하치로는 비 내리는 밤의 어둠을 이용하여 달아나 오와리를 향해 말을 달렸다. 이를 뒤따라가서 사로잡은 도산은 그를 할복하게 만들었다.

토키 요리노리는 오오쿠와를 거성으로 삼고 있었는데, 도산은 카로들에게 뇌물을 주어 그들을 자신의 편으로 끌어들인 뒤, 요리노리를 오오쿠와에서 쫓아냈다. 이렇게 해서 요리노리는 오와리로 가서 노부나가의 아버지인 오다 노부히데에게 의지하게 되었다.

그러자 누가 쓴 것인지는 모르겠으나 낙서 가운데,

〈주인을 베고 사위를 죽이는 짓은 몸의 파멸을 부르네. 옛날에는 오와리의 오사다 타다무네34), 지금은 미노의 야마시로 도산〉

이라는 것이 길가의 곳곳에 적혀 있었다. 은혜를 입었으면서 배은망덕한 짓을 하는 것은, 나무에 사는 새가 그 나무를 말라죽게 만드는 것과 같은 일로, 자신의 파멸을 부르는 법이다.

사이토 도산은 조그만 죄를 범한 자의 사지를 소에 묶어 찢어죽이기도 하고, 커다란 솥을 놓고 그의 아내나 부모나 형제에게 불을 피우게 하여 죄인을 삶아 죽이는 등 참으로 냉혹한 처형을 행했다.

(30) 사이토 도산의 죽음

사이토 도산의 아들로는 장남 신쿠로 요시타쓰(新九郎 義龍), 차남 마고시로(孫四郎), 삼남 키헤이지(喜平次)라는 삼형제가 있었다. 부자 4명 모두 이나바야마에서 살고 있었다.

대체로 장남은 마음이 여유롭고 온화한 법이다. 도산은 판단력이

---

34) 長田 忠致. 자신의 주군이었던 미나모토노 요시토모(源 義朝)를 살해했다.

흐려진 것인지 요시타쓰는 어리석은 사람이라고만 착각했고, 둘째 아들을 영리하다며 아꼈다. 셋째 아들인 키헤이지는, 잇시키 우효에다유(一色 右兵衛大輔)로 삼는 등 간단히 관위를 높여주었다. 이와 같은 상태였기에 동생들은 거들먹거리며 우쭐해져서 형 요시타쓰를 업신여기게 되었다.

요시타쓰는 체면이 말이 아니었기에 이를 원통히 여겨 1555년 10월 13일부터 병을 칭하고 방에 들어앉아 누워 있기로 했다.

11월 22일, 도산이 이나바야마 아래에 있는 자신의 집으로 내려갔다. 이에 요시타쓰는 숙부인 나가이 미치토시(長井 道利)를 사자로 삼아 두 동생에게 보내서, "중병에 걸려 앞날도 얼마 남지 않은 듯하다. 얼굴을 보고 해두고 싶은 말이 있으니 와주었으면 한다."는 말을 전하게 했다. 나가이 미치토시가 말을 그럴듯하게 꾸며서 전달했기에 두 동생 모두 승낙하고 곧 요시타쓰를 찾아왔다.

나가이 미치토시가 옆방에 칼을 놓았다. 이를 보고 동생 둘도 역시 옆방에 칼을 놓았다. 안쪽 방으로 들어가 짐짓, "술잔을." 하며 음식을 내었다. 그 사이에 히네노 히로나리(日根野 弘就)가 잘 들기로 유명한 칼 테보카네쓰네(手棒兼常)를 뽑아 윗자리에 있던 마고시로를 베고 뒤이어 우효에다유도 베었다. 평소의 울분을 푼 요시타쓰는 이 사실을 산 아래에 있는 도산에게 바로 알렸다.

도산은 가슴이 덜컥 내려앉을 만큼 놀랐으나 바로 나발을 불게 하여 군세를 모으고 사방의 마을 외곽에서부터 마을 전체를 불태워서 이나바야마 성을 고립시켰다. 뒤이어 나가라가와(奈賀良川강)를 건너 야마가타군(山県郡)의 산속으로 물러났다.

이듬해(1556) 4월 18일, 도산은 쓰루야마(鶴山)에 올라 미노의 중앙부를 눈 아래에 두고 진을 쳤다. 도산의 사위인 노부나가도 여기에 호응하여 키소가와·히다가와 등 커다란 강을 배로 건너 오오라(大良) 토지마(戸島)의 토조보(東蔵坊) 요새까지 나아가 진을 쳤다. 여담이 지만, 여기서 토목공사를 하고 있을 때 돈이 든 항아리가 여러 개 나와 곳곳에 동전을 깔아놓은 듯한 모양새가 되었다.

4월 20일 오전 8시 무렵, 북서쪽을 향해서 요시타쓰가 군세를 내었다. 도산도 쓰루야마에서 내려와 나가라가와 강변까지 군세를 내었다.

서전은 타케코시 시게나오(竹腰 重直)의 부대 600명 정도가 한 덩어리가 되어 나카(中) 나루터를 건너서 도산의 본진을 향해 달려들었 다. 어지러이 뒤얽혀 난전을 펼친 결과 이 전투에서 타케코시 시게나오 는 목숨을 잃고 패했다. 타케코시를 벤 도산이 만족하여 걸상에 앉아 호로35)를 흔들며 자신감에 차 있을 때, 두 번째 공격 부대로 요시타쓰가 다수의 병사들을 이끌고 우르르 강을 건너왔다. 양 군이 서로 진을 갖추고 대치했다.

우선 요시타쓰의 진 속에서 나가야 진우에몬(長屋 甚右衛門)이라는 무사가 단기로 나왔다. 이에 도산의 군세 속에서는 시바타 카쿠나이라 는 자가 역시 단기로 나와서 나가야와 서로 맞붙었다. 양 군의 한가운데 서 싸워 승부를 가렸는데 시바타 카쿠나이가 영광스러운 공적을 세웠 다. 뒤이어 양편에서 공격이 시작되었고 서로 뒤얽혀 불꽃을 튀기며

---

35) 母衣. 갑옷 뒤에 덮어 화살을 막던 포대와 같은 천.

싸웠다. 칼이 부러질 정도의 격렬한 싸움이 펼쳐졌고 여기저기서 각자가 활약했다.

나가이 추자에몬(長井 忠左衛門)이 도산과 맞붙었는데 도산이 내려친 칼을 위로 튕겨내고 덥석 엉겨붙어서 도산을 생포하려 했으나, 그때 우악스러운 무사인 코마키 겐타(小真木 源太)가 달려와서 도산의 정강이를 베고 위에서 덮쳐 목을 베었다. 추자에몬은 나중에 증거로 삼기 위해 도산의 코를 베어가지고 갔다.

싸움에서 이겨 요시타쓰가 수급을 확인하고 있을 때 도산의 머리가 도착했다.

요시타쓰는 이때, 아버지의 목숨을 앗아야 하는 처지가 되어버린 것도 전부 자신의 죄 때문이라는 사실을 깨닫고, 불문에 들었다. 이때부터 요시타쓰는 신쿠로 한카(新九郎 范可)라는 이름을 쓰기로 했다. 여기에는 고사[故事]가 있다. 옛날 중국에 범가[范可]라는 자가 있었는데 아버지의 목을 베었다. 그러나 거기에는 아버지의 목을 베는 것이 효도가 될 만한 사정이 있었다. 지금의 요시타쓰는 불효를 저지른 중한 죄, 그것을 부끄럽게 여기지 않으면 안 될 것이다.

(31) 노부나가, 오오라에서 돌아오다

전투가 끝나자 사이토 요시타쓰는 수급을 확인한 뒤, 노부나가의 진소가 있는 오오라 방면으로 군세를 보냈다. 노부나가 세력도 오오라에서 30정(3.3㎞)쯤 전진하여 오요비카와하라(および河原)에서 적과 마주쳤다. 아시가루 사이에서 전투가 벌어져 야마구치 토리데노스케(山口 取手介)가 목숨을 잃었으며, 히지카타 히코자부로(土方 彦三

郞)도 목숨을 잃었고, 모리 요시나리는 센고쿠 마타이치(千石 又一)와 맞붙어 말 위에서 싸우다 무릎 부근을 찔려 뒤로 물러났다.

"도산이 전투에서 패해 목숨을 잃었다."라는 통보가 있었기에 노부나가 세력은 오오라에 있는 본진까지 물러났다. 그곳과 본거지인 오와리 사이에 커다란 강이 있었기에 병사와 우마를 전부 후방으로 물러나게 한 뒤, "노부나가가 후미를 맡겠다."라고 하여 전군에게 강을 건너게 했다. 노부나가가 탈 배 1척만을 남겨놓고 다른 병사들이 강을 건넜을 때, 요시타쓰 쪽의 기마무사가 몇몇 강가 부근까지 달려왔다. 이때 노부나가가 철포를 쏘게 했기에 적은 그보다 더 가까이 공격해 들어오지는 못했다. 이에 노부나가도 배에 올라 강을 건넜다.

이 전투가 끝난 지 얼마 되지 않아서 오와리노쿠니의 절반을 소유하고 있던 이와쿠라의 오다 노부야스가 미노의 사이토 요시타쓰와 손을 잡고 노부나가에게 적대행위를 하기 시작했다. 노부나가의 성이 있는 키요스 부근, 시모노고(下の郷)라는 마을을 노부야스 세력이 불태웠다는 보고가 차례로 들어왔다. 화가 난 노부나가는 곧 이와쿠라 방면으로 군세를 내어 부근에 있는 영지를 불태우고 그날로 병사를 물러나게 했다.

이러한 일도 있었기에 아래쪽의 군들에서도 대부분은 노부나가를 적대시하게 되었다.

(32) 오와리의 슈고와 미카와의 슈고의 회견

키요스에서 옆으로 30정(3.3㎞)쯤 떨어진 오리쓰(下津)에 수행승이 머무는 세이간지(正眼寺)라는 절이 있었다. 상당한 요해지였다. 이곳을 위쪽의 군에 속한 이와쿠라 쪽(오다 노부야스)에서 요새로 개조할 것이라는 소문이 나돌았다. 이에 노부나가는, "키요스의 초닌들을 소집하여 세이간지의 숲을 베어내라."고 명령하고, 군세를 출동시켰다. 초닌들이 헤아려보니 기마 무사는 83기가 될까 말까 하는 숫자였다고 한다.

이와쿠라 쪽에서도 군세를 내어 탄바라노(たん原野)에 3천쯤의 병사를 배치했다. 그때 노부나가는 곳곳을 뛰어다니며 초닌들을 모으고 그들에게 죽창을 들게 하여 후방에 병사들이 있는 것처럼 꾸민 뒤, 아시가루들을 출격시켜 적에 맞섰다. 그러다 서로 병사들을 물렸다.

이처럼 이와쿠라 쪽과 서로 싸우고 있을 때인 1556년 4월 상순, 미카와노쿠니의 슈고인 키라 요시아키(吉良 義昭)와 오와리노쿠니의 슈고인 시바 요시카네(斯波 義銀) 사이에서 평화롭게 회견하자는 교섭이 스루가의 이마가와 요시모토의 알선으로 성립되었다. 요시모토는 키라 요시아키를 보좌했으며, 시바 요시카네는 노부나가가 수행하여 출마했다.

미카와의 우에노하라(上野原)에 양쪽 군이 진을 쳤다. 그 간격은 1정 5단(160m)쯤이었으리라. 말할 필요도 없이 한쪽에는 시바 요시카네가, 다른 한 쪽에는 키라 요시아키가 걸상에 앉아서 서로를 마주보고 있었다.

회견의 목적은 양쪽 슈고의 서열을 정하기 위한 것이라 여겨지고 있었다. 양쪽 편에서 10보씩 중앙을 향해 나갔다. 그러나 특별히 이렇다 할 일도 벌어지지 않았으며, 다시 원래의 자리로 되돌아갔다. 그리고 양편 모두 진을 풀고 물러났다.

노부나가는 시바 요시카네를 오와리노쿠니의 주인으로 숭경하여 요시카네에게 키요스 성을 내주고 자신은 북쪽 망루로 들어갔다.

(33) 키라·이시바시·시바를 추방하다

오와리노쿠니의 접경지로 해안과 가까운 곳에 이시바시(石橋) 아무개의 저택이 있었다. 카와우치(河內)의 핫토리 토모사다가 스루가 세력을 바다를 통해 끌어들이려 했으며, 거기에 키라 요시아키·이시바시 아무개·시바 요시카네가 공모하여 노부나가에게 반기를 들려했다. 이러한 사실이 가신들 사이에서 새어나와 노부나가에게도 들려왔기에 노부나가는 이들 세 사람을 곧 쿠니 밖으로 추방했다.

(34) 우키노 전투

키요스에서 이와쿠라까지는 30정(3.3km)도 되지 않을 것이다. 정면에서 공격하려면 요해지에 부딪치기에 1558년 7월 12일, 노부나가는 북쪽으로 30리(12km) 떨어진 이와쿠라의 뒤편으로 우회하여, 접근하기 좋은 방향에서 우키노(浮野)라는 곳에 군세를 배치하고 아시가루로 하여금 공격케 했다. 우키노 쪽(노부야스의 아들인 노부카타)에서도 병사 3천쯤을 천천히 출격시켜 응전했다. 정오쯤부터 노부나가 세력이 남동쪽을 향해 공격을 개시, 수 시간에 걸쳐 싸워서 적을 무너뜨렸다.

이때 아사노(淺野)라는 마을에 하야시 야시치로(林 弥七郎)라는 무사가 있었다. 활을 잘 쏘기로 유명한 자였다. 활을 들고 물러나려 하는 것을 철포의 명인인 하시모토 잇파가 쫓았다. 예전부터 알고 지내던 사이였기에 하야시 야시치로가 잇파에게, "살려 돌려보내지는 않을 걸세."라고 말했다. 잇파도, "알고 있네."라고 대답했다. 하야시가

아이카(あいか)라고 불리는 4치(12㎝)쯤이나 되는 화살촉을 단 화살을 메겨 몸을 돌리자마자 쏘아 잇파의 옆구리를 맞혔다. 물론 잇파도 탄환 2발을 장전한 총포로 어깨를 겨냥하여 쏘았기에 하야시도 쓰러졌다.

노부나가의 코쇼인 사와키 요시유키가 이를 보고 달려가 하야시의 목을 베려 하자, 하야시는 몸도 일으키지 않은 채 장도를 뽑아 사와키 요시유키의 왼쪽 팔꿈치를 갑옷의 소매와 함께 잘라 떨어뜨렸다. 사와키는 두려워하지 않고 달려들어 마침내 하야시의 목을 베었다. 그러나 하야시 야시치로의 활과 칼을 다루는 솜씨는 뛰어난 것이었다.

(35) 이와쿠라 낙성

1559년 3월, 노부나가는 이와쿠라로 공격해 들어갔다. 마을을 불태워 성을 고립시킨 뒤, 사방에 견고한 목책을 두르고 교대할 병사를 배치하여 포위했다. 2, 3개월 가까이 진을 치고 불화살·철포를 쏘아대는 등 여러 가지 방법으로 공략했다. 이와쿠라 쪽에서는 끝내 지켜내지 못할 것이라 판단하여 성을 넘겨주고 뿔뿔이 물러났다.

그 후, 노부나가는 이와쿠라 성을 허물고 키요스로 돌아왔다.

(36) 모리베 전투

1561년 5월 13일, 노부나가는 키소가와·히다가와의 나루터 3곳을 건너 미노의 서부로 공격해 들어갔다. 그날은 카치무라(勝村)에 진을 쳤다. 이튿날인 14일에는 비가 내렸으나 적인 사이토 타쓰오키(斎藤 龍興 요시타쓰의 아들)가 스노마타(洲俣)에서 나가이 카이의 카미(長井

甲斐守)·히비노 키요자네(日比野 清実)를 대장으로 삼아 모리베(森辺) 방면으로 군세를 내었다. 노부나가가, "하늘이 주신 호기."라며 니레마타(楡俣) 강을 건너 싸움을 걸어서 전투가 벌어졌다. 수 시간에 걸쳐 창을 맞대고 싸워서 나가이 카이의 카미·히비노 키요자네를 비롯하여 170여 명의 목숨을 앗았다.

이때 가엾은 일이 있었다. 어느 해에 오우미의 사루가쿠36) 극단이 미노로 들어갔다. 그 가운데 와카슈37) 2명이 있었다. 한 사람은 카이의 카미, 다른 한 사람은 키요자네가 자신의 소속으로 두었는데 이 전투에서 두 사람 모두 자신의 주인들과 함께 목숨을 잃고 말았다.

나가이 카이의 카미는 쓰시마의 핫토리 헤이자에몬(服部 平左衛門)이 베었다. 히비노 키요자네는 쓰시마의 쓰네카와 큐조(恒河 久蔵)가 베었다. 칸베 쇼겐(神戸 将監)은 쓰시마의 카와무라 큐고로(河村 久五郎)가 베었다. 목 2개를 마에다 토시이에가 베었다. 둘 가운데 하나는 히비노 키요자네의 가신으로 아다치 로쿠베에(足立 六兵衛)라는 자였다. 미노노쿠니에서는 '목을 따는 아다치'라고 불리며 이름을 떨치던 사나운 무사였으나 키요자네와 한 곳에서 목숨을 잃고 말았다.

마에다 토시이에는 이전에 노부나가로부터 견책 처분을 받아 이때는 아직 공무[公務]에 임할 수가 없었다. 이마가와 요시모토와의 전투에서 아침의 싸움 때 수급 하나, 적이 무너져 달아날 때도 수급 둘을 취해서 제출했지만 그래도 용서를 받지 못했었다. 그러나 이때의 공적으로 마에다 토시이에는 사면을 받았다.

---

36) 猿楽. 익살스러운 동작과 곡예를 주로 하는 연극.
37) 若衆. 남색의 대상.

(37) 주시조 전투

1561년 5월 상순, 노부나가는 키소가와·히다가와라는 커다란 강 2개를 건너 미노의 서부로 침공해 들어갔다. 마을들을 불태운 뒤, 스노마타에 견고한 요새를 쌓고 주둔했다.

5월 23일, 적이 이노쿠치에서 대군을 내어 주시조(十四条)라는 마을에 진을 쳤다. 스노마타에서도 바로 출격하여 아시가루 부대 사이에서 전투가 벌어졌는데 아침의 전투에서 아군인 즈이운안(瑞雲庵)의 동생이 목숨을 잃었기에 후퇴했다.

기세가 오른 적은 키타카루미(北輕海)까지 진출하여 서쪽을 향해 진을 쳤다. 이리저리 뛰어다니며 정황을 살핀 노부나가는 병력을 니시카루미무라(西輕海村)로 옮기고 후루미야(古宮) 앞에 동쪽을 향해서 군세를 깔아 대치했다.

아시가루가 전투를 벌이는 사이에 밤이 찾아왔다. 적인 마키무라 규스케(真木村 牛介)가 선두에 서서 공격해 들어오는 것을 쳐서 흩어버렸으며, 이나바 마타에몬(稲葉 又右衛門)을 이케다 쓰네오키와 삿사 나리마사 두 사람이 함께 쳐서 목숨을 빼앗았다. 밤까지 싸움이 이어졌는데 한편으로는 패해서 달아나는 자도 있었으며, 다른 한편으로는 마구 찌르며 공격해 들어오는 자도 있었다. 결국 적은 밤 사이에 철수해버리고 말았다.

노부나가는 날이 밝을 때까지 진을 펼치고 있다가 24일 아침이 되자 스노마타로 돌아갔다. 이후 스노마타 요새는 허물어버렸다.

(38) 오쿠치 성의 외곽을 깨다

6월 하순, 오쿠치(於久地)로 출진, 코쇼들이 선두에 서서 성벽을 무너뜨렸으며 공격을 가해 수 시간에 걸쳐 치열하게 싸웠다. 아군에서 10명 정도 부상자가 나왔다.

노부나가의 와카슈로 있던 이와무로 나가토가 관자놀이를 찔려 목숨을 잃었다. 모르는 사람이 없을 정도로 유능한 인재였다. 노부나가는 나가토의 죽음을 매우 안타까워했다.

(39) 니노미야산으로 옮기라고 명령하다

노부나가에게는 뛰어난 계략이 있었다. 키요스는 오와리노쿠니의 한가운데에 위치한 부유한 땅이다.

한번은 주위 사람들 모두를 데리고 산 속에 있는 타카야마(高山)와 니노미야산(二宮山)에 올랐다. "이 산에 성을 쌓겠다."라고 말하고, "모두 이곳으로 집을 옮겨라."라고 명령한 뒤, 이 봉우리에는 누구, 저 골짜기에는 누가 집을 지으라며 각자 집 지을 땅까지 나누어주었다. 그날은 돌아왔으며, 이후 다시 찾아가서 역시 예전과 같은 명령을 내렸다. "키요스의 집을 이 산 속으로 옮기는 것은 쉬운 일이 아니다."라며 신분의 고하를 막론하고 모두가 크게 난처해했다.

그런 일이 있고 난 이후, 이번에는 "코마키야마(小牧山)로 옮기겠다."고 말했다. 코마키야마는 기슭까지 강으로 이어져 있기에 가재도구를 옮기기에 편리한 땅이었다. 모두 기뻐하며 이전했다. 처음부터 이곳으로 옮기자고 했다면, 니노미야산으로 옮기자고 했을 때처럼 이곳으로 옮기는 일 역시 난처하게 생각했을 것이다.

코마키야마 바로 옆, 20정(2.2km)쯤 떨어진 곳에 적의 성인 오쿠치가 있었다. 코마키야마에 성이 점점 완성되어가는 모습을 본 적은, 오쿠치 성이 코마키야마 성에서 한눈에 굽어볼 수 있는 위치에 있으니 도저히 지켜낼 수 없으리라 판단하고 성을 건네준 채 이누야마(犬山) 성으로 합류하여 그곳을 지켰다.

(40) 카지타 성, 아군에 가담하다

그런데 적인 미노 쪽의 우루마(宇留摩) 성과 사루바미(猿啄) 성이 강을 하나 사이에 두고 이누야마 성 맞은편에 나란히 있었다. 거기서 50리(20km)쯤 안쪽으로 들어간 산 속, 키타미노(北美濃)의 카지타(加治田)라는 곳에 사토 키이의 카미(佐藤 紀伊守)와 그의 아들인 우콘우에몬(右近右衛門) 부자가 성을 가지고 있었다.

어느 날, 카지타의 사토 부자가 키시 료타쿠(岸 良沢)를 사자로 보내, "오로지 노부나가 공을 의지하겠다."는 뜻을 니와 나가히데를 통해 전해왔다. 노부나가는 이전부터 미노노쿠니 안에 아군이 있었으면 좋겠다고 바라던 차였기에 이만저만 기뻐한 것이 아니었다. "우선은 병량을 확보하여 창고에 쌓아두게"라며 황금 50개를 키시 료타쿠에게 건네주었다.

(41) 이누야마 성의 두 충신

이 무렵, 이누야마 성의 카로인 쿠로다(黒田)의 성주 와다 사다토시(和田 定利)와 오쿠치의 성주 나카시마 분고의 카미(中島 豊後守) 두 사람이 노부나가를 따르겠다는 뜻을 니와 나가히데를 통해서 전해왔다.

이 두 사람의 안내로 니와 나가히데가 이누야마 성을 공격, 성을 고립시켰다. 사방에 목책을 이중, 삼중으로 둘러서 이누야마 성을 포위하고 그들을 경계했다.

(42) 이기야마에 오르다

노부나가는 키소가와를 건너 미노노쿠니로 침공했다.

적의 성인 우루마의 성주는 오오사와 모토야스(大沢 基康), 이웃한 사루바미의 성주는 타지미 슈리(多治見 修理)였는데, 두 성은 키소가와에 접근해 있었으며 이누야마와 강을 사이에 두고 나란히 버티고 있었다.

한쪽 성에서 10정(1km), 다른 쪽 성에서 15정(1.5km)쯤 떨어진 곳에 이기야마(伊木山)라는 높은 산이 있다. 노부나가는 이 산에 올라 견고한 요새를 만들고 두 성을 내려다볼 수 있는 위치에 진을 쳤다.

우루마 성은 노부나가가 바로 근처에 진을 쳤기에 도저히 지켜낼 수 없을 것이라 판단하고 성을 건네주었다.

사루바미 성은 키소가와에 면한 높은 산에 있었다. 성 위에 초목이 우거진 오오보테야마(大ぼて山)라는 높은 산이 있었다. 어느 날, 니와 나가히데가 앞장서서 오오보테야마로 공격해 들어가 병사들을 오르게 하여 사루바미 성의 급수원을 점령했다. 위아래에서 공격을 받게 된 사루바미 성은 곧 위기에 빠졌기에 성 안의 병사들은 항복하고 물러났다.

(43) 도호라 요새를 공격하다

사루바미에서 30리(12㎞) 안으로 들어간 곳에 카지타 성이 있었다. 성주인 사토 키이의 카미와 그의 아들인 우콘우에몬이 오다 쪽으로 돌아서 성을 지키고 있었다.

미노 쪽의 나가이 미치토시가 카지타를 공격하기 위해 25정(2.7㎞) 떨어진 도호라(堂洞)라는 곳에 요새를 쌓고 키시카게 유자에몬(岸勘解 由左衛門)과 타지미 일당을 배치했다. 그리고 나가이 미치토시는 대장장이의 마을로 유명한 세키(関)에서 50정(5.5㎞) 떨어진 본진에 머물렀다.

이와 같은 정황으로 봐서 카지타가 공격받을 것이라 판단한 노부나가는 1563년 9월 28일에 출마하여 도호라를 포위하고 공격했다. 3면이 골짜기에, 동쪽으로 구릉이 이어져 있었다. 그날은 바람이 세게 불었다.

그곳을 둘러보고 정황을 살핀 노부나가는, "횃불을 만들어 들고 가서 성벽 부근에 다다르면 사방에서 던져 넣어라."라고 명령했다. 한편 나가이 미치토시는 오다 세력을 뒤에서부터 공격하기 위해 도호라 요새에서 아래쪽으로 25정(2.7㎞) 떨어진 산 아래까지 진출하여 군세를 배치했으나 아시가루조차 출격시키지 못했다.

노부나가는 나가이 세력을 요격할 부대를 따로 배치해두고 요새를 공격케 했다. 명령대로 횃불을 던져 니노마루[38]를 함락시켰기에 성 안의 적은 혼마루(本丸)로 들어가 하나가 되었다. 이때 니노마루의 입구에 있는 높다란 건물 위로 오오타 규이치가 홀로 올라가 단 한

---

38) 二の丸. 성의 중심인 혼마루를 바깥에서 둘러싸고 있는 성곽 및 그 내부.

발도 헛되이 쓰지 않고 화살을 쏘는 모습을 보고 노부나가는, "속이 시원할 만큼 훌륭한 활약이다."라며 3번이나 사람을 보내왔다. 칭찬을 해주고 영지를 늘려주었다.

정오 무렵부터 오후 6시 무렵까지 요새를 계속 공격하여 벌써 날도 저물어가고 있었다. 카와지리 히데타카(河尻 秀隆)가 혼마루로 돌입했으며 니와 나가히데도 뒤따라 돌입했으나, 적인 키시카게 유자에몬과 타지미 일당의 활약도 만만치 않은 것이었다. 한동안의 싸움에 성 안 병사들은 어지러이 뒤엉켜 적과 아군조차 구분할 수 없는 상태가 되었으며 결국 대장급에 있는 자들 모두 목숨을 잃고 말았다.

그날 밤, 노부나가는 카지타로 가서 사토 키이의 카미와 우콘우에몬 두 사람을 대면하고 그대로 우콘우에몬의 집에서 숙박했다. 부자는 감격의 눈물을 흘렸으며 감사하다는 말조차 제대로 나오지 않을 정도였다.

이튿날인 29일, 도호라의 산 아랫마을에서 수급을 확인한 뒤 물러나려 할 때, 세키 방면에서 나가이 미치토시가, 그리고 이노쿠치 쪽에서 사이토 타쓰오키가 다시 공격해 들어왔다. 적의 군세는 3천 이상이었다. 노부나가의 군세는 겨우 7·800명에 지나지 않았으리라. 사상자가 다수 나왔다.

물러난 곳은 널따란 들판이었다. 노부나가는 우선 진용을 다시 갖춘 뒤 부상자와 잡역부들을 물러나게 하고 추격해오는 적에 대해서는 아시가루를 내어 대비케 하라고 말을 타고 돌아다니며 지시하여 아주 간단히 군세를 철수시켰다. 적은, "참으로 아깝게 되었구나."라고 말했다고 한다.

(44) 이나바야마 성 공략

 1566년 4월 상순, 노부나가는 키소가와를 건너 미노노쿠니의 카가미노(加賀見野)에 군세를 집결시켰다. 적인 사이토 타쓰오키는 이노쿠치에서 군세를 출격시켜 신카노(新加納) 마을에 병사를 배치시켜놓고 수비에 임했다. 두 곳 사이는 지세가 험해서 말도 제대로 지날 수 없었기에 그날 노부나가는 그대로 물러났다.

 1567년 8월 1일, 미노산닌슈(美濃三人衆)인 이나바 잇테쓰(稲葉一鉄)·우지이에 보쿠젠(氏家卜全)·안도 모리나리가 합의하여, "노부나가 공의 편에 가담할 테니 그 보증으로 인질을 받아주시기 바랍니다."라고 청해왔다. 이에 노부나가는 인질을 받아들이기 위해서 무라이 사다카쓰와 시마다 히데미쓰를 니시미노로 파견했다.

 아직 인질도 도착하지 않았는데 노부나가는 서둘러 군세를 내어 이나바야마와 이어진 즈이류지산(瑞竜寺山)으로 달려 올라갔다. "이게 무슨 일이냐! 저들은 적이냐, 아군이냐?"라며 사이토 쪽이 갈피를 잡지 못하고 있을 때, 마을에 얼른 불을 질러 이나바야마 성을 단번에 고립시켰다. 그날은 특히 바람이 거셌다.

 이튿날, 토목공사에 대한 분담을 지시하고 이나바야마 성 사방에 목책을 둘러 포위했다. 그때 미노산닌슈도 달려와 가슴이 덜컥 내려앉을 정도로 놀라면서도 노부나가에게 인사를 했다. 노부나가는 무슨 일이든 이처럼 간단히 실행에 옮겼다.

 8월 15일, 이나바야마 성의 장병들 모두 항복했으며, 히다가와와 연결되어 있었기에 사이토 타쓰오키는 배를 타고 카와우치의 나가시마로 철수했다. 이렇게 해서 노부나가는 미노노쿠니 전역을 지배하게 되었으며, 오와리노쿠니의 코마키야마에서 미노의 이나바야마로 옮겼다. 이노쿠치라는 지명을 이때 기후(岐阜)로 바꾸었다.

(45) 100일도 되지 않아 아시카가 요시아키를 옹호하여 입경
이듬해(1568)의 일, 쿄토로 들어가 쇼군이 되고 싶어 하던 아시카가 요시아키(足利 義昭)는 롯카쿠 요시카타(六角 義賢)를 의지하려 했으나 승낙을 얻지 못했으며, 에치젠으로 가서 아사쿠라 요시카게(朝倉 義景)를 의지했으나 좀처럼 쿄토로 들어갈 기회를 얻지 못했다. 이에, "카즈사의 스케 노부나가를 의지하고 싶다."는 뜻을 호소카와 후지타카(細川 藤孝)·와다 코레마사(和田 惟政)를 통해서 노부나가에게 전해왔다. 노부나가는 지체하지 않고 그를 맞아들이기 위해 에치젠으로 사람을 파견했다. 그로부터 100일도 지나지 않아 소망이 이루어져서 요시아키는 세이이타이쇼군에 취임했다. 이는 노부나가의 공적으로 명예로운 일이었다.

그런데 탄바노쿠니(丹波国 쿄토 부와 효고 현과 오오사카 부에 걸친 지역,탄슈) 쿠와타군(桑田郡) 아노우무라(穴太村) 하세(長谷) 성에 있는 아카자와 카가의 카미(赤沢 加賀守)는 나이토 비젠의 카미(内藤 備前守)를 편들던 자였다. 그 누구보다 매를 좋아했다. 한번은 자신이 직접 칸토로 내려가서 훌륭한 뿔매 2마리를 구해가지고 돌아오는 도중에 오와리에서 노부나가에게, "2마리 가운데 어느 쪽이든 한 마리를 바치겠습니다."라고 말했다. 노부나가는, "마음은 참으로 고맙습니다만, 천하를 취한 뒤에 받기로 할 테니 그때까지 맡겨두기로 하겠습니다."라며 매를 그대로 돌려보냈다. 아카자와가 이러한 사실을 쿄토로 가서 말하자, "쿠니를 사이에 둔 먼 지방에서 그러한 소망을 이룰 수는 없을 것이다."라며 모두가 웃었다. 그러나 그로부터 10년도 지나지 않아서 노부나가는 쿄토로 들어갔다. 참으로 신기한 일이 아닐 수 없다.

권1 1568년(에이로쿠 11년, 35세)
이후의 오다 노부나가의 생애에 관한 기록

(1) 쇼군 아시카가 요시테루의 자결

전 쇼군인 아시카가 요시테루가 자결하고 그의 동생인 로쿠온인 슈코(鹿苑院 周暠) 및 여러 다이묘39)와 막부40)의 신하들이 목숨을 잃었다.

일의 시작은 미요시 나가요시(三好 長慶)가 천하의 권세를 쥔 데 있었다. 그렇기에 쇼군 아시카가 요시테루는 미요시 일족에게 원한을 품고 있었다. 뒤를 이은 미요시 요시쓰구(義継)는 그 사실을 예전부터 알고 있었기에, 미요시 일족이 쇼군에 대해서 모반을 꾀하고 있다는 풍설이 떠돌자 여러 가지 말로 얼버무렸으며 이리저리 말을 돌렸다.

1565년 5월 18일, 미요시 요시쓰구는 키요미즈데라(清水寺) 참배라고 칭하여 아침 일찍부터 병사들을 모아 곧 쇼군의 어소41)로 밀고

---

39) 大名. 넓은 영지를 소유한 무사.
40) 幕府. 무가정권 시대에 쇼군이 정무를 집행하던 곳, 혹은 그 정권.
41) [御所] 임금이 머무는 곳을 뜻하는 우리말에 비해서 일본의 경우는 그 범위가 더

들어갔다. 쇼군은 깜짝 놀랐으나, 이렇게 된 이상 어쩔 수가 없었다. 몇 번이고 무기를 휘두르며 나아가 미요시 세력을 베어 쓰러뜨리고 여러 적에게 부상을 입히는 활약을 펼쳤으나 중과부적, 결국에는 어전에 불을 지르고 자결했다.

미요시 쪽에서는 뒤이어 쇼군의 둘째 동생인 로쿠온인 슈코가 있는 곳으로도 히라타 이즈미(平田 和泉)를 보내 공격케 했다. 슈코도 쇼군과 거의 같은 시각에 자결했다. 데리고 있던 자들 대부분이 달아나 버렸기 때문이었다. 평소 아끼던 미노야 코시로(美濃屋 小四郞)는 아직 15·6세의 어린 나이였으나 적의 대장인 히라타 이즈미를 베어 쓰러뜨린 뒤 주군과 함께 할복했다. 그 고명함은 비할 데가 없다.

이 쇼군 가의 파멸은 그야말로 천하만민의 슬픔, 이보다 더한 것도 없었다.

(2) 아시카가 요시아키, 롯카쿠·아사쿠라를 의지하나 뜻을 이루지 못하다

쇼군 아시카가 요시테루가 자결할 당시 바로 아래 동생인 이치조인 카쿠케이(一乘院 覚慶), 훗날의 아시카가 요시아키는 나라(奈良) 코후쿠지(興福寺) 이치조인(一乘院)의 주지로 있었다. 미요시 요시쓰구·마쓰나가 히사히데(松永 久秀)는, "그 절의 주지로 계시는 한, 저희는 당신에게 어떤 짓도 할 생각이 없습니다."라고 카쿠케이를 다독였다. 카쿠케이는, "그렇소?"라며 한동안은 절에 있었다.

어느 날, 카쿠케이는 나라에서 은밀히 빠져나와 와다 코레마사를

넓어서 천황 및 상황·법황, 쇼군, 대신 등의 거처를 일컬었다.

의지하여, 이가노쿠니(伊賀国ㆍ미에 현 서부,이슈)·코가(甲賀)를 지나 오우미의 야시마(矢島)로 몸을 옮겼다.

"롯카쿠 요시카타를 의지하고 싶네."라는 뜻을 여러 가지 방법으로 롯카쿠 요시카타에게 전하였으나 롯카쿠는 이미 주종의 은혜를 잊고 있었기에 승낙하지 않았다. 뿐만 아니라 이런저런 트집을 잡아서 무정하게도 요시아키를 오우미에서 내쫓았다. 의지하고 있던 나무 아래에 비가 샌다는 말이 있는 것처럼 요시아키는 자신의 생각대로 되지 않아 당황했으며, 어쩔 수 없이 이번에는 에치젠을 향해 내려갔다.

에치젠의 아사쿠라 요시카게는 원래 그다지 좋은 가문이 아니었으나, 아버지인 타카카게(孝景) 때 쇼군 집안의 후원을 얻어 고쇼반슈[42]에 준하는 지위까지 올랐다. 아사쿠라 요시카게는 자신의 영지에서만 마음껏 행동할 뿐, 요시아키를 지원하여 쿄토로 들어가게 해주겠다고는 좀처럼 말하지 않았다.

(3) 노부나가, 아시카가 요시아키를 맞아들이다

아시카가 요시아키는 더 이상 기다리지 못하고, "지금부터는 오로지 오다 카즈사의 스케 노부나가를 의지하고 싶다."고 말하기 시작했다. 노부나가는, 지금 나의 쿠니와 쿄토 사이에는 다른 쿠니가 있고, 또 나는 비록 미력하나 천하를 위해서 충의를 다하겠다고 결심한 뒤 목숨을 걸고 요시아키의 의뢰를 받아들이기로 했다.

노부나가는 요시아키를 맞아들이기 위해서 와다 코레마사·후와 미쓰하루(不破 光治)·무라이 사다카쓰·시마다 히데미쓰를 에치젠으

---

[42] 御相伴衆. 연석 등에서 쇼군의 동행으로 대접을 받을 자격이 있는 자.

로 파견했다. 1568년 7월 25일, 요시아키가 미노노쿠니 니시노쇼(西
庄)의 류쇼지(立正寺)에 도착했다. 노부나가는 요시아키의 숙소 가운
데 한 방에 동전 1천 관을 쌓아놓고 장도, 갑옷, 무구, 말 외에도
여러 가지 물건을 헌상했다. 뿐만 아니라 요시아키를 따라온 사람들도
크게 환대했다. 노부나가는 이렇게 된 이상 한시라도 빨리 쿄토로
들어가야겠다고 생각했다.

8월 7일, 오우미의 사와야마(佐和山)로 간 노부나가는 요시아키의
사자에 자신의 사자를 더해 롯카쿠 요시카타에게 파견했다. "요시아키
공이 쿄토로 들어가시는 동안 보증을 위해서 인질을 내어 상응하는
봉사를 하도록 하시오."라고 7일 동안 머물며 여러 가지로 설득했다.
"요시아키 공께서 뜻을 이루시면 그대를 막부의 쇼시다이43)에 임명하
겠소."라고 굳게 약속했으나, 롯카쿠는 받아들이지 않았다. 노부나가
는 이렇게 된 이상 어쩔 수 없이 오우미를 정벌할 수밖에 없겠다고
생각했다.

(4) 쿄토로 들어가 10여 일 만에 키나이 부근을 평정하다

9월 7일, 노부나가는 아시카가 요시아키에게, "오우미를 단번에
정벌한 뒤, 사람을 보내 모시도록 하겠습니다."라고 작별의 인사를
했다. 같은 날, 오와리·미노·이세노쿠니(伊勢国미에·아이치·기후 현에 걸친
지방,세이슈)·미카와 등 4개 쿠니의 군세를 이끌고 출진하여 히라오무라
(平尾村)에 진을 쳤다.

---

43) 所司代. 막부의 사무라이도코로(사법·검찰·무인의 인사 등을 다루던 기관)의 장
관대리.

같은 달 8일, 오우미 타카미야(高宮)의 진에 도착, 이틀간 머물며 인마를 쉬게 했다.

11일, 에치가와(愛智川) 부근에서 야영. 말을 타고 돌아다니며 정황을 살핀 노부나가는, 부근에 있는 몇 군데 적의 성 쪽으로는 병사를 내지 않고 롯카쿠 요시카타 부자 3명이 지키고 있는 칸논지야마(観音寺山) 및 미쓰쿠리야마(箕作山)를 공격하기로 했다.

12일, 사쿠마 노부모리·키노시타 토키치로(木下 藤吉郎 토요토미 히데요시)·니와 나가히데·아자이 마사즈미(浅井 政澄)에게 명령하여 미쓰쿠리야마 성을 공격케 했다. 오후 4시 무렵부터 공격을 개시하여 밤이 들었을 때 함락시켰다.

그런데 노부나가가 이전 해에 미노노쿠니를 지배하에 두었으니 이번 전투에서는 틀림없이 미노의 병사들을 선봉으로 삼을 것이라며 미노 사람들 모두 각오를 하고 있었는데, 전혀 관여시키지 않고 노부나가는 자기 주변의 무사들만으로 미쓰쿠리야마를 공격했다. 미노산닌슈인 이나바 잇테쓰·우지이에 보쿠젠·안도 모리나리는, "뜻밖의 일을 행하시는구나."라며 이상히 여겼다고 한다.

그날 밤, 노부나가는 미쓰쿠리야마에 진을 쳤으며, 이튿날 롯카쿠 요시카타의 거성인 칸논지야마로 공격해 들어갈 계획이었는데 롯카쿠 부자 세 사람은 이미 도망한 뒤였다.

13일, 칸논지야마 성을 제압하기 위해 공격해 들어갔다. 잔당들이 항복했기에 인질을 잡고 엄중히 경계케 한 뒤 성은 원래대로 내버려두었다.

오우미 1개 쿠니를 평정했기에 요시아키에게 굳게 약속한 대로 그를 맞아들이기 위해 후와 미쓰하루를 14일에 미노 니시노쇼의 류쇼지로 파견했다.

요시아키가 마침내 출발하여 21일에는 카시와바라(柏原)의 조보다이인(上菩提院)에서 묵었으며, 22일에 쿠와노미데라(桑実寺)에 도착했다.

24일, 노부나가는 모리야마까지 진출, 이튿날은 시나와 세타(勢田) 나루터의 상황이 좋지 않았기에 그곳에 머물렀다.

26일, 비와코44)를 건너 미이데라(三井寺)의 고쿠라쿠인(極楽院)에 진을 쳤다. 나머지 세력은 오오쓰(大津)의 바바(馬場)와 마쓰모토(松本)에 진을 쳤다.

27일, 요시아키가 비와코를 건너 역시 미이데라의 코조인(光淨院)에 도착했다.

28일, 노부나가는 토후쿠지(東福寺)로 진을 옮겼다. 시바타 카쓰이에·하치야 요리타카·모리 요시나리·사카이 마사나오(坂井 政尚) 4사람을 선진으로 삼아 지체하지 말고 카쓰라가와(桂川)를 건너, 이와나리 토모미치(石成 友通)가 지키고 있는 적의 성인 쇼류지(青龍寺) 방면을 공격케 했다. 적도 아시가루를 내보내 응전했다. 위의 네 부장이 협력하여 돌격, 적의 머리 50여 급을 취했으며, 토후쿠지로 보내 노부나가에게 확인케 했다. 요시아키는 이날 키요미즈데라로 옮겼다.

29일, 노부나가는 쇼류지 방면으로 출마하여 테라도(寺戸)의 자쿠쇼인(寂照院)에 진을 쳤다. 이렇게 되자 이와나리 토모미치는 마침내

---

44) 琵琶湖. 시가 현 중앙에 있는 일본 최대의 호수. 쿄토 부근에 있기에 역사의 중심지로 자주 등장한다.

항복했다.

30일, 야마자키(山崎)의 진에 도착. 선진은 텐진(天神)의 바바에 진을 쳤다. 아쿠타가와(芥川)에 호소카와 아키모토(細川 昭元)·미요시 나가야스(三好 長逸)가 있었으나 밤이 되자 달아났다. 또한 시노하라 나가후사(篠原 長房)의 거성인 코시미즈(越水)·타키야마(滝山)도 성에서 물러났다. 그 사이에 노부나가가 수행하여 요시아키가 아쿠타가와 성으로 들어갔다.

10월 2일, 이케다에 있는 이케다 카쓰마사(池田 勝正)의 거성을 공격케 했다. 노부나가는 군세를 따르게 하여 북쪽에 있는 산에 올라 싸움의 양상을 지켜보았다. 미즈노 노부모토의 가신 가운데 카지카와 타카히데라는 유명한 용사가 있었다. 또한 노부나가의 우마마와리 가운데 우오즈미 하야토·야마다 한베에(山田 半兵衛)도 무용이 뛰어나기로 유명한 자들이었다. 이들이 앞을 다투어 성의 외곽으로 돌입하여, 엎치락뒤치락 한동안 싸웠는데 카지카와 타카히데가 허리의 뼈를 찔려 후퇴했다가 목숨을 잃고 말았다. 우오즈미 하야토도 그곳에서 부상을 입어 물러났다. 이처럼 격렬한 싸움이었기에 피아 모두 목숨을 잃은 자가 많았다. 마지막에는 성에 불을 지르고 마을을 불태웠다.

이번 출진에 따라나선 사람들은 하나같이 후세에까지 명예를 얻을 수 있으리라 생각하여 분전에 분전을 거듭했다. '전의는 날이 갈수록 새로이 솟아오르고, 싸움에 임해서는 거친 바람처럼 격렬하며, 공격에 임해서는 커다란 강이 범람하는 듯한 기세.'라는 말은 바로 이를 일컫는 것이리라. 이케다 카쓰마사가 항복하고 인질을 보냈기에 본진인 아쿠타가와 성으로 군세를 물러나게 했다.

이렇게 해서 키나이45)와 그 부근의 쿠니가 모두 노부나가의 지배를 받게 되었다. 마쓰나가 히사히데가 우리나라에 둘도 없는 차통인 '쓰쿠모가미(九十九髪)'를 노부나가에게 헌상했으며, 이마이 소큐(今井 宗久) 역시 명물로 유명한 차 단지인 '마쓰시마(松島)'와 타케노 조오(武野 紹鴎)가 소장하고 있던 차통인 '나스(茄子)'를 헌상했다. 예전에 미나모토노 요시쓰네(源 義経)가 이치노타니(一ノ谷) 전투에서 텟카이잔(鉄拐山)의 절벽을 달려 내려왔을 때 입었던 갑옷을 헌상한 자도 있었다. 아쿠타가와에서 14일을 머무는 동안 외국이나 국내의 진귀한 물건을 가지고 와서 노부나가에게 인사를 하려는 자들 때문에 문 앞에서는 일대 혼란이 빚어졌다.

14일, 요시아키는 아쿠타가와에서 쿄토로 가서 로쿠조(六条)의 혼코쿠지(本国寺)로 들어갔다. 천하의 사람들 모두 하나같이 얼굴에 희열의 빛을 띠고 있었다.

노부나가는 일단 마음이 놓였기에 직속의 군세를 데리고 곧 키요미즈데라로 들어갔다. 그 외의 각 군세도 쿄토 시내로 들어와야 했는데, 말단 병사들 중에는 무뢰한 자도 있으리라 생각하여 쿄토 시내를 엄중하게 경비케 했기에 치안을 어지럽히는 사건은 일어나지 않았다.

키나이에는 노부나가에게 저항하는 자가 아직 몇 군데의 성에 남아 있었으나, 초목이 바람에 쓰러지듯 10여 일 만에 모두 달아나 천하가 노부나가의 지배 아래로 들어왔다.

호소카와 아키모토의 저택을 요시아키의 어전으로 삼기로 하고

---

45) 畿内. 쿄토 부근의 5개 쿠니. 야마시로·야마토·카와치·셋쓰·이즈미노쿠니.

노부나가가 수행하여 요시아키를 그곳으로 들여보냈다. 노부나가는 거기서 장도와 말을 헌상했다. 황공하게도 요시아키는 노부나가를 자신 옆으로 불러 삼헌46)의 예법으로 극진하게 대접했다. 요시아키가 친히 술을 따라주었으며, 검을 하사했다.

10월 22일, 요시아키는 정식으로 복장을 갖추고 위의를 드러내며 궁궐로 들어갔다. 요시아키는 세이이타이쇼군에 임명되었으며, 황도[皇都]에 머물게 되었다. 노부나가는 국내에서 어깨를 나란히 할 자가 없는 명예, 말세까지의 영예를 얻어 자자손손 본보기로 우러름을 받을 것이다.

(5) 칸제다유의 노 공연

"이번에 분골쇄신, 진력을 다한 자들에게 보이도록 하라."라는 쇼군 요시아키의 뜻에 따라서 칸제다유(觀世大夫)에게 노47)를 공연하게 했다. 노의 공연 목록에는 첫 번째 공연물인 '유미야와타(弓矢幡)' 외에 총 13개의 공연물이 있었다. 그 목록을 본 노부나가는, "아직 근린의 각 지방을 평정하지 못했으니 싸움은 끝나지 않았다."라며 5가지로 줄이게 했다.

노는 호소카와의 저택에서 행해졌다.

초헌 때에는 호소카와 후지카타(細川 藤賢)가 술을 따랐다. 이때 코가 미치토시(久我 通俊)·호소카와 후지타카·와다 코레마사를 사자

---

46) [三獻]. 정식 향응에서는 술상을 내어 술을 석 잔 마시게 한 후 상을 물렸는데, 이를 세 번 되풀이한 일. 순서대로 초헌[初獻], 아헌[亞獻], 종헌[終獻]이라고 불렀다.
47) 能. 일본 전통의 가면극.

로 삼아 노부나가에게 요시아키의 뜻을 재삼 전했다. 후쿠쇼군(副将軍), 혹은 칸레이48)에 임명하겠다는 것이었다. 그러나 노부나가는, "그 일에 관해서라면 사퇴하도록 하겠습니다."라며 받아들이지 않았다. 드문 일이라며 도읍의 사람들은 물론 지방의 사람들까지 모두 감탄했다.

한편, 노의 첫 번째 공연물은 '타카사고(高砂)'. 연기자는 칸제 사콘다유(観世 左近大夫)와 콘파루다유(今春大夫)와 칸제 모토요리(元頼). 큰북은 오오쿠라 토라이에(大蔵 虎家), 작은북은 칸제 소사쓰(宗拶), 피리는 초메이 키치우에몬(長命 吉右衛門), 장구는 칸제 마타사부로(又三郎).

아헌은 때에는 오오다테 하루타다(大舘 晴忠). 이때 앞의 세 사람이 다시 사자로 왔다. 노부나가가 요시아키 앞으로 나아갔다. 세 번째 술잔을 비우고 난 뒤, 황공하게도 쇼군이 술을 따라 잔을 내렸다. 그리고 매와 갑옷을 주었다. 더없이 명예로운 일이었다.

두 번째 공연물은 '야시마(八島)'. 큰북은 후카야 초스케(深谷 長介), 작은북은 코우 마사요시(幸 正能). 종헌 때에는 잇시키 후지나가(一色 藤長)가 술을 따랐다.

세 번째 공연물은 '테이카(定家)'

네 번째 공연물은 '도조지(道成寺)'. 이때 요시아키는 노부나가가 북을 치기를 희망했다. 그러나 노부나가는 사퇴했다. 그랬기에 큰북은 오오쿠라 토라이에, 작은북은 칸제 소사쓰, 피리는 이토 소주로(伊藤

---

48) 管令. 무로마치 막부의 최고직으로 정무를 총괄했다.

宗十郎).

다섯 번째 공연물은 '쿠레하(吳羽).'

노의 공연이 끝난 뒤, 공연에 참가한 말단의 인원에게까지 노부나가의 선물이 주어졌다.

그 후, 노부나가는 천하를 위해서, 그리고 왕래하는 나그네들을 가엾이 여겨 영지 내 곳곳에 있는 관소[關所]를 철폐했다. 도시 및 시골, 신분의 구별 없이 사람들은 모두 이를 고마운 일이라 여기고 만족했다.

(6) 노부나가, 표창장을 받다

10월 24일, 노부나가는 쇼군 요시아키에게 쿠니로 돌아가겠다는 인사를 했다. 25일에 요시아키로부터 표창장을 받았다. 그 내용은 다음과 같았다.

〈이번에 그대가 여러 쿠니의 적도[賊徒]들을 단기간에 전부 정벌한 일은, 그대의 무용이 천하제일임을 나타낸 것이오. 우리 쇼군 가가 재흥할 수 있었던 것도 그대 덕분이오. 국가가 더욱 안정될 수 있도록 하기 위해서는 오로지 그대에게 의지하는 수밖에 없소. 더욱 자세한 내용은 호소카와 후지타카·와다 코레마사를 통해서 전달하겠소.

10월 24일 인

오모우49) 오다 단조노추(織田 弾正忠) 나리〉

추가

〈이번의 각별한 충절에 대하여 키리몬과 히키료스지50)를 드리겠소.

---

49) 御父. 아버지의 높임말.

무공에 대한 보답으로 드리는 축하의 선물이오.

10월 25일 인
오모우 오다 단조노추 나리〉

전대미문의 거듭되는 명예로 여기에 전부를 다 쓸 수 없을 정도다.

26일, 노부나가는 오우미의 모리야마까지 물러났다. 27일, 카시와바라의 조보다이인에서 숙박.

10월 28일, 미노의 기후로 돌아왔다. 참으로 경하스러운 일이었다.

---

50) 키리몬(桐紋)과 히키료스지(引両筋)는 아시카가 씨의 문장과 기치.

권2 1569년(에이로쿠 12년, 36세)

(1) 로쿠조 전투

1월 4일, 미요시산닌슈[51] 및 사이토 타쓰오키·나가이 미치토시 등이 남쪽의 로닌[52]들을 모으고, 야쿠시지 쿠로자에몬(藥師寺 九郞左衛門)을 선진의 대장으로 삼아, 로쿠조에 있는 쇼군 아시카가 요시아키의 어소를 포위했다. 문 앞에 있는 집들을 불태웠으며, 당장에라도 어소로 공격해 들어갈 듯한 기세였다.

이때 어소를 지키던 군세는 호소카와 후지카타·오다 사콘(織田左近)·노무라 엣추(野村 越中)·아카자 나가카네(赤座 永兼)·아카자 스케로쿠(助六)·쓰다 사마노조·와타나베 쇼자에몬(渡辺 勝左衛門)·사카이 나오마사(坂井 直政)·아케치 미쓰히데(明智 光秀)·모리 야고하치(森 弥五八)·나이토 사다히로(内藤 貞弘)·야마가타 모리노부(山県 盛信)·우노 야시치(宇野 弥七) 등이었다.

와카사노쿠니(若狭国후쿠이 현 남부,자쿠슈) 사람인 야마가타 모리노부·

---

51) 三好三人衆. 미요시 나가야스·미요시 마사야스(政康)·이와나리 토모미치.
52) 浪人. 섬기는 주인 없이 떠돌던 무사.

우노 야시치 두 사람은 이름이 알려진 용사였다. 적인 야쿠시지 쿠로자에몬의 본진으로 파고 들어가 적을 무너뜨리며 힘껏 싸워, 수많은 적들에게 상처를 입혔으나 창에 찔려 목숨을 잃고 말았다.

칼을 휘두르며 달려들면 그들을 내몰고, 불꽃을 튀기며 싸워 단숨에 적 30기쯤을 쓰러뜨렸기에 사상자가 여기저기서 나뒹굴었다. 그랬기에 어소 안으로는 좀처럼 공격해 들어오지 못했다.

그러는 사이에 미요시 요시쓰구·호소카와 후지타카·이케다 카쓰마사가 공격군의 후방을 칠 것이라는 말이 들려왔기에 야쿠시지 쿠로자에몬은 공격의 손길을 늦췄다.

적의 후방을 공격할 군세는 카쓰라가와 방면에 있었다. 호소카와 후지타카·미요시 요시쓰구·이케다 카쓰마사·이케다 세이힌사이(池田 淸貧斎)·이타미 치카오키(伊丹 親興)·아라키 무라시케(荒木 村重)·이바라키(茨木) 아무개 등이 창끝을 겨누고 있었다. 카쓰라가와 부근에서 적과 마주쳐 곧 일전을 치렀는데, 밀치락달치락 검은 연기를 피워올리며 싸웠다. 창으로 찔러 거둔 적의 수급은 타카야스 곤노토(高安 権頭)·요시나리 칸스케(吉成 勘介), 그의 동생인 이와나리 야스케(石成 弥介)·하야시 겐타로(林 源太郎)·이치다 카나메노스케(市田 鹿目介). 이들을 비롯하여 이름이 알려진 적의 목숨을 빼앗았으며, 위의 정황을 노부나가에게 보고했다.

(2) 노부나가, 적의 후방을 치고 쿄토로 들어가다

1월 6일, 미노의 기후에 급사[急使]가 도착. 그날은 드물게도 큰 눈이 내렸다.

노부나가는 즉각 쿄토로 들어가겠다는 뜻의 지령을 내리고, 혼자서라도 큰 눈을 무릅쓰고 출진할 각오로 일찌감치 말에 올랐다.

그때 마부들이 짐을 말에 실으며 언쟁을 시작했다. 노부나가는 말에서 내려 모든 짐을 하나하나 점검해보고, "같은 무게다. 서둘러라."라고 명령했다. 이는 담당관이 어느 한 편을 역성들까 싶어서 한 일이었다. 매우 큰 눈으로 인부와 잡역부 중에서 동사한 사람이 몇 명 나왔을 정도였다.

노부나가는 사흘 걸리는 거리를 이틀 만에 쿄토에 도착했다. 노부나가와 동시에 달려간 사람은 10기도 되지 않았으나 로쿠조의 어소로 달려 들어갔다.

노부나가는 어소가 무사한 모습을 보고 크게 만족했다. 이케다 세이힌사이의 이번 활약을 듣고 상을 내린 것은 말할 필요도 없는 일이었다. 세이힌사이는 천하에 체면을 세웠다.

(3) 쇼군의 어소를 새로 짓다

한편 노부나가는, "앞으로는 제대로 된 쇼군의 어소가 없어서는 안 되겠다."며 오와리·미노·오우미·이세·미카와·키나이(5개 쿠니)·와카사·탄고(丹後 쿄토 부의 북부,탄슈)·탄바·하리마(播磨 효고 현 남부,반슈) 등 14개 쿠니의 다이묘와 무장들을 쿄토로 불러 이들에게 니조(二條)의 낡은 저택(시바 요시카네의 저택)의 해자를 넓히고 쇼군의 어소로 개축하라는 명령을 내려야겠다고 생각했다.

2월 27일 오전 7시 30분 무렵에 착공식을 집행했다. 사방의 돌담을 안팎에서 높게 쌓아올렸다. 무라이 사다카쓰와 시마다 히데미쓰를 공사 담당관으로 임명하고, 쿄토 내외의 대장장이·목수·제재업자들을 소집했으며, 이웃 쿠니와 마을에서 목재를 가져오게 한 뒤, 각각 담당자를 배치하여 소홀함 없이 일하게 했기에 곧 완성되었다.

어전의 격식을 높이기 위해서 그에 어울리게 금은으로 장식하고 정원에는 연못, 낙수통, 인공산을 만들었다. 그리고, "호소카와 나리의 저택에 옛날부터 있던 후지토이시(藤戸石)라는 커다란 돌을 이 정원에 놓자."며 노부나가 자신이 직접 나서서 지휘하여 그 유명한 돌을 비단으로 감싸고 여러 가지 꽃으로 장식하고 굵은 밧줄을 몇 개나 묶어서 피리, 큰북, 작은북으로 신명을 돋우게 하여 어소의 정원으로 가지고 왔다. 그와 함께 히가시야마(東山) 지쇼인(慈照院)의 정원에 예전부터 놓여 있던 쿠산핫카이(九山八海)라고 전국적으로 유명한 돌도 역시 가져다 정원에 놓게 했다. 그 외에도 쿄토 내외에서 명석[名石], 명목[名木]을 모아 보기 좋도록 궁리하여 배치했으며 마장에는 벚나무를 심고 사쿠라노바바(桜の馬場)라고 이름 짓는 등 부족함 없이 완전하게 만들었다.

거기에 각 다이묘에게 어소 주위에 각자의 저택을 짓게 했기에 그들이 기와를 나란히 한 모습이 쇼군 어소의 위용을 한층 더 돋보이게 했다.

준공을 축하하는 뜻에서 노부나가는 장도와 말을 헌상했다. 요시아키는 노부나가를 가까이로 불러 삼헌의 예를 취했으며, 황공하게도 쇼군이 직접 술을 따라 술잔을 내리고, 또 검 등 여러 가지 선물을 주었다. 노부나가의 명예는 말할 것도 없는 일이었다.

이번 일로 근방 각 쿠니의 다이묘·무장들이 장기간 쿄토에 머물며 분골쇄신, 진력을 다했기에 노부나가는 그들에게 예를 표하고 쿠니로 돌아가도 좋다는 허락을 내렸다.

(4) 궁궐의 수리

한편 궁궐의 황폐화도 심해서 원래의 모습을 알아볼 수 없을 정도였다. 이 역시도 수리하지 않으면 안 되겠다고 생각했기에 노부나가는 그 담당관으로 니치조 초잔(日乗 朝山)과 무라이 사다카쓰를 임명했다.

(5) 명물을 거두어들이다

노부나가는 금은과 쌀, 돈에는 부족함이 없었기에, 이번 기회에 중국에서 건너온 미술공예품과 천하의 명물을 자신의 것으로 삼아야겠다고 생각하여 다음과 같은 물건들을 제출하라고 명령했다.

1. 카미교의 다이몬지야 소칸(大文字屋 宗観)이 소유한 차통인 '하쓰하나(初花)'
1. 유조보(祐乗坊)가 소유한 차통인 '후지나스(富士茄子)'
1. 호오지(法王寺)가 소장한 대나무 차수저
1. 이케가미 조케이(池上 如慶)가 소유한 꽃병인 '카부라나시(蕪なし)'
1. 사노(佐野) 집안이 소장한 그림 '헤이사라쿠간즈(平沙落雁図)'
1. 에무라(江村) 집안이 소장한 목이 길고 가는 꽃병

마쓰이 유칸(松井 友閑) 및 니와 나가히데가 사자가 되어 금은과 쌀을 내어주고 위의 물건들을 거두어들였다.

천하에 법령을 발포하고, 5월 11일에 미노의 기후로 돌아왔다.

(6) 아자카 성의 패배

8월 20일, 노부나가는 이세 방면으로 출마, 그날은 쿠와나(桑名)까지 진군했다. 이튿날에는 매사냥을 하며 머물렀고, 22일에는 시라코(白子)의 칸논지(觀音寺)에 진을 쳤으며, 23일에 코즈쿠리(小作)에 도착. 비가 내렸기에 주류.

26일, 아자카(阿坂) 성을 키노시타 토키치로가 선진에 서서 공격했는데, 성벽 앞까지 밀고 들어갔으나 가벼운 부상을 입어 물러났다가 다시 맹렬하게 공격했다. 적은 끝까지 버텨낼 수 없으리라 생각하여 항복하고 성에서 달아났다. 그곳에는 타키가와 카즈마스의 군세를 배치했다.

(7) 이세의 코쿠시, 성에서 물러나다

뒤이어 부근의 작은 성에는 병사들을 보내지 않고 갑자기 중심부로 진격하여 이세의 코쿠시[53]인 키타바타케 토모노리(北畠 具教)·토모후사(具房) 부자가 지키고 있는 오카와치(大河內) 성으로 공격해 들어갔다. 노부나가는 정황을 살핀 뒤 동쪽의 산에 진을 쳤다. 그날 밤, 우선 성 아래 마을을 파괴하고 불을 질렀다.

28일, 성 주위를 달려 지세를 살핀 뒤 남쪽 산에 오다 노부카네(織田 信包)·타키가와 카즈마스·쓰다 카즈야스(津田 一安)·이나바 잇테쓰·이케다 쓰네오키·와다 사다토시·나카시마 분고의 카미·신도 카타

---

53) 国司. 조정에서 파견한 지방관.

모리(進藤 賢盛)·고토 타카하루(後藤 高治)·가모우 카타히데(蒲生 賢秀)·나가하라 시게야스(永原 重康)·나가타 마사사다(永田 正貞)·아오치 시게쓰나(青地 茂綱)·야마오카 카게타카(山岡 景陸)·야마오카 카게나오(景猶)·니와 나가히데를 배치했다.

서쪽에는 키노시타 토키치로·우지이에 보쿠젠·안도 모리나리·이이누마 나가쓰구(飯沼 長継)·사쿠마 노부모리·이치하시 나가토시(市橋 長利)·쓰카모토 코다이젠(塚本 小大膳).

북쪽에는 사이토 신고(斎藤 新五)·사카이 마사나오·하치야 호우키(蜂屋 伯耆)·야나다 야지에몬·추조 이에타다·이소노 카즈마사(磯野 員昌)·추조 마타베에(中条 又兵衛).

동쪽에는 시바타 카쓰이에·모리 요시나리·야마다 카쓰모리(山田 勝盛)·하세가와 요지(長谷川 与次)·삿사 나리마사·삿사 하야토(佐々 隼人)·카지와라 카게히사(梶原 景久)·후와 미쓰하루·마루모 나가테루(丸毛 長照)·니와 우지카쓰·후와 나오미쓰(不破 直光)·마루모 카네토시(兼利).

이처럼 포진케 하고 성 주위에 목책을 이중·삼중으로 둘러 각 방향에서의 도로를 차단했다.

목책 안을 순회·경비하는 자로는 스가야 나가요리(菅屋 長頼)·반 나오마사(塙 直政)·마에다 토시이에·후쿠즈미 히데카쓰(福富 秀勝)·나카가와 시게마사(中川 重政)·키노시타 요시토시(木下 嘉俊)·마쓰오카 쿠로지로(松岡 九郎二郎)·이코마 헤이자에몬(生駒 平左衛門)·카와지리 히데타카·유아사 나오무네(湯浅 直宗)·무라이 신시로(村井 新四郎)·나카가와 킨에몬(中川 金右衛門)·사쿠마 야타로·모리 요시카쓰·이코마 카츠스케(勝介)·칸베 가노스케(神戶 賀介)·아라카와 신파치(荒川 新八)·이노코 가노스케(猪子 賀介)·노노무라 몬도(野々村 主水)·야마다 야타로(山田 弥太郎)·타키가와 히코우에몬(瀧川 彦右衛門)·야마다 사에몬노조(左衛門尉)·사와키 요시유키.

노부나가 본진의 경호는 우마마와리들·코쇼들·화살부대·철포부대에게 명령했다.

9월 8일, 이나바 잇테쓰·이케다 쓰네오키·니와 나가히데 세 사람에게, "서쪽의 뒷문으로 야습을 가하라."라고 명령했다. 명령을 받은 그날, 밤이 되자 세 부대로 나뉘어 공격을 개시했다. 군세를 내었을 때 비가 내리기 시작하여 아군의 철포는 제 역할을 하지 못했다.

이케다 쓰네오키가 공격한 쪽에서는 우마마와리인 아사히 마고하치로(朝日 孫八郎)와 하타노 야조(波多野 弥三)가 목숨을 잃었다. 니와 나가히데가 공격한 쪽에서는 치카마쓰 부젠(近松 豊前)·칸베 호우키(神戶 伯耆)·칸베 이치스케(市介)·야마다 타베에(山田 大兵衛)·테라사와 야쿠로(寺沢 弥九郎)·미조구치 후스케(溝口 富介)·사이토 고하치(斎藤 五八)·후루카와 큐스케(古川 久介)·코노 산키치(河野 三吉)·카네마쓰 큐자에몬(金松 久左衛門)·스즈무라 카즈마(鈴村 主馬)를 비롯하여 강용한 무사 20여 명이 야간전투에서 목숨을 잃었다.

9월 9일, 타키가와 카즈마스에게 명령하여 타케노타니(多芸の谷)에 있는 코쿠시의 관아를 비롯하여 주변을 전부 불태우고 벼를 베어버리게 했다.

노부나가는 오카와치 성 안에 있는 장병을, 식량을 끊어 공략하기 위한 진을 쳤다. 농성에 대한 대비도 제대로 갖추지 못한 채 성 안으로 달려 들어온 자도 있어서 슬슬 굶어죽는 자가 나오기 시작하기에 이르자, 코쿠시 부자는 여러 가지로 사과의 말을 전한 뒤 노부나가의 차남인 차센(茶筅오다 노부카쓰)에게 가독을 물려주겠다는 조건을 수락하고 성에서 물러났다.

10월 4일, 성을 넘겨받기 위해 온 타키가와 카즈마스와 쓰다 카즈야스 두 사람에게 오카와치 성을 넘겨주고 코쿠시 부자는 카사기(笠木)와 사카나이(坂内)라는 곳으로 물러났다. 이후, 노부나가는 타마루(田丸) 성을 비롯하여 이세노쿠니 안에 있는 각 성들을 파괴하기로 하고 그 임무를 각자에게 주었다.

(8) 관소를 철폐하다

그리고 이세노쿠니의 각 관소는 오가는 나그네들을 특히 괴롭히던 문제였기에 이후 영원히 철폐하기로 하고, 앞으로는 관세를 징수해서는 안 된다고 엄중하게 명령했다.

(9) 이세 참배

10월 5일, 노부나가는 이세의 신사로 참배를 가기 위해 야마다(山田)로 출발, 쓰쓰미 겐스케(堤 源介)의 집에서 묵었다. 6일에 나이쿠우(内宮)와 게쿠우(外宮)와 아사쿠마야마(朝熊山)를 참배하고 이튿날 귀갓길에 올라 코즈쿠리에서 숙박, 8일에는 우에노(上野)에 진을 쳤으며, 거기서 각 쿠니에서 온 군세를 철수시켰다.

노부나가는 차센(오다 노부카쓰)을 오카와치의 성주로 삼아 성으로 들여보내고 보좌를 위해서 쓰다 카즈야스를 남겨두었다. 아노노쓰(安濃

津)·시부미(渋見)·코즈쿠리 세 곳에 타키가와 카즈마스의 군세를 남기고, 우에노에는 오다 노부카네를 남겨둔 채 우마마와리들만 데리고 쿄토로 돌아갔다. 그 외의 각 세력에게는 각자 쿠니로 돌아가도 좋다는 허가를 내렸다.

치구사토우게(千草峠고개)를 넘어 곧 상경하기로 하고 9일에 치구사까지 진출했다. 그날은 눈이 내렸는데, 산에는 커다란 눈이 내렸다. 10일은 오우미의 이치하라(市原)에서 숙박. 11일에 상경.

이세 1개 쿠니를 평정한 내용을 쇼군 요시아키에게 보고하고 사오일 쿄토에 머물며 천하의 정무를 처리한 뒤, 10월 17일에 미노에 있는 기후 성으로 돌아왔다. 경하스러운 일이었다.

권3 1570년(겐키 원년, 37세)

(1) 조라쿠지에서의 씨름

2월 25일, 쿄토를 향해서 출발, 아카사카(赤坂)에서 묵었다. 26일에 조라쿠지(常楽寺)에 도착, 그곳에서 머물렀다.

3월 3일, 노부나가는 오우미노쿠니의 역사들을 조라쿠지로 불러 씨름을 하게 하고 관람했다. 역사들의 면면을 살펴보면 햐쿠사이지(百済寺)의 시카(鹿)·햐쿠사이지의 오시카(小鹿)·타이토우(たいとう)·쇼곤(正権)·초코(長光)·미야이 간자에몬(宮居 眼左衛門)·카와라데라(河原寺)의 타이신(大進)·하시코조(はし小僧)·후카오 마타지로(深尾 又次郎)·나마즈에 마타이치로(鯰江 又一郎)·아오치 요에몬(青地 与右衛門). 그 외에도 상당한 실력을 가진 역사들이 앞 다투어 몰려들었다. 이때 심판을 맡은 것은 키노세 조슌안(木瀬 蔵春庵).

나마즈에 마타이치로·아오치 요에몬이 승자가 되었다. 이에 아오치와 나마즈에를 불러 두 사람에게 금은으로 장식한 장도와 단도를 주고, 이날부터 가신으로 삼아 씨름 담당관으로 임명했다. 두 사람에게는 매우 명예로운 일이었다. 또한 후카오 마타지로는 기능이 뛰어나

재미있는 씨름을 보여주었기에 노부나가도 감탄하여 상으로 의복을 내렸다. 감사한 일이었다.

3월 5일, 입경. 카미교의 나카라이 로안(半井 驢庵)의 집을 숙소로 삼았다. 키나이 및 이웃 쿠니의 다이묘와 무장들, 그리고 미카와의 토쿠가와 이에야스가 상경했다. 모두 노부나가에게 인사를 하러 온 것이었기에 매우 분주했다.

(2) 명물을 거두어들이다

천하에 이름이 알려진 명물 가운데 사카이 지역의 다인[茶人]들이 소지하고 있는 도구로는,

1. 텐노지야 소큐(天王寺屋 宗及)가 소유한 카시(菓子)의 그림.
1. 야쿠시인(薬師院)이 소장한 차 단지인 '코마쓰시마(小松島)'
1. 아부라야 조유(油屋 常祐)가 소유한 꽃병인 '코지구치(柑子口)'
1. 마쓰나가 히사히데가 소유한 그림인 '엔지반쇼즈(煙寺晩鐘図)'

이들은 모두 명품으로 이름 높은 것들이었다. 노부나가는 이를 자신의 손에 넣고 싶었기에 마쓰이 유칸·니와 나가히데를 사자로 보내서 그 뜻을 전하게 했다. 노부나가의 의향을 거스를 수는 없었기에 아무런 말도 하지 않고 헌상했다. 노부나가는 그 대가로 금은을 건네주었다.

(3) 칸제다유·콘파루다유의 노 공연

4월 14일, 쇼군의 어소 건축이 완성된 것을 축하하기 위해서 칸제다유와 콘파루다유, 2개 유파 합동으로 노의 모임을 열게 했다.

첫 번째, 「타마노이(玉の井)」 칸제

두 번째, 「미와(三輪)」 콘파루 / 상대역 코지로(小二郎)

세 번째, 「초료(長良)」 칸제

네 번째, 「아시카리(芦刈)」 콘파루 / 상대역 오오쿠라 신조(大蔵新三)

다섯 번째, 「마쓰카제(松風)」 칸제

여섯 번째, 「모미지가리(紅葉狩)」 콘파루 / 상대역 오오쿠라 신조

일곱 번째, 「토오루(融)」 칸제

지우타이54)는 이코마 게키(生駒 外記)·노지리 세이스케(野尻 淸介), 큰북은 이토쿠 타카야스(伊徳 高安)·오오쿠라 토라이에·히코자부로, 작은북은 히코우에몬·히요시 마고이치로(日吉 孫一郎)·큐지로(久二郎)·산조(三蔵), 큰북은 마타지로·요에몬, 피리는 이토 소주로·슌지쓰 요자에몬(春日 与左衛門).

관람석에 자리한 사람들은 히다노쿠니(飛騨国 기후 현 북부,히슈)의 코쿠시인 아네노코우지 추나곤(姉小路 中納言)·이세의 코쿠시인 키타바타케 추조(北畠 中将)·미카와의 토쿠가와 이에야스·하타케야마 아키타카(畠山 昭高)·잇시키 요시미치(一色 義道)·미요시 요시쓰구·마쓰나가 히사히데, 그 외에도 셋케55)와 세이가케56) 사람들, 키나이와 부근 쿠니의 다이묘와 무장 등이 함께 구경하여 자리를 빛냈다.

그 자리에서 쇼군 요시아키가 노부나가에게, "좀 더 높은 관직에

---

54) 地謠. 무대 옆에서 여럿이 창하는 일.
55) 摂家. 조정의 주요 관직인 셋쇼, 칸파쿠가 될 수 있는 집안.
56) 淸華家. 조정의 최고 관직인 다이조다이진(태정대신)까지 오를 수 있는 집안.

오르는 것이 어떻겠는가? 희망하는 자리가 있다면 조정에 말을 해주겠네."라고 말했으나 사퇴하고 받아들이지 않았다. 노부나가는 황공하게도 삼헌의 예를 받은 뒤, 쇼군이 따른 술잔을 받았다. 참으로 명예로운 일이었다.

(4) 테즈쓰야마 성을 공략하다

4월 20일, 노부나가는 쿄토에서 직접 에치젠으로 출진했다. 사카모토(坂本)를 지나 그날은 와니(和邇)에 진을 쳤다. 21일은 타카시마(高島)의 타나카(田中)에서 숙박, 22일은 와카사의 쿠마가와(熊河)에 있는 마쓰미야 겐바노조(松宮 玄蕃允)의 저택에서 묵었다. 23일, 사카키(佐柿)에 있는 아와야 카쓰히사(粟屋 勝久)의 성에 도착했으며, 이튿날은 주류.

25일에 에치젠의 쓰루가(敦賀) 방면으로 군세를 내었다. 노부나가는 말을 달려 정황을 살핀 뒤, 곧 테즈쓰야마(手筒山) 성을 공격했다. 이 성은 높은 산에 있었으며, 공격해 들어간 동남쪽은 산세가 험준했다. 그러나 노부나가는, "돌진하라."라며 거듭 명령했다. 장병들이 한 목숨 바치겠다는 각오로 있는 힘껏 충절을 다하여 곧 성 안으로 돌입, 적의 머리를 1,370급이나 취했다.

테즈쓰야마와 나란히 있는 카나가사키(金ヵ崎) 성은 아사쿠라 카게쓰네(朝倉 景恒)가 지키고 있었다. 이튿날, 이 성을 공격했다. 철저하게 짓밟을 생각이었으나 적이 항복하고 물러났다. 히키다(引壇) 성의 적들도 달아났기에 타키가와 히코우에몬과 야마다 사에몬노조, 두 사람을 파견하여 성벽과 망루를 파괴하게 했다.

뒤이어 키노메토우게(木目峠고개)를 넘어 에치젠의 중앙부로 침공할 계획이었으나, 그때 키타오우미(北近江)의 아자이 나가마사(淺井長政)가 등을 돌렸다는 정보가 속속 들어왔다. 그러나 아자이는 노부나가의 매우 가까운 인척(매제)이고, 키타오우미 일대의 지배를 허락받았기에 부족함이 있을 리 없었다. 아자이가 등을 돌렸다는 것은 잘못된 정보일 것이라고 노부나가는 생각했다. 하지만 사실이라는 보고가 곳곳에서 들려왔다. 노부나가는, "어쩔 수 없다."며 에치젠에서 철수하기로 했다. 카나가사키 성에는 키노시타 토키치로를 남겨두었고 본대는 4월 30일에 쿠치키 모토쓰나(朽木 元綱)가 여러 가지로 애를 썼기에 쿠치기고에(朽木越え고개)를 넘어 쿄토로 철수했다.

뒤이어 아케치 미쓰히데와 니와 나가히데에게, 무토 토모마스(武藤友益)로부터 인질을 받아오라는 명령을 주어 와카사로 파견했다. 아케치와 니와는 무토 토모마스의 어머니를 인질로 내게 하고, 거기에 무토의 성을 파기하게 했다. 5월 6일, 하리하타고에(針畑越え고개)를 넘어 쿄토로 들어와 위의 사실을 노부나가에게 보고했다.

그 전에 오우미 가도의 경계를 위해서 이나바 잇테쓰 부자 3명과 사이토 토시미쓰(斎藤 利三)를 모리야마에 배치해두었었다. 이 무렵에 잇키[57]가 일어났는데 우선 헤소무라(綟村)에서 기치를 올려 모리야마 남부에서부터 화공을 가해오기 시작했다. 이나바 세력이 잇키 세력을 각 방면에서 맞아 싸워 그들을 물리치고 수많은 자들을 베었다. 비할 데 없는 활약이었다.

---

57) 一揆. 토착민들의 무장봉기.

한편 쿄토에 있던 노부나가는 다이묘와 무장들이 보낸 인질을 모아 쇼군에게 맡기고, "천하에 커다란 일이 일어나면 곧 돌아오겠습니다." 라는 말을 남긴 뒤, 5월 9일에 쿄토를 출발했다.

도중의 시가 성, 우사야마(宇佐山) 요새에는 모리 요시나리를 남겨 경계를 맡게 했으며, 12일에 나가하라(永原)에 도착했다. 나가하라에는 사쿠마 노부모리를 남겨두고, 초코지(長光寺)는 시바타 카쓰이에로 하여금 성을 지키게 했다. 아즈치(安土)에는 나카가와 시게마사를 배치했다. 이처럼 요소요소에 경계를 위한 군세를 남겨두고 갔다.

(5) 치구사토우게에서 철포에 맞다

5월 19일, 쿠니로 돌아가던 중에 사건이 일어났다.

아자이 나가마사가 나마즈에(鯰江) 성에 군세를 배치하고 이치하라의 잇키 세력을 선동하여 노부나가의 귀로를 차단하기 위한 행동에 나섰다. 그러나 히노(日野)의 가모우 카타히데·후세(布施)의 후세 키미야스(布施 公保)·코쓰하타(香津畑)의 칸 히데마사(管 秀政)가 진력했기에 치구사고에(고개)를 넘어 쿠니로 돌아오게 되었다.

그런데 롯카쿠 요시카타의 부탁을 받은 스기타니 젠주보(杉谷 善住坊)라는 자가 치구사 산 속의 길가에 철포를 들고 숨어 있다가 12·3간 (23m) 거리에서 노부나가를 2발의 탄환으로 가차 없이 저격했다. 그러나 올바른 자는 하늘이 지키는 법으로, 2발의 탄환은 단지 노부나가의 몸을 살짝 스치고 지나갔을 뿐이었다. 호랑이 아가리에서 간신히 벗어나 5월 21일에 미노의 기후 성으로 무사히 돌아왔다.

(6) 오치쿠보 전투

6월 4일, 롯카쿠 요시카타 부자가 오우미 남부의 곳곳에서 잇키 세력을 선동하여 야스가와(野洲川) 방면으로 군세를 내었다. 이를 진압하기 위해서 시바타 카쓰이에·사쿠마 노부모리가 출동하여 야스가와에서 아시가루 부대로 하여금 적을 유인케 한 뒤, 오치쿠보(落窪)에서 전투를 치렀다. 일전을 치르어 적을 물리쳤으며, 거두어들인 수급은 미쿠모 사다모치(三雲 定持)·시게모치(成持) 부자, 타카노세 미마사카의 카미(高野瀨 美作守)·미즈하라 시게히사(水原 重久), 그 외에도 이가와 코가(甲賀)의 날랜 사무라이 780명의 목숨을 앗았다. 이렇게 해서 오우미의 절반 이상이 평정되었다.

(7) 타케쿠라베·카리야스 요새

그러는 사이에 아자이 나가마사는 에치젠의 군세를 키타오우미로 불러들여 타케쿠라베(長比)와 카리야스(刈安) 두 군데에 요새를 쌓았다. 한편 노부나가는 아자이 쪽의 호리 히데무라(堀 秀村)와 히구치 나오후사(樋口 直房)를 아군으로 끌어들이기 위해 교섭했으며, 그 결과 호리와 히구치 모두 노부나가에게 충절을 다하기로 약속했다.

6월 19일, 노부나가가 출마했다. 호리와 히구치가 반역했다는 소식이 전해지자 아자이 쪽의 타케쿠라베와 카리야스, 두 요새에 있던 병사들은 당황하여 후퇴했다. 노부나가 세력은 타케쿠라베에서 하루 이틀 주류했다.

6월 21일, 아자이의 본거지인 오다니(小谷) 성으로 공격해 들어갔다. 모리 요시나리·사카이 마사나오·사이토 신고·이치하시 나가토시·

사토 히데카타(佐藤 秀方)·쓰카모토 코다이젠·후와 미쓰하루·마루모 나가테루가 히바리야마(雲雀山)에 올라 마을에 불을 질렀다.

노부나가는 각 세력을 이끌고 토라고젠야마(虎御前山)에 올라 하룻밤 진을 머물게 했다. 시바타 카쓰이에·사쿠마 노부모리·하치야 요리타카·키노시타 토키치로·니와 나가히데 및 오우미노쿠니 안에서 참전한 각 세력에게 명령하여 각 마을과 골짜기의 구석구석에까지 불을 지르게 했다.

6월 22일, 병사를 물려야 했기에 후미를 맡은 부대에게 각 부대의 철포 500정 및 궁수 30명쯤을 내어주고 야나다 히로마사(簗田 広正)·추조 이에타다·삿사 나리마사 세 사람에게 지휘를 맡겼다.

적의 아시가루 부대를 가까이로 끌어들인 뒤, 야나다 히로마사가 중앙에서 약간 왼쪽으로 벗어나 그들을 물리쳤다. 그리고 뒤따라와 어지러이 달려드는 적을 향해 돌아서서는 싸우고, 다시 돌아서서는 치열하게 싸웠다. 오오타 마고자에몬(太田 孫左衛門)은 적의 머리를 취해 철수했기에 커다란 칭찬을 받았다.

2번째 부대로는 삿사 나리마사의 부대가 적을 유인하여 핫소잔(八相山)의 야아이(矢合) 신사 후방에서 전투를 벌였으며, 여기서도 나리마사가 공을 세우고 철수했다.

3번째 부대는 핫소잔 아래의 다리 위에서 싸웠는데 추조 이에타다가 부상을 입었다. 추조 마타베에는 다리 위에서 싸우다 적과 함께 다리에서 떨어졌 해자 바닥에서 적의 머리를 취하여 더없이 이름 높은 공적을 세웠다. 궁수들도 적을 잘 막아내어 무사히 철수했다.

그날은 야시마에서 야영했다.

요코야마(橫山) 성은 코자카(高坂) 아무개·미타무라(三田村) 아무개·노무라 나오타카(野村 直隆)가 지키고 있었다. 24일에 이를 사방에서 포위했으며 노부나가는 타쓰가하나(龍ヶ鼻)에 진을 쳤다. 토쿠가와 이에야스도 출진하여 역시 타쓰가하나에 진을 쳤다.

(8) 아네가와 전투

이에 대해서 아사쿠라 카게타케(朝倉 景建)가 병사 8천 정도를 이끌고 오다·토쿠가와 세력의 배후를 공격하기 위해서 출격했다. 오다니의 동쪽에 오요리야마(大依山)라는 동서로 기다란 산이 있다. 아사쿠라 쪽은 이 산에 진을 쳤다. 그곳으로 아자이 나가마사의 군세 5천쯤이 가세하여 합계 1만 3천이 되었다.

적은 6월 27일 이른 아침에 진을 거두고 퇴각하는 듯 보였으나 28일 새벽, 30정(3.3km)쯤 진출했다. 아네가와(姉川)를 앞에 두고 노무라·미타무라 두 곳으로 이동하여 군세를 두 갈래로 전개했다.

서쪽은 미타무라 초입, 첫 번째 전투로 토쿠가와 이에야스의 군세가 대전했다. 동쪽은 노무라에 진을 치고 있는 적에 대해서 노부나가의 우마마와리, 그리고 미노산닌슈의 군세가 한 무리가 되어 공격해 들어갔다. 6월 28일 오전 6시 무렵 동북쪽을 향해서 일전을 치렀다. 적은 아네가와를 건너 공격해 들어왔다. 서로 밀고 밀리며 어지러이 뒤얽혀 싸웠고, 검은 연기를 피워올리며 치열하게 맞선 끝에 여기저기서 각자가 활약하여 마침내 그들을 물리쳤다.

아군이 취한 적의 수급은 마가라 나오모토(真柄 直元), 이 머리는 아오키 카즈시게(青木 一重)가 취했다. 마에바 신파치(前波 新八)·마에바 신타로(新太郞)·고바야시 하슈켄(小林 端周軒)·우오즈미 류몬지(魚住 竜文寺)·쿠로사카 빗추(黒坂 備中)·유게 이에즈미(弓削 家澄)·이마무라 우지나오(今村 氏直). 엔도 나오쓰네(遠藤 直経), 이 머리는 타케나카 시게타카(竹中 重隆)가 취했다. 예전부터 그의 머리를 취하겠다고 호언장담했었다. 아자이 우타노스케(浅井 雅楽助)·아자이 이쓰키(浅井 斎)·카노 지로자에몬(狩野 次郎左衛門)·카노 사부로베에(三郎兵衛)·호소에 사마노스케(細江 左馬助)·하야사키 키치베에(早崎 吉兵衛). 이 외에도 주요한 자 1,100여 명을 베었다.

오다니까지 50정(5.5km), 적을 추격하여 성 아래에 불을 질렀다. 그러나 오다니 성은 높은 산에 위치한 요해지에 있었기에 단번에 공격해 올라가기는 어려우리라 생각하여 요코야마로 군세를 오르게 했다. 물론, 요코야마 성의 적은 항복하고 물러났기에 성을 지키게 하기 위해서 키노시타 토키치로를 성으로 들어가게 했다.

뒤이어 사와야마 성. 이곳은 이소노 카즈마사가 들어가 수비에 임하고 있었는데 노부나가는 지체하지 않고 7월 1일에 사와야마로 진격했다. 성을 포위하고 목책을 둘렀으며, 동쪽에 있는 도도 야스노부(百々 安信)의 저택을 요새로 개조하여 니와 나가히데를 배치했다. 북쪽의 산에는 이치하시 나가토시, 남쪽의 산에는 미즈노 노부모토, 서쪽의 히코네야마(彦根山)에는 카와지리 히데타카를 배치하여 사방에서 성을 둘러싸 각지로 가는 도로를 차단했다.

7월 6일, 노부나가는 우마마와리들만을 데리고 상경하여 쇼군 요시아키에게 위 지역의 정황을 보고하고 정무를 처리한 뒤, 7월 8일에 기후로 귀환했다.

(9) 노다 성·후쿠시마 성 전투

8월 20일, 남쪽지방으로 출진. 그날은 요코야마에 진을 쳤으며, 이튿날은 주류. 22일에는 초코지에서 묵었다. 23일에는 시모쿄(下京)의 혼노지(本能寺)에서 묵고 이튿날은 주류. 25일에 남쪽지방으로 출동. 요도가와(淀川)를 건너 히라카타(枚方)에 있는 사원에 진을 쳤다.

26일, 적이 지키고 있는 노다(野田)·후쿠시마에 공격을 개시하여 진을 펼쳤다. 선진은 적진 가까이에 자리 잡게 했으며, 텐마가모리(天滿ガ森)·카와구치(川口)·와타나베·칸자키(神崎)·카미난바(上難波)·시모난바(下難波) 및 해안 부근에도 진을 치게 하고, 노부나가 자신은 텐노지(天王寺)에 진을 쳤다. 그러자 오오사카·사카이·아마가사키(尼崎)·니시노미야(西宮)·효고(兵庫) 부근에서부터 외국이나 국내의 진귀한 물건을 들고 노부나가에게 인사를 하러 온 사람, 혹은 포진한 모습을 구경하러 온 사람들이 무리를 이루었다.

적인 남쪽지방의 각 로닌들 가운데 대장 격인 사람은 호소카와 아키모토·미요시 나가야스·미요시 야스나가(三好 康長)·아타기 노부야스(安宅 信康)·소고 마사야스(十河 存保)·시노하라 나가후사·이와나리 토모미치·마쓰모토 아무개·코사이 에치고의 카미(香西 越後守)·미요시 마사카쓰(政勝)·사이토 타쓰오키·나가이 미치토시. 이들의 군세 8천 정도가 노다·후쿠시마 성에 모여 있다고 했다.

그 가운데 미요시 마사카쓰·코사이 에치고의 카미 두 사람은 오다 쪽으로 돌아서 적을 속이기 위한 계략을 거의 다 짰으나, 오다 세력이 접근해 있었기에 적의 경계도 매우 삼엄해서 계략을 성공하기 어려우리라는 생각이 들자, 8월 28일 한밤중에 텐노지에 있는 본진으로 찾아왔다.

9월 3일, 셋쓰노쿠니(摂津国 오오사카 북중부와 효고 현 남동부,셋슈) 나카지마에 있는 호소카와 후지카타의 성으로 쇼군 요시아키가 찾아왔다.

같은 달 8일, 노부나가는 오오사카의 이시야마 혼간지(石山 本願寺)에서 10정(1km)쯤 서쪽에 있는 로노키시(楼岸)에 요새를 쌓게 하고 사이토 신고·이나바 잇테쓰·나카가와 시게마사 세 사람을 배치했다. 또한 오오사카의 강 맞은편에 있는 카와구치라는 마을에도 요새를 쌓게 하고 히라테 켄모쓰·히라테 히로히데·하세가와 요지·미즈노 나오모리(水野 直盛)·삿사 나리마사·쓰카모토 코다이젠·니와 우지카쓰·사토 히데카타·카지와라 카게히사·타카미야 우쿄노스케(高宮 右京亮)를 배치했다.

9월 9일, 노부나가는 텐마가모리로 본진을 진출시켰다. 이튿날, 각 부대에 풀을 모으게 해서 적의 성 부근에 있는 물가와 해자를 메우게 했다.

9월 12일, 노다·후쿠시마에서 10정(1km)쯤 북쪽에 있는 에비에(海老江) 마을에서 쇼군과 노부나가가 합류하여 본진을 설치했다. 선진은 말할 것도 없고 각 부대가 앞 다투어 밤새 둑을 쌓고 모두가 적의 성벽까지 접근해서 적진을 살피기 위한 망루를 세우고 대포를 성 안으로 쏘아 공격했다.

네고로(根来)·사이가(雑賀)·유가와(湯川)·키이노쿠니(紀伊国 와카야마 현과 미에 현 남부,키슈) 오쿠노코오리(奥郡)의 군세 약 2만이 오다 쪽에 참전하여 오리오노(遠里小野)·스미요시(住吉)·텐노지에 진을 쳤다. 피아의 철포 소리가 밤낮없이 천지를 뒤흔들었다.

그러는 사이에 노다·후쿠시마의 적이 이런저런 말로 간절하게 화목을 청해왔으나 노부나가는, "성이 떨어질 때까지 얼마 남지 않았으니 그대로 공격하여 무너뜨려라."라며 받아주지 않았다.

노다·후쿠시마가 함락되면 오오사카도 멸망할 것이라는 사실을 알게 된 것인지, 이시야마 혼간지가 거병하여 9월 13일 밤부터 공격에 나섰다. 로노키시·카와구치 두 요새를 향해서 철포를 쏘며 잇키 세력이 봉기했으나 이렇다 할 일은 일어나지 않았다.

이튿날인 14일, 오오사카 쪽에서 텐마가모리로 출격했다. 여기에 응전하여 적을 쫓아 강을 건넜고 카스가이(かすがい) 둑에서 전투를 벌였다. 첫 번째로 삿사 나리마사가 대전을 펼쳤으나 부상을 입어 물러났다. 두 번째로 둑길의 중앙으로는 마에다 토시이에가 파고들었으며, 오른쪽에서는 활로 나카노 카즈야스가, 왼쪽에서는 노무라 엣추·유아사 나오무네·모리 나가히데·카네마쓰 마사요시(兼松 正吉) 등이 앞을 다투어 적과 치열하게 싸웠다. 모리 나가히데와 카네마쓰 마사요시가 둘이서 시모마쓰 라이소(下松 賴総)의 가신인 나가스에 신시치로(長末 新七郞)를 베었다. 모리가 카네마쓰에게, "머리를 취하도록 하시오."라고 말했다. 그러자 카네마쓰도, "나는 그저 도왔을 뿐이니, 그대가 취하시오."라고 말했다. 그렇게 말을 주고받다가 적의 수급 하나를 눈앞에 두고 그냥 물러나고 말았다. 여기서 노무라 엣추가 전사했다.

(10) 시가의 진

9월 16일, 에치젠의 아사쿠라 요시카게와 키타오우미의 아자이 나가마사의 군세 3만 정도가 사카모토 방면으로 공격해 들어왔다.

모리 요시나리가 우사야마 요새에서 언덕을 달려 내려가 사카모토 외곽에서 응전했다. 수하는 겨우 1천 명도 되지 않았으나 아시가루 사이의 전투에서 적의 머리를 약간 취하는 승리를 거두었다.

9월 19일, 아자이·아사쿠라 세력이 두 갈래로 나뉘어 다시 공격해 들어왔다. 모리 요시나리는 마을이 파괴되어서는 원통한 일이라 생각했기에 응전하여 버텼으나, 대군이 두 방면으로 우르르 공격해 들어왔다. 사력을 다해 방어에 나서 불꽃을 튀기며 격전을 치렀지만 적의 맹공을 버티지 못하고 모리 요시나리·오다 노부하루(織田 信治)·아오치 시게쓰나·비토 겐나이(尾藤 源内)·비토 마타하치(又八)가 적의 창에 끝내 목숨을 잃고 말았다.

도케 세이주로(道家 淸十郎)·스케주로(助十郎)라고 세상에 무용으로 이름이 알려진 형제가 있었다. 오와리노쿠니 출생으로 모리야마 사람이었다. 어느 해에 히가시미노(東美濃)의 코노(高野) 방면으로 타케다 신겐의 군세가 공격해 들어왔다. 그때 모리 요시나리·히다 나오카쓰(肥田 直勝)가 앞서 달려나가 산 속과 골짜기에서 적과 맞서 싸웠는데 이 형제는 적의 머리를 3개 취해가지고 왔다. 노부나가에게 바치자 크게 칭찬했다. 형제는 하얀 깃발을 표식으로 삼고 있었는데 노부나가가 그 깃발을 가져오게 하여, '천하제일의 용사'라고 자필로 써서 형제에게 주었다. 이와 같은 명예는 천하에 비할 자가 없는 것으로, 더없이 영예로운 무사였다. 이번 싸움에서도 그 깃발을 꽂고 모리 요시나리와 함께 행동을 같이했다. 수많은 공을 세우고 불꽃을 튀기며 싸우다 끝내는 형제가 함께 전사하고 말았다.

적이 우사야마 요새의 외성(外城)까지 공격해 올라가서 불을 질렀으나, 무토 고로우에몬(武藤 五郎右衛門)·히다 히코자에몬(肥田 彦左衛門) 두 사람이 목숨을 걸고 지켜냈다. 9월 20일, 적의 선봉이 다시 전진하여 오오쓰의 바바·마쓰모토에 불을 질렀으며, 21일에는 오우사카야마(逢坂山)를 넘어서 다이고(醍醐)·야마시나(山科)를 불태우고 벌써 쿄토 가까이까지 닥쳐왔다.

22일, 셋쓰노쿠니 나카지마에 머물고 있던 노부나가에게 이 보고가 전해졌다. 노부나가는 적이 쿄토 시내로 침입해서는 큰일이라고 생각했기에 9월 23일에 노다·후쿠시마의 진을 풀었다. 쿄토로 돌아올 때는 와다 코레마사와 시바타 카쓰이에 두 사람에게 군의 후미를 맡겼으며 나카지마에서 에구치(江口)의 나루터를 건너는 길을 택했다.

이 에구치가와(江口川)는 요도가와와 우지가와(宇治川)에 이은 커다란 강으로, 수량이 풍부하고 흐르는 소리가 폭포 같아서 두려운 모습을 연출한다. 예로부터 배가 아니면 건널 수 없는 곳이었다. 노부나가의 군세가 이곳에 도착했을 때, 잇키 세력이 봉기하여 나루터의 배를 숨겨버렸기에 자유롭게 통행을 할 수 없게 되어버렸다. 잇키 세력은 벼·삼·대나무·갈대 등으로 위장하고 절반 이상의 인원이 죽창을 든 채 에구치가와 맞은편 기슭에서 요도가와 둑에 걸쳐서 기세를 올리고 있었으나 특별히 이렇다 할 일도 벌어지지 않았다. 노부나가는 강의 상하를 둘러보고 말을 탄 채로 강에 들어가보더니 도하 명령을 내렸다. 모두가 말을 탄 채로 들어가보니 의외로 강이 얕아서 잡병들도 도보로 어려움 없이 건널 수 있었다. 다음 날부터는 에구치 나루터를 도보로는 도저히 건널 수가 없었다. 에구치 부근의 마을 사람들 모두 이를 기이한 일이라며 신기하게 여겼다.

9월 23일, 노부나가가 쇼군과 함께 쿄토로 귀환했다.

9월 24일, 노부나가는 쿄토 혼노지를 출발, 오우사카야마를 넘어 에치젠 세력을 향해 진격했다. 시모사카모토(下坂本)에 진을 치고 있던 에치젠·키타오우미 세력은 노부나가의 깃발을 보자 마치 패잔병처럼 히에이잔(比叡山)으로 달아나듯 올라가 하치가미네(蜂ヵ峰)·아오야마·쓰보카사야마(局笠山)에 진을 쳤다.

이에 노부나가는 엔랴쿠지(延曆寺)의 승려 10명쯤을 불러들여, "지금부터 노부나가의 편에 서서 충절을 다한다면, 노부나가의 영지 가운데에 있는 엔랴쿠지의 봉토를 원래대로 환원하겠소."라고 칼의 날밑을 울리며 맹세했다. "그러나 출가한 자의 도리로 한쪽 편에만 설 수는 없다고 말할 양이라면, 아자이·아사쿠라 쪽을 편들어서도 안 되며 우리의 작전행동을 방해해서도 안 될 것이오."라고 사리를 밝혀서 말했다. 그런 다음 이나바 잇테쓰에게 명령하여 이상의 취지를 문서로 작성케 하고 인장을 찍어 건네주었다. 그리고, "만약 이 2개 조항을 어길 시에는 콘폰추도(根本中堂)와 히에타이샤(日吉大社)를 비롯하여 산 전체를 남김없이 불태울 것이오."라고 덧붙였다. 그러나 엔랴쿠지의 승려들은 아무런 회답도 하지 않았다. 이후 엔랴쿠지는 아자이·아사쿠라 쪽을 편들었는데, 금지된 물고기·새고기·여자까지 산 안으로 끌어들여 제멋대로 악행을 저질렀음이 판명되었다.

노부나가는 일단 시모사카모토에 진을 쳤다.

25일, 각 부대로 하여금 히에이잔 기슭을 포위케 했다. 카토리(香取)의 저택을 견고하게 정비하고 히라테 켄모쓰·하세가와 탄바의 카미·야마다 카쓰모리·후와 미쓰하루·마루모 나가테루·아자이 마사즈미·니와 우지카쓰·미즈노 마사나가(水野 正長) 등을 배치했다. 아노우무라에도 요새를 쌓고, 야나다 히로마사·카와지리 히데타카·삿사 나리마사·쓰카모토 코다이젠·아케치 미쓰히데·토오야마 토모타다(遠山 友忠)·무라이 사다카쓰·사쿠마 노부모리·신도 카타모리·고토 타카하루·타가 쓰네노리(多賀 常則)·카지와라 카게히사·나가이 토시시게(永井 利重)·오이다 마사모토(種田 正元)·사토 히데카타·추조 이에타다 이상 16명의 부장을 배치했다. 또한 타나카에는 시바타 카쓰이에·우지이에 보쿠젠·안도 모리나리·이나바 잇테쓰로 하여금 진을 치게 했다. 카라사키(唐崎) 요새에는 사지 타메오키(佐治 爲興)·오다 노부하루를 두었다. 노부나가는 시가 성과 우사야마 요새에 진을 쳤다.

히에이잔의 서쪽 기슭에 있는 쇼군야마(將軍山)의 옛 성에는 오다 노부히로·미요시 마사카쓰·코사이 에치고의 카미, 여기에 쇼군 요시아키가 파견한 군세가 가세해 합계 2천 정도를 머물게 했다. 야세(八瀨)·오오하라에는 야마모토 쓰시마의 카미(山本 対馬守)·렌요보(蓮養坊)가 요새를 쌓고 자리를 잡았다. 이 두 사람은 히에이잔의 지리에 밝았기에 밤이면 산으로 숨어들어가 골짜기와 절에 불을 질러 히에이잔 쪽을 매우 난처하게 만들었다고 한다.

10월 20일, 아사쿠라 쪽으로 스가야 나가요리를 사자로 보내서, "언제까지고 항쟁을 계속하는 것은 서로에게 쓸모없는 일이니 일전을 치러 결착을 짓기로 하자. 날짜를 정해 출격하도록 하라."라는 말을 전했으나 아사쿠라 쪽에서는 좀처럼 대답을 하지 않았다. 결국 아사쿠라 쪽은 저항을 그만두고 화목을 청해왔으나, 노부나가는 무슨 일이 있어도 일전을 치러 울분을 떨쳐낼 생각이었기에 받아들이지 않았다.

남쪽의 미요시산닌슈 쪽에서는, 적이 노다·후쿠시마 성을 보강하고 각 로닌들이 카와치(河內오오사카 부 동부,카슈)와 셋쓰의 곳곳에 출몰하여 기세를 올렸으나 타카야(高屋)에 하타케야마 아키타카, 와카에(若江)에 미요시 요시쓰구, 카타노(交野)에 야스미 나오마사(安見 直政)가 배치되어 있고, 이타미(伊丹)·시오카와(塩河)·이바라키(茨木)·타카쓰키(高槻) 등 모든 성을 견고하게 지키고 있었으며, 또 키나이의 군세가 각지에 진을 치고 있었기에 쿄토를 향해 진격하기란 절대로 불가능한 일이었다.

또한 미나미오우미(南近江) 방면에서는 롯카쿠 요시카타 부자가 코가의 미쿠모 사다모치의 거성인 보다이지(菩提寺) 성까지 진출해왔으나, 병력이 부족하여 싸움을 걸 태세조차 갖추지 못했다.

이시야마 혼간지의 신도들 가운데 오우미에서 살고 있는 사람들이 잇키를 일으켜 오와리·미노로 이어지는 도로를 차단하는 행동에 나섰는데, 숫자는 많았지만 농민들이었기에 이렇다 할 결과는 얻지 못했다. 키노시타 토키치로와 니와 나가히데가 각 마을을 달리며 잇키 세력을 베었기에 대부분은 진압되었다.

키노시타 토키치로와 니와 나가히데 두 사람은 지금이야말로 주군에게 매우 중요한 때라고 생각하여, 아자이의 본거지인 오다니 성과 대치하고 있는 요코야마 성, 적 쪽의 사와야마 성과 대치하고 있는 도도 저택의 요새에 각각 충분한 군세를 남겨두고, 시가의 진에 참진하기 위해 출진했다. 그러자 잇키 세력이 타케베고(建部鄕)에 거점을 두고 미쓰쿠리야마와 칸논지야마로 올라가 양쪽에서 협동하여 두 사람의 진로를 차단했다. 이에 적과 충돌하여 일전을 치렀는데 선두의 무사 수 명을 베어버리고 별 어려움도 없이 그대로 지나 두 사람은 시가 부근의 세타고(勢田鄕)로 달려갔다.

멀리 시가 성에서 이 모습을 지켜보고 있던 노부나가는, 야마오카 카게타카가 모반을 일으켜 롯카쿠 요시카타를 세타로 끌어들인 것일까, 하며 사태를 파악하지 못하고 있었다. 그때 급사가 도착해서, "토키치로와 나가히데가 세타까지 참진했습니다."라고 보고했기에 노부나가는 크게 기뻐했다. 이 소식을 전해들은 각 부대의 진영에서도 기쁨의 목소리가 터져나왔다.

11월 16일, 니와 나가히데에게 튼튼한 철망을 만들게 하여 그것으로 세타에 배다리를 놓게 했다. 이 다리를 안전하게 오갈 수 있도록 경호하기 위해 무라이 신시로와 하이바라 신에몬(埴原 新右衛門)을 배치했다.

노부나가의 동생 오다 노부오키(織田 信興)는 오와리의 코키에무라(小木江村)에 성을 만들어 거성으로 삼고 있었는데 이시야마 혼간지는 노부나가가 시가의 진 때문에 여력이 없다는 사실을 꿰뚫어보고 나가시마의 신도들에게 잇키를 일으켜 노부오키에게 싸움을 걸어서 코키에 성을 공격케 했다. 잇키 세력이 며칠 동안 공격을 계속하여 마침내는 성 안으로 돌입했다. 노부오키는 잇키 세력의 손에 걸려 죽는 것은 원통한 일이라고 생각하여, 11월 21일에 텐슈카쿠[58]에 올라 할복했다.

어쩔 수 없는 일이었다.

11월 22일, 노부나가는 롯카쿠 요시카타와 화목했다. 미쿠모 세력과 미요시 세력이 롯카쿠 쪽에서 이탈하여 시가의 진에 있는 노부나가를 찾아왔다. 노부나가 쪽에서는 상하 모두가 만족스럽게 생각했다.

11월 25일에는 카타다(堅田)의 이카이노 마사카쓰(猪飼野 正勝)·바바 마고지로(馬場 孫次郎)·이소메 마타지로(居初 又次郎) 세 사람이 협의하여, "아군이 되어 충성을 다하겠습니다."라고 청해왔다는 사실을 사카이 마사나오·안도 우에몬(安藤 右衛門)·쿠와하라 헤이베에(桑原 平兵衛)가 보고했다. 노부나가는 이를 승인하고 인질을 취했다.

카타다 부대의 증원을 위해 그날 밤에 병사 1천 명 정도를 파견했더니, 에치젠 쪽에서는 더 이상 늦출 수 없다며 다수의 병력으로 여러 방면에서 공격을 개시했다. 각 방면에서 응전하여 마에바 카게사다(前波 景定)·호리 헤이에몬(堀 平右衛門) 및 아사쿠라 요시카게의 유히쓰[59]인 나카무라 모쿠노조(中村 木工丞) 외에 주요한 자들 다수의 목숨을 빼앗았으나, 아군에서도 사상자가 나와 점차 숫자가 줄었기에 마침내는 패하고 말았다. 그러한 가운데서도 사카이 마사나오와 우라노 겐파치(浦野 源八) 부자는 일당천의 활약을 펼쳐 비할 데 없이 높은 이름을 남겼다.

그러나 마침 찾아온 한파와 많은 눈 때문에 에치젠과의 교통과 운수가 자꾸만 끊긴 탓인지 아사쿠라 요시카게가 쇼군 요시아키에게

---

58) 天守閣. 성의 중심이 되는 건물.
59) 祐筆. 문서와 기록을 담당하던 자.

눈물로 애원했기에 쇼군이 화목을 위한 조정안을 제시했다. 노부나가는 이를 수락하지 않았으나 11월 29일에 쇼군이 미이데라까지 나와서 거듭 화목을 권했기에 무시할 수만도 없어서 11월 30일에 화목이 성립되었다.

아사쿠라 쪽에서 제시한 조건은, 오다 세력은 비와코를 건너 세타까지 철수할 것, 그리고 아자이·아사쿠라 쪽이 타카시마로 철수할 때까지 오다 쪽에서 인질을 보낼 것, 그렇게 하지 않으면 철수에는 동의할 수 없다는 것이었기에, 노부나가는 14일에 호수를 건너 세타의 야마오카 카게타카의 성까지 군세를 철수시켰다. 이후, 아자이·아사쿠라 쪽은 15일 이른 아침부터 히에이잔에서 내려와 철수했다.

당연한 말이지만, 이와 같은 결말을 맞이하게 된 것은 노부나가가 전투에 능했기 때문이다.

같은 달 16일, 노부나가는 커다란 눈을 뚫고 귀로에 올랐다. 사와야마의 기슭에 있는 이소노고(磯鄕)에서 묵은 뒤, 11월 17일에 기후로 돌아왔다. 경하스러운 일이었다.

권4 1571년(겐키 2년, 38세)

(1) 사와야마 성을 접수

정월 1일, 각 부장들이 미노의 기후 성으로 들어왔다.

2월 24일, 이소노 카즈마사가 항복하고 사와야마 성을 건네준 뒤 타카시마로 물러났다. 이에 노부나가는 니와 나가히데를 조다이[60]로 삼아 성으로 들어가게 했다.

(2) 미노우라 전투

5월 6일, 아자이 나가마사가 아네가와까지 진출하여 요코야마 성과 대치한 채 군세를 배치하고 진을 쳤다. 선봉에 선 아시가루 부대의 대장은 아자이 시치로(浅井 七郎), 5천 정도의 병사들을 이끌고 미노우라(箕浦) 방면의 호리 히데무라와 히구치 나오후사의 거성 부근까지 공격해 들어와서 각 마을에 불을 질렀다.

키노시타 토키치로는 요코야마 성에 군세를 충분히 남겨 수비를 하게 해두고, 자신은 100기 정도를 따르게 하여 적에게 보이지 않도록

---

60) 城代. 성주를 대리해서 성을 지키던 자.

산의 뒤쪽을 돌아서 미노우라로 달려갔다. 호리·히구치 세력과 합류했으나 그래도 겨우 5·6백 명을 넘지 않았을 것이다. 적은 5천 정도의 잇키 세력, 이들로 하여금 아시가루 부대를 공격케 했다. 시모나가사와(下長沢)에서 충돌하여 일전을 벌였다. 여기서 히구치의 가신인 타라오 사가미의 카미(多羅尾 相模守)가 전사했다. 그의 가신인 히지카와 헤이자에몬(土川 平左衛門)은 이 소식을 듣고 적진으로 뛰어들어 전사하고 말았다. 비할 데 없는 활약이었다.

적은 잇키 세력이었기에 마침내는 물리쳤고, 수십 명을 베어 쓰러뜨렸다. 그러나 적은 시모사카(下坂)의 사이카치하마(さいかち浜)라는 곳에서 태세를 정비하고, 거기서도 한동안 싸웠으나 결국은 야와타(八幡) 신사 아래까지 퇴각했다. 아자이 나가마사는 더 이상 손을 쓰지 못하고 병사를 철수시켰다.

(3) 오오타구치 전투

5월 12일, 노부나가는 카와우치의 나가시마를 세 방향에서 공격케 했다. 노부나가 자신은 쓰시마까지 출진했다.

중앙 쪽을 공격한 부장은 사쿠마 노부모리·아자이 마사즈미·야마다 카쓰모리·하세가와 탄바의 카미·와다 사다토시·나카시마 분고의 카미.

강줄기의 서쪽인 타기야마(多芸山) 기슭을 따라서 오오타(大田) 방면으로 공격한 부대는 시바타 카쓰이에·이치하시 나가토시·우지이에 보쿠젠·안도 사다하루(安藤 定治)·이나바 잇테쓰·쓰카모토 코다이젠·후와 미쓰하루·마루모 나가테루·이이누마 나가쓰구.

5월 16일, 오오타구치에서 각 마을에 불을 지르고 물러나려 할 때, 나가시마의 잇키 세력이 산 쪽으로 이동했다. 오른쪽은 커다란 강, 왼쪽은 산의 절벽이었는데 절벽 아래의 길은 1기씩밖에 지날 수 없는 험한 곳이었다. 잇키 세력은 퇴각하는 길 곳곳에 활과 철포의 사수를 배치해놓고 기다리고 있었다. 시바타 카쓰이에가 형세를 가늠하며 가장 후미에 서서 철수하고 있을 때, 잇키 세력이 우르르 공격해 들어왔다. 치열하게 싸운 끝에 시바타는 가벼운 상처를 입은 채 철수했다. 두 번째 부대인 우지이에 보쿠젠이 적을 맞아 일전을 치렀으나 우지이에와 가신 여러 명이 목숨을 잃었다.

  (4) 시무라 성 공략

  8월 18일, 노부나가는 키타오우미로 출마하여 요코야마에 진을 쳤다. 8월 20일 밤, 커다란 바람이 거칠게 불어와 요코야마 성의 벽과 망루를 쓰러뜨렸다.

  오다니와 야마모토야마(山本山) 사이는 50정(5.5km)도 떨어져 있지 않을 것이다. 8월 26일 밤, 그 사이에 있는 나카지마라는 마을에 진을 치고 아시가루에게 명령하여 요고(与語)와 키노모토(木本) 부근 일대를 불태우게 했다. 27일, 요코야마로 군세를 철수시켰다.

  8월 28일, 노부나가는 사와야마 성으로 나아가 니와 나가히데의 숙소에서 묵었다. 선진은 잇키 세력이 자리 잡고 있는 오가와무라(小川村)와 시무라고(志村郷)를 공격하여 부근을 불태웠다.

  9월 1일, 노부나가는 시무라 성을 공격케 하고 이를 지켜보았다. 공격부대로는 사쿠마 노부모리·나카가와 시게마사·시바타 카쓰이에·니와 나가히데 네 사람을 명했다. 사방에서 공격하여 성 안으로 돌입, 적의 수급 670급을 얻었다. 이러한 정황을 보고 이웃해 있는 오가와의 성주 오가와 스케타다(小川 祐忠)가 인질을 보내 항복해왔기에 이를 허락했다.

9월 3일, 조라쿠지로 이동하여 주류. 잇키 세력이 지키고 있는 카네가모리(金ヶ森) 성을 공격했다. 일대의 벼를 전부 베어 쓰러뜨리고 목책을 둘러 외부와의 연락을 차단한 채 포위하자 잇키 세력이 용서를 빌며 인질을 보내왔기에 이도 역시 허락했다.

그런 다음 바로 남쪽으로 출동하겠다는 뜻을 포고했다.

9월 11일, 노부나가는 야마오카 카게나오의 성에 진을 두었다.

(5) 히에이잔 퇴치

9월 12일, 노부나가는 히에이잔을 공격했다. 경위는 다음과 같다.

이전 해에 노부나가가 노다·후쿠시마를 공격하여 거의 낙성 직전에 이르렀을 때, 에치젠의 아사쿠라 요시카게와 키타오우미의 아자이 나가마사가 사카모토 방면으로 공격해 들어왔다. 노부나가는, "적이 쿄토 시내로 침입하면 일이 귀찮아진다."며 노다·후쿠시마의 진을 풀고 곧 오우사카야마를 넘어 에치젠·키타오우미 세력에 공격을 가해 쓰보카사야마로 몰아붙였다.

군량을 끊어 공격하는 작전을 썼는데, 엔랴쿠지의 승려들을 불러, "이번에 노부나가의 편에 선다면 노부나가의 영지 가운데 있는 엔랴쿠지의 봉토를 원래대로 환원하겠소."라는 뜻을 맹세하고 그 문서에 인장을 찍어 건네준 다음, "그러나 출가한 자의 도리로 한쪽 편에만

설 수는 없다고 말할 양이라면, 우리의 작전행동을 방해해서도 안 되오."라고 사리를 밝혀서 말하고, "만약 이 2개 조항을 어길 시에는 콘폰추도와 히에타이샤를 비롯하여 산 전체를 남김없이 불태울 것이오."라고 분명하게 말했다.

히에이잔의 산 위와 아래의 승려들은 엔랴쿠지가 황도[皇都]의 진수[鎭守]임에도 불구하고 평소의 행동에 있어서나 불도 수행에 있어서나 출가한 자의 도리에서 벗어나 천하의 웃음거리가 되고 있다는 사실도 부끄럽게 여기지 않고, 하늘의 도리를 배반하는 일의 두려움도 깨닫지 못하고, 색욕에 빠져 있었으며, 비린 음식을 먹고, 금은에 눈이 어두워져 아자이·아사쿠라 쪽에 가담하여 제멋대로 방자하게 행동하고 있었다. 그러나 노부나가는 시대의 흐름에 따라서 우선은 삼가는 모습을 보였으며, 일을 크게 키우지 않기 위해 안타까움 속에서도 병사들을 그대로 거두어들였었다.

마침내 때가 오고 만 것일까? 그 울분을 오늘에야말로 풀겠다는 듯, 9월 12일에 히에이잔을 공격하여 콘폰추도와 히에타이샤를 비롯하여 불당과 신사, 승방과 서고 등을 단 1동도 남기지 않고 일거에 불태웠다. 연기가 구름 떼처럼 피어올랐으며, 무참하게도 산 전체가 잿더미가 되어버렸다.

산 아래의 남녀노소들은 우왕좌왕 달아났고, 챙겨야 할 물건도 제대로 챙기지 못한 채 모두가 맨발로 하치오지산(八王寺山)으로 달아나 올라갔으며, 히에타이샤의 안쪽에 있는 신사로 달아났다. 각 부대의 병사들이 사방에서 함성을 지르며 공격해 들어갔다. 승려·속인·아동·학승·상인 등 모두의 머리를 베어 노부나가에게 살펴보게 하고, 이는 히에이잔을 대표할 정도의 고승이라는 등, 귀승이라는 등, 학식이 높은 승려라는 등 아뢰었다. 그 외에 미녀·시동 등도 숫자를 헤아릴 수 없을 정도로 잡아다 노부나가 앞으로 끌고 왔다. 악승은 물론, "저희는 살려주십시오."라고 저마다 애원하는 자들까지 결코 용서하지 않고 한 사람도 남김없이 목을 베었다. 가엾게도 수천의 시체가 여기저기 나뒹굴어 차마 눈 뜨고는 볼 수 없는 광경이었다.

노부나가는 평소의 울분을 풀 수 있었다. 그리고 시가군을 아케치 미쓰히데에게 맡겼으며, 아케치는 사카모토에 성을 마련하였다.

9월 20일, 노부나가는 미노의 기후로 돌아왔다.

9월 21일, 카와지리 히데타카와 니와 나가히데 두 사람에게 명령하여, 타카미야 우쿄노스케와 그의 일족을 사와야마로 출두케 한 뒤, 살해하게 했다. 칼을 빼들고 저항하며 버텼으나 별 어려움 없이 처단했다. 그 이유는 지난해 있었던 노다·후쿠시마의 진에서 타카미야는 오오사카 쪽과 내통하여 잇키 세력을 봉기시키는 모략을 행했을 뿐만 아니라, 전투 도중에 카와구치 요새에서 이탈하여 오오사카 성으로 달려갔기 때문이었다.

(6) 궁궐의 수리를 완료하다

한편 궁궐이 완전히 황폐화되어 이제는 원래의 모습도 찾아볼 수 없을 정도가 되었기에 노부나가는 은혜에 보답하기 위해 수리를 해야겠다고 생각하여, 1569년에 니치조 초잔과 무라이 사다카쓰를 담당 부교로 임명했었다. 그로부터 3년 걸려서 시신덴[61]·세이료덴[62]·나

---

61) 紫宸殿. 조하, 공사를 행하던 건물.

이시도코로63)·쇼요샤64)와 그 외 모든 건물의 공사를 완료했다.

그리고 조정의 수입 면에서도 훗날까지 어려움을 겪지 않도록 배려하여, 쿄토 시내의 초닌들에게 쌀을 꾸어주고 매달 그 이자를 조정에 헌상하라고 명령했다. 또한 영락한 쿠게65)들의 영지와 상속에 관해서도, 그들의 부흥을 위해 여러 시책을 실시했다. 이에 천하만민이 더할 나위 없이 만족했다. 노부나가의 공적과 명예 및 오다 가의 위세는 일본에 있어서 어깨를 나란히 할 만한 자가 없었다.

또한 노부나가는 자신의 영지 안의 관소를 철폐했다. 천하의 안태를 꾀하고 오가는 나그네의 편리를 배려한 이 시책은 자비심 깊은 노부나가의 마음에서 나온 것으로, 이 일로 인하여 신불의 가호와 보답도 누구보다 커서, 오다 가가 더욱 번영하는 기초를 닦았다. 이것도 오로지 노부나가가, '도를 배우고, 몸을 일으키고, 후세에 이름을 남기겠다.'고 바랐기 때문이었다. 경하스러운 일이다.

---

62) 淸涼殿. 임금이 일상 거주하던 건물.
63) 內侍所. 천황의 상징인 3종의 신기(三種の神器) 가운데 하나인 거울을 보관하던 건물.
64) 昭陽舍. 궁궐 여관들의 집무소.
65) 公家(公卿). 신분이 높은 조정의 벼슬아치, 혹은 무가에 대해서 조정에서 일하는 사람들을 가리키기도 했다. 이하 이 책에서는 공가와 공경을 분리하여 우리말로 옮기겠다.

권5 1572년(겐키 3년, 39세)

(1) 무샤노코지에 저택을 짓다

3월 5일, 노부나가는 키타오우미로 출진하여 아카사카에 진을 쳤다. 이튿날 요코야마에 도착.

적의 성인 오다니와 야마모토야마 사이의 거리는 50정(5.5㎞)도 되지 않을 것이다. 3월 7일, 그 사이로 진격하여 야영하고 요고와 키노모토까지 불태웠다. 키타오우미에 있는 성을 지키던 아자이 쪽의 부장들은, "오다 세력이 요고·키노모토까지 오려면 험한 땅을 넘어서 와야 하니 지쳐 있을 것이다. 그때는 반드시 일전을 치러주겠다."고 말했었다. 그러나 평소의 큰소리는 허풍이었는지 아시가루 부대의 응전조차 없었기에 노부나가는 별 탈도 없이 9일에 요코야마로 군세를 철수시켰다.

3월 10일, 조라쿠지에 진을 치고 묵었다.

3월 11일, 시가군으로 출진, 와니에 진을 쳤다. 미토(水戶)와 타나카를 공격하고 요새를 쌓게 하여 아케치 미쓰히데·나카가와 시게마사·니와 나가히데 세 사람을 배치했다.

3월 12일, 노부나가는 니와의 진에서 직접 쿄토로 들어가 니조의 묘카쿠지(妙覺寺)를 숙소로 삼았다.

"노부나가는 종종 쿄토로 들어오는데 쿄토에 집이 없다는 것은 어떨까 싶습니다. 카미교의 무샤노코지에 빈 터가 있으니 거기에 저택을 짓게 하고 싶습니다."라고 쇼군 요시아키가 천황에게 상주했더니, "그게 좋을 듯하오."라는 회답이 있었다. 이에, "쇼군의 명령으로 짓게 하겠소."라는 요시아키의 의향이 전해졌다. 노부나가는 수차례 사퇴했으나 쇼군의 뜻이 거듭 전해졌기에 지시에 따르기로 했다.

노부나가에게 속한 오와리·미노·오우미 3개 쿠니의 무장들은 공사에 동원되는 것을 면제받았으며, 키나이의 다이묘와 무장들을 상경시켜 공사에 임하게 했다.

3월 24일, 착공 의식이 집행되었다. 우선 토담을 쌓았다. 담당 부서별로 무대를 만들게 하여 어린아이들과 젊은이들을 아름답게 차려 입게 하고 피리와 큰북과 작은북으로 박자를 맞춰 신명을 돋우게 했기에 공사 인부들 모두 흥이 나서 신나게 일을 했다. 안 그래도 도읍은 사람들이 모여 있는 곳인데 공사 시작부터 마지막까지 신분의 상하를 막론하고 구경꾼들이 손에 꽃을 꺾어들고 소매를 나란히 하여 몰려들었기에 의상의 훈향이 부근 일대에 맴돌았다. 그 외에도 여러 가지 행사가 있었다. 천하는 태평하게 다스려졌으며, 흥미로운 정취를 볼 수 있게 된 것이었다.

공사 담당관으로는 무라이 사다카쓰·시마다 히데미쓰, 목수들의 우두머리로는 이케가미 고로우에몬(池上 五郞右衛門)을 임명했다[66].

호소카와 아키모토와 이와나리 토모미치가 상경하여 이번의 화목을 받아준 것에 대한 예를 표하기 위해 처음으로 노부나가 앞에 출두했다.

이시야마 혼간지의 주지인 켄뇨 코사(顯如 光佐)도 화목에 대한 예로 '반리코잔(万里江山)'의 회화 1폭 및 시로텐모쿠(白天目) 찻사발을 노부나가에게 헌상했다.

(2) 카타노에 요새를 쌓은 마쓰나가를 몰아내다

이 무렵, 미요시 요시쓰구가 모반을 꾀하여 마쓰나가 히사히데·히사미치(久通) 부자와 공모한 뒤, 카와치의 하타케야마 아키타카를 향해 공격을 개시했다. 마쓰나가 히사히데는 하타케야마의 부장인 야스미 신시치로(安見 新七郎)의 거성인 카타노로 군세를 보내 요새를 쌓았다. 마쓰나가 쪽의 대장은 야마구치 로쿠로시로(山口 六郎四郎)와 오쿠다 타다타카(奧田 忠高) 두 사람, 병사 300정도를 요새에 배치했다.

노부나가의 명령으로 미요시·마쓰나가 세력을 물리치기 위해 파견된 부장은 사쿠마 노부모리·시바타 카쓰이에·모리 나가요시(森 長可)·사카이 마사나오·하치야 요리타카·사이토 신고·이나바 잇테쓰·우지이에 나오미치(氏家 直通)·안도 모리나리·후와 미쓰하루·마루모 나가테루·타가 쓰네노리. 이 외에도 쇼군 요시아키가 키나이의 무장들을 가세케 하여 후미를 맡는 군으로 출진시켰다. 요새를 포위하고 목책을 둘렀으나, 적은 비바람이 부는 틈을 이용하여 탈출했다.

미요시 요시쓰구는 와카에로 들어갔으며, 마쓰나가 히사히데는

---

66) 노부나가와 요시아키의 사이가 벌어져, 저택은 완성되지 못했다.

야마토노쿠니(大和国나라 현,와슈)의 시기(信貴) 성으로, 아들인 히사미치는 나라의 타몬(多門) 성으로 들어갔다.

5월 19일, 노부나가는 천하의 정무를 처리하고 미노의 기후로 귀환했다.

(3) 오다 노부타다의 첫 출진과 토라고젠야마에 축성

7월 19일, 노부나가는 적남 키묘(奇妙오다 노부타다)에게 처음으로 갑주를 두르게 하는 의식을 허락하고, 이후 부자가 나란히 키타오우미로 출진했다. 그날은 아카사카에 진을 쳤다.

이튿날, 요코야마에 진을 두었으며, 21일에 아자이 나가마사의 거성인 오다니를 향해 진격했다. 히바리야마·토라고젠야마로 군세를 오르게 하고, 사쿠마 노부모리·시바타 카쓰이에·키노시타 토키치로·니와 나가히데·하치야 요리타카로 하여금 마을을 파괴하게 했다. 특별한 저항도 하지 못하게 한 채 공격하여 적을 급수장까지 몰아붙인 뒤 수십 명의 목숨을 빼앗았다.

시바타 카쓰이에·이나바 잇테쓰·우지이에 나오미치·안도 모리나리를 선봉에 세워 진을 치게 한 뒤, 이튿날 아쓰지 사다유키(阿閉貞征)가 지키고 있는 야마모토야마 성을 키노시타 토키치로에게 공격케 하여 기슭을 불태우게 했다. 그러자 성 안의 아시가루 100명 정도가 출격하여 싸움에 응했다. 토키치로는 때를 가늠하고 있다가 한꺼번에 달려들어 적진을 무너뜨리고 50여 개의 수급을 취했다. 노부나가로부터 커다란 칭찬을 들었다.

7월 23일, 군세를 파견하여 에치젠과의 경계 부근에 있는 요고와 키노모토의 지조보(地蔵坊)를 비롯하여 일대의 당탑과 가람, 명소와 옛터를 남김없이 불태웠다.

7월 24일, 쿠사노(草野)의 골짜기에도 불을 질렀다. 근방에 다이키치지(大吉寺)라는, 높은 산에 승방이 50개나 늘어선 견고한 구조의 사원이 있다. 가까운 마을의 농민들이 이 산으로 올라가 지키고 있었다. 산의 전면은 지세가 험해서 오르기 어려웠기에 기슭을 공격했다. 야간에 키노시타 토키치로와 니와 나가히데가 뒤편의 이어진 산으로 공격해 올라가 잇키 세력에 속한 승려와 신도 여럿을 베었다.

우치오로시(內下)의 하야시 카즈키요(林 員淸)·아케치 미쓰히데·카타다의 이카이노 마사카쓰·야마오카 카게나오·바바 마고지로·이소메 마타지로에게 명령하여 카코이부네67)를 만들게 하고, 그것을 비와코 호수 위로 저어가게 해서 카이즈·시오즈(塩津)·요고의 호숫가 등 키타오우미의 적지를 불태우게 했다. 또한 치쿠부시마(竹生島)로 배를 저어 가서 불화살과 대포와 철포로 공격했다.

최근까지 키타오우미에서는 일어나지 않았던 잇키를 꾀하며 돌아다니던 자들 모두 바람에 나뭇잎이 날리듯 사라져버려 이제는 한 사람도 남지 않게 되었다. 용맹한 오다 세력이 공격해 들어가서 논밭을 헤집어 놨기에 아자이 쪽의 군세는 점차 숫자가 줄어들고 있었다.

노부나가는 7월 27일부터 토라고젠야마의 진에 성을 구축하라고 명령했다. 이에 대해서 아자이 쪽은 에치젠의 아사쿠라 쪽에 다음과 같은 보고를 전했다. '오와리의 카와우치 나가시마에서 잇키가 봉기하

---

67) 囲い舟. 승선자를 보호하기 위해 선체 상부를 견고한 나무 등으로 감싼 배.

여 오우미에서 오와리·미노로 통하는 교통이 차단되었기에 오다 세력은 지금 매우 곤란한 상황에 놓여 있다. 이러한 때에 아사쿠라가 출마하면 오와리·미노의 군세를 남김없이 쓸어버릴 수 있을 것'이라는 거짓 정보였다.

이 보고를 사실이라 생각한 아사쿠라 요시카게는 군세 1만 5천 정도를 이끌고 7월 29일에 아자이의 거성인 오다니에 도착했다. 그러나 주위의 정황을 살펴본 뒤, 오다니에서는 도저히 대항할 수 없으리라 생각했기에 오오즈쿠(大嶽)라는 높은 산으로 올라가서 진을 쳤다.

이에 노부나가는 아시가루들에게 아사쿠라의 진을 휘저으라고 명령했다. 젊은 무사들이 하루도 빠지지 않고 들판에 숨고 산으로 잠입하여 적의 깃발, 기치, 무기를 탈취했으며 병사들의 머리를 2개, 3개씩 들고 돌아왔다. 공적의 경중에 따라서 상을 주었기에 젊은 무사들의 사기가 더욱 높아졌다.

8월 8일에 에치젠의 마에바 요시쓰구(前波 吉継) 부자 셋이 노부나가의 진으로 찾아왔다. 노부나가는 이만저만 기뻐한 것이 아니었다. 그 자리에서 홑옷과 통소매옷, 말과 마구를 마에바 부자에게 상으로 내주었다. 이튿날에는 다시 토다 나가시게(富田 長繁)·토다 요지(戸田 与次)·케야 이노스케(毛屋 猪介)가 찾아왔다. 이들에게도 역시 여러 가지로 상을 주었다. 감사한 일이었다.

토라고젠야마 성의 공사가 마침내 끝났다. 훌륭한 설계로, 이 산의 경관을 살려 완성되었기에 모두가, "수많은 성을 보았지만 이 정도의 성은 본 적이 없다."며 눈을 둥그렇게 뜨고 놀랐다.

방에서 북쪽을 바라보면 아자이·아사쿠라 세력이 오오즈쿠의 높은 산에 올라 농성하며 견고히 지키고 있는 모습이 보였으며, 서쪽으로는 비와코가 널따랗게 펼쳐져 있고 그 너머로 히에이잔과 하치오지산이 보였다. 예전에는 존귀한 영지[靈地]였으나, 작년에 산문의 승려들이 반역을 꾀했기에 자업자득이라고 해야 할지, 산 위와 아래가 모두 잿더미로 화하고 말았다. 이는 노부나가가 분노하여 마음껏 처치를 한 결과였다.

또 남쪽 멀리로는 시가, 카라사키, 이시야마데라(石山寺)가 바라다 보였다. 이시야마데라의 본존은 대국인 중국에까지 이름이 알려졌을 정도로 영험한 관세음보살이다. 먼 옛날에 무라사키 시키부68)도 염원을 이루어 예로부터 지금까지 읽히고 있는 『겐지모노가타리(源氏物語)』를 집필한 곳이다. 동쪽으로는 이부키야마(伊吹山)의 높다란 봉우리, 그 기슭에는 험한 후와의 세키가하라(関ヶ原). 어느 쪽을 둘러봐도 눈앞에 펼쳐지는 경관도 그렇고, 또 견고한 짜임새도 그렇고, 그 훌륭함은 말로 다 표현할 수 없을 정도였다.

토라고젠야마에서 요코야마까지의 거리는 30리(12km)다. 약간 멀었기에 노부나가는 그 중계 지점으로 핫소잔과 미야베무라(宮部村) 2군데에 요새를 쌓으라고 명령했다. 미야베무라에는 미야베 케이준(宮部 継潤)을 배치했으며, 핫소잔에도 수비를 위한 군세를 배치했다.

토라고젠야마에서 미야베무라까지는 길이 매우 험했다. 병사들의 통행을 편하게 하기 위해서 폭 3간 반(6m)의 도로를 높이 쌓았으며, 적 쪽을 향한 도로가에는 높이 1길(3m)짜리 담을 50정(5.5km)에 걸쳐서

---

68) 紫 式部. 헤이안 시대(794~1185) 중기의 규방작가로 『겐지모노가타리』를 지었다.

쌓게 했다. 이 담과 적 사이에는 강을 둑으로 막아 물이 흘러들게 해서 아군이 손쉽게 오갈 수 있도록 했다. 이처럼 요새에 여러 가지 설비를 한 것은 말할 필요도 없는 일이었다.

아사쿠라 세력이 이곳에 주류한 뒤에도 특별히 이렇다 할 일은 일어나지 않았기에 노부나가는 요코야마로 철수해야겠다고 생각했다. 그보다 하루이틀 전에 호리 히데마사를 사자로 삼아 아사쿠라 쪽으로 보내어, "기껏 이곳까지 진출하셨으니 정한 날짜에 일전을 치러 승부를 보기로 하자."라고 청했다. 그러나 좀처럼 대답이 없었기에 토라고젠야마에는 키노시타 토키치로를 지휘관으로 남기고 9월 16일에 노부나가 및 적남인 키묘 부자는 요코야마로 물러났다.

11월 3일, 아자이·아사쿠라 쪽에서 군세를 내보냈다. 토라고젠야마에서 미야베까지 쌓은 담을 파괴하기 위해 아자이 시치로를 아시가루 대장으로 삼아 선진에 서서 공격하게 했다. 이에 키노시타 토키치로는 군세를 출격시켜 응전했다. 카지와라 쇼베에(梶原 勝兵衛)·케야 이노스케·토다 나가시게·나카노 카즈야스·타키가와 히코우에몬이 선진에 서서 한동안 응전하여 그들을 내몰았다. 각자의 공적은 비할 데 없는 것이었다.

원래 타키가와 히코우에몬은 노부나가의 킨주[69]였다. 예전에 오다니 방면으로 커다란 깃발을 꽂고 출진했으나 이렇다 할 공적을 쌓지 못했기에 노부나가로부터, "괘씸한 놈."이라는 질책을 받았으며, 킨주에서도 해고되어 토라고젠야마에 남아 있었던 것이다. 이번에 눈부신

---

69) 近習. 측근에서 돌보는 역할.

활약을 했고 사람들이 말을 잘 해준 덕분에 노부나가 앞으로 불려나가 다시 체면을 세운 것이었다.

(4) 미카타가하라 전투

이는 토오토우미노쿠니(遠江国시즈오카 현 서부,엔슈)에서의 일이다.

11월 하순, 타케다 신겐이 후타마타(二俣) 성을 포위했다는 보고가 토쿠가와 이에야스로부터 도착했다. 이에 노부나가의 카로인 사쿠마 노부모리·히라테 히로히데·미즈노 노부모토를 대장으로 삼아 군세를 하마마쓰(浜松)로 보냈다. 그러나 후타마타 성은 이미 떨어졌으며, 그 기세를 몰아 타케다 신겐은 호리에(堀江) 성을 향해 진격하고 있었다.

토쿠가와 이에야스가 하마마쓰 성에서 군세를 출격시켰고, 미카타가하라(三方ヶ原)에서 아시가루 부대들 간의 조그만 싸움이 시작되었다. 사쿠마와 히라테를 비롯하여 각 세력이 달려가 서로 진을 치고 곧 일전을 치렀다. 타케다 쪽에서 아시가루 300명쯤을 선두에 세워 돌팔매질을 하고 큰북을 울리며 공격해 들어왔다. 12월 22일, 첫 번째 전투에서 히라테 히로히데 및 가신과 이에야스의 부하인 나루세 마사요시(成瀬 正義) 외에도 몇 명이 목숨을 잃었다.

그런데 노부나가가 어렸을 때부터 코쇼로 노부나가를 섬겼던 하세가와 쿄스케·사와키 요시유키·야마구치 히다의 카미·카토 야자부로 등 4명은 노부나가로부터 징계 해고를 당했기에 이에야스에게 의지하여 토오토우미에서 칩거하고 있었다. 이 네 사람도 역시 첫 번째 전투에서 하나가 되어 싸워서 비할 데 없는 활약을 펼치다 전사하고 말았다.

  이때 참으로 감탄할 만한 일이 있었다. 오와리 키요스의 초닌 가운데 나이는 24·5세쯤으로 이름을 타마코시 산주로(玉越 三十郞)라고 하는 갑주 판매상이 있었다. 칩거 중인 네 사람을 문안하기 위해 하마마쓰에 와 있었는데 때는 마침 타케다 신겐이 호리에 성으로 진격하던 중이었다. "타케다 세력은 필시 이곳으로도 침공을 해올 것이오. 그때는 전투가 벌어질 것이 틀림없으니 얼른 돌아가도록 하시오."라고 네 사람이 강하게 충고했으나, 산주로는, "여기까지 왔는데 그러한 사태에서 달아나 돌아간다면 앞으로 사람들 볼 낯이 없을 것입니다. 그대들께서 목숨을 버리실 생각이시라면, 저도 함께 하도록 하겠습니다."라고 단호하게 말하고 돌아가지 않았다. 그리고 네 사람과 함께 적을 베며 돌아다니다 나란히 목숨을 잃고 말았다.

  이에야스는 전선의 중앙부가 뚫려 난전에 휩싸이고 말았다. 왼쪽으로 달아나 미카타가하라 벼랑 끝의 외줄기 길로 퇴각했다. 적이 앞질러 가서 기다리다 싸움을 걸었다. 이에야스가 말 위에서 활로 쏘아 그들을 쓰러뜨리고 그곳에서 빠져나와 하마마쓰로 돌아갔다. 이때뿐만 아니라 이에야스의 활 솜씨는 하루이틀의 일이 아니었다.

권6 1573년(겐키 4년, 40세)

(1) 마쓰나가, 타몬 성과 후도쿠니유키를 바치다

1573년 겨울, 마쓰나가 히사미치가 타몬 성을 건네주고 항복했다. 이에 노부나가는 야마오카 카게스케(山岡 景佐)를 성으로 들여보내 타몬 성을 지키게 했다.

1574년 1월 8일, 마쓰나가 히사히데가 미노의 기후로 찾아와서 사면을 받은 것에 대한 예를 취하고 천하에 둘도 없는 명도[名刀]인 후도쿠니유키(不動国行)를 헌상했다. 그 전에도 유명한 명도인 야겐 토시로(薬研藤四郎)를 헌상했었다.

(2) 쇼군 아시카가 요시아키의 모반과 17개 조

쇼군 요시아키가 노부나가에 대해서 은밀히 모반을 꾀하고 있다는 사실이 밝혀졌다. 그 경위는 다음과 같다.

노부나가는 지난 해에, 쇼군의 도리에 맞지 않는 행위는 유감스러운 일이라며 다음과 같은 17개조의 의견서를 제출했었다.

〈1. 코겐인70)께서는 입궐함에 있어서 소홀함이 있으셨기에 신불의 가호도 얻지 못해 불행한 최후를 맞이하셨습니다. 그렇기에 쇼군께는 매해 소홀함이 없도록 임하시라고 입경할 때마다 말씀 올렸건만 벌써 잊으셨는지 최근 들어 완전히 소홀지신 것은 참으로 유감스러운 일입니다.

1. 각 쿠니에 사적으로 문서를 보내시어 말 등을 헌상케 하시는 것은 평판도 좋지 않고 체면도 서지 않는 일이니 재고하시는 편이 좋을 듯합니다. 단, 그럴 필요가 있을 때에는 노부나가에게 말씀해주시면 저의 글을 더해서 일이 잘 처리되도록 하겠다고 예전부터 말씀드렸으며, 쇼군께서도 그렇게 하겠다고 약속하셨는데 요즘에는 그렇게 하지 않으시고 멀리에 있는 쿠니로 사적인 문서를 보내시어 용무를 말씀하시니, 이는 앞서의 약속에 위배되는 일입니다. 어디가 됐든 적당한 말이 있다는 소식을 접하면 노부나가가 힘을 써서 헌상하겠다고 예전부터 말씀드렸는데, 그처럼 하지 않으시고 노부나가에게는 비밀로 하여 직접 지시를 내리시는 것은 좋지 않은 듯 여겨집니다.

1. 막부에서 일하는 자 가운데 열심히 일하고 부지런히 충성을 다하는 자들에게는 상응하는 은상을 내리지 않고, 신참자로 이렇다 할 신분도 없는 자에게 녹봉을 더하고 계십니다. 이래서는 충성스러운 자와 불충한 자의 구분이 사라지게 됩니다. 사람들의 평판도 좋지 않을 것입니다.

1. 요즘 쇼군과 노부나가의 관계가 악화되었다는 풍설이 있습니다만, 그와 관련하여 쇼군 가의 소중한 보물들을 다른 곳으로 옮겼다는

---

70) 光源院(1536~1565). 제13대 쇼군인 아시카가 요시테루.

말이 쿄토 안팎에 알려져 있습니다. 이로 인해서 도읍의 민심이 들썩인다는 말을 들었기에 저도 놀랐습니다. 고심하여 어소를 지어드렸고 쇼군께서도 안심하고 지내고 계신데 귀한 보물들을 다른 곳으로 옮기시다니, 이번에는 거처를 어디로 옮기실 생각이십니까? 안타까운 일입니다. 그렇게 하신다면 노부나가의 노력도 헛된 것이 되어버리고 맙니다.

1. 카모(賀茂) 신사의 소령[所領] 가운데 일부를 몰수하여 이와나리 토모미치에게 주고 이와나리에게 카모 신사의 경비를 부담하라고 겉으로는 엄중하게 명령하셨으나, 은밀하게 그렇게까지는 하지 않아도 된다고 지시하셨다는 말을 들었습니다. 이처럼 신사나 사원의 소령을 몰수하는 것은 좋지 않은 일이라 생각합니다. 이와나리가 소령이 부족하여 견딜 수 없을 만큼 어려움을 겪고 있다고 하기에, 우선 이와나리의 청을 들어주어 쇼군께서도 마음을 놓을 수 있게 해드리고, 또 이와나리에게는 쇼군을 보살피라 명령하려 했는데, 이처럼 내밀히 일을 꾀하시는 것은 좋지 않습니다.

1. 아래로는 여관[女官]에 이르기까지, 노부나가와 우호적 관계에 있는 자는 부당하게 다루어 그들이 어려움을 겪고 있다고 합니다. 저에게 우호적인 자라는 말을 들으시면 특별히 아껴주셔야 저도 감사히 여길 텐데, 반대로 생각하고 계십니다. 여기에는 어떤 이유가 있는 것입니까?

1. 열심히 일을 하며 이렇다 할 실수도 없었는데 그들에게 녹봉을 더해주지 않아 쿄토에서의 생활에 어려움을 겪고 있는 자들이 노부나가에게 눈물로 호소해왔습니다. 제가 쇼군께 말씀을 올리면 쇼군께서도 틀림없이 온정을 베푸시리라 생각하여 한 일이었기에, 우선은 그들을

가엾이 여겨서, 그리고 다른 한편으로는 쇼군을 위해서라고 생각하여 그들의 녹봉에 대해서 말씀을 올렸으나, 누구 하나에 대해서도 말을 들어주시지 않으셨습니다. 너무나도 가혹한 처치이기에 저는 그들에 대해서 면목이 없습니다. 칸제 쿠니히로(観世 国広)·후루타 카베에(古田 可兵衛)·우에노 히데타메(上野 豪為) 등을 말하는 것입니다.

1. 와카사노쿠니 아가노쇼(安賀庄)의 다이칸[71]의 행적에 대해서 아와야 마고하치로(粟屋 孫八郎)가 소송을 해왔는데, 저도 옳은 말이라고 생각하여 여러 가지로 진언했습니다만 아직 판결을 내리지 않으신 채 오늘에까지 이르렀습니다.

1. 코이즈미(小泉)가 처가에 맡겨두었던 물품 및 전당포에 잡힌 칼과 단도 등까지 몰수하셨다고 들었습니다. 코이즈미가 어떤 모반이라도 일으켜 고의로 악행을 저질렀다면 엄중히 처벌하는 것은 당연한 일입니다. 그러나 이는 우발적인 싸움으로 죽은 것이니 일반적으로 적용되는 법규대로 처치하는 것이 옳습니다. 몰수까지 하신다면 세상 사람들은 쇼군의 타산적인 행동이라고 생각할 것입니다.

1. 겐키(元亀)라는 연호는 불길하니 고치는 것이 좋을 듯하다고, 세상 일반의 의견을 토대로 하여 말씀드렸습니다. 조정에서도 재촉했다고 들었습니다만, 개원[改元]을 위한 얼마 되지도 않는 비용을 헌상하지 않으셨기에 지금까지 연기하고 있습니다. 이는 천하를 위한 일이니 소홀히 여기는 것은 좋지 않다 여겨집니다.

1. 카라스마 미쓰야스(烏丸 光康)를 징계하신 일에 대해서 말씀드리

---

71) 代官. 주군을 대신하여 현지에서 정무를 보던 사람.

자면, 아들인 미쓰노부(光宣)에 대해서 노여워하시는 것은 당연한 일입니다만, 미쓰야스는 사면을 하시라고 말씀 올렸습니다. 그런데 누구인지는 모르겠으나 사람을 은밀히 보내어 미쓰야스에게서 금전을 받으시고 다시 일하는 것을 허락하셨다는 말을 들었습니다. 한탄스러운 일입니다. 사람에 따라서, 죄에 따라서, 과료를 징수하는 일은 있을 수 있습니다. 그러나 그는 텐조비토[72]입니다. 지금의 공가는 그와 같은 자가 일반적이어서 이와 같은 행동은 다른 자에게의 영향도 있으니 좋지 않습니다.

1. 각 쿠니에서 예를 취하고 금은을 헌상하고 있다는 것은 분명한 사실인데, 내밀히 쌓아두고 조정에서 필요로 하는 것에조차 도움을 주지 않는 것은 어떤 이유에서입니까?

1. 아케치 미쓰히데가 쿄토에서 택지세를 거두어 물품구입 대금으로 예치해두자, 그 토지는 엔랴쿠지의 소령이라며 예치해둔 것을 압류하신 일은, 부당합니다.

1. 막부에 비축되어 있던 쌀을 작년 여름에 내어다 매각하여 금은으로 바꾸었다는 소식을 들었습니다. 쇼군이 장사를 했다는 말은 예로부터 오늘에 이르기까지 들어본 적이 없습니다. 지금과 같은 시절이니 창고에 군량미가 비축되어 있어야 세상의 평판도 좋아질 것입니다. 이와 같은 행동에는 놀라지 않을 수 없습니다.

1. 침소로 부르신 와카슈에게 녹봉을 지급하실 생각이시라면 그때그때의 상황에 맞게 처분하시면 될 일을, 다이칸에 임명하기도 하고

---

[72] 殿上人. 정전에 오르는 것이 허락된 당상관.

혹은 도리에 맞지 않는 소송을 제기하는 데 편을 들거나 하신다면, 세상으로부터 좋지 않은 평판을 들어도 어쩔 수 없는 일입니다.

1. 막부에서 일하는 무장들은 무구나 병량에는 신경을 쓰지 않고, 오로지 금은만을 쌓아두고 있다고 들었습니다. 직을 잃었을 때를 생각하여 대비해두는 것이라 여겨집니다. 이는 쇼군께서 금은을 비축하고 계시어, 어떤 일이 벌어지면 어소에서 나오실 것처럼 보이기에 부하들도 그때가 되면 쿄토를 벗어나실 생각이신 듯하다고 짐작하여 하는 일이라 여겨집니다. '위에 선 자는 스스로의 행동을 삼가야 한다.'는 가르침은 지킬 수 없는 일이 아닐 것입니다.

1. 쇼군께서는 무슨 일에나 욕심을 부리시어 도리도 지키지 않고 체면도 생각지 않으신다고 세상에서 말하고 있습니다. 그렇기에 생각이 없는 농민들까지도 쇼군을 아쿠고쇼(惡御所)라 부른다고 들었습니다. 예전에 후코인73) 나리를 그렇게 불렀다고 들었습니다만, 그것은 또 다른 문제입니다. 어째서 이처럼 뒤에서 흉을 보는 것인지 지금 잘 생각해보시는 것이 좋을 듯합니다.〉

위와 같은 뜻으로 노부나가가 의견을 밝혔으나, 귀담아들어야 할 말이 쇼군의 귀에는 거슬렸던 것이다.

때마침 토오토우미 방면으로는 타케다 신겐이 공격해 들어왔고, 키타오우미 방면에서는 아자이 히사마사(浅井 久政)·나가마사 부자, 에치젠 방면에서는 아사쿠라 요시카게 등의 대군과 노부나가가 싸우고 있고, 토라고젠야마 성은 수비에 정신이 없어서 쉽게 움직일 수 없는

---

73) 普広院(1394~1441). 6대 쇼군인 아시카가 요시노리(足利 義教).

상태라고 부하 중 누군가가 말했기에 쇼군 요시아키도 그렇게 생각해버린 것이리라.

그러나 노부나가는 쇼군에게 예전부터 바쳐온 충절이 덧없는 것이 되어버리고, 또 천하의 웃음거리가 될 것을 안타까이 여겼기에 니치조 초잔·시마다 히데미쓰·무라이 사다카쓰 세 사람을 사자로 보내 쇼군의 요구대로 인질과 서약서를 제출하고 앞으로도 쇼군을 소홀히 대하지 않겠다는 뜻을 여러 가지로 전하게 했으나 화해는 끝내 성립되지 않았다.

결국 쇼군은 야마오카 카게토모(山岡 景友)·이소가이 히사쓰구(磯貝 久次)·와타나베 마사(渡辺 昌) 등의 자들에게 은밀히 포상을 약속하고, 그들의 생각에 따라서 이마카타다(今堅田)로 군세를 내었으며, 이시야마에 요새를 쌓기 시작했다.

이에 노부나가는 이를 격퇴하라고 시바타 카쓰이에·아케치 미쓰히데·니와 나가히데·하치야 요리타카 네 사람에게 명령했다.

(3) 이시야마와 이마카타다를 공격하다

2월 20일, 시바타 등은 출진하여 24일에 세타를 배로 건너 이시야마로 공격해 들어갔다. 여기에는 야마오카 카게토모를 대장으로 이가슈·코가슈[74]가 가세하여 진을 치고 있었다. 그러나 요새가 아직 절반 정도밖에 만들어지지 않았기에 야마오카 세력은 2월 26일에 항복하고 이시야마 요새에서 물러났다. 이에 시바타 등은 요새를 파괴했다.

---

74) 伊賀衆·甲賀衆. 이가와 코가 지역의 무사들. 일반적으로는 닌자(忍者)라는 이미지가 강하다.

2월 29일 오전 8시 무렵, 이마카타다로 공격해 들어갔다. 아케치 미쓰히데는 카코이부네(배)를 만들어 호수 위를 동쪽에서 서쪽으로 공격해 들어갔다. 니와 나가히데·하치야 요리타카 두 사람은 동남쪽에서 서북쪽을 향해 공격했다. 아케치가 공격하던 쪽의 적진이 무너져 12시 무렵에 마침내 돌입하여 수많은 적을 베었다. 이렇게 해서 시가군의 대부분은 진압되었으며, 아케치는 사카모토 성으로 귀환했다. 시바타·하치야·니와 세 사람도 각각 돌아갔다.

쇼군이 노부나가를 적대시한 일에 대해서 쿄토 사람들은,

〈부모처럼 키웠으나 덧없이 꽃을 때리는 아픈 빗소리〉

라는 낙서를 적어 쿄토 시내에 세웠다.

(4) 쇼군 아시카가 요시아키와 회목

3월 25일, 노부나가는 쿄토로 들어가기 위해 출마했다. 이때 호소카와 후지타카와 아라키 무라시게 두 사람이 노부나가 편에 서서 충절을 다하겠다며 29일에 오우사카로 마중을 나왔다. 노부나가가 흔쾌히 여긴 것은 말할 필요도 없는 일이었다.

노부나가는 히가시야마의 치온인(知恩院)에 진을 쳤다. 각 장수들의 군세는 시라카와(白川)·아와타구치(粟田口)·기온(祇園)·키요미즈(清水)·로쿠하라(六波羅)·토바(鳥羽)·타케다(竹田) 등의 각지에 진을 쳤다. 이때 노부나가는 고 요시히로(郷 義弘)가 만든 칼을 아라키 무라시게에게, 단도 가운데 명물을 호소카와 후지타카에게 주었다.

4월 3일, 우선 쿄토의 교외에 있는 당탑과 사암[寺庵] 등에 불을

질렀다. 그리고 쇼군의 대답에 따라서는 화목을 할 수도 있다고 쇼군 쪽과 교섭을 해보았으나 받아들이지 않았기에 가차 없이 공격해 들어가기로 했다.

이튿날, 니조에 있는 쇼군의 어소를 포위하고 카미교 거리에 불을 질렀다. 여기에 이르러서야 쇼군은 더 이상 지킬 수 없으리라 포기하고 화의에 응하겠다는 대답을 전해왔다. 노부나가도 이를 승낙하고 4월 6일, 자신의 대리로 오다 노부히로를 파견하여 화목이 성립된 것에 대한 인사를 했다. 이때 특별히 주목할 만한 일은 일어나지 않았다.

4월 7일, 노부나가는 쿄토에서 물러나 그날은 모리야마에 진을 쳤다.

(5) 햐쿠사이지의 가람을 불태우다

모리야마에서 직접 햐쿠사이지로 진군하여 이삼일 주류했다.

나마즈에 성은 롯카쿠 요시카타의 아들인 요시하루(義治)가 지키고 있었다. 이를 공격할 군세로 사쿠마 노부모리·가모우 카타히데·니와 나가히데·시바타 카쓰이에를 명하고 사방에서 포위하여 대치케 했다.

최근에 햐쿠사이지가 나마즈에 성을 지원하고 잇키 세력과도 협력하고 있다는 말이 있었다. 이를 들은 노부나가는 4월 11일에 햐쿠사이지를 불태웠다. 당탑·가람·방사·불각이 모두 잿더미가 되었다. 처참한 모습은 눈을 뜨고 볼 수 없을 정도였다.

(6) 커다란 배를 건조하다

쇼군은 억울하고 분한 마음을 가라앉힌 것이 아니다, 언젠가는 반드시 노부나가에 맞서 틀림없이 비와코를 방어선으로 대항할 것이다, 라고 헤아린 노부나가는 그때에 대비하여 커다란 배를 건조, 5천이 됐든 3천이 됐든 한꺼번에 호수를 건널 수 있게 해야겠다고 생각했다.

5월 22일, 노부나가는 사와야마에 진을 쳤다. 타가(多賀)와 야마다의 산 속에서 목재를 베어다 사와야마 기슭에 있는 마쓰바라(松原)로, 세리가와(勢利川강)를 따라 끌어내리게 했다. 쿠니 안의 대장장이, 목수, 제재업자를 소집하고 목수인 오카베 마타에몬(岡部 又右衛門)을 책임자로 임명하여, "길이 30간(54m), 노를 100개 달고, 뱃고물과 뱃머리에 망루를 설치한 배를 견고하게 지어라."라고 명령했다.

노부나가가 사와야마 성에 머물며 밤낮없이 쉬지 않고 작업을 하게 했기에 얼마 지나지 않은 7월 3일에 배가 완성되었다. 참으로 커다란 배의 모습에는 상하 모두가 깜짝 놀랐다.

(7) 쇼군 아시카가 요시아키, 마키시마로 들어가다

아니나 다를까 7월 5일, 쇼군 요시아키가 이번에도 노부나가에게 맞서기 위해 병사를 일으켜, 니조의 어소에는 히노 테루스케(日野 輝資)·타카쿠라 나가스케(高倉 永相)·이세 사다카게(伊勢 貞景)·미쓰부치 후지히데(三淵 藤英)를 남겨두고 자신은 마키시마(真木島)로 옮겨 진을 쳤다는 보고가 들어왔다.

이에 노부나가는 7월 6일에 예의 커다란 배에 올라 때마침 불어온 바람을 타고 사카모토를 향해 비와코를 건넜다. 그날은 사카모토에 진을 치고 숙박.

7월 7일, 쿄토로 들어갔다. 니조의 묘카쿠지에 진을 설치하고 맹렬한 기세로 쇼군의 어소를 포위했다. 어소를 지키던 공가의 세력들은 노부나가의 대군을 보자 간담이 서늘해져 항복하고 인질을 보냈다. 이들 외에도 다수의 사람들이 어소를 지키기 위해 참진해 있었다.

(8) 쇼군, 마키시마에서 항복하고 갇히다

7월 16일, 노부나가는 마키시마를 향해 진격하여 고카노쇼(五カ庄) 위에 있는 야나기야마(やなぎ山)에 진을 쳤다. 즉각 우지가와를 건너 마키시마를 공략하라고 명령했다.

참으로 이름 높은 우지가와는 물이 가득하게 소용돌이치며 흐르는 커다란 강, 강물이 끝없이 펼쳐져 있어서 무시무시했기에 무사히 건너려면 어떻게 해야 할지 각 장수들은 생각했다. 그러나 노부나가는 그들의 형편을 봐줄 기색도 없이, "우물쭈물한다면 이 노부나가가 선진에 서겠다."라고 말했다. 부장들 입장에서는 뒤로 물러설 수 없는 상황이 되어버리고 말았다. 뒤이어, "두 갈래로 나뉘어 강을 건너라."라는 명령이 떨어졌다.

이에 겐페이 시절[75]의 선례에 따라서 강의 상류인 뵤도인(平等院)의 북동쪽에서 예전에 카지와라 겐타 카게스에(梶原 源太 景季)와 사사키 시로 타카쓰나(佐々木 四郎 高綱)가 선진을 다투며 건넜던 곳을, 이나바 잇테쓰와 그의 아들인 사다미치(貞通히코로쿠)가 선진에 서고, 사이토 신고·우지이에 나오미치·후와 미쓰하루와 그의 아들인

---

[75] 源平時代. 미나모토(源) 씨와 타이라(平) 씨가 권력을 놓고 다투던 때. 두 집안은 오랜 세월 서로 경쟁해 왔으나, 최종적으로는 1185년에 미나모토 씨가 승리를 거두었다.

나오미쓰·마루모 나가테루와 그의 아들인 카네토시·이이누마 나가쓰구·이치하시 토시히사·오이다 마사치카(種田 正隣) 등이 한꺼번에 건너가 뵤도인의 문 앞으로 올라섰다. 함성을 지른 뒤, 곧 부근에 불을 질렀다.

한편, 하류 쪽인 고카노쇼 앞에서 서쪽을 향해 강을 건넌 자는, 사쿠마 노부모리·니와 나가히데·시바타 카쓰이에, 하시바 히데요시(羽柴 秀吉토요토미 히데요시)·하치야 요리타카·아케치 미쓰히데·아라키 무라시게·호소카와 후지타카와 그의 아들인 타다오키(忠興)·가모우 카타히데와 그의 아들인 우지사토(氏郷)·나가하라 시게야스·신도 카타모리·고토 타카하루·나가타 마사사다·야마오카 카게타카와 그의 아들인 카게무네(景宗)·야마오카 카게나오·타가 쓰네노리·야마자키 히데이에(山崎 秀家)·히라노 아무개·오가와 스케타다·큐토쿠 사콘노효에(久徳 左近兵衛)·아오치 모토요시(青地 元珍)·쿄고쿠 타카쓰구(京極 高次)·이케다 히데카쓰(池田 秀雄).

7월 18일, 오전 10시 무렵에 두 갈래로 갈린 군세가 동시에 앞을 다투어 강의 삼각주를 향해 서쪽으로 우르르 몰려들어갔다. 참으로 굉장한 대하이기는 했으나 노부나가의 위광으로 어려움 없이 건너가 잠시 인마의 숨을 돌렸다. 그런 다음 마키시마 성을 공격하기 위해 남쪽으로 깃발을 향했고, 성에서 출격한 아시가루를 내몰고 또 내몰며 돌격했다. 사쿠마·하치야 두 부대에서만도 적의 목 50여 개를 베었다. 마침내는 사방에서 성의 외벽을 타고 올라가 불을 지르고 공격을 가했다.

'쇼군 요시아키는 특별히 부족한 것도 없었으면서 일찌감치 나의 은혜를 잊고 적대시했으니 여기서 할복케 해도 상관없을 테지만, 그래서는 하늘의 길을 배반하는 것이기에 저어하지 않을 수 없고, 또 앞으로의 행보에도 지장이 있을 것이다. 목숨만은 살려두고 추방하여 이후, 세상 사람들의 비판에 맡기기로 하자.'

이렇게 생각한 노부나가는 쇼군의 어린 아들을 인질로 잡고, "원수를 은혜로 갚는 것이다."라며, 하시바 히데요시로 하여금 경호케 하여 카와치노쿠니의 와카에 성으로 보냈다. 평소에는 아름답게 꾸민 가마를 타고 다니던 안채의 부인들도 이때는 채비도 제대로 갖추지 못한 채 걸어서 갔다.

1568년에 쇼군이 쿄토로 들어갔을 때에는 노부나가가 수행하며 경호했고, 각 장수들이 늘어서 전후를 감싸서 참으로 초목들도 벌벌 떨 정도의 위세였다. "참으로 운이 좋은 쇼군."이라며 모두가 경모했었다. 그에 비해서 이번에는 쇼군 자신의 눈물로 갑옷의 소매를 적시었고 상하 사람들로부터는, "가난뱅이 쇼군."이라고 손가락질 받으며 조소당했다. 자업자득이라고는 하지만 가엾은 모습은 차마 눈 뜨고 볼 수 없을 정도였다.

마키시마 성에는 노부나가 쪽에서 호소카와 아키모토로 하여금 들어가 지키게 했다. 그 외의 군세들은 남쪽으로 나아가 각 마을에 불을 질렀다. 7월 21일, 노부나가는 쿄토로 개선했다.

쇼군 편에 섰던 자 가운데 와타나베 마사와 이소가이 히사쓰구 두 사람이 히에이잔의 기슭에 있는 이치조지(一乘寺)에 요새를 쌓고 맞서다 항복하고 물러났다. 이소가이 히사쓰구는 키이노쿠니의 산속에 숨었으나 훗날 발각되어 살해당했다.

야마모토 쓰시마의 카미는 시즈하라야마(静原山)에 요새를 쌓고 들어앉아서 끝까지 저항했다. 노부나가는 아케치 미쓰히데에게 명령하여 그곳을 포위케 했다.

이번 전란에서는 카미교에 불을 질렀기에 초닌들이 어려움을 겪고 있을 것이라 생각하여 토지세 및 그 외의 모든 세금을 면제해주었다. 초닌들은, "고마운 일."이라며 기뻐했고, 각 거리와 집들은 예전과 같은 활기를 되찾았다.

쿄토의 쇼시다이[76]로 무라이 사다카쓰를 임명하여 쿄토에 머물며 도읍의 정무를 담당케 했다.

(9) 커다란 배를 타고 타카시마로 출진, 키도·타나카를 공격하다

7월 26일, 쿄토를 출발한 노부나가는 오우미의 타카시마를 향해 예의 커다란 배를 타고 출진했다. 뭍으로는 적이 지키고 있는 키도(木戸)와 타나카 성을 공격하고, 호수 위로는 커다란 배를 적지로 몰고 가, 노부나가의 우마마와리들로 하여금 공격케 하려 하자, 적은 항복하고 물러났다. 이에 키도와 타나카 2개 성을 아케치 미쓰히데에게 주었다.

뒤이어 타카시마군 안의, 아자이 히사마사와 나가마사가 지배하는 영지를 공격하기 위해서 하야시 카즈키요의 저택에 진을 치고 그 방면 일대의 적지 전부를 불태웠다.

---

76) 所司代. 원래는 무로마치 막부의 주요 기관이었으나 이때부터는 오다 노부나가의 가신이 쿄토의 치안을 담당하는 자리가 되었다.

(10) 이와나리 토모미치를 제거하다

이 무렵, 쇼군 요시아키의 명령에 따라서 이와나리 토모미치·반가시라 오오이노카미(番頭 大炊頭)·스와 히다의 카미(諏訪 飛騨守) 세 사람이 요도(淀) 성을 지키고 있었다. 하시바 히데요시는 계략으로 반가시라 오오이노카미와 스와 히다의 카미 두 사람을 아군으로 끌어들이고 오다 쪽에 충절을 다하겠다는 뜻의 서약서를 받아두었다.

이에 노부나가가 호소카와 후지타카에게 명령하여 요도를 공격케 하자 이와나리 토모미치가 출격하여 성에서 나왔다. 이는 반가시라와 스와 두 사람이 계략을 써서 성 밖으로 나가게 한 것이었다. 마구 날뛰는 이와나리를 호소카와 후지타카의 가신인 시모즈 곤나이(下津權內)라는 자가 맞붙어서 목을 베었다. 그 머리를 타카시마에 있는 노부나가에게로 가지고 가서 살펴보게 하자, "비할 데 없는 공이다."라고 칭찬하고 황공하게도 노부나가가 걸치고 있던 도후쿠77)를 하사했다. 더할 나위 없는 명예였다.

노부나가는 각지에서 만족스러운 성과를 거두고 8월 4일에 미노의 기후로 돌아왔다.

(11) 아쓰지 사다유키의 모반

8월 8일, 키타오우미의 아쓰지 사다유키가 노부나가 편에 서겠다는 뜻을 밝혀왔기에 노부나가는 그날 밤, 급거 출마했다. 그날 밤에 적은 쓰키가세(月ヶ瀨) 성을 넘겨주고 물러났다.

8월 10일, 노부나가는 오오즈쿠 북쪽에 있는 야마다야마(山田山)에

---

77) 胴服. 겉에 입는 짧은 상의.

전군을 포진케 하여 오다니에서 에치젠으로 통하는 도로를 차단했다.

아사쿠라 요시카게는 오다 세력을 포위하기 위해 병력 2만쯤을 출동시켜 요고·키노모토·타베야마(田部山)에 진을 치게 했다.

최근에 아자이 히사마사는 오오즈쿠 아래에 위치한 야케오(焼尾)에 요새를 쌓고 아사미 쓰시마(浅見 対馬)로 하여금 지키게 했다. 이 아사미도 역시 아쓰지 사다유키와 마찬가지로 오다 편에 서서 충절을 다하겠다고 맹세했다.

8월 12일, 아사미 쓰시마의 안내를 받아 오오즈쿠 아래에 위치한 야케오 요새로 오다 쪽의 군세가 들어갔다.

그날 밤에는 비바람이 거셌다. 토라고젠야마 성에는 적남인 노부타다를 남겨두고, 노부나가는 비에 젖으며 우마마와리들을 데리고 스스로 후토오야마(太尾山)와 오오즈쿠로 앞장 서서 달려가 공격했다.

이곳은 에치젠에서 파견한 사이토·코바야시(小林)·사이호인(西方院) 세 사람을 대장으로 하는 부대의 군세 500명 정도가 지키고 있었다. 막 적진으로 돌입하려던 순간, 에치젠 세력이 각자 항복했다. 노부나가는 이 에치젠 세력을 전부 베어버릴 생각이었으나, 비바람이 거센 밤으로 오오즈쿠가 함락되었다는 사실을 아사쿠라 요시카게가 알지 못할 테니 이 자들을 살려서 적의 본진으로 보내, 이 방면을 끝내 지키지 못할 것이라는 사실을 깨닫게 한 뒤 아사쿠라 요시카게의 본진으로 공격해 들어가야겠다고 마음을 바꾸어 그들을 적진으로 보냈다.

오오즈쿠에는 쓰카모토 코다이젠·후와 미쓰하루·후와 나오미쓰·마루모 나가테루·마루모 카네토시를 남겨 지키게 하고, 노부나가는 곧바로 요노야마(丁野山)를 공격하기 시작했다. 헤이센지(平泉寺)의 교쿠센보(玉線坊)라는 자가 수비부대와 함께 이곳을 지키고 있었으나, 그도 역시 항복하고 물러났다. 그러자 노부나가는, "아사쿠라는 오늘 밤에 반드시 철수할 것이다."라고 말했다.

아사쿠라 요시카게의 본진을 공격하기 위해 선진으로 출발케 한 부장은 사쿠마 노부모리·시바타 카쓰이에·타키가와 카즈마스·하치야 요리타카·하시바 히데요시·니와 나가히데·우지이에 나오미치·안도 모리나리·이나바 잇테쓰·이나바 사다미치·이나바 히코로쿠·가모우 카타히데·가모우 우지사토·나가하라 시게야스·신도 카타모리·나가타 마사다·타가 쓰네노리·큐토쿠 사콘노효에·아쓰지 사다유키·아쓰지 사다히로(阿閉 貞大)·야마오카 카게타카·야마오카 카게무네·야마오카 카게나오. 이 외에도 경험이 풍부한 각 병사들.

이들 장병을 향해서 노부나가는, "아사쿠라를 놓치지 않도록 충분히 주의하라."라고 재삼 엄하게 명령했다.

그래도 조급한 마음이 들었기에 노부나가는 13일 밤이 되자 에치젠의 본진을 향해 스스로 앞장서서 달려갔다. 그런데 재삼 엄명을 받은 선진의 부장들이 방심하여 노부나가가 앞서 달려나갔다는 사실을 모른 채 뒤늦게 출발했다. 지조야마(地蔵山)를 넘은 곳에서 노부나가를 따라잡았는데, "몇 번이고 명령을 해두었건만 우물쭈물하다 호기를 놓치고 말았다. 너희들은 비겁하기 짝이 없다. 괘씸한 놈들."하고 꾸중을 들었다.

노부나가에게 선두를 빼앗겼기에 면목이 없다며 타키가와·시바타·니와·하치야·하시바·이나바를 비롯한 각 부장들은 삼가 사죄하고 용서를 빌었다. 그 가운데서도 사쿠마 노부모리는 눈물을 흘리면서도, "그렇다고는 하나 저희와 같은 가신은 두 번 다시 두실 수 없으실 것입니다."라며 자만했다. 노부나가는 크게 화를 냈다. "너는 네 놈의 능력을 자만하고 있는 게냐? 무엇을 근거로 그런 말을 하는 게냐. 참으로 가소롭구나."라며 기분이 좋지 않았다.

노부나가의 예측대로 아사쿠라 요시카게의 군세는 철수를 시작하고 있었다. 이를 추격하여 벤 적의 수급을 저마다 들고 돌아왔다. 이때 노부나가는 말을 타고 나섰다. "적은 나카노카와치(中野河内) 방면과 토네(刀根) 방면으로 나뉘어 달아나고 있다. 어느 쪽을 쫓는 것이 좋을까."라며 의견이 분분했는데, 노부나가가, "자신들 편에 서 있는 히키다와 쓰루가 성을 향해 달아날 것이니, 히키다 방면으로 군세를 내어라."라고 명령했다.

아니나 다를까, 나카노카와치 방면으로는 잡병들이 철수했으며, 아사쿠라 요시카게는 주요한 부장들을 이끌고 쓰루가를 향해 퇴각했다. 이를 추격하여 토네야마(刀根山) 산 위에서 그들을 곧 따라잡았다. 적의 충성스러운 무사들이 돌아서서는 싸우고, 또 돌아서서는 싸우며 목숨을 걸고 방어전을 펼쳤으나 끝내는 막아내지 못했다.

쓰루가까지 110리(44㎞), 그 사이를 추격하여 취한 수급이 3천을 넘었다. 기록된 자들 가운데 우리 쪽에서도 얼굴을 알고 있는 자는 아사쿠라 지부쇼유(朝倉 治部少輔)·아사쿠라 카게우지(景氏)·산다가사키 로쿠로(三段崎 六郎)·아사쿠라 미치카게(道景)·아사쿠라 카게유키(景行)·카와이 아키의 카미(河合 安芸守)·아오키 하야토노스케(青木 隼人佐)·토리이 요시치(鳥居 与七)·쿠보타 쇼겐(窪田 将

監)·타쿠미 에치고(托美 越後)·야마자키 신자에몬(山崎 新左衛門)·토사 카몬노스케(土佐 掃部助)·야마자키 요시노부(吉延)·야마자키 히젠의 카미(肥前守)·야마자키 지린보(自林坊)·호소로기 지부쇼유(細呂木 治部少輔)·이토 쿠로베에(伊藤 九郎兵衛)·나카무라 고로우에몬(中村 五郎右衛門)·나카무라 사부로베에(三郎兵衛). 나카무라 신베에(新兵衛)는 카네마쓰 마사요시가 베었다. 나가시마 다이조보(長島 大乘坊)·와다 쿠로에몬(和田 九郎右衛門)·와다 세이자에몬(淸左衛門)·히키다 로쿠로지로(引壇 六郎二郎)·코이즈미 시로에몬(小泉 四郎右衛門)·미노의 사이토 타쓰오키·카네마키 야로쿠자에몬(印牧 弥六左衛門). 이 외에도 주요한 무장 다수를 베었다.

이때 후와 미쓰하루의 가신으로 하라노 가자에몬(原野 賀左衛門)이라는 자가 카네마키 야로쿠자에몬을 생포하여 노부나가 앞으로 데리고 왔다. 노부나가의 심문에 답하여 카네마키가 전후 사정을 이야기하자 노부나가는, "다부진 활약 장하구나. 이 노부나가에게 충절을 다할 마음이 있다면, 목숨만은 살려주겠다."라고 말했다. 그러나 카네마키는, "아사쿠라 나리께는 평소 깊은 원한을 품고 있었으나, 수많은 사람들이 목숨을 잃은 이러한 때에 제가 가슴속의 생각을 이야기하여 살아남았다가 오다 가를 위하여 충절을 다하지 못한다면, 순간을 모면하여 살아남기 위해서 교묘한 말을 했다고 생각하시어 녹봉도 거두어들이실 것입니다. 그렇게 되면 체면도 비평도 초라해지고 말 터이니 지금 여기서 배를 가르겠습니다."라고 청하여 할복했다. 전대미문의 처신은 참으로 감탄스러운 것이었다.

이날 노부나가 쪽이 손에 넣은 성은 오오즈쿠·야케오·쓰키가세·요

노야마·타베야마, 요시카게의 본진인 타가미야마(田上山)·히키다·쓰루가·시즈가타케(賤ヶ岳) 및 와카사에 있는 아와야 카쓰히사의 성과 대치하기 위해 적이 쌓은 성 등 모두 합하여 10군데 모든 곳에서 적이 물러났다.

그런데 노부나가는 늘 아시나카[78]를 허리에 차고 있었다. 이번에 토네야마 전투에서 카네마쓰 마사요시가 무사 한 명을 산 속까지 쫓아가서 끝내는 목을 베어가지고 돌아왔다. 그때 카네마쓰는 맨발이 되어 달렸기에 발이 피로 빨갛게 물들어 있었다. 노부나가는 그것을 보고, "이런 때에 도움이 될 걸세."라며 평소 허리에 차고 다니던 아시나카를 카네마쓰에게 주었다. 참으로 고마운 일이자, 또한 명예로운 일이었다.

노부나가는 무용과 덕행 모두 뛰어난 사람이었기에 생각대로 커다란 승리를 거두었다. 14·15·16일은 쓰루가에 주둔하며 각지로부터 인질을 제출하게 했다. 17일, 키노메토우게(고개)를 넘어 에치젠의 중앙부로 침공했다.

8월 18일, 노부나가는 후추(府中)의 류몬지(竜門寺)에 진을 쳤다. 아사쿠라 요시카게는 이치조다니(一乘谷) 저택에서 철수하여 오오노군(大野郡)의 야마다노쇼(山田庄) 로쿠보(六坊)라는 곳으로 후퇴했다. 안채의 고귀한 부인들은 가마나 수레에조차 오르지 못하고 채비도 제대로 갖추지 못한 채 걸어서 요시카게의 뒤를 따라 앞 다투어 달아났다. 참으로 가엾은 모습은 차마 눈 뜨고 볼 수 없을 정도였으며,

---

78) 足半. 뒤꿈치 부분이 없는 짚신.

말로도 다 표현할 수 없을 정도였다.

이에 대해서 노부나가는 시바타 카쓰이에·이나바 잇테쓰·우지이에 나오미치 그 외의 부장들에게, "헤이센지 방면으로 군세를 출격시켜 요시카게를 추격하라. 그리고 나머지 병사들을 나누어 산 속으로 들어가게 하여 달아난 무사들을 탐색케 하라."고 명령했다. 각 병사들이 매일 백 명, 2백 명씩 잇키에 가담했던 자들을 묶어 류몬지 본진으로 끌고 왔다. 노부나가는 코쇼에게 명령하여 끝도 없이 그들의 목을 베게 했다. 참으로 끔찍한 모습이었다.

이 무렵에 천박한 하급무사들이, 상류계급의 여자인 듯한 자가 하녀도 없이 혼자 숨어 있는 것을 발견하여 삼사일 잡아두었다. 그러자 그 여자는 붓을 빌려 품속에 지니고 있던 종이 끝에 글을 남기고, 감시의 눈길을 피해 빠져나와 우물에 몸을 던져 목숨을 끊어버렸다. 그 자리에 노래 한 수가 남겨져 있는 것이 발견되었다.

〈살아 있으면 좋지 못한 구름도 덮칠 테니 서둘러 떨어지는구나 산 끝의 달〉

이 세상에 남긴 것은 이 글뿐이었다. 그 글을 본 자 가운데 가엾음에 눈물을 흘리지 않은 자가 없었다.

헤이센지의 승려들도 노부나가에게 충성을 다할 것을 맹세하고 사람들을 내어 가세케 했다. 마침내 아사쿠라 요시카게는 더 이상 달아날 수 없는 몸이 되어버리고 말았다.

이런 정황 속에서 아사쿠라의 동족 가운데 아사쿠라 카게아키라(朝倉 景鏡)라는 자가 무정하게도 아사쿠라 요시카게를 할복케 했다. 토리이 카게치카(鳥居 景近)와 타카하시 카게오키(高橋 景業)가 카이샤쿠79)를 했으며, 그 두 사람도 주군 요시카게의 뒤를 좇아 할복했다. 그 가운데서도 타카하시 카게오키의 죽음은 훌륭한 것이었다고 한다. 8월 24일, 아사쿠라 카게아키라가 요시카게의 머리를 후추 류몬지에 있는 노부나가의 진으로 가져와 인사를 했다. 카게아키라는 아사쿠라 일문 무사단의 총수이기도 하고 요시카게의 친척이기도 했기에 이번 일은 전대미문의 사건이었다.

노부나가는 요시카게의 어머니와 적남인 쿠마키미마루(隈君丸)를 찾아내어 니와 나가히데로 하여금 살해케 했다.

이렇게 되자 지금까지 아사쿠라 요시카게의 지배 아래에 있던 에치젠 지방의 사무라이들이 각자의 연고를 더듬어 노부나가에게 복종하겠다는 인사를 하기 위해 찾아왔기에 노부나가의 본진 앞은 문전성시를 이루었다. 노부나가는 하세가와 소닌(長谷川 宗仁)에게 명령하여, 요시카게의 머리를 바로 쿄토로 가져가 옥문에 걸게 했다.

노부나가는 에치젠노쿠니 전역을 평정했기에 쿠니의 기본 법령을 정하고 마에바 요시쓰구를 슈고다이로 남겨둔 채 8월 26일에 키타오우미의 토라고젠야마 성으로 개선했다.

8월 27일 밤, 하시바 히데요시가 오다니 성의 쿄고쿠마루(京極丸성 안의 일부 구역)로 공격해 들어가 아자이 히사마사와 나가마사 부자의 사이를 차단하고 우선은 히사마사의 거성을 점령했다. 이때 아자이 후쿠주안(浅井 福寿庵)이 할복했다. 또한 춤에 능해서 아자이 히사마사가 평소 아끼던 쓰루마쓰다유(鶴松大夫)라는 자가 있었는데, 이

---

79) 介錯. 할복하는 사람을 도와 배를 가르고 나면 그 목을 베어주는 역할.

쓰루마쓰다유는 히사마사의 카이샤쿠를 한 뒤 스스로도 주군의 뒤를 따라 할복했다. 말할 필요도 없이 기특한 일이었다. 하시바 히데요시는 아자이 히사마사의 머리를 가지고 토라고젠야마에 있는 노부나가의 진으로 가서 직접 살펴보게 했다.

이튿날, 노부나가도 역시 쿄고쿠마루로 들어가서 아자이 나가마사와 아카오 키요쓰나(赤尾 淸綱)를 할복하도록 내몰았다. 아자이 부자의 머리를 쿄토로 보내 이 역시도 옥문에 걸게 했다. 아자이 나가마사에게는 10세가 된 적남이 있었는데 그를 찾아내어 세키가하라에서 책형에 처했다. 이렇게 해서 노부나가는 평소의 원한을 풀었다.

그런 다음 노부나가는 키타오우미에 있는 아자이의 소령을 하시바 히데요시에게 지배하도록 하고 그러한 뜻을 문서로 작성한 뒤 인장을 찍어 주었다. 감사하고도 명예스럽기 짝이 없는 일이었다.

9월 4일, 노부나가는 직접 사와야마로 출마하여, 나마즈에 성을 공략하라고 시바타 카쓰이에에게 명령했다. 이에 시바타가 나마즈에 성을 공격하자 롯카쿠 요시하루는 항복하고 성에서 물러났다.

노부나가는 모든 곳에서 생각한 대로 전과를 거둔 뒤 9월 6일에 기후로 돌아왔다.

스기타니 젠주보는 철포의 명수였다. 예전에 노부나가가 치구사토우게를 넘을 때 롯카쿠 요시카타의 의뢰로 치구사 산 속에서 철포에 총알 2발을 장전하여 12·3간(23m) 거리를 두고 가차 없이 노부나가를 저격한 일이 있었다. 그러나 하늘은 올바른 자를 지키는 법이어서 총알은 노부나가의 몸을 살짝 스치고 지나갔을 뿐, 노부나가는 호랑이 아가리에서 무사히 벗어나 기후 성으로 돌아왔었다.

최근에 스기타니 젠주보는 나마즈에 코치쿠(鯰江 香竹)를 의지하여 타카시마에 숨어 살고 있었는데, 이소노 카즈마사가 사로잡아 9월 10일에 기후로 연행했다. 스가야 나가요리와 하후리 시게마사 두 사람을 담당관으로 삼아 치구사 산 속에서 철포로 저격한 경위를 심문케 했다. 결국 노부나가의 생각에 따라서 처형했다. 구덩이를 파서 그 속에 젠주보를 서게 한 뒤 어깨까지 흙을 덮어 묻고 목을 톱으로 썰었다. 노부나가는 묵은 울분을 풀었으며, 상하의 모든 사람들에게 이보다 더한 만족은 없었다.

9월 24일, 노부나가는 키타이세(北伊勢)를 향해 출진했다. 그날은 오오가키 성에서 묵고 25일에 오오타 성이 있는 코이나바야마(小稻葉山)에 진을 쳤다.

오우미 세력(오다의 군세)은 핫푸토우게(八風峠)와 오후지바타케(おふじ畑)를 넘어 26일에 쿠와나 방면으로 진격했다. 니시벳쇼(西別所)를 잇키 세력이 지키고 있었는데 사쿠마 노부모리·하시바 히데요시·하치야 요리타카·니와 나가히데 4사람이 공격하여 그들을 물리치고 다수의 적을 베었다.

시바타 카쓰이에와 타키가와 카즈마스 두 사람이 카타오카(片岡)라는 자의 사카이(坂井) 성을 포위하고 공격하자, 카타오카는 항복하고 10월 6일에 성에서 물러났다. 시바타와 타키가와 두 사람은 곧 후카야베(深谷部)에 있는 콘도(近藤)의 성으로 공격해 들어갔다. 광부를 징용하여 땅굴을 파게 해서 공격했기에 콘도도 항복하고 물러났다.

10월 8일, 노부나가는 히가시벳쇼(東別所)까지 진출했다. 이에 따라서 이사카(伊坂)·카요우(萱生)·아카호리(赤堀)·타나베(多奈

閉)·쿠와베(桑部)·난베(南部)·치구사·나가후케(長深) 지역의 사무라이들과 타나베 쿠로지로(田辺 九郎次郎)·나카지마 카게유자에몬(中島 勘解由左衛門) 등이 각각 노부나가의 진으로 출두하여 인질을 내놓고 복종하겠다는 뜻을 밝혔다. 그러나 하쿠산(白山)의 나카지마 쇼겐(中島 將監)은 인사를 하기 위해 찾아오지 않았다. 이에 사쿠마·하치야·니와·하시바 네 사람에게 명령하여 인공산을 쌓고 땅굴을 파서 공격하게 했다. 그제야 나카지마 쇼겐은 끝까지 지켜낼 수 없으리라 판단하여 항복하고 물러났다.

이 무렵에 아케치 미쓰히데가 쿄토의 시즈하라야마(静原山)에 있던 적 야마모토 쓰시마를 계략으로 할복하게 한 뒤, 그 머리를 키타이세 히가시벳쇼에 있는 노부나가의 진까지 가지고 와서 제출했다. 적대하는 자들 모두 노부나가의 생각대로 처치하여 노부나가의 위광은 말로 다 표현할 수 없을 정도였다.

키타이세는 평정되었고 카와우치 나가시마의 잇키 세력도 절반 이상이 목숨을 잃어 기세가 떨어진 듯 보였다. 노부나가는 야다(矢田) 성을 견고히 쌓게 하고 거기에 타키가와 카즈마스를 배치했다.

10월 25일, 노부나가는 키타이세에서 병력을 철수시키기로 했다. 돌아오는 길의 왼쪽은 초목이 우거진 높다란 산인 타기야마였다. 오른쪽은 커다란 강의 하구에 가까워서 늪이 깊었으며 갈대 등이 무성하게 자라 있었다. 산 아래로 한 줄기 길이 구불구불 이어져 있는 험한 길이었다.

오다 세력이 물러나는 것을 보고 카와우치 나가시마 사람들이 그들을 추격했다. 활과 철포를 들고 산을 따라 각지로 먼저 돌아들어가

길의 요소요소를 점령했으며, 궁술에 능한 이가와 코가 사람들도 달려와서 닥치는 대로 화살을 쏘아댔기에 화살에 맞아 쓰러진 오다의 병사들이 길을 가득 메웠다. 비가 세차게 내려서 철포는 적과 아군 모두 사용할 수가 없었다. 이때 에치젠 사람인 케야 이노스케(毛屋 伊介)가 이리저리 뛰어다니며 응전하여 비할 데 없는 공을 수없이 세웠다.

노부나가는 장로인 하야시 신지로(林 新次郎)에게 후미를 맡게 했다. 하야시는 몇 번이고 적을 내몰았으며, 길이 좁은 험지에서도 불꽃을 튀기며 싸워 적을 잘 막았으나, 하야시 신지로 및 집안의 아들과 가신들 모두 그곳에서 전사하고 말았다. 하야시의 가신 가운데 카토 지로자에몬(賀藤 次郎左衛門)이라는 자는 오와리노쿠니 안에서 오랜 세월 싸우던 무렵부터 중요한 순간이면 활을 쥐어 공을 세워서 사람들에게 알려진 활의 명수였다. 이번 싸움에서도 선두로 달려오던 무사를 쏘아 쓰러뜨렸으나 하야시 신지로와 함께 목숨을 잃고 말았다. 명예로운 일이었음은 말할 필요도 없으리라.

그날은 정오 무렵부터 저물녘까지 비바람이 거세어 말단의 인부들 가운데 얼어죽은 자까지 나왔다. 노부나가는 밤이 되어 오오가키 성에 도착했고, 10월 26일에 기후로 귀환했다.

11월 4일, 상경한 노부나가는 니조의 묘카쿠지를 숙소로 삼았다. 미요시 요시쓰구가 노부나가에 대해서 모반을 꾀했다. 그러나 카로인 타라오 우콘(多羅尾 右近)·이케다 노리마사(池田 教正)·노마 야스히사(野間 康久) 세 사람이 행동을 같이 하지 않았기에 카나야마 노부사다(金山 信貞) 한 사람에게 모든 일을 맡겨두었다. 타라오·이케다·노마 세 사람이 카나야마 노부사다를 내몰아 할복하게 만들고 사쿠마 노부모리의 군세를 성 안으로 받아들였다.

사쿠마 세력이 텐슈카쿠 아래까지 공격해 들어가자 미요시 요시쓰구는 끝까지 지켜낼 수 없으리라 깨닫고 여자들과 아들들을 찔러 죽인 뒤 텐슈카쿠 밖으로 나와 맞섰다. 사쿠마 세력 가운데 다수의 사람들에게 부상을 입히고, 배를 열십자로 갈라 목숨을 끊었다. 비할 데 없는 활약이기는 했으나 가엾은 모습이었다. 미요시를 따라죽은 자들은 나스 큐우에몬(那須 久右衛門)·오카 히다의 카미(岡 飛驒守)·에가와(江川) 아무개. 이 세 사람은 주군의 뒤를 따라 할복하여 무사의 명예를 지켰다.

타라오·이케다·노마 세 사람이 노부나가에게 충절을 다했기에 미요시 요시쓰구의 성이었던 와카에는 그들에게 맡겨두고, 노부나가는 12월 2일에 기후로 돌아왔다.

권7 1574년(텐쇼 2년, 41세)

(1) 아사쿠라와 아자이 부자, 세 사람의 머리를 안주로 삼다

정월 1일, 쿄토 및 근린 각 쿠니의 다이묘와 무장들이 기후로 와서 머물렀으며, 노부나가에게 인사를 하기 위해 성으로 들어왔다. 각자에게 삼헌의 예법으로 주연을 베풀었다.

다른 쿠니 사람들이 물러나고 난 뒤, 노부나가의 우마마와리들만이 모인 자리에 전대미문의 진기한 안주가 나와 주연이 펼쳐졌다.

지난해에 홋코쿠80)에서 목숨을 빼앗은,

1. 아사쿠라 요시카게의 머리
1. 아자이 히사마사의 머리
1. 아자이 나가마사의 머리

이상의 머리 3개에 옻칠을 하고 금은가루로 채색한 것을 상 위에 올려놓고 그것을 안주 삼아 주연을 펼친 것이다. 모두가 노래를 불렀으며, 흥겹게 놀았다. 노부나가는 모든 일이 뜻대로 되어 참으로 순조로웠기에 기분이 매우 좋았다.

---

80) 北国. 일반적으로 호쿠리쿠 지방을 일컫는다.

(2) 마에바의 자결과 에치젠에서 잇키 세력이 봉기하다

1월 19일, 에치젠의 카쓰라다 나가토시(桂田 長俊 마에바 요시쓰구)가 쿠니 안의 사무라이들에게 공격을 받아 자결했다는 보고가 도착했다.

그 경위를 살펴보자면, 카쓰라다 나가토시는 커다란 쿠니인 에치젠의 슈고다이로 재임하고 있었는데 자신의 부귀영화를 자랑하며 방자하게 굴었고, 지역의 사무라이들에게도 매사 무례하기 짝이 없었다. 이에 각 사무라이들이 반란을 일으켜 자결하도록 내몬 것이었다. 이를 계기로 잇키 세력이 봉기하여 이웃 쿠니와의 경계에 요새를 쌓고 수비를 위해 병력을 배치했다. 이후 에치젠은 잇키 세력이 지배하는 쿠니가 되었다.

노부나가는 하시바 히데요시·무토 키요히데(武藤 舜秀)·니와 나가히데·후와 미쓰하루·후와 나오미쓰·마루모 나가테루·마루모 카네토시 및 와카사 사람들에게 각각의 군세를 이끌고 쓰루가로 가게 했다.

(3) 아케치 성의 이이바마, 모반을 일으키다

1월 27일, 타케다 시로 카쓰요리(武田 四郎 勝賴 타케다 신겐의 아들)가 이와무라(岩村)로 출동하여 아케치(明智) 성을 포위했다는 보고가 들어왔다. 노부나가는 아케치 성을 구원하기 위해 오와리·미노 두 쿠니의 군세를 선진으로 삼아 2월 1일에 바로 출동시켰다.

2월 5일, 노부나가·노부타다 부자가 출마하여 그날은 미타케(御嵩)에 진을 쳤으며, 이튿날은 코노까지 나아가 진을 쳤다.

그 다음 날에 타케다 세력을 공격할 예정이었으나 험한 지세가 계속 이어진 산 속이었기에 적과 아군 모두 움직일 수가 없었다. 이에, "다른 산으로 이동하여 공격하라."고 명령했는데, 성 안에서 이이바마 우에몬노조(飯羽間 右衛門尉)가 타케다 쪽과 내응하여 아케치 성은 이미 떨어졌다는 보고가 날아들었다. 더는 손을 쓸 수도 없었다.

코노 성을 쌓으라고 명령하고 그곳을 지키기 위해 카와지리 히데타카를 남겨두었으며, 오리(小里) 성을 쌓은 뒤 수비를 위해 이케다 쓰네오키를 배치하고, 노부나가 부자는 2월 24일에 기후로 돌아왔다.

(4) 란자타이를 떼어내다

3월 12일, 노부나가는 쿄토로 출발했다. 도중에 사와야마에서 이삼 일 머물렀다. 16일, 나가하라에서 숙박. 시나에서 사카모토까지 비와코를 건너서 갔다. 이때 처음으로 쇼코쿠지(相国寺)를 숙소로 삼았다.

나라의 토다이지(東大寺)에 수장되어 있는 향목인 '란자타이[81]'를 받고 싶다고 노부나가가 조정에 청하자, 3월 26일에 칙사로 히노 테루스케(日野 輝資)와 아스카이 마사노리(飛鳥井 雅敎)가 와서 황공하게도 윤지를 전달했다. 물론 나라의 승려들이 나와서 칙사를 맞이했으며, 윤지를 받들었다.

이튿날인 3월 27일에 노부나가는 나라의 타몬 성으로 향했다. 노부나가의 특사로 토다이지에 파견된 자는 반 나오마사·스가야 나가요리·사쿠마 노부모리·시바타 카쓰이에·니와 나가히데·하치야 요리타카·아라키 무라시게·타케이 세키안(武井 夕庵)·마쓰이 유칸·오다

---

[81] 蘭奢待. 나라 시대(710~794)에 중국에서 들어왔다고 하는 유명한 향나무 조각.

노부즈미(織田 信澄).

3월 28일 오전 8시 무렵에 창고를 열었다. 그 명향[名香]은 길이 6자(1.8m)짜리 큰 궤에 담겨 있었다. 그것을 곧 타몬 성으로 가지고 가서 노부나가가 묵고 있는 방에 설치한 무대에서 노부나가에게 보였다.

노부나가는 선례에 따라서 란자타이를 1치 8푼(5.5cm) 떼어내게 했다. 함께 있던 우마마와리들도, "훗날의 이야깃거리로 봐두도록 하게"라는 말을 들었기에 그것을 보았다.

옛날부터 전해진 향목을 떼어낼 수 있었던 것은 노부나가의 위광에 의한 일이며, 그것을 가신들이 볼 수 있었던 것은 노부나가의 자비심 깊은 마음 때문이었다. 평생의 추억이 될 일이자, 참으로 고마운 그 뜻은 말로 다 표현할 수 없다. 예전에 히가시야마 나리[82]가 떼어낸 이후, 대대로 쇼군 가운데서도 이것을 소망한 사람은 몇 명인가 있었으나 워낙 특별한 일이었기에 허가를 얻지 못했었다. 노부나가에게는 신불의 가호가 있었기에 삼국(일본·중국·인도)에 널리 알려진 명물을 소유할 수 있었던 것이다. 일본에서 이와 같은 명예, 체면을 세운 일이 또 있을까?

4월 3일, 오오사카의 이시야마 혼간지가 노부나가에게 맞서 병사를 일으켰다. 이에 노부나가는 군세를 출동시켜 부근의 농작물을 베게 하고 일대를 불태웠다.

---

82) 東山殿(1436~1490). 8대 쇼군인 아시카가 요시마사(足利 義政).

(5) 롯카쿠 요시카타, 이시베 성에서 물러나다

4월 13일, 롯카쿠 요시카타가 비 오는 밤을 이용하여 코가로 들어가는 입구에 있는 이시베 성에서 물러났다. 이에 노부나가는 사쿠마 노부모리의 군세로 하여금 성을 지키게 했다.

(6) 카모 마쓰리에서의 경마

5월 5일은 카모 신사의 마쓰리[83]가 있는 날로, 경마가 행해졌으며 천하의 평온을 비는 기원이 집행되었다.

마침 노부나가가 쿄토에 머물고 있었기에 노부나가의 말을 경마에 출장시켜달라고 신사 쪽에서 청하자, 노부나가는 전쟁에서 승리할 때마다 타고 다니던 아시게[84]와 카게[85] 2마리에 다른 우마마와리들의 준마 18마리를 합쳐 총 20마리의 말, 10번의 시합에 나설 수 있는 숫자를 출장시켰다. 말뿐만 아니라 20벌의 안장·등자·재갈 등 하나하나 전부 명품 마구를 갖추게 해서 아름답게 꾸몄다. 말을 끄는 하인들도 아름답게 꾸미게 했다. 그러한 장관은 옛날의 예에서도 들어본 적이 없었다.

그렇게 해서 검은 옷차림을 한 신관 10명과 붉은 옷차림을 한 신관 10명이 이 20마리의 말에 올라, 1쌍씩 말을 달리게 하여 다른 말과 승부를 겨루었다. 아시게와 카게는 원래부터 준마로 달리기에 능했기에 말할 필요도 없고, 다른 18마리의 말들도 모두 경주에서

---

83) 祭ﾘ. 일반적으로 신불이나 조상의 제사를 말하나, 특히 카모 신사의 제례를 뜻하기도 한다. 축제의 의미로도 쓰인다.
84) 芦毛. 흰 털에 갈색, 검은색 털이 섞인 말.
85) 鹿毛. 갈색 몸통에 갈기, 꼬리, 발끝이 검은 말.

이겼다. 훗날의 이야깃거리로 삼기 위해 귀천, 노소를 막론하고 구경 온 사람들로 가득했다는 사실은 말할 필요도 없으리라.

노부나가는 천하의 정무를 처리한 뒤, 5월 28일에 기후로 내려갔다.

(7) 타카텐진 성의 오가사와라 나가타다가 모반하다

6월 5일, 토쿠가와 이에야스 편에 선 오가사와라 나가타다(小笠原長忠)가 지키고 있는 토오토우미의 타카텐진(高天神) 성으로 타케다 카쓰요리가 공격해 들어와 성을 포위했다는 보고가 들어왔다.

이에 타카텐진 성을 구원하기 위해 노부나가 부자가 6월 14일에 기후 성을 출발하여 17일에 미카와 땅에 있는 요시다(吉田) 성의 사카이 타다쓰구(坂井 忠次) 쪽에 도착했다.

6월 19일, 노부나가 부자가 이마기레(今切)의 나루터를 건너려 할 때, 오가사와라 나가타다가 역심을 품고 집안의 우두머리인 오가사와라 아무개를 추방한 뒤, 타케다 카쓰요리를 성 안으로 들였다는 보고가 도착했다. 달리 손을 쓸 수 없었기에 노부나가 부자는 도중에 요시다 성으로 되돌아갔다.

이에야스는 토오토우미의 하마마쓰에서 요시다로 와서 노부나가에게 응원을 와준 것에 대한 고마움을 표했다.

(8) 토쿠가와 이에야스에게 황금을 주다

노부나가는 이번 전투에 늦어진 것을 내심 미안하게 여기고 있었다. 이에 군량미 대금으로 가죽주머니 2개에 황금을 담고 말에 실어서 토쿠가와 이에야스에게 주었다.

이에야스는 사카이 타다쓰구의 성에서 가죽주머니 하나를 두 사람에게 들게 하여 풀어보았다. 질과 양 모두 참으로 훌륭한 황금이었다. 집안의 사람들 상하 모두가 그것을 보았는데, "작금은 물론, 예전에도 들어본 적이 없다."며 하나같이 놀랐다. 노부나가의 위세가 이만저만한 것이 아니라는 사실을 사람들 모두 새삼 실감할 수 있었다. 이에야스의 심중은 조금 더 복잡했을지 모르겠으나, 추측하기 어려운 것은 아니다.

6월 21일, 노부나가 부자는 미노의 기후로 돌아왔다.

(9) 카와우치 나가시마를 공격하다

7월 13일, 카와우치 나가시마 정벌을 위해 노부나가 부자가 출마했다. 그날은 쓰시마에 진을 쳤다.

원래 오와리노쿠니의 카와우치 나가시마는 요해지로 이름 높은 곳이다. 미노에서 흘러들어오는 강이 여럿 있다. 이와테가와(岩手川)·오오타키가와(大滝川)·이마스가와(今洲川)·마키타가와(真木田川)·이치노세가와(市の瀨川)·쿤제가와(杭瀨川)·야마구치가와(山口川)·히다가와·키소가와·요로노타키(養老滝), 이 외에도 여러 산들의 계곡물이 하류에서 만나 커다란 강을 이루며 나가시마의 동북서쪽 30리에서 50리(12~20km) 유역을 몇 줄기로 겹쳐서 휘감듯 흐르고, 남쪽은 바다가 가득 펼쳐져 있어서 사방 모두 험한 땅이 이어지기에 공격하기 어렵다.

이와 같은 곳이었기에 근린 각지의 마음이 어그러진 자와 흉도들이 흘러들어 살면서 그곳의 한 사원을 중핵으로 하여 결탁했다. 이 절도 오오사카의 이시야마 혼간지 계통에 속해 있었다. 결탁한 무리들은 염불과 수행의 도리를 소홀히 여겼으며, 무학무지한 탓에 영화에 빠졌고, 날날이 속세의 욕망에 사로잡혀 우왕좌왕했다. 또한 곳곳에 지성[枝城]을 쌓았으며, 영주들의 다스림을 무시하고 법규를 어겼고, 영주가 추급하는 범죄자 등을 보호하며 영주들의 지배지까지 빼앗기에 이르렀다.

이에 노부나가의 동생인 오다 노부오키가 카와우치의 코키에로 나아가서 성을 쌓고 경계에 임했었다. 그런데 지난 1570년에 노부나가가 시가에 진을 치고 아자이·아사쿠라와 싸웠을 때, 잇키 세력은 노부나가가 움직이지 못할 것이라 생각하고 연일 코키에 성을 공격하여 오다 노부오키를 할복하게 만들었다. 이처럼 카와우치 나가시마 사람들의 용서하기 어려운 행태는 일일이 헤아릴 수도 없을 정도였다.

노부나가는 그들에 대해서 늘 울분을 품고 있었으나, 천하의 정무에 바빠서 여유가 없었기에 카와우치 나가시마 정벌은 뒤로 미루고 있었다. 이번에야말로 각 방면에서 공격하여 반드시 처벌하겠다고 결심한 것이었다.

동쪽의 이치에(一江) 쪽에서는 적남인 오다 노부타다가 공격해 들어갔다. 함께 따른 자는 오다 노부카네·오다 히데나리(織田 秀成)·오다 나가토시(長利)·오다 노부나리(信成)·오다 노부쓰구·사이토 신고·야나다 히로마사·모리 나가요시·사카이 엣추의 카미·이케다 쓰네오키·하세가와 요지·야마다 카쓰모리·카지와라 카게히사·와다 사다토시·나카시마 분고의 카미·세키 나가야스(関 長安)·사토 히데카타·이치하시 토시나오(市橋 利尚)·쓰카모토 코다이젠

서쪽의 카토리(賀鳥) 쪽에서는 사쿠마 노부모리·시바타 카쓰이에·

이나바 잇테쓰·이나바 사다미치·하치야 요리타카가 공격해 들어갔다. 잇키 세력이 응전하기 위해 마쓰노키(松ノ木) 나루터에 진을 쳤으나 사쿠마 등이 우르르 강을 건너가 말 위에서 잇키 세력을 다수 베어 버렸다.

노부나가는 중앙부인 하야오(早尾) 쪽에서 공격해 들어갔다. 선진을 맡은 자는 하시바 히데나가(羽柴 秀長)·아자이 마사즈미·니와 나가히데·우지이에 나오미치·안도 모리나리·이이누마 나가쓰구·후와 미쓰하루·후와 나오미쓰·마루모 나가테루·마루모 카네토시·삿사 나리마사·이치하시 나가토시·마에다 토시이에·추조 이에타다·카와지리 히데타카·오다 노부히로·이이노오 히사키요.

잇키 세력이 코키에무라에 방어를 위한 진을 쳤으나 이를 내몰고 진격했다. 그리고 시노하시(篠橋)에서 잇키 세력이 출격하여 응전했기에 이들은 하시바 히데나가와 아자이 마사즈미 두 사람이 공격했다. 잇키 세력이 코다미자키(こだみ崎)의 하구로 배를 끌고 와서 제방으로 올라가 수비에 임했기에 니와 나가히데가 공격하여 내몰고 다수의 목을 베었다. 또한 마에가스(前ガ洲)·에비에시마(海老江島)·카로토지마(加路戸島)·이쿠이라시마(いくいら島)를 불태웠다.

그날 노부나가는 고묘(五妙)에서 야영했다.

15일에는 쿠키 요시타카(九鬼 嘉隆)가 아타케부네[86]를, 타키가와 카즈마스·이토 사네노부(伊藤 実信)·미즈노 나오모리 등도 아타케부네를, 시마다 히데미쓰와 하야시 히데사다 두 사람은 카코이부네를

---

86) 安宅船. 대포를 탑재한 대형 군선.

마련했으며, 그 외에도 카니에(蟹江)·아라코·아쓰타·오오타카·키타(木多)·테라모토·오오노·토코나메(常滑)·노마(野間)·우쓰미(内海)·쿠와나·시라코·히라오·타카마쓰(高松)·아노노쓰·쿠스노키(楠)·호소쿠미(細頸) 등의 포구에 있는 배도 전부 모았다. 이세의 오다 노부카쓰(織田 信雄)는 타루미(垂水)·토야노오(鳥屋野尾)·오오히가시(大東)·코즈쿠리(木造)·타마루·사카나카(坂内) 등을 부장으로 삼아 이끌고 커다란 배에 올라 참진했다. 각 세력이 배에 각자의 깃발을 세우고 뭇별처럼, 혹은 구름 떼처럼 사방에서 나가시마로 몰려들었다. 각 방면에서 공격을 받은 잇키 세력은 싸움에서 패해 처자를 데리고 나가시마로 달아났다.

토노메(殿名)로 건너간 노부나가 부자는 이토의 저택에 접근하여 진을 쳤다. 말을 달려 전황을 살펴본 뒤, 군세를 각 방면에 배치했다. 적의 부대는 시노하시·오오토리이(大鳥居)·야나가시마(屋長島)·나카에(中江)·나가시마 5개 성으로 들어가 지켰다.

시노하시를 공격할 군세는 오다 노부히로·오다 노부나리·오다 노부쓰구·우지이에 나오미치·안도 모리나리·이이누마 나가쓰구·아자이 마사즈미·미즈노 노부모토·요코이 우타노스케(横井 雅楽助).

오오토리이를 공격할 군세는 시바타 카쓰이에·이나바 잇테쓰·이나바 사다미치·하치야 요리타카. 이마지마(今島)에 진을 쳤으며, 강으로는 커다란 배를 기슭에 대놓고 공격했다.

후방을 수비할 군세로는 사쿠마 노부모리·노부히데 부자에 오우미 세력이 가세했고, 그들은 사카테(逆手)에 진을 쳤다.

나가시마의 동쪽인 오시쓰케(推付)에 진을 친 군세는 이치하시나가토시·후와 나오미쓰·니와 나가히데.

카로토지마를 공격할 군세는 오다 노부카네·하야시 히데사다·시마다 히데미쓰. 그 외에도 오와리의 배를 수백 척, 바다 위에 빽빽하게 배치했다.

남쪽의 오오시마(大島)를 공격할 군세는 오다 노부카쓰·오다 노부타카(織田 信孝) 및 쿠와나 세력. 이 외에도 이세의 크고 작은 배를 수백 척, 바다 위에 빈 틈 없이 배치했다.

각 세력이 오오토리이·시노하시 두 성을 공격했다. 대포를 쏘아 벽과 망루를 무너뜨린 뒤 공격했기에 두 성은 버티지 못하고 용서를 청해왔다. 그러나 노부나가는, "성은 곧 떨어질 것이다. 악인들에게 따끔한 맛을 보여주기 위해 식량이 떨어질 때까지 기다려, 평소의 죄과와 악행에 대한 울분을 여기서 풀겠다."라며 허락하지 않았다.

8월 2일 밤, 거센 비바람이 불었다. 그 틈을 이용해서 오오토리이 성에 있던 자들이 밤중에 성에서 빠져나와 퇴각하려 했다. 그들을 쫓아가 남녀 1천 명 정도를 베었다.

8월 12일, 시노하시에서 농성하고 있던 자가, 나가시마로 들어가 오다 쪽을 위해서 활동하겠다고 굳게 맹세했기에 목숨을 살려서 나가시마로 쫓아보냈다.

(10) 히구치 나오후사 부부를 베다

앞서 키노메토우게에 요새를 쌓고 히구치 나오후사를 배치해두었는데, 무슨 생각에서 그런 것인지 히구치는 처자를 데리고 요새에서 빠져나와 코가 쪽으로 도망쳤다. 하시바 히데요시가 이들을 추적케

하여 도주 도중에 목숨을 빼앗고 부부 두 사람의 머리를 나가시마에 있는 노부나가의 진으로 보냈다.

이번에 나가시마 잇키 세력은 장기전에 대한 준비도 없이, 변변히 채비도 갖추지 못한 채 7월 13일에 나가시마·야나가시마·나카에 3곳으로 달아난 것이었다. 섬 안으로 들어간 남녀와 귀천[貴賤]은 그 숫자도 헤아릴 수 없을 만큼 많았다. 그런데 벌써 3개월이나 농성을 했기에 반수 이상이 굶어죽었다.

9월 29일, 잇키 세력은 항복하고 나가시마에서 물러나기로 했다. 다수의 배에 나누어 타고 물러나는 자들을, 오다 세력은 철포로 저격했으며, 또 끝도 없이 베어 강물 속에 빠뜨렸다.

이러한 중에 잇키 세력 가운데서도 기개가 있는 자 7·800명이 알몸으로 칼 하나만 든 채 강물 속으로 뛰어들어 반격을 가하여 오다 세력을 무너뜨렸다. 그 때문에 오다 가의 친척들은 물론 수많은 자들이 목숨을 잃었다. 그들은 오다 세력 가운데서도 방비가 허술한 곳을 돌파하여 주인이 없는 오두막으로 숨어들었고 채비를 충분히 갖춘 뒤 강을 건너 타기야마와 키타이세 방면으로 흩어져 도주했으며, 오오사카로 들어갔다.

나카에와 야나가시마 두 성에는 남녀 2만 명쯤이 들어가 있었다. 노부나가는 목책을 몇 겹으로 두르고 이들을 포위한 뒤, 사방에서 불을 질러 모두 불태워 죽이라고 명령했다.

노부나가는 생각대로 일을 마무리 짓고 9월 29일에 기후로 돌아왔다.

(11) 명물을 거두어들이다

본문 누락

권8 1575년(텐쇼 3년, 42세)

(1) 영지의 도로를 정비하다

지난해 연말, 각 쿠니에 도로를 뚫으라며 사카이 토시사다(坂井利貞)·코노 우지요시(河野 氏吉)·사사오카 하치우에몬(笹岡 八右衛門)·야마구치 타로베에 네 사람을 담당 부교로 임명하고, 영지 내에는 노부나가의 인장이 찍힌 문서로 내용을 통보했다. 공사는 1, 2월 중에 벌써 준공되었다. 후미나 강에는 배다리를 놓고 경사가 급한 길은 완만하게 했으며 암석 때문에 좁아진 곳은 암석을 제거하여 길을 넓혔다. 길의 폭은 3간 반(6m)이 되게 했으며 양 옆에 소나무와 버드나무를 심었다. 각 지역별로 노소 모두가 공사에 임해서 물을 뿌리고 쓰레기를 치우고 청소를 했다.

예전부터 노부나가는 영지 안 곳곳에 있던 관소를 철폐하여 사람들의 교통과 물자 유통에 조금도 막힘이 없도록 했었다.

양쪽이 어우러져 사람들은 험한 길에서의 고통을 잊었으며 우마로의 운수도 편해져 만민의 교통이 수월해졌고 서민의 생활은 안정되었다. 이처럼 좋은 시대에 살고 있다는 사실을 고맙게 여겨 신분이 높은 자나 낮은 자 모두가 두 손을 들어 노부나가의 덕을 칭송했다. 노부나가가 중국의 동방삭[東方朔]이나 서왕모[西王母]처럼 장수하고, 인도의 수달[須達]처럼 복덕을 누리기를 사람들은 기원했다.

2월 27일, 쿄토로 출발한 노부나가는 타루이(垂井)에 도착했다. 이튿날에는 비가 내렸기에 그대로 머물렀다. 29일에는 니와 나가히데의 사와야마 성에 도착. 3월 2일에 나가하라에서 묵고 이튿날, 쿄토로 들어가 쇼코쿠지를 숙소로 삼았다.

3월 16일, 이마가와 요시모토의 아들 이마가와 우지자네(今川 氏真)가 인사를 와서 다도 도구인 '햐쿠탄포(百端帆)'를 헌상했다. 예전에도 '치도리(千鳥)'라 불리는 향로와 이이노오 소기(飯尾 宗祇)에게서 전해진 향로를 헌상했으나 노부나가는 소기의 향로는 돌려주고 '치도리' 향로만 받았었다. 이마가와 우지자네가 축국[87]을 한다는 말을 들었기에 노부나가는 3월 20일에 쇼코쿠지에서 공 차는 것을 보여달라고 청했다.

당일 축국 모임에 참가한 사람들은 산조니시 사네키(三条西 実枝) 부자·타카쿠라 나가스케 부자·아스카이 마사노리 부자·히로하시 카네카쓰(広橋 兼勝)·이쓰쓰지 타메나카(五辻 為仲)·니와타 시게야스(庭田 重保)·카라스마 미쓰야스. 노부나가가 이를 관람했다.

(2) 공가의 영지에 대한 토쿠세이레이를 발하다

4월 1일, 노부나가는 토쿠세이레이(德政令)를 발령했다. 그 취지는 다음과 같다.

---

87) [蹴鞠] 공을 땅에 떨어뜨리지 않고 차던 놀이.

최근에 궁궐이 황폐했기에 이에 대해서는 예전부터 수리를 명령하여 이미 공사를 완료한 상태였다. 그러나 공가 가운데서는 집안의 사정이 여의치 않아 영지를 담보로 돈을 꾸거나, 심지어는 어쩔 수 없이 매각한 곳이 많았다. 이를 구제하기 위해서 토쿠세이레이를 발령하고 무라이 사다카쓰와 니와 나가히데 두 사람을 사무담당에 임명하여 이전에 공가의 소령이었던 곳을 원래의 소유자에게 반환토록 한 것이다.

이렇게 해서 황실·공가·무가가 함께 융성함으로 나아갔다. 노부나가의 공적은 천하에 비할 자가 없을 만큼 큰 것이었다.

3월 하순, 타케다 카쓰요리가 미카와의 아스케(足助) 방면으로 공격해 들어왔다. 이에 노부나가의 적남인 오다 노부타다가 오와리의 군세를 이끌고 출진했다.

(3) 신보리 성 공략 및 콘다 성을 파괴하다

4월 6일, 노부나가는 쿄토에서 직접 남쪽으로 출진했다. 그날은 야와타의 진에서 묵고, 이튿날 와카에에 진을 쳤다.

이시야마 혼간지가 와카에 성과 대치하기 위해 쌓은 카야후리(萱振) 성은 무시한 채 지나쳐 앞으로 진격했다.

4월 8일, 미요시 야스나가가 지키고 있는 타카야를 공격하여 마을을 파괴했다. 미요시 쪽이 후도자카구치(不動坂口)에서 응전하여 수차례 밀고 밀리는 전투를 펼쳤다. 이토 요소우에몬(伊藤 与三右衛門)의 동생인 이토 후타스케(二介)는 거듭 적에게로 앞장서서 뛰어들어가 여러 군데 상처를 입고 결국 전사하고 말았다. 이때 노부나가가 코마가

다니야마(駒ヶ谷山)에서 눈 아래로 전황을 살펴보고 있었으니 후타스케에게는 영예로운 죽음이었다.

그날은 콘다하치만(誉田八幡)과 도묘지카와라(道明寺河原)로도 진격하여 차례차례로 적진을 제압했다. 노부나가는 코마가다니야마에 진을 치고 각 방면으로 아시가루 부대를 출격시켰다. 사쿠마 노부모리·시바타 카쓰이에·니와 나가히데·반 나오마사가 이끄는 부대들이 골짜기, 골짜기의 안쪽까지 진격하여 불을 지르고 보리를 베어 쓰러뜨렸다.

4월 12일, 노부나가는 스미요시로 진을 옮기고 13일에 텐노지로 말을 움직였다. 이 작전에는 키나이의 5개 쿠니와 와카사·오우미·미노·오와리·이세·탄고·탄바·하리마 및 네고로지(根来寺)의 군세가 남김없이 참진하여 텐노지·스미요시·오리오노 부근 일대에 진을 쳤다.

4월 14일에 오오사카로 진격하여 농작물을 전부 베어버렸다. 군세의 총 수는 10만여를 헤아렸다. 이처럼 훌륭한 대군은 지금껏 본 적이 없다며, 도회와 시골의 상하 사람들 모두가 놀랄 뿐이었다.

4월 16일, 노부나가는 오리오노에 진을 치고 스스로 지휘하여 부근의 농작물을 베게 했다.

적은 사카이 근처 신보리(新堀)라는 곳에 지성을 쌓고 소고 이나바의 카미(十河 因幡守)와 코사이 에치고의 카미를 대장으로 삼아 그곳을 지키고 있었다. 4월 17일, 노부나가가 출마하여 이 성을 감싸고 공격하기 시작했다.

4월 19일, 밤이 되자 각 부대가 일제히 공격, 불화살을 쏘고 풀로 해자를 메우며 공격에 공격을 거듭했다. 적군이 앞문과 뒷문으로 나와 맞섰다. 그러나 코사이 에치고의 카미는 생포되어 오랏줄에 묶인 채 눈을 찌푸리고 입을 일그러뜨리며 노부나가 앞으로 끌려왔다. 한밤중이기는 했으나 노부나가는 코사이의 얼굴을 알고 있었기에 바로 그임을 깨닫고 이전부터의 괘씸한 행동을 면전에서 질책한 뒤 목을 베었다. 이번 싸움에서 벤 적의 목은 코사이 에치젠의 카미·소고 이나바의 카미·소고 엣추·소고 사마노조·미키 고로다유(三木 五郞大夫)·후지오카 고로베에(藤岡 五郞兵衛)·히가시무라 야마토(東村 大和)·히가시무라 빈고(備後). 이 외에도 강용한 무사 170여 명을 베었다.

타카야를 지키고 있던 미요시 야스나가가 마쓰이 유칸을 통해서 항복해왔기에 이를 허락했다. 반 나오마사에게 명령하여 타카야 성을 비롯, 카와치노쿠니 안에 있는 적의 성을 전부 파괴하게 했다.

이렇게 되자 이시야마 혼간지가 떨어지는 것도 시간문제인 듯 여겨졌다.

4월 21일, 노부나가는 쿄토로 귀환하여 천하의 정무를 처리했다.

4월 27일, 쿄토를 출발하여 사카모토에서 아케치 미쓰히데의 배를 타고 사와야마로 건너갈 예정이었으나 갑자기 바람이 불었기에 조라쿠지에서 상륙하여 육로로 사와야마에 도착했고 4월 28일 오전 8시 무렵에 기후로 들어갔다.

(4) 나가시노 전투

5월 13일에 노부나가 및 적남 노부타다는 미카와의 나가시노(長篠) 성을 포위하고 있는 타케다 카쓰요리의 군세를 후방에서 공격하기 위해 출진했다. 그날은 아쓰타의 진에서 묵었다. 아쓰타 신궁의 셋샤[88)

인 하치켄구(八劍宮)가 심하게 황폐한 것을 보고 목수인 오카베 마타에몬에게 수축을 명령했다.

5월 14일, 오카자키에 도착했으며 이튿날은 주류, 16일은 우시쿠보(牛窪) 성에서 묵었다. 이 성의 수비를 위해서 마루모 나가테루와 후쿠다 미카와의 카미(福田 三河守)를 남겨두고 17일은 노다하라(野田原)에서 야영했다.

18일에 전진하여 노부나가는 시타라(志多羅)의 고쿠라쿠지야마(極楽寺山)에, 노부타다는 니이미도야마(新御堂山)에 진을 쳤다. 시타라는 지형이 움푹 파인 곳이다. 적의 눈에 띄지 않도록 움푹한 곳에 흩어져 군세 3만 정도를 배치했다. 선진은 그 지방의 군세에게 맡기는 것이 관례였기에 토쿠가와 이에야스가 코로미쓰자카(ころみつ坂) 위에 있는 타카마쓰야마(高松山)에 진을 쳤다. 타키가와 카즈마스·하시바 히데요시·니와 나가히데 세 사람이 함께 아루미하라(有海原)로 올라가서 타케다 카쓰요리 세력을 향해 동쪽을 보고 포진했다. 이에야스와 타키가와의 진 앞에 기마부대의 침입을 막기 위한 목책을 둘렀다.

이 아루미하라는 왼쪽의 호라이지야마(鳳来寺山)에서부터 서쪽으로 산지가 이어지고, 또 오른쪽은 토비노스야마(鳶の巣山)에서 서쪽으로 깊은 산이 이어진다. 나가시노의 절벽을 노리모토가와(乗本川)가 토비노스야마 기슭으로 흘러간다. 호라이지야마에서 서쪽으로 이어진 산과 토비노스야마에서 서쪽으로 계속되는 산 사이는 겨우

---

88) 摂社. 본사와 관계가 있는 신사. 말사보다는 격이 높다.

30정(3.3km)쯤이리라. 호라이지야마 기슭의 북쪽에서 타키사와가와(滝沢川)가 흘러들어 남쪽의 노리모토가와와 합류한다. 즉, 나가시노의 남서쪽은 강의 유역으로 평지다.

타케다 카쓰요리는 토비노스야마로 올라가 강을 앞에 두고 진을 쳤다면 별일도 없었을 터인데, 나가시노로 7개의 공격부대를 파견해놓고 자신이 이끄는 본대는 타키사와가와를 넘어 아루미하라로 30정(3.3km)쯤 진출했다. 계곡을 앞에 두고 카이와 시나노노쿠니(信濃国나가노·기후 현,신슈)의 군세·니시코즈케(西上野)의 오바타(小幡) 세력·스루가 세력·토오토우미 세력·미카와의 쓰쿠데(作手)와 다미네(段嶺)와 부세치(武節)의 사무라이들을 합해 총 1만 5천쯤을 서쪽을 향해 13곳에 배치했다. 적과 아군은 20정(2.2km)쯤의 거리를 두고 진을 쳤다.

노부나가는 이번에 이렇게 접근해서 대진한 것은 하늘의 은혜이니 타케다 세력을 한 명도 남김없이 베어버리자, 그러나 아군에서는 한 명도 손해가 없도록 하자며 작전을 짰다. 사카이 타다쓰구를 불러 이에야스의 군세 가운데서 활과 철포에 능한 자를 모으게 하고, 사카이 타다쓰구를 대장으로 2천쯤, 거기에 철포 500정을 든 노부나가의 우마마와리를 더한 뒤, 카나모리 나가치카·사토 히데카타·아오야마 신시치(青山 新七)의 아들·카토 이치자에몬(賀藤 市左衛門)을 켄시89)로 붙여, 합계 4천 정도의 나가시노 구원부대를 편성했다.

부대는 5월 20일 오후 8시 무렵에 출발, 노리모토가와를 건넌 뒤 남쪽의 산지를 돌아서 나가시노 위에 있는 토비노스야마로 5월

---

89) 検使. 사실을 검사하기 위해 파견한 자.

21일 오전 8시 무렵에 올랐다. 깃발을 치켜들고 함성을 지르며 수백 정의 철포를 한꺼번에 쏘았다. 이렇게 해서 나가시노 성을 포위하고 있던 타케다 세력을 내몬 뒤, 성으로 들어가 성 안의 아군과 합류했으며 적진의 막사들을 불태웠기에 성에 있던 병사들은 곧 목숨을 건졌다. 타케다 쪽 7명의 부장들이 이끌고 있던 공격부대는 갑작스러운 일이었기에 어지럽게 흩어져 호라이지 쪽으로 물러났다.

노부나가는 이에야스가 진을 친 타카마쓰야마라는 야트막한 산으로 올라가 적의 움직임을 살핀 뒤, 명령이 떨어지기 전까지는 결코 출격해서는 안 된다고 전군에 미리 엄명을 내렸다. 철포 1천 정쯤을 선발하여 삿사 나리마사·마에다 토시이에·노노무라 마사나리(野々村 正成)·후쿠즈미 히데카쓰·반 나오마사를 지휘관으로 삼았으며, 거기에 적진 부근까지 아시가루 부대로 공격하게 하여 적을 도발했다. 앞뒤에서 공격을 받자 적도 출격했다.

첫 번째로 야마가타 마사카게(山県 昌景)가 진격의 북소리를 울리며 공격해 들어왔으나 철포를 한껏 쏘았기에 퇴각했다.

두 번째로는 타케다 노부카도(武田 信廉 타케다 신겐의 동생으로 쇼요켄)가 나왔다. 아군의 아시가루 부대는 적이 나오면 물러나고 물러나면 도발하여 끌어들였으며, 그러면 명령을 내려 철포를 쏘았다. 노부카도의 부대는 절반 이상이 목숨을 잃었으며 결국은 퇴각했다.

세 번째로는 붉은색 갑주를 차려입은 니시코즈케의 오바타 세력이 번갈아가며 공격해 들어왔다. 칸토의 무사들은 말을 잘 타기에 오바타 세력도 역시 말을 타고 공격하는 전술을 이용하여, 공격의 북소리를 울리며 돌격해 들어왔다. 아군이 철포를 든 병사들을 배치하여 방패

뒤에 몸을 숨긴 채 기다리고 있다가 쏘았기에, 오바타 부대도 절반 이상이 철포에 맞아 쓰러져 병력이 줄어들자 퇴각하고 말았다.

네 번째로는 검은 갑주를 차려입은 타케다 노부토요(武田 信豊 신겐의 조카)의 부대가 공격해 들어왔다. 이처럼 적은 번갈아가며 차례대로 공격해 들어왔으나, 아군은 어느 부대도 출격하지 않고 철포만을 증강했으며, 아시가루로 대응했다. 적은 철포에 맞아 병력이 줄어든 채로 퇴각했다.

다섯 번째는 바바 노부하루(馬場 信春)였는데 진격의 북소리를 울리며 공격해 들어왔으나 아군이 철포부대를 배치하여 쏘아댔기에 적은 앞서와 마찬가지로 다수가 목숨을 잃고 물러났다.

5월 21일 새벽부터 오후 2시 무렵까지 동북동쪽을 향해서 철포부대를 번갈아가며 투입하여 싸웠다. 타케다 쪽은 수많은 병사들이 목숨을 잃어 점차 병력이 줄었기에 각 부대 모두 타케다 카쓰요리가 있는 본진으로 달아났으며, 당해낼 수 없다는 사실을 깨달았는지 호라이지 쪽을 향해서 한꺼번에 퇴각했다.

이때 나가시노의 군세와 협동하여 한꺼번에 타케다 군을 추격했다. 취한 적의 머리는 알려진 자만 해도 야마가타 마사카게·니시코즈케의 오바타 노부사다(小幡 信貞)·요코타 쓰나토시(横田 綱松)·카와쿠보 노리아키(川窪 詮秋)·사나다 노부쓰나(真田 信綱)·쓰치야 마사쓰구(土屋 昌次)·아마리 요시토시(甘利 吉利)·스기하라 휴가(杉原 日向)·나와 시게유키(名和 重行)·니시나(仁科) 아무개·코사카 마타하치로(高坂 又八郎)·오키쓰(興津) 아무개·오카베(岡辺) 아무개·타케쿠모(竹雲) 아무개·에코지(恵光寺) 아무개·네즈 코레히로(根津

是広)·쓰치야 나오노리(土屋 直規)·와케 젠베에(和気 善兵衛)·바바 노부하루. 이 가운데서도 바바 노부하루의 전사 직전의 활약은 비할 데 없는 것이었다. 이 외에도 주요한 무사와 잡병 1만 명쯤의 목숨을 빼앗았다. 혹은 산 속으로 달아났다가 굶어죽은 자, 혹은 다리 위에서 강으로 떨어져 빠져 죽은 자는 숫자도 알 수 없었다. 타케다 카쓰요리는 비장의 말을 진의 출구에서 잃었는데, 타기에 아주 편한 준마라는 소리를 들었기에 노부나가가 자신의 마구간에 수용했다.

노부나가는 미카와의 지배를 이에야스에게 맡기고 5월 25일에 미노의 기후로 돌아왔다.

이에야스는 이번 전투의 여세를 몰아 스루가로 침공하여 곳곳에 불을 지르고 돌아왔다. 토오토우미의 타카텐진 성은 타케다 카쓰요리의 지배하에 있으나 떨어질 날도 그리 멀지 않았다.

이와무라 성은 아키야마 노부토모(秋山 信友)·오오시마(大島) 아무개·자코지 타메키요(座光寺 為清)를 대장으로 하여 카이와 시나노의 군세가 지키고 있다. 나가시노 전투 직후에 오다 노부타다가 출마하여 포위했으니, 물론 이곳 역시 결착이 날 것이다.

이에야스는 미카와와 토오토우미 2개 쿠니의 지배를 승인받았기에 오랜 세월의 근심에서 벗어나 평소의 염원을 달성할 수 있었다.

노부나가가 이처럼 아군의 피해 없이 강적을 쳐부순 것은 전례가 없는 일이었다. 그의 뛰어난 무용은 무장들의 본보기로, 마치 빛나는 햇살이 아침이슬을 사라지게 하는 것과 같다. 노부나가에게는 무용과 인덕이 수레의 양 바퀴처럼 갖추어져 있다. 노부나가가 높은 이름을 후세에 남기기 위해 수년 동안 산야와 해안을 거처로 삼고 갑주를 베개로 삼아, 무기를 쥔 자가 목표로 삼은 대업을 이루기 위해 거듭해온 노고는 아무리 기록해도 다 기록할 수 없을 것이다.

(5) '야마나카의 원숭이'에게 정을 베풀다

이 무렵에 가엾은 일이 있었다.

미노와 오우미의 접경지에 야마나카(山中)라는 곳이 있다. 몸에 장애가 있는 자가 비와 이슬에 젖으며 그 길가에서 구걸을 하고 있었다.

노부나가는 쿄토를 오가면서 이를 보고 매우 가엾게 여기며, '거지들은 대부분 거처를 정해놓지 않고 떠돌아다니는 법인데, 이 사람은 늘 변함없이 여기에 있구나. 무슨 사정이라도 있는 걸까?'라고 이상하다는 생각이 들어 마을 사람에게 물어보았다. 마을 사람이 그 이유를 이야기했다. "옛날에 이 야마나카의 여관에서 토키와고젠[90]이 살해당했습니다. 그에 대한 대가인지 살해한 자의 자손은 대대로 몸에 장애를 가지고 태어나며, 저처럼 구걸을 합니다. 세상에서는 저 자를 '야마나카의 원숭이'라고 부릅니다."

6월 26일, 노부나가는 급히 상경을 하게 되었다. 그 바쁜 와중에도 그 거지가 떠올랐기에 무명 20필을 스스로 준비하여 따르는 자에게 들게 했다.

야마나카의 여관에서 말을 멈추고, "이 마을 사람들은 남녀 모두 남김없이 출두하라. 해둘 말이 있다."라고 명령을 내렸다. 어떤 말을 하려는 걸까 하며 사람들이 두려운 마음을 품은 채 출두하자, 무명 20필을 거지인 '원숭이'에게 하사하고, 마을 사람들에게 그것을 맡겼

---

90) 常盤御前. 미나모토노 요시토모의 첩으로 미나모토노 요시쓰네의 어머니.

다. 노부나가는, "이 무명의 절반을 비용으로 하여 근방에 오두막을 짓고 이 자를 살게 하게. 그리고 이 자가 굶어죽지 않도록 보살펴주게"라고 말했다. 그리고, "근방의 마을 사람들이 보리를 수확하고 나면 보리를 한 번, 가을의 수확 후에는 쌀을 한 번, 1년에 2번 매해 부담이 되지 않을 정도로 조금씩 거두어 이 자에게 주면 이 노부나가도 매우 기쁠 걸세."라고 덧붙였다.

너무나도 고마운 말에 거지인 '원숭이'는 물론, 야마나카 마을의 남녀 가운데 눈물을 흘리지 않은 자가 없었다. 노부나가를 따르던 자들도 상하 모두 눈물을 흘리며 각자 얼마간의 돈을 '원숭이'를 위해서 냈다. 마을 사람들은 참으로 감사한 일이었기에 뭐라 예를 표해야 할지 몰랐다. 이처럼 정이 깊은 노부나가이니 신불의 가호를 얻어 일문이 오래도록 번성할 것이라고 생각했다.

(6) 동궁이 개최한 축국 모임

6월 26일에 쿄토로 출발하여 그날은 사와야마에서 잠시 휴식을 취한 뒤, 작고 빠른 배에 올라 사카모토로 건너갔다. 바람이 조금 불었다. 코쇼들 대여섯 명을 데리고 6월 27일에 쿄토에 도착. 쇼코쿠지를 숙소로 삼았다.

7월 1일, 셋케와 세이가케는 물론 그 외에도 하리마의 벳쇼 나가하루(別所 長治)·벳쇼 시게무네(重宗)·미요시 야스나가·타케다 모토아키(武田 元明)·헨미 마사쓰네(逸見 昌経)·아와야 카쓰히사·쿠마가이 나오유키(熊谷 直之)·야마가타 모리노부·나이토 시게마사(内藤 重政)·시라이 미쓰타네(白井 光胤)·마쓰미야 겐바노조(松宮 玄蕃

允)·하타다 카가의 카미(畑田 加賀守)가 쿄토로 들어와서 머물렀다. 키나이 근린 각 쿠니의 다이묘와 무장들이 찾아와서 노부나가에게 인사를 했다. 이때 시오카와 나가미쓰(塩河 長満)는 말을 받았다.

7월 3일, 궁중에서 동궁이 축국 모임을 개최했다. 정규 의례에 따른 상당히 커다란 모임이었다. 노부나가도 우마마와리들만 데리고 궁중으로 들어갔다. 축국 모임이 끝나고 난 뒤 노부나가는 쿠로토(黒戸) 어소에 임시로 마련한 툇마루까지 가서 천황을 뵈었다. 황공하게도 나이시도코로(内侍所)의 여관을 통해서 천황이 내린 술잔을 받았다.

축국을 관람한 것은 세이료덴의 뜰이었다.

이날 노부나가의 관위를 올리는 것에 대한 조칙이 전달되었으나 노부나가는 사양하고 받지 않았다. 그러나 마음속에 생각한 바가 있었던 것인지 노부나가의 추거로 초로(長老) 가운데 마쓰이 유칸은 쿠나이쿄호인(宮内卿法印)에, 타케이 세키안은 니이노호인(二位の法印)에 임명되었다. 아케치 미쓰히데는 코레토(惟任) 성을 쓰는 것을 허락받았으며 휴가의 카미(日向守)가 되었고, 야나다 히로마사는 벳키우콘(別喜右近)이 되었고, 니와 나가히데는 코레즈미(惟住) 성을 쓰는 것을 허락받았다. 황공한 일이었다.

7월 6일, 카미교와 시모교의 마치슈[91]가 묘켄지(妙顕寺)에서 노 공연을 개최하기로 하고 노부나가를 초대했다. 높다란 관람석에 앉은 것은 노부나가 외에 셋케와 세이가케 사람들과 타케이 세키안·마쓰이 유칸·쿠스노키 초안(楠木 長譜)·초운(長雲)들뿐이었다. 노는 8가지

---

[91] 町衆. 쿄토 등에서 자치적인 공동체를 조직하고 운영하던 사람들.

공연물이 있었다. 칸제 쿠니히로·칸제 마타사부로는 특별히 청을 받아 큰북을 쳤다.

7월 15일, 노부나가는 기후로 돌아가기 위해 쿄토를 출발했다. 그 전에 오우미의 세타에 다리를 가설하라고 야마오카 카게타카와 키무라 타카시게(木村 高重) 두 사람에게 명령을 해두었었다. 와카사의 진구지야마(神宮寺山)와 쿠쓰키(朽木) 산 속에서 용재를 베어다 7월 12일이 길일이었기에 기둥을 세우는 의식을 집행했다. 다리의 넓이는 4간(7m), 길이는 180간(327m)여, 양측에 난간을 세우고 후세를 위한 일이 될 테니 견고하게 만들라고 명령했다. 천하를 위한 일이라는 건 말할 필요도 없으며, 오가는 나그네의 불편을 배려한 일이기도 했다.

15일, 조라쿠지에 도착했으며, 16일에는 타루이에서 묵었다. 17일에는 소네(楚根)에 들렀다. 소네 성의 주인인 이나바 잇테쓰는 고마운 일에 감격하여 손자들로 하여금 노를 연기하게 하여 노부나가에게 보여주었다. 노부나가는 그때 허리에 차고 있던 칼을 이나바 사다미치의 아들에게 주었다.

7월 17일에 기후로 돌아왔다.

(7) 카가와 에치젠 2개 쿠니를 평정하다

8월 12일, 노부나가는 에치젠으로 출진하여 그날은 타루이의 진에서 묵었다. 13일에는 하시바 히데요시가 지키고 있는 오다니 성에서 묵었다. 히데요시는 노부나가가 이끌고 온 군세에게 군량을 제공했다. 14일, 쓰루가에 도착하여 무토 키요히데의 성에 진을 쳤다.

적이 지키고 있는 각 성은 다음과 같았다.

1. 이타도리(虎杖) 성. 견고하게 만들어져 있으며, 시모쓰마 라이슌(下間 賴俊)을 대장으로 카가(加賀이시카와 현.카슈)와 에치젠의 잇키 세력이 집결하여 지키고 있었다.

1. 키노메토우게. 이시다(石田)의 사이코지(西光寺)가 대장으로 잇키 세력을 지휘하여 포진하고 있었다.

1. 이마조(今城)·히우치(火燧) 성. 두 성 모두 견고하게 보강하고, 예전에 키소 요시나카(木曽 義仲)가 헤이케(平家)의 군세를 맞아 싸웠을 때처럼 노미가와(能美川)와 신도가와(新道川)의 합류지점을 둑으로 막아 물을 채우고 시모쓰마 라이쇼(下間 賴照)가 대장이 되어 수비에 임하고 있었다.

1. 다이라고에(大良越え)·스이쓰(杉津) 성. 오오시오(大塩)의 엔코지(円強寺) 세력에 카가 세력이 가담하여 지키고 있었다.

1. 해안에 새로이 성을 만들어 와카바야시 나가토(若林 長門)·신시치로(甚七郎) 부자가 대장으로 머물며 에치젠 세력을 집결시켜 지키고 있었다.

1. 후추의 류몬지를 요새로 만들어 미야케 곤노조(三宅 權丞)가 진을 치고 있었다.

이처럼 요소요소에 포진하여 서로 연계해서 견고하게 수비에 임하고 있다는 것이었다.

8월 15일, 비바람이 매우 강했지만 전군이 공격을 개시했다. 원래는 에치젠 쪽에 서 있던 로닌들과 카쓰라다 나가토시의 아들·토다 나가시게·케야 이노스케에게 속해 있던 자들을 선진으로 삼고, 사쿠마 노부모리·시바타 카쓰이에·타키가와 카즈마스·하시바 히데요시·아케치 미쓰히데·니와 나가히데·야나다 히로마사·호소카와 후지타카·하라다 나오마사(原田 直政)·하치야 요리타카·아라키 무라시게·이나바 잇테쓰·이나바 사다미치·우지이에 나오미치·안도 모리나리·이소노 카즈마사·아쓰지 사다유키·아쓰지 사다히로·후와 미쓰하루·후와 나오미쓰·무토 키요히데·오다 노부타카·오다 노부즈미·오다 노부카네 및 오다 노부카쓰와 그가 이끄는 이세 사람들. 이상을 비롯하여 3만여 기, 부대 전체가 공을 다투듯 각 방면에서 다이라고에로 진격했다.

바다로 공격하는 군세는 아와야 카쓰히사·헨미 마사쓰네·아와야 야시로(粟屋 弥四郎)·나이토 시게마사·쿠마가이 나오유키·야마가타 모리노부·시라이 미쓰타네·마쓰미야 겐바노조·테라이 겐자에몬(寺井 源左衛門)·카가와(香川) 아무개·하타다 카가의 카미. 탄고에서 배로 출발하여 참진한 것은 잇시키 요시미치·야노(矢野) 아무개·오오시마 아무개·사쿠라이(桜井) 아무개. 수백 척의 군선이 깃발을 세우고 공격해 들어가 각 포구와 항구 곳곳에 상륙하여 불을 질렀다.

적 쪽에서는 엔코지와 와카바야시 나가토 부자의 군세가 출격했다. 이를 아케치 미쓰히데와 하시바 히데요시 2개 부대가 대수로울 것도 없다는 듯 쫓아 무너뜨리고 2·3백 명을 베어버렸다. 그리고 엔코지와 와카바야시 성으로 공격해 들어가 불을 질렀다.

취한 적의 수급은 8월 15일 안으로 쓰루가에 있는 노부나가의 본진으로 보내어 실검을 하게 했다.

8월 15일 밤, 미야케 곤노조가 지키고 있던 후추 류몬지 요새로 은밀하게 침투하여 이를 빼앗고 부근에 불을 질렀다. 키노메토우게·하치부세(鉢伏)·이마조·히우치 성에 포진해 있던 적은 화공을 당하자 동요하여 후추를 향해 퇴각했다. 하시바 히데요시와 아케치 미쓰히데 2개 부대가 이들을 추격하여 후추의 거리에서 카가와 에치젠 두 쿠니의 잇키 세력 2천여 명을 베었다. 말할 것도 없이 커다란 공이었다.

아바가 사부로(阿波賀 三郞)·아바가 요산(与三) 형제가 항복하고 용서를 빌었으나 노부나가는 이를 허락하지 않았으며 하라다 나오마사에게 명하여 목을 치게 했다.

16일, 쓰루가를 출발한 노부나가는 우마마와리들과 1만여 기를 이끌고 키노메토우게를 넘어, 미야케 곤노조의 후추 류몬지 요새에 도착하여 진을 쳤다. 여기서 후방과의 연락로를 수비하기 위해 토다 미카와의 카미를 이마조에 배치했다.

아사쿠라 카게타케가 산의 숲에 숨어 있던 시모쓰마 라이쇼·시모쓰마 라이슌·센슈지(專修寺)를 찾아내어 목을 베고, 머리를 들고 와서 용서를 빌었다. 그러나 노부나가는 이를 허락하지 않고 무카이 스루가(向 駿河)에게 명령하여 카게타케의 목을 베게 했다. 이때 기특한 일이 있었다. 카게타케가 목숨을 잃은 것을 보고 카게타케의 가신인 카네코 신노조(金子 新丞) 부자와 야마노우치 겐우에몬(山內 源右衛門) 세 사람이 주인의 뒤를 따라서 할복했다. 세 사람의 행동을 본 무카이 스루가는 놀라고 감동했다.

8월 18일, 시바타 카쓰이에·니와 나가히데·오다 노부즈미 3개 부대가 토바 성을 공략하여 5·6백 명을 베었다.

카나모리 나가치카와 하라 마사시게(原 政茂)는 미노에서 구조(郡上) 방면으로 출진하여 네오(根尾)·토코노야마(德山)를 지나 에치젠의 오오노로 공격해 들어갔다. 여러 곳의 작은 성을 격파하고 다수의 적을 벤 뒤, 각 방면에서 일제히 화공을 가했다.

이렇게 해서 에치젠노쿠니 안의 잇키 세력은 혼란에 빠졌으며, 채비도 제대로 갖추지 못한 채 우왕좌왕 산으로 달아났다. 노부나가는, "적을 추격하고 산림을 수색하여 남녀 가리지 말고 베어라."라고 명령했다.

8월 15일부터 19일까지의 기록부에 각 부대가 생포하여 노부나가의 본진으로 끌고 온 적은 1만 2천 2백 5십여 명이라고 기록되었다고 한다. 노부나가는 코쇼들에게 명령하여 이들 포로들을 참수케 했다. 이 외에 각 쿠니에서 참진한 부대가 포로로 잡아 쿠니로 데려간 남녀는 그 숫자를 헤아릴 수가 없었다. 생포한 자와 참수한 자를 합치면 3·4만이나 되리라.

8월 23일, 노부나가는 이치조다니로 전진하여 진을 쳤다. 참진한 군세 가운데서 이나바 잇테쓰 부자·아케치 미쓰히데·하시바 히데요시·호소카와 후지타카·야나다 히로마사가 카가까지 진격했다는 보고가 들어왔다.

8월 28일에 노부나가는 토요하라(豊原)까지 나아가 진을 쳤다. 마침 호리에의 잇키 세력과 오구로(小黒) 사이코지의 신도들이 용서를 빌었다. 그들의 해명이 합당한 것이었기에 노부나가는 이를 받아주었다. 호리에와 오구로의 무리들은 사면에 대한 예를 취했다.

카가의 노미군(能美郡)·에누마군(江沼郡) 2개 군이 평정되었기에 경계를 위해서 히노야(檜屋)와 다이쇼지야마(大聖寺山)에 성을 쌓고 야나다 히로마사와 삿사 나가아키(佐々 長秋)에 호리에 세력을 더하여 배치했다. 10여 일 만에 카가와 에치젠 2개 쿠니를 평정했으니, 노부나가의 위광이 더욱 빛난 것은 말할 필요도 없는 일이었다.

· 9월 2일, 노부나가는 토요하라에서 키타노쇼(北庄)로 가서 지도를 펼쳐놓고 지면의 구획을 정하여 성을 쌓으라고 명령했다. 키타노쇼 공사장에서 타카시마 우치오로시(打下)라는 곳 사람인 하야시 카즈키요를 할복케 했다. 그 이유는 1570년 시가의 진 때 아자이·아사쿠라 세력을 안내했으며, 작고 빠른 배에 올라 노부나가 세력에게 녹슨 화살을 쏘는 등 여러 가지로 괘씸한 행위를 했기에 노부나가가 평소 원한을 품고 있었기 때문이었으리라.

노부나가는 에치젠노쿠니 가운데 8개 군을 시바타 카쓰이에에게 주었다. 오오노 군의 3분의 2는 카나모리 나가치카에게, 3분의 1은 하라 마사시게에게 주고 각자 오오노군의 성에 머물게 했다. 후추에는 거점이 되는 요새를 쌓게 하고, 후와 나오미쓰·삿사 나리마사·마에다 토시이에 세 사람에게 2개 군을 주어 성에 머물게 했다. 쓰루가군에는 무토 키요히데를 계속해서 두었다.

아케치 미쓰히데에게는 곧 탄고로 출진하라고 명령했다. 그러나 탄고노쿠니는 잇시키 요시미치에게 주었다. 탄바노쿠니의 쿠와타군과 후나이군(船井郡)은 호소카와 후지타카에게 주었다. 아라키 무라시게에게는 에치젠에서 하리마의 오쿠노군(奥の郡)으로 직접 출진하여 인질을 데려오라고 명령했다.

9월 14일, 노부나가는 토요하라에서 키타노쇼로 진을 물렀다. 타키가와 카즈마스·하라다 나오마사·니와 나가히데 세 사람에게 키타노쇼의 아스와야마(足羽山)에 병영을 지으라고 명령했다. 키타노쇼까지의 행군에는 우마마와리와 화살부대의 뛰어난 자들이 노부나가의 전후를 감싸, 눈을 둥그렇게 뜰 만큼의 장관을 이루었다. 노부나가의 병영으로 카가·에치젠노쿠니 지역의 사무라이들이 달려와 연줄에 의지하여 노부나가의 지배 아래로 들어가게 해달라고 청했으며, 또 그에 대한 예를 취하기 위해 출두하는 등 병영 앞은 매우 북적였다.

카가 오쿠노군의 잇키 세력은 노부나가가 물러났다는 사실을 알았는지 공세로 돌아섰다. 하시바 히데요시는, "하늘이 주신 호기."라며 반격에 나서 일전을 치렀고, 강용한 적의 머리 250여 개를 취해가지고 돌아왔다.

노부나가는 에치젠노쿠니에 대해서 다음과 같은 훈령을 발령했다.

〈규정 에치젠노쿠니

1. 쿠니 안의 백성들에게 위법한 세를 부과해서는 안 된다. 단, 당면한 사정이 있어서 부과해야 할 경우에는 노부나가와 상의할 것 필요한 경우가 생길 때마다 상의할 것

1. 쿠니 안에 영지 보유를 허가받은 지역 사무라이들을 개인의 뜻에 따라서 다루어서는 안 된다. 충분히 정중하게 다루어야 한다. 그렇다고 해서 전혀 경계를 하지 않아도 되는 것은 아니다. 각 요새의 정비 및 경비는 중요한 일이다. 영지를 지급하겠다고 약속한 자에 대해서는 이를 엄정히 실행할 것

1. 재판은 도리에 따라서 공정하게 행할 것 결코 한쪽 편을 들어서 불공평한 판결을 내리는 일이 있어서는 안 된다. 또한 만약 당사자 양쪽을 납득시킬 수 없는 경우에는 담당자가 노부나가에게 물은 뒤에 판결을 내릴 것

1. 공가·사원·신사가 최근의 쟁란 이전에 소유하고 있던 옛 영지는 원래의 소유자에게 반환할 것. 노부나가가 내준 인정서를 가지고 있는 자를 영지의 소유자로 인정할 것. 단, 법리상의 정당성이 필요하다.

1. 노부나가의 영지 내에서는 모든 관소를 폐지했으니 당 쿠니에서도 역시 폐지할 것.

1. 대국92)의 지배를 맡긴 것이니 만사 유의하고 방심이 있어서는 안 된다. 무엇보다 군비[軍備]가 가장 중요하다. 무구와 군량에 유의하여 5년분이든 10년분이든 확실하게 비축해놓을 수 있도록 꾀할 필요가 있다. 요컨대 사욕을 피하고 정당한 세를 부과하여 행정에 임하도록 할 것. 남색을 총애하는 일·테사루가쿠93)·유흥·관람 등은 금지할 것.

1. 매사냥을 금지할 것. 단, 요새를 쌓는 등을 위해 지형을 살피는 데 필요할 때에는 해도 상관없다. 그 외의 경우에는 금지할 것. 아이들이 놀이로 하는 것까지 금지할 필요는 없다.

1. 쿠니 안의 생산량에 따라서 달라지기는 하나, 영지 가운데 두어 군데는 가신에게 주지 말고 직할령으로 유보해둘 것. 이는 중요한 순간에 충절을 다한 가신에게 공적에 따라서 나누어주기 위함이라는 사실을 밝혀둘 것. 가신들이 무공에 힘써봐야 은상으로 받을 영지가 없다고 생각하면, 실제로는 무용과 충절 모두 형식적인 것이 될 터이니 그 점을 인식해둘 필요가 있다. 가신에게 주기 전까지는 직할지로 남겨둘 것.

---

92) [大國] 쿠니의 힘에 따른 4등급의 분류 가운데 첫 번째.
93) 手猿楽. 노보다 골계미가 강한 공연물.

1. 새로운 사태가 발생한 경우에라도 무슨 일에 있어서나 노부나가의 지도에 따르겠다는 마음가짐을 갖는 것이 중요하다. 그렇다고 해서 노부나가의 지도에 억지스러운 점, 법도에 어긋나는 점이 있음을 알면서도 교묘한 말로 겉으로만 얼버무려서는 안 된다. 지도를 받았을 때 뭔가 좋지 않은 사정이 있다면 사리를 밝혀 이야기하기 바란다. 들어보고 도리에 맞게 처리할 생각이다. 오로지 노부나가를 숭경하고, 노부나가에게는 보이지 않는 부분이라 생각하여 마음을 놓고 가벼이 여겨서는 안 된다. 노부나가가 있는 쪽으로는 발도 향하지 않겠다는 마음가짐이 필요하다. 그러한 마음가짐을 가지면 무사로서의 가호도 있을 것이고, 무운도 오래도록 펼쳐질 것이다. 깊이, 깊이 유의할 것.

1575년 9월 일〉

〈에치젠노쿠니에 대해서는 대부분을 시바타 카쓰이에에게 위임해 두었다. 그대들 세 사람을 시바타의 감찰자로 남겨두고, 2개 군의 지배를 명하겠다. 그대들의 선악은 시바타가 보고하도록 되어 있다. 서로 절차탁마하겠다는 마음가짐이 중요하다. 소홀함이 있을 시에는 처분이 내려질 것이라 명심하라.

1575년 9월 일

후와 미쓰하루 나리

삿사 나리마사 나리

마에다 토시이에나리〉

위와 같이 지시를 해놓고 9월 23일에 키타노쇼에서 후추로 옮겼다. 24일에는 쓰바키자카(椿坂)에서 묵고, 25일에는 타루이의 진에서 묵었다.

9월 26일에 기후 성으로 돌아왔다.

10월 3일, 오우[94]로 가지러 갔던 매 50마리가 도착했다. 노부나가는 그 가운데 23마리를 취하고 나머지는 가신들에게 나누어주었다.

10월 10일에 상경했는데 이때 오우에서 가져온 매 14마리와 새매 3마리를 가지고 갔다. 이날은 타루이에서 묵었다. 이튿날, 쿄토 쪽에서 마중을 위해 산조 키미노부(三条 公宣)와 미나세 카네나리(水無瀬 兼成)가 카시와바라까지 와 있었다. 사와야마에서 묵었다.

12일에는 나가하라에서 묵었다. 세타의 다리가 완성되었다고 하기에 점검을 위해서 육로를 따라 상경했다. 다리가 참으로 훌륭하게 지어져 있어서 모두가 감탄했다. 셋케와 세이가케, 혹은 부근 각 쿠니의 다이묘와 무장들이 여럿 세타·오우사카·야마시나·아와타구치 부근으로 나와 있었으며, 노부나가에게 매우 커다란 경의를 표했다. 니조의 묘카쿠지에 도착.

10월 19일, 오우의 다테 테루무네(伊達 輝宗)가 명마 간제키구로(がんぜき黒)와 시로이시카게(白石鹿毛) 2마리 및 학을 잡을 때 쓰는 매 2마리를 헌상했다. 그 가운데서도 시로이시카게는 오우에서도 승마감이 비할 데 없이 좋은 준마로 노부나가의 마음에 크게 들었기에 소중히 기르기로 했다. "이 말은 용의 아들이다."라는 소리를 듣던 말이었다.

다테 테루무네로부터의 사자로는 칸 코타로(菅 小太郎)라는 응사와

---

94) 奧羽. 무쓰노쿠니와 데와노쿠니를 아울러 이르는 말. 오우 지방, 오슈(奧州)라고도 불렸다.

히구치 아무개라는 말 관리자가 상경했다. 노부나가는 이날 키요미즈로 가서 무라이 사다카쓰에게 명령하여, 키요미즈에서 위의 사자들을 향응케 했다.

다테 테루무네에게 보낸 답서에 기록된 답례품은 호랑이 가죽 5장, 표범 가죽 5장, 단자 10두루마리, 면직물 10필이었다. 두 사자에게는 황금 2개를 하사했다. 사자들은 감사의 말을 하고 돌아갔다.

10월 20일, 하리마의 아카마쓰 히로히데(赤松 広秀)·코데라 마사노리(小寺 政識)·벳쇼 나가하루 및 그 외의 지역 사무라이들이 상경하여 노부나가에게 인사를 했다.

(8) 이시야마 혼간지, 그림 3폭을 헌상하다

10월 21일, 이시야마 혼간지의 주지인 켄뇨 코사가 미요시 야스나가·마쓰이 유칸을 통해서 화목을 청해왔다. 노부나가는 여기에 응했다.

이시야마 혼간지에서 노부나가에게 쇼곳칸(小玉澗)의 그림과 버드나무 그림과 꽃 그림 3폭을 헌상하기로 했으며, 그것을 들고 장로들이 찾아왔다. 히라이 에치고(平井 越後)·야기 스루가의 카미(矢木 駿河守)·이마이(今井) 아무개가 화목을 승낙해준 것에 대한 감사의 말을 올렸다. 미요시 야스나가는 천하에 이름이 알려진 차단지인 '미카쓰키(三日月)'를 헌상했다.

10월 23일, 히다의 코쿠시인 미쓰기 요리쓰나(三木 自綱)가 상경하여 노부나가에게 인사를 하고 쿠리게[95]를 헌상했다. 훌륭한 준마로 노부나가는 이를 소중하게 길렀다.

---

95) 栗毛. 몸은 짙은 갈색, 갈기와 꼬리는 적갈색인 말.

(9) 다도회

10월 28일, 노부나가는 쿄토와 사카이의 다인 17명을 불러 묘카쿠지에서 다도회를 열었다.

방의 모습을 살펴보면,

1. 장식공간(床の間)에는 '엔지반쇼'라는 그림을 걸고, 차단지인 '미카쓰키'를 놓았다.

1. 치가이다나[96])에는 도자기, 찻사발을 놓는 대에는 하쿠텐모쿠차완(白天目茶碗), 안이 붉은 접시에는 '쓰쿠모가미(九十九髮)'라는 차통.

1. 아래에는 퇴수그릇을 뚜껑이 닫힌 채 놓고, 물 데우는 가마인 '오토고제(乙御前)'

1. '마쓰시마' 차단지의 차.

다도는 센 소에키(千 宗易)가 맡아 진행했다. 모두에게 평생에 남을 만큼 소중한 다도회였다.

(10) 노부나가, 세이료덴에 들어가다

이 무렵, 노부나가의 관위 승진에 따른 의식을 집행하기 위해서 10월 초부터 키무라 타카시게를 담당 부교로 임명하여 궁중에 식장을 짓게 했다. 이는 곧 완성되었다.

11월 4일, 노부나가는 세이료덴으로 들어가 곤다이나곤[97])에 임명

---

96) 違い棚. 장식공간 옆에 판자 2개를 엇갈리게 대어 만든 선반.
97) 權大納言. 정3위에 해당하는 관위로 최고 국가기관인 다이조칸(태정관)의 차관.

되었다.

7일, 답례를 위해서 궁중에 들어갔다. 화살부대의 100명이 경호를 위해 수행했다. 산조니시 사네키를 사이에 세워 천황에게 감사의 말씀을 올리자, 황공하게도 천황이 술을 내렸다. 노부나가는 전대미문의 체면을 세웠으며, 그 위광이 더욱 빛나게 되었다.

이날, 노부나가는 우다이쇼[98)]에도 함께 임명되었다. 노부나가는 막대한 양의 사금과 피륙을 천황에게 헌상했으며, 천황이 그것을 공가 사람들에게 나누어주었다. 또한 노부나가는 공가들에게 소령을 주었다. 참으로 명예로운 일이었다.

(11) 타케다 카쓰요리, 이와무라에서 승리를 놓치다

이 무렵, 이와무라 성을 공략하고 있던 오다 쪽의 군세를 후방에서 공격하기 위해 타케다 카쓰요리가 카이와 시나노의 농민들까지 끌어내어 출진, 지금 진격 중이라는 보고가 들어왔다. 이에 노부나가는 11월 14일 오후 8시 무렵에 쿄토를 출발하여 급히 달려가 이튿날인 15일, 기후로 들어갔다.

이와무라 성을 공략하고 있던 오다 세력이 진을 치고 있는 스이쇼잔(水精山)으로 지난 10일 밤에 적이 출격하여 야습을 가했다. 이에 카와지리 히데타카·모리 나가히데·아사노 사콘(浅野 左近)·사루오기 진타로(猿荻 甚太郎)가 곳곳에서 응전하여 적을 스이쇼잔에서 내몰았다.

오다 세력이 포위를 위해 설치한 목책을 파괴하고 야습을 감행한

---

98) 右大将. 궁중의 경호 등을 맡았던 우콘에후의 장관.

이와무라 성 안의 군세와 타케다 카쓰요리가 합류하려 했던 것이다.

(12) 오다 노부타다, 이와무라 성을 마음껏 공략하다

노부나가의 적남 오다 노부타다가 선진을 맡아 진격, 출격해 있던 적의 세력을 이와무라 성으로 몰아내었다. 이 전투에서 세운 공으로 노부타다의 이름이 높아진 것은 말할 필요도 없다.

야습에 나섰던 적의 세력 가운데 성으로 돌아가지 못한 자들은 각 방면의 산으로 흩어져 달아났는데 오다 세력이 그들을 탐색하여 카이와 시나노의 대장 격 21명, 강용한 무사 1천 1백여 명을 베었다.

이와무라 성을 지키고 있던 적은 기운이 다했는지, 쓰카모토 코다이젠을 중개자로 목숨만은 살려달라고 청해왔다. 이에 쓰카모토 코다이젠의 보좌로 반 덴자부로(塙 伝三郞)를 임명했다. 11월 21일, 아키야마 노부토모·오오시마 아무개·자코지 타메키요가 항복하여 출두한 것을 사로잡아 기후로 호송했다. 이 세 사람은 나가라가와(長良川) 강변에서 책형에 처해졌다.

토오야마 이치노조(遠山 市丞)의 망루로 쫓겨들어간 그 외의 적들이 곧 공세에 나섰다. 토오야마 지로사부로(二郞三郞)·토오야마 이치노조·토오야마 사부로시로(三郞四郞)·토오야마 토쿠린(德林)·토오야마 산에몬(三右衛門)·토오야마 나이젠(內膳)·토오야마 토조(藤蔵)가 있는 힘껏 오다 세력을 베어 수많은 자들에게 부상을 입혔으나 끝내는 전사하고 말았다. 성 안에 남아 있던 적들은 전부 불에 타죽고 말았다.

타케다 카쓰요리는 이러한 상황을 알고 달리 방도가 없었기에 자신의 쿠니로 철수했다. 노부타다는 뜻한 바대로의 결과를 얻었으며, 이와무라 성에는 카와지리 히데타카를 남겨두고 11월 24일에 기후로 개선했다.

(13) 오다 노부타다, 아키타 성의 스케가 되다

이번에 노부타다가 세운 비할 데 없는 공적에 대해서 황공하게도 천황으로부터 칙서가 내려와서 아키타 성의 스케99)에 임명되었다. 참으로 고마운 일이었다.

(14) 가독을 노부타다에게 물려주다

11월 28일, 노부나가는 가독을 노부타다에게 물려주었다.

노부나가는 30년 동안 분골쇄신, 커다란 노력을 기울였다. 그 결과 기후 성은 금은으로 장식한 훌륭한 것이 되었다. 또한 노부나가가 소장한 장도인 호시키리(星切)는 소가 고로 토키무네(曾我 五郎 時致)가 소지했던 것이다. 그 외에도 수집한 기물 중에는 삼국의 유명한 보물이 아주 많았는데 이것들은 물론, 오와리와 미노 2개 쿠니까지 노부타다에게 물려주었다.

노부나가는 다도에 쓰는 도구만을 가지고 사쿠마 노부모리의 저택으로 거처를 옮겼다. 부자 모두에게 참으로 행복하고 경하스러운 일이었다.

---

99) 秋田城介(아키타조노스케). 아키타 성의 차관. 원래는 데와노쿠니의 북부를 통치하는 요직이었으나, 무로마치 시대(1336~1573) 이후부터 명예직이 되었다.

권9 1576년(텐쇼 4년, 43세)

(1) 아즈치에 성을 쌓다

1월 중순부터 오우미의 아즈치야마에 성을 쌓으라고 니와 나가히데에게 명령했다.

2월 13일, 노부나가는 아즈치 성으로 옮겼다. 성의 공사는 노부나가의 뜻에 맞는 것이어서, 상으로 명물인 슈코(珠光) 찻사발을 나가히데에게 하사했다. 고마운 일이었다. 우마마와리들에게는 아즈치의 산 아래에 각각 부지를 나누어주고 집을 짓게 했다.

4월 1일부터 아즈치야마의 커다란 돌로 성의 부지 안에 성벽을 쌓기 시작했다. 그 안에 텐슈카쿠를 건축하라고 명령했다. 오와리·미노·이세·미카와·에치젠·와카사·키나이의 각 사무라이 및 쿄토·나라·사카이의 목수와 장색들을 소집하여 아즈치로 들어가게 했으며, 또 중국 사람으로 기와를 굽는 장인인 일관[一觀]을 불러왔다. 텐슈카쿠는 중국풍으로 만들라고 명령했다.

칸논지야마·초메이지야마(長命寺山)·초코지야마(長光寺山)·이바야마(伊庭山) 등 각지에서 커다란 돌을 끌어내리게 했으며, 그것을

1천 명이나 2천 명, 혹은 3천 명이서 아즈치야마로 끌어올리게 했다. 돌을 담당한 부교는 니시오 요시쓰구(西尾 義次)·오자와 로쿠로사부로(小沢 六郎三郎)·요시다 헤이나이(吉田 平内)·오오니시(大西) 아무개로 커다란 돌을 골랐으며, 그렇지 않은 것은 제외했다.

이때 오다 노부즈미가 커다란 돌을 아즈치야마 기슭까지 옮겨왔는데 자이시(蛇石)라는 명석[名石]으로 매우 커다란 돌이었기에 도저히 산 위로 끌어올릴 수가 없었다. 그러나 하시바 히데요시·타키가와 카즈마스·니와 나가히데 세 사람이 인부 1만 명을 밤낮없이 지휘하여 사흘 만에 끌어올렸다. 1569년에 노부나가가 쇼군의 어소를 지을 때 썼던 방법과 같은 방법으로 수월하게 텐슈카쿠 부지까지 끌어올린 것이었다. 밤낮으로 산과 골짜기 모두가 움직이는 것 아닐까 싶을 정도로 부산스러웠다.

노부나가는 쿄토에도 저택을 세우게 해야겠다고 생각하여 아즈치 공사에 대해서는 적자인 노부타다에게 자세한 사항을 들려주고, 4월 29일에 상경하여 묘카쿠지를 숙소로 삼았다.

(2) 니조에 저택 공사를 명령하다

칸파쿠100) 니조 하루요시(二条 晴良)의 저택이 있던 자리가 마침 빈 땅이 되었다. 노부나가는 연못과 정원의 조망이 재미있다고 생각했기에 이곳에 저택을 짓기로 했다. 자세한 공사 계획을 무라이 사다카쓰에게 설명하고 공사를 명령했다.

---

100) 関白. 천황을 보좌하여 정무를 총리하던 직. 태정대신보다 위였다.

(3) 하라다 나오마사, 텐노지 요새를 쌓고 싸우다 전사하다

4월 14일, 이시야마 혼간지가 다시 병사를 일으켰다. 노부나가는 아라키 무라시게·호소카와 후지타카·아케치 미쓰히데·하라다 나오마사 네 사람과 거기에 키나이의 군세를 더해 오오사카로 출진케 했다.

아라키 무라시게에게는 아마가사키에서 배로 출동하여 오오사카 북쪽에 있는 노다에 요새 3개를 나란히 짓고 강으로 오가는 통로를 차단하라고 명령했으며, 아케치 미쓰히데와 호소카와 후지타카 두 사람에게는 오오사카 동남쪽에 있는 모리구치(森口)와 모리카와치(森河內) 두 곳에 요새를 쌓으라고 명령했다. 하라다 나오마사에게는, 적이 로노키시와 키즈(木津) 두 곳을 점거하고 난바구치(難波口)에서 해상으로 연락하고 있으니 적의 해상통로를 전부 차단하기 위해 텐노지에 견고한 요새를 쌓고 키즈를 점령하라고 명령했다. 뒤이어 사쿠마 노부히데(佐久間 信栄)와 아케치 미쓰히데를 텐노지의 요새로 들어가게 했으며, 거기에 켄시로 이노코 타카나리와 오오쓰 나가하루(大津 長治)를 파견했다.

5월 3일 이른 아침, 선진으로는 미요시 야스나가와 네고로·이즈미노쿠니(和泉国 오오사카 남서부,센슈)의 군세, 제2진으로는 하라다 나오마사와 야마토·야마시로의 군세가 결속하여 키즈로 공격해 들어갔다. 그러자 오오사카 쪽에서는 로노키시에서 출격하여 군세 1만쯤으로 오다 쪽을 포위하고 수천 정의 철포를 마구 쏘아대기 시작했다. 오다 쪽은 철포에 무너졌으며, 하라다 나오마사 세력이 적의 공격을 막아내며 수 시간 싸웠으나 이들도 맹렬한 공격에 포위당해 결국은 하라다 나오마사·반

야스히로(塙 安弘)·반 코시치로(小七郎)·미노우라 부에몬(蓑浦 無右衛門)·니와 코시로가 그곳에서 나란히 전사했다.

오오사카 쪽은 여세를 몰아 텐노지로 공격해 들어와서 사쿠마 노부히데·아케치 미쓰히데·이노코 타카나리·오오쓰 나가하루와 오우미 세력이 지키고 있는 요새를 포위하고 공격했다.

이때 노부나가는 쿄토에 있었다. 전황을 듣자마자 곧 각 쿠니에 출진 명령을 발했다.

(4) 텐노지 구원을 위해 재삼 전투를 치르다

5월 5일, 텐노지를 구원하기 위해 노부나가가 출진했다. 홑옷만을 입은 가벼운 차림으로 겨우 100기쯤만 데리고 와카에로 가서 진을 쳤다.

이튿날은 주류. 먼저 파견한 부대의 상황을 듣고 군세가 도착하기를 기다렸다가 편성했으나 너무나도 급한 출진이었기에 군세가 생각한 것만큼은 모이지 않았다. 잡병과 인부들이 좀처럼 오지 않았으며 주요한 무사들만이 도착해 있었다.

그러나 '닷새, 아니 사흘도 버티지 못할 것'이라는 보고가 속속 들어왔기에, "텐노지를 지키는 자들을 죽게 내버려둔다면 세상의 비웃음거리가 될 것이다."라며 5월 7일에 출마, 겨우 3천쯤의 병력으로 1만 5천쯤 되는 적과 맞섰다. 군세를 3단으로 배치하고 스미요시 방면에서 공격을 개시했다.

선진은 사쿠마 노부모리·마쓰나가 히사히데·호소카와 후지타카 및 와카에 세력. 이때 아라키 무라시게에게 선진을 명령했으나 아라키는, "저는 키즈 방면을 방어하겠습니다."라며 이를 받아들이지 않았다. 훗날 노부나가는, "아라키에게 선진을 맡기지 않기를 잘했다."라고 술회했다. 제2진은 타키가와 카즈마스·하치야 요리타카·하시바 히데요시·니와 나가히데·이나바 잇테쓰·우지이에 나오미치·안도 모리나리. 후미에 선 제3진은 우마마와리들.

이렇게 명령하고 노부나가는 선진의 아시가루 부대로 섞여 들어가 분주히 뛰어다니며 여기저기서 지휘를 했는데 그러는 사이에 다리에 총탄을 맞아 경상을 입었다. 그러나 하늘은 올바른 자의 편이기에 괴로워할 정도의 상처는 아니었다. 적이 수천 정의 철포로 빗발처럼 탄환을 쏟아부으며 방어전을 펼쳤으나, 그곳으로 우르르 공격해 들어가 적을 베어 쓰러뜨리고 텐노지 요새로 들어가 합류했다.

그러나 적이 대군으로 결코 물러나지 않고 진용을 굳건히 한 채 응전했기에 노부나가는, "다시 한 번, 일전을 치르라."고 명령했다. 그러자 부장들이, "아군은 소수이니 전투는 자중하는 것이 좋을 듯합니다."라고 진언했다. 하지만 노부나가는, "이번에 이렇게 가까이까지 접근할 수 있었던 것은 하늘이 주신 절호의 기회다."라며 부장들의 진언을 뿌리쳤다. 진용을 2단으로 정비한 뒤 다시 공격을 개시하여 적을 쳐부수고, 적의 성이 있는 키도 초입까지 내몰아 머리를 2천 7백여 개 취했다.

그리고 오오사카를 사방에서 포위하기 위해 요소요소에 10개의 요새를 짓게 했다. 텐노지는 사쿠마 노부모리·사쿠마 노부히데·신도 카타모리·마쓰나가 히사히데·마쓰나가 히사미치·미즈노 나오모리·이케다 히데카쓰·야마오카 카게무네·아오치 모토요시 등으로 하여금 성을 지키게 하고, 다시 스미요시의 해안을 따라서 요새를 만들어, 마나베 시메노효에(真鍋 七五三兵衛)·누마노 덴나이(沼野 伝内)로 하여금 해상경비를 맡게 했다.

이렇게 해둔 뒤에 6월 5일이 되자 노부나가 자신은 전장에서 떠났다. 그날은 와카에에서 묵고 이튿날 마키시마에 들러서 이 성을 이도 요시히로(井戸 良弘)에게 주었다. 고마운 일이었다. 쿄토 니조의 묘카쿠지로 들어갔으며, 이튿날 아즈치 성으로 돌아갔다.

7월 1일, 아즈치 성 공사에 대한 지시를 거듭 내렸다. 저마다 분골쇄신하여 일했기에 어떤 자는 의복을 받기도 하고, 또 어떤 자는 금은이나 외국에서 온 기물을 받기도 했는데 그 숫자가 상당한 수에 이르렀다.

이 무렵, 노부나가의 뜻에 따라서 명물인 '이치노에(市の絵)'를 니와 나가히데가 거두어들였으며, '쇼쇼핫케이(瀟湘八景)'라는 커다란 족자는 하시바 히데요시가 취득했는데, 이렇게 해서 두 사람은 명물을 소지하는 것을 허락받았다. 이도 노부나가의 위광에 의한 것으로, 고마운 일이었다.

(5) 키즈우라에서 사이고쿠의 병력과 해전을 치르다 쟁쟁한 자들이 목숨을 잃다

7월 15일의 일이었다. 추고쿠[101] 아키노쿠니(安芸国 히로시마 현 서부, 게이슈)의 수군으로 노시마 모토요시(能島 元吉)·쿠루시마 미치후사(来島 通総)·코다마 나리히데(児玉 就英)·아와야 모토요시(粟屋 元如)·노미 무네카쓰(乃美 宗勝)라는 자들이 커다란 배 7·8백 척을 끌고

---

101) 中国. 혼슈의 서부 지방으로 산요(山陽)와 산인(山陰) 지방.

오오사카 해상으로 와서 오오사카 쪽에 군량을 보급하려 했다.

이를 저지하기 위해 맞서 싸운 것은 마나베 시메노효에·누마노 덴나이·누마노 이가(沼野 伊賀)·누마노 오오스미의 카미(大隅守)·미야자키 카마다유(宮崎 鎌大夫)·미야자키 카나메노스케(鹿目介)·아마가사키의 코바타(小畑)·하나쿠마(花熊)의 노구치(野口). 이들도 3백여 척을 저어 나가서 키즈가와(木津川) 하구에 방어선을 펼쳤다. 적은 커다란 배 8백 척 정도였다. 서로 배를 저어가 해전이 펼쳐졌다.

뭍에서는 오오사카의 로노키시, 키즈의 에쓰타(えつた) 성에서 잇키 세력들이 출격하여 스미요시 해안에 있는 요새로 아시가루 부대가 공격해 들어왔다. 텐노지에서 사쿠마 노부모리가 군세를 내어 적의 측면을 공격했다. 밀고 밀리는 싸움이 장시간에 걸쳐 계속되었다.

이러는 사이에 해상의 적들이 호로쿠히야102)라는 것을 만들어 아군의 배를 포위한 뒤, 그것을 던져 배에 불을 붙였다. 다수의 병력에는 당해낼 수가 없었기에 마나베·누마노 이가·누마노 덴나이·노구치·코바타·미야자키 카마다유·미야자키 카나메노스케 외에도 수많은 자들이 목숨을 잃었다. 승리를 거둔 아키의 수군은 오오사카에 군량을 보급하고 사이고쿠103)로 물러났다.

노부나가가 출마하려 했으나 이미 결판이 났다고 했기에 달리 손을 쓸 방법이 없었다. 이후 스미요시 해안의 요새를 지키기 위해 야스다 야스마사(安田 安政)·우스이 이나바의 카미(碓井 因幡守)·이치지 분노다이부(伊地知 文大夫)·미야자키 지로시치(宮崎 次郎七)를 배

---

102) 焙烙火矢. 토기에 화약을 담아 불을 붙인 뒤 던져 폭발시키는 무기.
103) 西国. 쿄토를 중심으로 서쪽에 위치한 지방.

치했다.

(6) 아즈치 성 공사 모습

아즈치 성 텐슈카쿠의 모습은 다음과 같다.

이시구라(石蔵)의 높이는 12간(22m) 남짓이다. 이 이시구라의 안쪽에 흙을 발라 광으로 썼는데 그것이 1층이고 7층까지 있다.

2층은 이시구라의 위. 넓이는 남북이 20간(36m), 동서가 17간(31m). 높이는 16간 반(30m). 기둥의 숫자는 204개가 서 있다. 통재기둥의 길이는 8간(15m), 굵기는 사방 1자 5치(45cm)와 사방 1자 6치(48cm). 나머지 기둥의 굵기는 사방 1자 3치(39cm)짜리 목재다.

방의 내벽에는 전부 천을 바르고 검은 옻칠을 했다.

서쪽에 12첩[104]짜리 방. 카노 에이토쿠(狩野 永德)에게 명하여 묵화로 매화를 그리게 했다. 아래층부터 위층까지 방의 내부에 그림을 그린 곳에는 전부 금을 사용했다. 서쪽의 12첩짜리 방 안에 돌출창이 있다. 여기에는 엔지반쇼 풍경화를 걸게 했으며, 그 앞에 본산[105]을 놓았다. 옆방은 4첩 선반에 비둘기 그림을 그리게 했다. 다시 12첩짜리 방이 있는데 거위를 그려놓았기에 거위의 방이라고 부른다. 다시 그 옆에 8첩짜리 방. 안쪽의 4첩 방에는 꿩이 새끼를 보살피는 정경을 그리게 했다.

남쪽에도 역시 12첩짜리 방이 있는데, 중국의 유학자들을 그리게 했다. 그리고 8첩 방이 있다.

---

104) [疊] 일본의 전통 실내 바닥재인 다다미를 세는 단위.
105) 盆山. 쟁반 등에 돌이나 모래로 만들어놓은 모형 산.

동쪽에는 12첩짜리 방. 연달아 3첩짜리 방. 그 옆은 8첩짜리 방, 음식을 장만하는 곳이다. 다시 그 옆에 8첩, 이곳도 음식을 장만하는 곳이다. 6첩 방, 기물을 넣어두는 광, 다시 6첩 방. 전부 그림에는 금을 사용했다.

북쪽에는 흙으로 벽을 바른 광이 있다. 그 옆에 26첩 방, 이것은 창고다. 서쪽에 6첩 방. 연달아 10첩 방. 다시 그 다음에 10첩 방, 그리고 12첩 방. 창고의 숫자는 7개다. 그 아래에 금으로 만든 등롱을 놓았다.

3층에는 12첩 방, 화조도를 그려놓았기에 화조의 방이라고 부른다. 별도로 한 단을 높여 4첩으로 만든 어좌실106)이 있다. 역시 화조도가 있다.

연이어 남쪽에 8첩 방. 현인[賢人]의 방이라고 하며, 표주박에서 망아지가 나오는 그림이 그려져 있다.

동쪽은 사향[麝香]의 방. 8첩 방과 12첩 방인데 이곳은 문의 위에 해당한다. 연달아 8첩 방, 여동빈[呂洞賓]이라는 신선과 부열[傅說]이라는 재상의 그림이 그려져 있다.

북쪽은 20첩 방, 말 목장의 그림이 있다. 잇대어 12첩 방, 서왕모[西王母]의 그림이 있다.

서쪽에는 그림이 없다. 널따란 툇마루가 2단 있다. 24첩짜리 방으로 집기류 등을 보관하는 창고가 있다. 입구에 8첩짜리 방이 있다.

3층에는 146개의 기둥이 서 있다.

---

106) 御座の間(고자노마). 귀인이 앉는 방이라는 뜻.

4층 서쪽에 있는 방에는 바위와 여러 종류의 나무를 그려놓았기에 바위의 방이라고 부른다. 잇닿아 있는 서쪽의 8첩 방에는 용과 호랑이가 싸우는 그림이 있다.

　남쪽의 12첩 방에는 대나무를 여러 가지로 그려놓았기에 대나무의 방이라고 한다.

　동쪽에는 8첩 방, 오동나무에 봉황을 그려놓았다. 연달아 다시 8첩 방, 속된 말을 들은 허유[許由]가 영천[穎川]에서 귀를 씻었고, 그러자 소보[巢父]가 더러워진 영천을 피해서 소를 끌고 되돌아가는 그림, 두 사람이 태어난 고향처럼 그려져 있다. 다음은 내물려서 지은 7첩 방으로 금니[金泥]를 발랐을 뿐 그림은 없다.

　북쪽은 12첩 방, 여기에도 그림은 없다. 잇대어 12첩 방, 그 안의 서쪽 2간(4m)쯤 되는 곳에 겹벚꽃을 그리게 했다. 연달아 8첩 방, 정원의 새장에서 매의 새끼를 기르는 정경을 그리게 했기에 매의 방이라고 한다.

　4층에는 93개의 기둥이 서 있다.

　5층에는 그림이 없다. 남쪽과 북쪽의 박공[搏栱]에 해당하는 곳에 4첩 반짜리 방이 있다. 코야노단(小屋の段)이라고 한다.

　6층은 8각형으로 4개의 방이 있다. 바깥쪽 기둥에는 붉은 칠, 안쪽 기둥에는 금색을 칠했다. 석가 10대 제자 등, 석존성도설법[釋尊成道說法] 그림. 마루에는 아귀들과 귀신들을, 마루 끝 쪽에는 범고래와 비룡을 그리게 했다.

　난간의 난간법수에는 조각을 새겼다.

　가장 위층인 7층은 사방이 3간(5.5m). 방의 안쪽은 전부 금색, 바깥쪽도 역시 금색이다. 사방의 안쪽 기둥에는 승천하는 용과 하강하는 용, 천장에는 선인이 춤을 추는 그림, 방 안쪽에는 삼황과 오제·공문십철[孔門十哲]·상산사호[商山四皓]·죽림칠현[竹林七賢]을 그리게 했다.

처마 끝에는 부시와 풍경을 12개 달았다. 60개 달린 총안의 문은 철제이며 검은 옻을 칠했다. 방의 안팎에 있는 기둥은 전부 옻나무로 천을 바른 위에 검은 옻을 발랐다.

가장 위층의 쇠장식은 고토 코조(後藤 光乘)가 맡아서 했는데, 쿄토와 지방의 장인들이 보좌하여 진력을 다했다. 6층 이하는 쿄토의 타이아미 나가카쓰(躰阿彌 永勝)가 쇠장식을 담당했다.

목수들의 우두머리는 오카베 마타에몬, 칠기를 담당한 자들의 우두머리는 교부(刑部), 은세공사들의 우두머리는 미야니시 유자에몬(宮西 遊左衛門). 기와는 중국인인 일관에게 명을 내렸으며, 그의 지휘로 나라의 장인들이 구웠다.

공사의 담당 부교는 키무라 타카시게.

애초부터 아즈치 성은 넓고 깊은 산 속에 자리했으며, 기슭에는 쟁쟁한 자들의 집이 기와를 나란히 하고 서 있다. 눈이 부실 만큼 훌륭한 모습으로 아무리 표현해도 다 표현할 수가 없다.

서쪽에서 북쪽에 걸쳐서는 비와코가 널따랗게 펼쳐져 있어서 왕성하게 오가는 배, 멀리로 돌아가는 배, 어촌의 낙조, 포구마다의 집어등, 그야말로 그림 같은 경치다. 호수에는 치쿠부시마라는 유명한 섬이 있다. 또한 우뚝 치솟은 바위섬인 타케시마(竹島)가 있다. 오쿠시마야마(奧島山)에 있는 초묘지(長命寺) 관음에서 울리는 종소리도 조석으

로 들려온다. 호수 건너편으로는 히라가다케(比良岳)·히에이잔·뇨이가타케(如意ヶ岳) 등의 높은 산이 솟이 있다.

남쪽으로는 각 마을들의 논밭이 평탄하게 이어져 있고, 그 끝으로는 후지산(富士山)에도 비유되는 미카미야마(三上山)가 보인다. 동쪽으로는 칸논지야마가 있으며, 그 기슭으로 가도가 지나고 있어서 오가는 사람들이 줄을 지어 밤낮으로 끊이질 않는다. 아즈치야마 남쪽으로는 만이 널따랗게 파고 들어와 있으며, 산 아래에는 집들이 늘어서 있고, 바람소리가 가득하다.

이처럼 사방의 풍경도 마을의 번화함도 전부 갖추어져 있다. 노부나가의 저택은 중국풍으로 옥석과 유리를 갈아 늘어놓은 듯하며, 또한 우마마와리들의 주거도 각각 훌륭하고 아름다워서 그야말로 꽃의 도시를 그대로 옮겨놓은 것 같다. 노부나가의 위광과 공적은 아무리 헤아려도 전부 헤아릴 수가 없다.

이 무렵 '쇼카(松花)'와 '킨카(金花)'라는 이름 높은 차단지가 헌상되었기에 노부나가도 크게 기뻐했다. 또한 롯카쿠 요시카타의 집에 대대로 전해오던, 마디가 없는 대에 독수리 깃털을 단 화살을 후세 미카와의 카미가 얼마 전에 손에 넣었다가 이것을 헌상했다. 이처럼 천하의 진귀한 물건들이 헌상되어 모여들었다.

예전(1573)에 사와야마에서 건조하게 했던 커다란 배는 당시 쇼군이 모반을 일으켰을 때 한 번 사용했으나 이제는 더 이상 커다란 배가 필요하지 않았기에 이카이노 마사카쓰에게 명령하여 해체토록 하고, 거기서 얻은 재료를 이용하여 작고 빠른 배 10척을 만들게 했다.

11월 4일, 노부나가는 육로를 통해 세타 쪽으로 돌아서 상경하여 니조에 있는 묘카쿠지에 도착, 그곳을 숙소로 삼았다.

같은 달 12일, 아카마쓰 히로히데·벳쇼 나가하루·벳쇼 시게무네·우라가미 무네카게(浦上 宗景)·우라가미 코지로(小次郎) 등이 상경하여 노부나가에게 인사를 했다.

(7) 의복을 하사받다

11월 21일, 노부나가는 다시 나이다이진107)으로 승진했다. 또한 이때 셋케와 세이가케 등에게 소령을 주었으며, 천황에게는 황금 200개와 침향, 피륙 및 그 외의 수많은 물품을 헌상했다. 그때 참으로 황공하게도 천황으로부터 의복을 하사받았다. 이와 같은 명예는 다시 찾아볼 수 없는 것이다. 관위 수수의 예식은 길례에 따랐다.

궁궐에서 나와 곧 쿄토를 떠났고 이시야마데라의 세손인에 도착했다. 그 지역의 성주인 야마오카 카게타카·카게나오 형제가 노부나가를 위해 축하연을 벌였다. 이시야마에서는 이틀 동안 매사냥을 하고, 11월 25일에 아즈치 성으로 돌아왔다.

(8) 키라에서 매사냥

12월 10일, 키라에서 매사냥을 하기 위해 출발하여 사와야마에서 묵었다. 11일, 기후에 도착했으며, 이튿날에는 체류. 13일에 오와리의 키요스에 도착했고, 12일에 미카와의 키라에 도착했다. 사흘 동안 체재하며 수많은 새를 잡았고 26일에 키요스로 돌아왔다.

---

107) 內大臣. 좌우의 대신과 거의 같은 임무를 가진 대신.

12월 말일, 미노로 돌아왔으며, 기후에서 새해를 맞이했다.

권10 1577년(텐쇼 5년, 44세)

(1) 사이가의 진

정월 2일, 노부나가는 미카와 키라의 매사냥에서 아즈치 성으로 돌아왔다.

1월 14일, 상경하여 니조의 묘카쿠지에서 묵었다. 근린 각 쿠니의 다이묘와 무장들, 하리마의 우라가미 무네카게·벳쇼 나가하루, 와카사의 타케다 모토아키 등이 상경하여 노부나가에게 인사를 했다. 노부나가는 천하의 정무를 처리한 뒤 25일에 돌아왔다.

2월 2일에 카이의 사이가 가운데서 미카라미(三緘) 사람들과 네고로지의 스기노보(杉之坊)가 노부나가 편에 설 것을 서약했기에 13일에 사이가로 출진하라는 명령을 각 쿠니에 전달했다.

노부나가는 8일에 상경할 예정이었으나 비 때문에 연기하여 9일에 상경, 니조의 묘카쿠지를 숙소로 삼았다.

오다 노부타다는 오와리와 미노의 군세를 이끌고 9일에 출마, 그날은 카사와바라에 진을 쳤다. 10일은 하치야 요리타카의 성인 히다(肥田) 성에서 묵고, 11일은 모리야마에 진을 쳤다. 오다 노부카쓰·오다 노부카네·오다 노부타카도 각각 출진했다. 오와리·미노·오우미·이세 4개 쿠니의 군세가 세타·마쓰모토·오오쓰에 진을 쳤다. 키나이의 5개 쿠니는 물론, 에치젠·와카사·탄고·탄바·하리마의 다이묘와 무장들도 상경하여 출진하는 노부나가를 따르기 위해 기다리고 있었다.

2월 13일, 노부나가는 쿄토에서 출진했으며, 곧 요도가와를 건너 야와타에 도착했다. 14일에는 비가 내려 주류했는데, 토고쿠108)의 정예부대가 마키시마·우지바시(宇治橋)를 건너 비바람을 뚫고 참진했다.

2월 15일, 노부나가는 야와타에서 와카에까지 나아갔다. 16일, 이즈미의 코노쇼(香庄)에 진을 쳤다.

이즈미의 잇키 세력은 카이즈카(貝塚)라는 곳의 해안에 기대어 수비를 위한 진을 펼치고 배를 해안으로 끌고와서 함께 지켰다. 이튿날 선진부대가 카이즈카를 공격하여 제압할 예정이었으나 밤을 틈타 잇키 세력이 배를 타고 달아나버렸다. 배에 오르지 못한 자 약간의 목을 베어다 코노쇼로 가지고 가서 노부나가에게 살펴보게 했다.

17일, 네고로의 스기노보가 노부나가의 진으로 찾아와서 인사를 하고 사이가 방면을 평정하는 데 진력할 것을 맹세했다.

18일, 노부나가는 사노(佐野)로 진을 옮겼으며, 22일에는 시다치(志立)까지 진을 나아가게 했다. 여기서부터 군세를 해안 방면과 내륙 방면, 2갈래로 나누어 진격하게 했다.

내륙 방면으로는 네고로의 스기노보와 미카라미 사람들을 안내로

---

108) 東國. 쿄토의 동쪽 지방, 주로 칸토 지방을 일컫는다.

삼아 사쿠마 노부모리·하시바 히데요시·아라키 무라시게·벳쇼 나가하루·벳쇼 시게무네·호리 히데마사의 군세가 사이가로 진격하여 곳곳에 불을 질렀다. 적은 코사이가가와(小雜賀川)를 앞에 두고 강가에 목책을 세워 방어전을 펼쳤다. 호리 히데마사의 군세가 우르르 밀고 들어가 맞은편 기슭까지 다가갔으나 기슭이 높아서 말로도 상륙할 수 없었다. 이를 호기라고 생각한 적이 철포를 쏘았기에 호리 히데마사의 주요한 무사 몇 명이 맞았고, 호리 세력은 철수했다. 그 이후부터는 강을 사이에 두고 대치가 이어졌다. 이나바 잇테쓰 부자·우지이에 나오미치·이이누마 나가쓰구는 선진이 지날 도로를 경계하기 위해 키노카와(紀ノ川)의 나루터 부근에 진을 쳤다.

해안을 따라 진격한 군세는 타키가와 카즈마스·아케치 미쓰히데·니와 나가히데·호소카와 후지타카·쓰쓰이 준케이(筒井 順慶)와 야마토 세력. 탄노와(丹和)부터는 외길이고 또 길도 험했기에 제비를 뽑아 세 갈래로 나뉘어 산과 골짜기로도 밀고 들어갔다. 호소카와 후지타카와 아케치 미쓰히데가 중앙의 길을 따라서 진격했는데, 사이가의 잇키 세력 쪽에서도 출격하여 싸움에 응했기에 일전을 치르게 되었다. 오다 노부타다·오다 노부카쓰·오다 노부카네·오다 노부타카가 제2군이 되어 뒤를 이었다. 호소카와의 가신인 시모즈 곤나이(下津 權內)가 창을 들고 적 속으로 가장 먼저 뛰어들어 비할 데 없는 활약을 펼쳤다. 예전에도 이와나리 토모미치와 맞서 싸워 공을 세운 무사였다. 여기서도 강용한 적을 베었다. 뒤이어 곳곳에 불을 지른 뒤 나카노(中野) 성을 포위하고 공격했다.

2월 28일, 노부나가는 탄노와까지 가서 진을 쳤다. 그러자 적이 항복하고 나카노 성에서 물러났기에 오다 노부타다가 성을 접수하고 거기에 진을 쳤다.

2월 30일, 노부나가가 탄노와에서 출발했다. 이때 시모즈 곤나이를 불러 만나보고 그를 칭찬했다. 시모즈는 여러 사람들 사이에서 체면을 세우게 되었으며, 공적은 숨길 수 없는 것이 되었다. 이날 노부나가는 야영을 하기로 하고 그 지역을 순찰했다.

3월 1일, 타키가와·아케치·니와·하치야·호소카와·쓰쓰이 및 와카사 세력에게 명하여 스즈키 시게히데(鈴木 重秀)가 지키고 있는 성을 공격케 했다. 군세는 대나무를 엮어 만든 방어도구로 적의 총탄을 막으며 다가갔다. 성에 맞설 망루를 세우고 밤낮으로 맹렬하게 공격을 퍼부었다.

3월 2일, 노부나가는 어느 쪽으로도 쉽게 출격할 수 있게 하기 위해서 내륙 방면과 해안선으로 파견한 양쪽 군대의 중앙에 위치한 톳토리고(鳥取鄕)의 와카미야 하치만구(若宮 八幡宮 신사)로 진을 옮겼다. 호리 히데마사·후와 미쓰하루·마루모 나가테루·무토 키요히데·후쿠즈미 히데카쓰·추조 이에타다·야마오카 카게타카·마키무라 토시사다(牧村 利貞)·후쿠다 미카와의 카미·니와 우지카쓰·미즈노 마사나가·이코마 카즈요시(生駒 一吉)·이코마 카즈마사(一正) 등을 네고로 방면으로 파견하여 코사이가가와·키노가와에서부터 이어지는 산 쪽에 진을 치게 했다.

이렇게 한 다음 노부나가는 사이가의 진에 자리를 잡았다.

(2) 대궐의 담장을 수리하다

그 무렵, 쿄토에서는 사이가 방면의 전황에 대해서 이러쿵저러쿵 이야기하는 사람도 있었고, 전승을 기원하는 기도 등도 행해졌다.

한편, 궁궐의 어전에 대한 수리가 완성된 것은 축하할 일이니 그 담장을 쿄토의 마치슈가 힘을 합쳐 수리하는 것이 어떻겠냐고 쇼시다이인 무라이 사다카쓰가 제안하고 주선하자, 카미교와 시모교의 마치슈 모두 옳은 말이라며 찬성하고 협동하여 그 일을 맡았다. 공사를 하는 동안에는 무라이 사다카쓰가 경호를 맡았다.

3월 12일부터 공사가 시작되었다. 각 지역별로 공사구역을 분담하기로 정하고, 각자 맡은 구역 앞에 무대를 마련했다. 지금이 운명의 갈림길이라도 되는 양 치고[109]와 와카슈[110]가 앞 다투어 화려하게 차려입고 피리·큰북·나팔 등으로 떠들썩하게 연주했으며, 노소를 가리지 않고 흥에 겨워 춤을 췄다.

마침 사가(嵯峨)와 센본(千本) 등의 벚꽃이 한창 만개한 때였기에 쿄토 사람들 모두가 꽃놀이를 겸해서 한꺼번에 몰려나왔다. 무대에 피워놓은 훈향과 치고·와카슈의 옷에서 나는 향기가 주위 일대에 피어오르는 가운데, 벚나무 가지 하나를 꽂은 사람들이 신분의 상하와 관계없이 무리를 이루어 구경했다. 천황과 비, 조정의 벼슬아치들도 이보다 더 유쾌한 볼거리는 없다며 시가 모임을 개최하는 등 이만저만 기뻐한 것이 아니었다.

이렇게 해서 담장의 수리는 곧 마무리 지어졌다.

---

[109] 稚兒. 사찰이나 신사의 축제에 화려한 옷을 입고 참가하는 아이.
[110] 若衆. 관례를 치르기 전의 남자.

(3) 명물을 거두어들이다

사이가에서는 노부나가의 대군이 장기간에 걸쳐서 진을 펼치고 있었다. 사이가의 잇키 세력은 지칠 대로 지쳤으며, 쓰치하시 모리시게(土橋 守重)·스즈키 시게히데·오카자키 사부로다유(岡崎 三郎大夫)·마쓰다 겐조다유(松田 源三大夫)·미야모토 효다유(宮本 兵大夫)·시마모토 사에몬다유(島本 左衛門大夫)·쿠리무라 지로다유(栗村 二郎大夫) 7명이 연명[連名]하여 서약서를 제출했다. 이시야마 혼간지에는 협력하지 않고 노부나가의 명령에 따라서 움직일 것을 맹세했기에 사면해주기로 했다.

3월 21일, 노부나가는 진을 풀고 코노쇼까지 물러났다. 이튿날에는 주류하며 사노고(佐野郷)에 요새를 쌓으라고 명령했다. 사쿠마 노부모리·아케치 미쓰히데·니와 나가히데·하시바 히데요시·아라키 무라시게의 군세는 그대로 주류하게 했으며, 사노 요새에는 스기노보와 오다 노부하루를 남겨두었다.

3월 23일에 와카에까지 물러났다. 거기서,

1. 텐노지야 료운(天王寺屋 了雲)이 소지하고 있던 화병 '카테키(貨狄)'를 거두어들였다.
1. 이마이 소큐가 카이잔(開山)의 뚜껑 놓는 그릇을 헌상했다.
1. 후타쓰메이의 찻숟가락도 거두어들였다.

세 가지 물건의 대금으로 금은을 건네주었다.

이튿날인 3월 24일에는 야와타에서 묵었다. 25일에 쿄토로 들어갔으며 니조의 묘카쿠지에서 묵었다. 3월 27일에 아즈치 성으로 돌아왔다.

(4) 니조의 새로운 저택으로 옮기다

7월 3일, 오우의 다테 테루무네가 매를 헌상했다.
윤7월 6일에 상경하여 니조의 새로운 저택으로 옮겼다.

(5) 코노에 노부모토의 관례식

전 칸파쿠인 코노에 사키히사(近衛 前久)의 아들 노부모토(信基)의 관례식을 윤7월 12일에 노부나가의 저택에서 치르고 싶다고 청해왔다. 예로부터 궁중에서 의식을 집행하는 것이 관례였으니 이번에도 전례에 따르라며 노부나가는 재삼 거절했다. 그러나 그러한 의향을 몇 번이고 전해오자 승낙할 수밖에 없었기에, 머리를 정리하고 성인의 옷으로 갈아입는 의식에 필요한 준비를 전부 갖추었다.

당일 셋케와 세이가케는 물론, 근린 각 쿠니의 유력자·다이묘·쇼묘[111]들이 참석했다. 노부나가는 축의[祝儀]로 의복 10벌, 부조금 1만 푼, 히젠의 오사후네 나가미쓰(長船 長光)가 만든 단도, 금전 500개를 주었다. 노부나가는 체면을 한껏 세울 수 있었다.

천하의 정무를 처리한 뒤 윤7월 13일에 쿄토를 출발했다. 그날은 세타의 야마오카 카게타카의 성에서 묵고, 이튿날 아즈치 성으로 돌아왔다.

(6) 시바타 카쓰이에, 홋코쿠로 출진하다

8월 8일, 시바타 카쓰이에를 총대장으로 삼아 군세를 홋코쿠로

---

111) 小名. 다이묘보다는 영지가 적었던 무사.

출진시켰다. 타키가와 카즈마스·하시바 히데요시·니와 나가히데·사이토 신고·우지이에 나오미치·안도 모리나리·이나바 잇테쓰·후와 미쓰하루·마에다 토시이에·삿사 나리마사·하라 마사시게·카나모리 나가치카 및 와카사 세력이 카가로 진격했다. 소에카와(添川)·테도리가와(手取川)를 건너, 코마쓰무라(小松村)·모토오리무라(本折村)·아타카(阿多賀)·토가시(富樫) 등의 각지에 불을 지르고 진을 쳤다.

하시바 히데요시는 시바타 카쓰이에와 의견이 맞지 않았기에 허가도 얻지 않은 채 진을 풀고 물러나버렸다. 노부나가는 괘씸한 짓이라며 격노했다. 히데요시는 진퇴에 애를 먹었다.

(7) 마쓰나가 히사히데의 모반으로 인질을 처단하다

이시야마 혼간지와 대치하기 위해 쌓은 텐노지 요새에 마쓰나가 히사히데와 그의 아들인 히사미치를 남겨두었는데, 마쓰나가 부자는 모반을 꾀하고 8월 17일에 요새에서 나와 야마토의 시기 성으로 들어갔다.

노부나가는 마쓰이 유칸을 통해서, "따로 이유가 있는 것이냐? 생각한 바를 말한다면 소망하는 바를 들어주겠다."라고 물었으나 마쓰나가는 역심을 품고 있었기에 출두조차 하지 않았다. "그렇다면 마쓰나가가 맡긴 인질을 쿄토에서 처단하라."고 말하고 야베 이에사다(矢部 家定)와 후쿠즈미 히데카쓰에게 그 일을 맡겼다.

마쓰나가가 보냈던 인질은 어린아이들로 나가하라의 사쿠마 모리아키(佐久間 盛明)가 맡고 있었다. 그들을 쿄토로 연행케 했다. 아직 12세와 13세인 아들 둘, '요절한 아이는 기량이 뛰어나다.'라는 말이 있는 것처럼 용모도 마음가짐도 참으로 뛰어난 아이들이었다.

무라이 사다카쓰는 그들을 자신의 저택에 맡아두고, "내일에라도 궁중으로 가서 목숨을 구할 수 있게 중재해달라고 탄원하게."라고 들려준 뒤, "머리를 단정히 하고 의복도 깨끗한 것으로 갈아입고 언제든 나갈 수 있도록 해두게."라고 말하자 아이들은, "차림새를 단정히 하는 것은 참으로 옳으신 말씀이십니다만, 목숨을 건지는 일은 결코 없을 것입니다."라고 대답했다. "어쨌든 부모형제에게 편지를 쓰도록 하게"라고 권하자, 벼루를 빌려 붓을 쥐기는 했으나, "사정이 이러하니 부모님께 보내는 편지는 덧없을 듯합니다."라며 사쿠마 모리아키에게, 〈지금까지 친절을 베풀어주시어 참으로 감사합니다.〉라고만 써서 보냈다.

그런 다음 두 아이는 숙소에서 나왔다. 카미교 이치조(一条)의 길가에서 수레에 올라 로쿠조가와라112)까지 끌려갔다. 쿄토 내외의 사람들이 무리를 지어 이를 구경했다. 마지막 순간까지도 두 사람은 낯빛조차 바꾸지 않았으며, 차분하게 서쪽을 향해서 조그만 손을 모아 합장하고 또렷한 목소리로 염불을 외웠다. 아이들의 최후를 본 사람들은 크게 놀랐으며, 이 일을 전해들은 사람은 눈물을 멈출 수 없었다. 차마 눈 뜨고 볼 수 없을 만큼 가엾은 모습이었다.

9월 27일, 오다 노부타다는 마쓰나가 토벌을 위한 군세를 내고, 그날은 하치야 요리타카가 지키고 있는 히다 성에서 묵었다. 9월 28일에는 아즈치에 있는 니와 나가히데의 집에서 숙박했으며, 이튿날

---

112) 六条河原. 예전에 처형장이 있던 곳.

에는 주류했다.

9월 29일 오후 8시 무렵, 서쪽 하늘에 흔히 볼 수 없는 혜성이 나타났다.

(8) 카타오카 성을 공략하다

마쓰나가 히사히데 편에 선 자 가운데 모리 히데미쓰(森 秀光)와 에비나 카쓰마사(海老名 勝正) 두 사람이 카타오카(片岡) 성을 지키고 있었다. 이들을 공격한 것은 호소카와 후지타카·아케치 미쓰히데 및 쓰쓰이 준케이와 야마시로 세력이었다.

10월 1일, 카타오카 성을 공격했다. 호소카와 후지타카의 아들인 타다오키와 마사오키(昌興) 형제는 형이 15세, 동생이 13세로 아직 어린 나이였으나 가장 먼저 성벽을 올라 성으로 뛰어들었다. 다른 자들도 뒤이어 뛰어들어 삽시간에 적을 무찌르고 텐슈카쿠 아래로 몰려들었다. 텐슈카쿠에서는 철포와 화살을 쏘며 맞서다 총알과 화살이 떨어지자 밖으로 몰려나왔다. 지금이 운명의 갈림길이라는 듯, 칼날이 부러질 정도로 불꽃을 튀기며 싸웠으나 성주인 모리·에비나를 비롯하여 150여 명이 목숨을 잃었다.

호소카와 후지타카는 30여 명의 부하를 잃었으나 타다오키·마사오키 형제가 눈부신 공을 세웠다. 아케치 미쓰히데도 격렬하게 싸워 강용한 부하 20여 명을 잃었으나 분골쇄신 활약한 모습은 참으로 훌륭한 것이었다. 나이 어린 타다오키·마사오키 두 형제의 활약은 비할 데 없이 훌륭한 것이라고 감탄하며 노부나가도 표창장을 수여했다. 감사한 일로, 먼 훗날까지의 명예였다.

(9) 시기 성을 공략하다

10월 1일, 아즈치에서 출진한 오다 노부타다는 야마오카 카게타카의 성에서 묵었다. 이튿날은 마키시마의 진에서 묵었다. 같은 달 3일, 시기 성으로 공격해 들어가 성 아래를 남김없이 불태우고 진을 쳤다.

한편 홋코쿠의 카가 방면으로 파견되어 있던 군세는 쿠니 안의 농작물을 베어버리고 고코즈카(御幸塚)에 견고한 요새를 쌓은 뒤 사쿠마 모리마사를 배치했으며, 다이쇼지(大聖寺)에도 요새를 쌓고 여기에는 시바타 카쓰이에의 군세를 남겨놓았다. 이렇게 해둔 다음 10월 3일에 홋코쿠 방면의 군세는 철수했다.

10월 10일 저녁, 노부타다는 사쿠마 노부모리·하시바 히데요시·아케치 미쓰히데·니와 나가히데에게 각자 공격할 곳을 명령하고, 시기산(信貴山)으로 공격해 올라가 성에 야습을 가했다. 마쓰나가 세력이 방어에 나섰으나 활이 부러지고 화살이 떨어졌기에 마쓰나가 히사히데는 텐슈카쿠에 불을 지르고 불길 속으로 뛰어들었다.

1567년 10월 10일 밤, 나라의 대불전[大佛殿]에 불이 났었다. 이는 전부 마쓰나가 히사히데의 소행으로 삼국(인도·중국·일본)에까지 이름이 알려진 대가람이 이유도 없이 잿더미가 되어버리고 말았다. 그 업보가 곧 뚜렷하게 나타났다. 날짐승조차 발을 들여놓기 어려울 만큼 험하고 높은 산을, 노부타다가 투구에 달린 사슴뿔을 치켜세우고 공격해 올라갔기에 평소 지혜로운 자라 일컬어졌던 마쓰나가도 무모한 모반을 꾀한 결과 스스로 불길 속으로 뛰어들어 일족과 가신 모두가 불에 타죽었다. 혜성이 나타난 것도 그렇고, 노부타다가 사슴뿔이 달린 투구를 쓰고 공격하여 대불전이 불에 탄 것과 같은 달, 같은 날, 같은 시각에 마쓰나가가 타죽은 것도 그렇고, 이는 전부 카스가 묘진(春日 明神)이 행한 일이라고 세상 사람들은 혀를 내두르며 놀랐다.

(10) 오다 노부타다, 추조에 오르다

10월 12일, 오다 노부타다가 상경하여 니조의 묘카쿠지를 숙소로 삼았다.

이번에 마쓰나가 히사히데를 단숨에 제압한 일에 대한 포상으로 황공하게도 천황이 칙서를 내려 노부타다를 산미 추조(三位 中將)에 임명했다. 부자 모두가 행복을 얻어, 참으로 명예롭기 그지없는 일이었다.

노부타다는 시종[侍從]인 산조 키미노부(三条 公宣)에게로 가서 사례비로 황금 30개를 천황에게 헌상했다. 산조 키미노부에게도 예를 표했다.

10월 15일, 아즈치로 가서 노부나가에게 마쓰나가 부자 일문을 정벌했다고 보고하고 10월 17일에 기후로 돌아갔다.

10월 23일, 하시바 히데요시가 모리 테루모토(毛利 輝元)의 세력 아래에 있는 하리마로 출진했다. 하리마노쿠니 안을 밤낮으로 달려 돌아다니며 그곳의 각 무장들에게 전부 인질을 보내게 했다.

10월 28일, "하리마 방면은 11월 10일쯤이면 결판이 날 듯합니다."라고 보고했더니, 감사하게도 노부나가로부터, "조기에 돌아올 수 있다니, 참으로 기특하다."라는 글이 내려왔다.

그러나 히데요시는, 이 정도는 특별한 활약도 아니라고 생각한 듯 하리마에서 직접 타지마노쿠니(但馬国 효고 현 북부,탄슈)로 공격해 들어가, 우선 야마구치(山口)의 이와스(岩洲) 성을 공략하고 기세를 몰아 오오타 테루노부(太田 輝延)가 지키고 있던 타케다(竹田)를 공격하여 그들도 역시 물리쳤다. 그런 다음 그곳에 요새를 짓고 하시바 히데나가를 조다이(성주대리)로 배치했다.

(11) 매사냥 복장으로 궁에 들다

11월 13일, 노부나가가 상경하여 니조의 새로 지은 저택으로 들어갔다.

11월 18일, 노부나가는 매사냥 복장으로 궁에 들었다. 따르는 자들도 각자 저마다의 복장을 했는데, 재미있는 모양의 두건을 써서 흥을 더했다. 모두의 사냥용 지팡이까지 금은으로 칠한 것이었다. 말할 필요도 없이 훌륭했다.

가장 앞에선 첫 번째 무리는 활을 든 자 100명쯤. 각자 노부나가에게서 받은 호랑이 가죽 화살통을 똑같이 멨다. 두 번째 무리는 주요한 가신들이었는데 이 무리들 속에 매 14마리를 두었다. 노부나가 자신도 매를 들었으며, 앞뒤는 코쇼들과 우마마와리들에게 경호케 했다. 일행 모두가 저마다 아름답게 차려입고 한껏 멋을 부렸기에 눈이 부실 정도였다. 쿄토의 지위고하를 막론하고 남녀노소 모두에게 말로 표현할 수 없을 만큼 재미있는 구경거리였는데, 구경한 자들은 물론 소식을 전해들은 자까지 모두 노부나가의 취향에 놀라고 감탄했다.

한편 일행은 낫카몬113)을 통해서 궁중으로 들어갔으며, 황공하게도 노부나가는 코고쇼(小御所)의 방까지 우마마와리들을 데리고 들어갔다. 이때 활을 든 자들에게 도시락이 지급되어, 감사하게 받았다.

천황에게 매를 보여준 뒤 탓치몬(達智門궁의 문)으로 나온 노부나가는 곧 히가시야마로 가서 매사냥을 했다. 때마침 커다란 눈이 갑자기 내려 매가 바람을 타고 야마토의 촌락으로까지 날아갔다. 노부나가가 아끼던 매였기에 각지를 수색하게 했다.

이튿날, 야마토의 오치 겐바(越智 玄蕃)라는 자가 매를 잡아가지고 왔다. 노부나가는 크게 기뻐하며 바로 상으로 의복 한 벌과 아끼던 말을 주었다. 그리고, "소망하는 것이 있다면 들어주겠다."라고 말하자, "예전부터 소유하고 있던 영지를 몰수당해 수입이 없습니다."라고 대답했기에, 옛 영지를 돌려주게 하고 그 소유를 보증하는 뜻이 담긴 공문서를 내주었다. 참으로 감사한 일로, '생각지도 못한 곳에 행운이 있다.'는 말은 이를 두고 하는 것일까?

(12) 타지마와 하리마를 평정한 하시바 히데요시

11월 27일, 하시바 히데요시는 쿠마미가와(熊三川)를 건너 적의 편에 서 있는 코즈키(上月) 성에 공격을 가했다. 일대를 불태우고 후쿠오카노(福岡野) 성을 포위했으며, 코데라 요시타카(小寺 孝高)와 타케나카 시게하루(竹中 重治)에게 명령하여 공격케 했다. 그러자 모리 쪽의 우키타 나오이에(宇喜多 直家)가 군세를 내어 코데라와 타케나카의 후방을 공격했다. 하시바 히데요시가 우키타 세력에게 공격을 가하여 아시가루를 물리치고 수십 명의 머리를 취했다.

---

113) 日華門. 궁중의 문 가운데 하나.

히데요시는 거기서 물러나 코즈키 성을 포위하고 공격했다. 7일째, 성 안에 있던 자가 성을 지키던 장수인 코즈키 카게사다(上月 景貞)의 목을 베어가지고 와서 남은 자들의 목숨을 살려달라고 탄원했다. 히데요시는 곧 코즈키 성주의 머리를 아즈치로 보내서 노부나가에게 살펴보게 하고, 코즈키 성에 있던 잔당들을 전부 끌어내어 하리마·비젠(備前 오카야마·카가와·효고 현에 걸친 지방, 히슈)·미마사카(美作 오카야마와 효고 현에 걸친 지방, 사쿠슈)의 경계 부근에 있는 2곳에서 책형에 처했다. 함락시킨 코즈키 성은 야마나카 유키모리(山中 幸盛)로 하여금 지키게 했다. 후쿠오카노 성도 다시 공격하여 250여 명의 적을 베었다. 히데요시는 이렇게 해서 타지마와 하리마 2개 쿠니를 평정했다.

히데요시는 지난번에 홋코쿠 카가의 진에서 무단으로 철수하여 노부나가에게 질책을 받았고, 그로 인해서 궁지에 몰렸기에 이번에는 사이고쿠에서 열심히 노력하여 전과를 선물로 들고 돌아가야겠다는 생각에 밤낮으로 뛰어다녔던 것이다. 분골쇄신하여 이번 싸움에서 보인 활약은 참으로 눈부신 것이었다.

노부나가는 천하의 정무를 처리한 뒤, 12월 3일에 아즈치 성으로 돌아왔다.

(13) 키라에서의 매사냥

12월 10일, 노부나가는 미카와의 키라에서 매사냥을 하기 위해 출발했다. "머지 않아 하시바 히데요시가 돌아올 것이다. 이번에 타지마와 하리마를 평정한 상으로, 찻물을 끓일 때 쓰는 솥인 '오토고제'를 주겠다."라며 그것을 꺼내오게 한 뒤, "히데요시가 돌아오면 바로 주어라."라고 말해두었다. 참으로 고마운 일이었다.

노부나가는 그날 사와야마에 있는 니와 나가히데의 성에서 묵었다. 이튿날 타루이에 도착, 12일에 기후 성에 도착했으며, 다음 날은 체재. 14일에는 비가 내렸으나 오와리의 키요스에 도착했다.

12월 15일, 미카와의 키라로 가서 기러기와 학 등을 여러 마리 잡았다.

19일, 미노의 기후로 돌아왔다. 그 도중에 과실을 범한 자가 있었기에 노부나가가 그를 직접 베었다. 12월 21일, 기후를 출발하여 그날로 아즈치에 돌아왔다.

(14) 명물 11종을 노부타다에게 물려주다

12월 28일, 오다 노부타다가 기후에서 아즈치로 왔다. 노부타다는 니와 나가히데의 저택을 숙소로 삼았다. 노부나가는 명품 차도구를 노부타다에게 물려주었다. 그 일을 맡아 처리한 사람은 테라다 젠우에몬(寺田 善右衛門).

1. 차통인 '하쓰하나'
1. 차단지인 '쇼카'
1. 회화인 '헤이사라쿠간즈'
1. 화병인 '타케노코(竹の子)'
1. 솥을 거는 사슬
1. 예전에 후지나미(藤波) 아무개의 소유였던 솥
1. 예전에 마나세 도산(曲直瀬 道三)의 소유였던 찻사발
1. 안이 붉은 쟁반 이상 8종.

그리고 이튿날에도 물려주었다. 이때는 마쓰이 유칸이 일을 맡았다.

1. 슈토쿠(珠德)가 만든 찻숟가락

1. 예전에 타케노 조오(武野 紹鷗)가 소장했던, 표주박으로 만든 숯 그릇

1. 예전에 후루이치 초인(古市 澄胤)이 소장했던 고려 부젓가락

이상 3종.

권11 1578년(텐쇼 6년, 45세)

(1) 다도회

정월 1일, 키나이·와카사·에치젠·오와리·미노·오우미·이세 등 근린 각 쿠니의 다이묘와 무장들이 아즈치에 체재하며 성으로 들어와서 노부나가에게 신년 인사를 했다.

우선 아침의 다도회에 12명이 초대되었다. 오른쪽에 부엌이 딸린 6첩 방. 4자(1.2m)가 되는 툇마루가 이어져 있다.

초대를 받은 자는 오다 노부타다·타케이 세키안·하야시 히데사다·타키가와 카즈마스·호소카와 후지타카·아케치 미쓰히데·아라키 무라시게·하세가와 요지·하시바 히데요시·니와 나가히데·이치하시 나가토시·하세가와 소닌.

방의 꾸밈새와 도구를 보면, 장식공간에 굣칸(玉澗)이 그린 물가의 그림, 동쪽에 차 단지인 '마쓰시마', 서쪽에 차 단지인 '미카쓰키', 네모난 쟁반에 차통인 '만제이타이카이(万歲大海)'. 주전자는 '카에리바나(帰花)'. 찻사발인 슈코. 이로리114) 위에 우바구치115) 솥을

---

114) 囲炉裏. 바닥을 사각형으로 파내고 불을 피우는 장치.

사슬로 걸었으며, 꽃병은 통 모양. 다도의 진행은 마쓰이 유칸이 맡았다.

다도회가 끝난 뒤 모두가 들어왔다. 삼헌의 예법으로 술잔을 받았다. 술을 따른 자는 아베 이에사다·오오쓰 나가하루·오오쓰카 마타이치로(大塚 又一郎)·아오야마 타다모토(青山 忠元).

그 후, 어전 안을, 고자쇼(御座所)에 이르기까지 둘러봐도 좋다고 허락했다. 벽과 장지에는 카노 에이토쿠에게 명령하여 삼국의 명소를 다미에116)로 그리게 한 그림이 있었다. 여러 가지 유명한 집기들이 모여 있어서 그 훌륭함에는 그저 감탄만 나올 뿐, 말로는 도저히 표현할 수 없을 정도였다. 노부나가의 위광은 참으로 굉장한 것이었다. 모두를 이 방으로 불렀으며, 전원에게 떡국과 외국의 과자를 여러 가지로 나누어주었다. 평생의 추억이 될 일이었으며, 후대에까지 전해질 만한 일로, 그 고마움은 말로 다 표현할 수 없을 정도의 것이었다.

작년 겨울에 노부나가가 오다 노부타다에게 물려준 명품 차도구를 선보이는 다도회가 정월 4일, 만미 시게모토(万見 重元)의 저택에서 열렸다. 이 자리에 초대를 받은 사람은 9명으로 타케이 세키안·마쓰이 유칸·하야시 히데사다·타키가와 카즈마스·하세가와 요지·이치하시 나가토시·니와 나가히데·하시바 히데요시·하세가와 소닌.

이때 노부나가로부터 이치하시 나가토시에게로 부용의 그림이 하사되었다. 이치하시는 크게 체면을 세웠다.

(2) 조정의 절회를 부활시키다

---

115) 姥口. 아가리가 볼록 솟았다가 안쪽으로 꺼지는 모양의 솥.
116) 濃絵. 극채색을 써서 그린 그림.

조정의 절회117)가 행해지지 않은 지 오래 되었다. 요즘의 도읍 사람들조차 이 행사가 행해지고 있었다는 사실을 알지 못했다.

이러한 가운데 노부나가의 세상이 되자 노부나가가 천황을 숭경하고 공경·텐조비토·각 벼슬아치에게도 비용을 헌상했기에 절회가 부활했다. 공가들이 궁궐에 모여 뿌리째 뽑아낸 작은 소나무 2그루를 준비하고, 정월 1일 오전 8시 무렵부터 카구라우타118)를 부르고 그 외의 여러 가지 의식을 행했으며, 국가의 제사를 집행했다. 도읍 안의 남녀노소 모두 이처럼 경하스러운 시대에 태어난 것을 서로 기뻐했으며, 오래도록 끊겼던 제사가 부활한 것을 감사히 여겼다.

1월 10일, 노부나가가 매사냥에서 잡은 학을 보여주자 천황이 커다란 흥미를 보였기에 그것을 궁중에서 기르기로 했다. 참으로 기쁜 일이었다. 코노에 사키히사에게도 매사냥에서 잡은 학을 진상했다. 이때의 임무를 맡은 것은 이치운사이 신아미(一雲斎 針阿弥). 이튿날 코노에 사키히사가 답례를 위해 아즈치로 왔다. 코노에 사키히사가 상인의 집에 숙소를 잡았다는 사실을 들은 노부나가는 마쓰이 유칸의 저택을 숙소로 제공하라고 명령했다. 또한 상하의 의복을 여러 가지로 갖추어 전달했다. 코노에 사키히사는 노부나가에게 감사의 말을 건넨 뒤, 이튿날 아침 일찍 쿄토로 돌아갔다.

1월 13일, 노부나가는 오와리의 키요스에서 매사냥을 하기 위하여 출발, 카시와바라에 도착했다. 14일, 기후에 도착. 이튿날은 체재하고

---

117) [節會] 우리나라에서는 임금이 태어난 날 베풀던 연회를 말하나, 일본에서는 절일[節日]이나 의식이 있는 날 베풀던 연회를 뜻한다.
118) 神楽歌. 신에게 제사지낼 때 연주하는 음악에 맞춰 부르는 노래.

16일, 오와리의 키요스에 도착. 18일, 미카와의 키라로 가서 기러기와 학을 여러 마리 잡은 뒤, 22일에 오와리로 돌아왔다. 23일에 기후까지 갔으며, 이튿날은 체재하고 25일에 아즈치 성으로 돌아왔다.

(3) 화재를 낸 화살부대원을 질책하다

1월 29일, 화살부대 소속인 후쿠다 요이치(福田 与一)의 집에서 불이 시작되어 화재가 났다. 이는 처자를 고향에 둔 채 아즈치로 옮겨 살게 하지 않은 탓이라고 생각한 노부나가는 곧 스가야 나가요리에게 명령하여 명부를 작성케 하고, 처자가 동거하고 있는지를 조사하게 했다. 그 결과 화살부대원 60명, 우마마와리 60명, 합계 120명이 처자를 데려오지 않았다는 사실이 판명되었기에 이들을 한꺼번에 질책했다.

화살부대원의 집에서 불이 시작된 것은 참으로 괘씸한 일이라며 기후에 있는 오다 노부타다에게, 기후에서 담당자를 파견하여 오와리에 처자를 남겨둔 화살부대원·우마마와리의 집에 불을 지르고 택지 안의 대나무 및 나무까지 벌목케 했다. 그랬기에 120명의 처자들은 제대로 채비도 갖추지 못한 채 아즈치로 옮겨야 했다.

화살부대와 우마마와리의 이번 태만에 대한 벌로 성 아래 남쪽에 있는 만을 따라서 길을 새로이 내게 했으며, 그것이 완성되자 그들을 전원 사면했다.

(4) 이소노 카즈마사와 이소가이 히사쓰구

2월 3일, 이소노 카즈마사가 노부나가의 뜻을 거슬렀기에 이를 견책하자 도망쳐버리고 말았다. 그랬기에 오우미 타카시마군 안에 있던 이소노의 봉토 전부를 오다 노부즈미에게 주었다.

2월 9일, 이소가이 히사쓰구가 요시노(吉野)의 산 속에 숨어 있던 것을 그곳 사람이 발견하여 그를 살해한 뒤 머리를 가지고 아즈치로 왔다. 상으로 황금이 주어졌다. 일단 노부나가의 노여움을 산 자는 반드시 벌을 받게 되는 법이다.

2월 23일, 하시바 히데요시가 하리마로 출진했다. 벳쇼 나가하루에게 속해 있던 하급무사인 카코가와(嘉古川)의 카스야 타케노리(賀須屋 武則)의 성을 빌려 군세를 들여보낸 뒤, 히데요시 자신은 쇼샤잔(書寫山)에 올라 요해지를 확보하고 진을 쳤다. 곧, 벳쇼 나가하루가 모반의 뜻을 드러내어 미키(三木) 성으로 들어갔다.

(5) 아즈치야마에서의 씨름

2월 29일, 노부나가는 오우미노쿠니 안의 역사들 300명을 불러들여 아즈치야마에서 씨름을 하게 하고 관람했다. 이 가운데 뛰어난 역사 23명이 있었다. 그들에게는 부채를 하사했으며, 특히 히노 초코(日野 長光)에게는 특별한 배려로 뼈에 금은으로 채색한 부채를 가까이로 불러 하사했다. 히노 초코는 크게 체면을 세웠다. 심판원은 키노세 조슌안(木瀨 蔵春庵)과 키노세 타로다유(太郎大夫). 이 두 사람은 의복을 받았다.

23명의 뛰어난 역사란, 토마 지로(東馬 二郎)·타이토우·히노 초코·쇼곤(正権)·묘닌(妙仁)·엔조지(円淨寺)·지조보·리키엔(力円)·소잔(草山)·헤이조(平蔵)·소에이(宗永)·키무라 이코스케(木村 伊小

介)·슈에이(周永)·아라시카(あら鹿)·즈코우(づこう)·아오치 마고지로(青地 孫二郎)·야마다 요헤에(山田 与兵衛)·무라타 키치고(村田 吉五)·오오타 헤이자에몬(太田 平左衛門)·오오쓰카 신파치(大塚 新八)·아사오 산고(麻生 三五)·시모카와 야쿠로(下川 弥九郎)·스케고로(助五郎).

3월 6일, 노부나가는 매사냥을 위해 오쿠시마야마에 올라 초묘지의 자쿠린보(若林坊)를 숙소로 삼았다. 사흘 동안의 매사냥에서 수많은 사냥물을 얻었으며, 8일에 아즈치 성으로 돌아왔다.

3월 23일, 상경. 니조의 새로 지은 저택으로 들어갔다.

4월 4일, 오오사카 방면으로 군세를 내었다. 오다 노부타다를 대장으로 하여 오와리·미노·이세의 군세, 오다 노부카쓰·오다 노부카네·오다 노부타카·오다 노부즈미·타키가와 카즈마스·하치야 요리타카·니와 나가히데, 오우미·와카사·키나이의 군세가 출진했다. 4월 5일과 6일 이틀 동안 오오사카로 공격해 들어가 일대의 보리밭을 전부 베어 쓰러트리고 돌아왔다.

4월 7일, 노부나가는 엣추노쿠니(越中国 토야마 현 엣슈)의 진보 나가즈미(神保 長住)를 니조의 새로 지은 저택으로 불러, 최근에 만날 수 없었던 이유를 타케이 세키안과 삿사 나가아키를 통해서 설명하고 황금 100개와 옷감 100필을 내주었다. 엣추로 침범해 있던 우에스기 켄신(上杉 謙信)이 사망했기에 히다의 코쿠시인 미쓰기 요리쓰나에게 경계를 명령하고, 또 삿사 나가아키를 붙여서 진보 나가즈미를 엣추로 들여보냈다.

4월 10일, 타키가와 카즈마스·아케치 미쓰히데·니와 나가히데 세 사람을 탄바로 출진시켰다. 적인 아라키 우지쓰나(荒木 氏綱)의 소노베(園部) 성을 포위하고 취수로를 끊어 공격하자, 아라키는 버티지 못하고 항복한 뒤 성에서 물러났다. 이에 아케치 미쓰히데의 군세를 성으로 들여보내고, 4월 26일에 쿄토로 돌아왔다.

(6) 타카쿠라야마 사이고쿠의 진

4월 중순, 아키에서부터 모리 테루모토·킷카와 모토하루(吉川 元春)·코바야카와 타카카게(小早川 陸景)·우키타 나오이에를 비롯한 추고쿠의 군세가 진격하여, 비젠·하리마·미마사카 3개 쿠니의 접경지로 야마나카 유키모리가 지키고 있는 코즈키 성을 포위했다. 추고쿠 세력이 오오카메야마(大亀山)로 올라가 포진했다는 보고가 도착했다. 곧바로 하시바 히데요시와 아라키 무라시게 두 사람이 출진하여 타카쿠라야마(高倉山)로 올라가 추고쿠 세력과 가까운 곳에 진을 펼쳤다. 그러나 타카쿠라야마를 내려가도 쿠마미가와 계곡이 자리하고 있기에 코즈키 성을 구원할 방책은 없었다.

4월 22일, 노부나가는 쿄토에서 아즈치로 돌아갔다가, 4월 27일에 다시 상경했다.

노부나가는 "5월 1일을 기해서 친히 하리마로 출진, 우리 동쪽의 군세와 모리 편 서쪽의 군세가 직접 맞부딪치겠다. 반드시 승리를 거두어 동서의 경계를 분명히 해주겠다."라고 말하기 시작했다. 그러나 사쿠마 노부모리·타키가와 카즈마스·하치야 요리타카·아케치 미쓰히데·니와 나가히데 등이, "하리마에서는 험준한 땅을 점하고 있으며 계곡을 사이에 두고 견고하게 요해지에 진을 쳤다고 들었습니다.

저희가 출진하여 현지의 상황을 살펴본 뒤 보고하겠으니 친히 출마하시겠다는 생각은 접으시는 편이 좋을 듯합니다."라고 일동이 모여 진언했다.

4월 29일, 타키가와·아케치·니와가 출진했다. 5월 1일, 오다 노부타다·오다 노부카쓰·오다 노부카네·오다 노부타카·사쿠마 노부모리가 오와리·미노·이세 3개 쿠니의 군세를 이끌고 출진했다. 그날은 코오리야마(郡山), 이튿날에는 효고에 진을 치고 숙박. 6일에는 하리마의 아카시(明石)에서 가까운 오오쿠보(大窪)라는 마을에 진을 쳤다. 선진은 적의 성인 칸키(神吉)·시카타(志方)·타카사고와 대치하여 카코가와 부근에 진을 펼쳤다.

(7) 홍수

노부나가는 5월 13일에 출진하겠다는 뜻의 지령을 발했으나, 11일 오전 10시 무렵부터 호우가 쏟아지기 시작해서 13일 정오 무렵까지 2박 3일 동안 세차게 내렸다. 각지에서 홍수가 일어났다. 카모가와(賀茂川)·시라카와·카쓰라가와가 한꺼번에 범람하여 12일과 13일 이틀 동안 쿄토의 모든 골목길은 전부 수로가 되었으며, 카미쿄의 후나바시(舟橋) 거리는 물에 휩쓸려버리고 말았다. 다수의 익사자가 발생했다. 무라이 사다카쓰가 새로이 가설한 시조(四条)의 다리도 떠내려갔다.

이와 같은 홍수이기는 했으나, 지금까지 노부나가가 출진하겠다고 결정한 기일을 어긴 적이 없었기에 이번에도 배를 타고서라도 출진할 것이라 생각하여 요도·토바·우지·마키시마·야마자키 사람들이 수백 척의 배를 이끌고 고조(五条)의 아부라노코지(油小路)까지 와서 노를 내리고 대기했다. 이 소식을 전하자 노부나가는 크게 기뻐했다.

5월 24일, 타케나카 시게하루가 보고하러 와서 비젠 야와타야마(八幡山)의 성주가 아군으로 돌아섰다는 사실을 전했다. 노부나가는 만족하고 하시바 히데요시에게 황금 100개, 그리고 타케나카 시게하루에게 은자 100냥을 하사했다. 타케나카는 감사히 받고 돌아갔다.

5월 27일, 노부나가는 아즈치의 홍수 상황을 시찰하기 위해 아즈치로 갔다. 코쇼들만 데리고 마쓰모토에서 야바세(矢橋)까지는 배로 비와코를 건넜다.

6월 10일에 노부나가가 상경했는데 이번에도 배로 야바세에서 마쓰모토까지 갔다.

6월 14일은 기온에[119]였다. 노부나가는 이를 구경했다. 우마마와리·코쇼들도, "활·창·칼은 물론 무구를 휴대 할 필요가 없다."는 명령이 있었기에 모두 휴대하지 않았다. 제례를 구경하고 난 뒤, 수행하던 자들은 돌려보내고 코쇼 10명 정도만 따르게 해서 그대로 매사냥에 나섰다. 비가 조금 내렸다.

(8) 칸키 성을 공격하다

6월 16일, 하시바 히데요시가 하리마에서 쿄토로 돌아와 노부나가로부터 상세한 지시를 들었다. 노부나가는, "작전이 뜻대로 전개되지 않아 진을 치고 있어봐야 가망이 없다면, 우선 그 진은 물리고 그 대신 칸키·시카타로 밀고 들어가 공격해서 깨뜨리고, 그런 다음에 벳쇼 나가하루가 있는 미키 성을 공략하도록 하게."라고 지시했다.

---

[119] 祇園会. 야사카(八坂) 신사의 제례. 요즘에도 기온마쓰리로 성대하게 치러진다.

칸키 성 공격의 켄시는 오오쓰 나가하루·미즈노 큐조(水野 九蔵)·오오쓰카 마타이치로·하세가와 히데카즈(長谷川 秀一)·야베 이에사다·스가야 나가요리·만미 시게모토·하후리 시게마사에게 교대로 맡으라고 명령했다.

6월 21일, 노부나가는 쿄토에서 아즈치 성으로 돌아갔다.

6월 26일, 적의 움직임에 대처하기 위해서 타키가와 카즈마스·아케치 미쓰히데·니와 나가히데의 군세를 미카즈키야마(三日月山)로 올라가게 했으며, 하시바 히데요시와 아라키 무라시게는 타카쿠라야마의 진을 걷고 쇼샤잔까지 철수했다.

이튿날, 칸키 성을 공격했다. 북쪽에서부터 동쪽의 산에 걸쳐서 오다 노부타다·오다 노부타카·하야시 히데사다·호소카와 후지타카·사쿠마 노부모리가 전후좌우 겹겹이 빽빽하게 진을 쳤다. 시카타 성에 대해서는 오다 노부카쓰가 진을 쳤다. 니와 나가히데와 와카사 세력이 비상시에 대비하여 서쪽 산에 진을 쳤다.

나머지 군세, 즉 타키가와 카즈마스·이나바 잇테쓰·하치야 요리타카·쓰쓰이 준케이·무토 키요히데·아케치 미쓰히데·안도 모리나리·우지이에 나오미치·아라키 무라시게 등은 칸키 성으로 맹렬하게 공격해 들어가, 곧 외곽을 무너뜨리고 성을 고립시켰다. 본성의 해자로 차례차례 뛰어들고 벽을 허물며 수 시간에 걸쳐서 공격을 퍼부었다. 오다 노부타카는 아시가루와 앞을 다투듯하며 싸웠으나 고전을 면치 못했다. 부상자와 전사자가 약간 있었다. 단번에 공략할 수 있을 것 같지 않았기에 이날은 공격을 늦추고, 이튿날 다시 총탄을 막기 위해 대나무 엮은 것을 들고 본성의 벽 부근까지 밀고 들어가 풀로 해자를 메우고 인공산을 쌓아서 공격했다.

타지마노쿠니로 출동한 하시바 히데요시는 앞서와 마찬가지로 그곳의 사무라이들을 불러 충성을 맹세케 하고 타케다 성에 하시바 히데나가를 남겨두었다. 그런 다음 히데요시는 자신의 군세를 쇼샤잔으로 돌아가게 했다.

한편 칸키 성 공격은, 남쪽이 허술했기에 오다 노부카네가 군세를 투입했으며, 적의 움직임이 멈췄기에 비상시를 대비하는 군세는 필요없다 판단하여 니와 나가히데와 와카사 세력이 성의 공격에 가담, 동쪽을 맡아 공격하기로 했다. 가장 먼저 망루를 2개 높다랗게 쌓아올리고 대포를 쏘았으며, 해자를 메우고 인공산을 쌓아 공격했다. 타키가와 카즈마스는 남쪽에서 동쪽에 걸친 방면을 공격했다. 광부에게 땅굴을 파게 하고, 망루를 쌓고 대포를 쏘아 벽과 성루를 파괴했으며, 성루에 불을 질러 태워버렸다. 이 외에도 모든 세력이 각각 망루와 인공산을 쌓아놓고 밤낮없이 공격했다.

적이 온갖 말로 사과하며 화목을 청해왔으나 노부나가가 켄시까지 보내서 엄하게 명령해두었기에 받아들이지 않았다.

6월 29일, 노부나가는 효고와 아카시 사이, 그리고 아카시부터 타카사고까지는 거리가 있으니 모리 쪽의 수군을 경계하기 위해 그에 합당한 진지를 준비하라고 명령하고, 오다 노부즈미와 야마시로의 세력을 더해서 만미 시게모토를 파견했다. 만미는 적절한 산에 진지를 구축하고 돌아와서 정황을 보고했다. 이 외에도 오다 노부타다의 명령에 따라서 도로의 요소요소에 하야시 히데사다·이치하시 나가토시·아자이 마사즈미·와다 하치로(和田 八郎)·나카지마 쇼타(中島

勝太)·쓰카모토 코다이젠·야나다 히로마사가 파견되어 교대로 경계에 임했다.

조금 다른 이야기지만 7월 8일 오전 10시 무렵, 쿄토의 시조에 있는 콘렌지(金蓮寺)라는 절에서 불이 시작되어 화재가 났다.

7월 15일 밤, 타키가와 카즈마스·니와 나가히데 양 군이 칸키 성의 동쪽 외곽으로 돌입했으며, 16일에는 성의 중심부인 나카노마루(中の丸)까지 들어갔다. 적장인 칸키 노리자네(神吉 則実)를 베었으며, 텐슈카쿠에 불을 질렀다. 적과 아군이 불꽃을 튕기며 어지러이 싸웠고, 그러는 사이에 텐슈카쿠는 불에 타서 무너졌으며 적의 장병 과반수가 불에 타죽었다.

서쪽 외곽은 아라키 무라시게가 공격했다. 칸키 토다유(神吉 藤大夫)가 지키고 있었다. 항복하겠다는 뜻을 밝혀왔기에 사쿠마 노부모리·아라키 무라시게 두 사람이 알선하여 노부나가도 이를 받아들였다. 토다유는 죄를 용서받았고 이웃해 있는 시카타 성으로 물러났다.

함락된 칸키 성은 하시바 히데요시에게 건네주었으며, 뒤이어 모든 세력이 시카타 성을 공격했다. 이곳 역시 끝까지 지킬 수 없으리라 생각하여 항복하고 인질을 보낸 뒤 성을 넘겨주었다. 시카타 성도 하시바 히데요시가 접수했다.

그런 다음 벳쇼 나가하루가 지키고 있는 미키 성을 총군이 공격했으며, 근방의 요소요소에 대치를 위한 요새를 쌓아 진을 펼쳤다.

(9) 쿠키 요시타카의 대선단

노부나가는 이세의 쿠키 요시타카에게 명령하여 커다란 배 6척을 건조케 했다. 또한 타키가와 카즈마스에게도 외면을 도장하지 않은 커다란 배 1척을 만들게 했다.

　순풍을 기다렸다가 6월 26일에 쿠마노나다(熊野灘)로 나갔고, 오오사카로 들어가려는 길에 탄노와 해상에서 이 커다란 배를 저지하기 위해 사이가와 탄노와의 각 포구에 있던 작은 배들이 헤아릴 수 없이 몰려와 화살을 쏘고 철포를 쏘며 사방에서 공격해왔다. 쿠키 요시타카는 7척의 커다란 배를 산처럼 꾸미고 작은 배를 따르게 하여 항해하고 있었는데 적의 작은 배가 가까이까지 오기를 기다렸다가 그제야 적당히 맞섰으며, 마침내는 대포를 한꺼번에 날렸다. 적의 수많은 배가 격침되었으며 그 후부터는 접근조차 할 수 없었다.

　이렇게 해서 아무 일도 없었다는 듯 7월 17일에 사카이 항구로 돌아왔다. 커다란 배는 구경 나온 사람들을 깜짝 놀라게 했다. 이튿날, 오오사카의 앞바다로 나아가 요소요소에 커다란 배를 배치하여, 오오사카와 모리의 수군 사이의 해상 연락을 차단하고 경계에 임했다.

　이 무렵, 오다 노부타다는 기후 성 안에서 새끼 매 4마리를 키워냈다. 근래 보기 드문 공적이었다. 7월 23일, 이 매를 응사인 야마다와 히로하(広葉) 두 사람에게 들려 아즈치로 가져가게 했다. 노부나가는 이 가운데 한 마리를 취하고, 나머지는 노부타다에게 돌려주었다. 응사 두 사람에게는, "기르느라 고생했네."라는 말이 있었고, 은자 5개씩에 의복을 더해서 하사했다. 두 사람은 크게 감격하여 돌아갔다.

　8월 5일, 무쓰노쿠니(陸奥国아오모리·이와테·미야기·후쿠시마 현 및 아키타 현의 일부,오슈) 쓰가루(津軽)의 난부 마사나오(南部 政直)가 매를 5마리 헌상했다. 8월 10일 만미 시게모토의 저택으로 난부를 불렀으며,

그 접대를 만미에게 명령했다. 난부 마사나오는 이때 노부나가에게 인사를 했다.

(10) 아즈치야마에서의 씨름

8월 15일, 노부나가는 오우미·쿄토의 역사와 그 외에도 1,500명을 아즈치로 불러들여서 오전 8시 무렵부터 오후 6시 무렵까지 아즈치야마에서 씨름을 하게 하고 관람했다. 부장들도 자신들이 데리고 있는 역사들을 이끌고 참가했다. 이 모임을 준비하고 참가한 부장은 오다 노부즈미·호리 히데마사·만미 시게모토·무라이 사다나리(村井 貞成)·키무라 시게아키·아오치 요에몬·고토 타카하루·후세 키미야스·가모우 우지사토·나가타 마사사다·아쓰지 사다히로, 심판원은 키노세 조슌안과 키노세 타로다유 두 사람이었다.

(하급 역사의 씨름)

5명을 이긴 역사는, 쿄고쿠 타카쓰구의 부하인 코난 겐고(江南 源五)·키무라 시게아키의 부하인 후카오 큐베에(深尾 久兵衛)·후세 키미야스의 하인인 칸파치(勘八)·호리 히데마사의 부하인 지조보·고토 타카하루의 부하인 아사오 산고·가모우 우지사토의 하인인 야부시타(籔下) 이상.

(상급 역사의 씨름)

3명을 이긴 역사는, 키무라 시게아키의 부하인 키무라 이코스케·아야이 지효에노조(綾井 二兵衛尉)·후세 키미야스의 부하인 야마다 요헤에·고토 타카하루의 부하인 아사오 산고 및 초코·아오치 마고지로·즈코우·토마 지로·타이토우·엔조지 겐시치(円淨寺 源七)·오오쓰카 신파치·히시야(ひしや) 이상.

씨름이 거의 끝나갈 무렵에는 이미 해가 저물어가고 있었다. 노부나가는 나가타 마사사다와 아쓰지 사다히로가 상당한 실력자라는 말을 들었기에 두 사람의 대결을 보고 싶어 부장들의 시합을 원했다. 처음으로 호리 히데마사·가모우 우지사토·만미 시게모토·후세 키미야스·고토 타카하루가 시합을 했으며, 마지막으로 나가타와 아쓰지가 맞붙었다. 물론 아쓰지의 기량과 체격이 좋으며 힘도 세다는 사실은 누구나 알고 있었으나 운이 좋았던 것인지, 아니면 정말로 강했던 것인지 나가타 마사사다가 승리했다.

이날은 진귀한 상품이 준비되어 있었기에 역사들은 종일 번갈아가며 상품을 받았다. 번번이 훌륭한 씨름을 선보여 노부나가의 보살핌을 받게 된 역사로는 토마 지로·타이토우·쓰코우·묘닌·히시야·스케고로·미즈하라 마고타로(水原 孫太郎)·오오쓰카 신파치·아라시카·야마다 요헤에·엔조지 겐시치·무라타 키치고·아사오 산고·아오치 마고지로 이상 14명. 위의 역사들은 노부나가의 보살핌을 받게 되었으며, 각각 금은으로 장식된 장도·단도·상하의복·노부나가의 영지 가운데서 100섬씩, 그리고 사택 등까지 받아 천하에 체면을 크게 세웠다. 참으로 감사한 일이었다.

8월 17일에 오다 노부타다가 하리마에서 돌아왔다.

9월 9일, 아즈치야마에서 씨름대회를 열어 오다 노부타다와 오다 노부카쓰에게 관람케 했다.

9월 15일, 오오사카 방면의 요새에 진을 치고 있는 군세에 대한 감찰 역할을 주어 코쇼·우마마와리·화살부대를 20일 교대로 각 요새에 파견했다.

9월 23일, 노부나가는 쿄토를 향해 출발하여 그날은 세타에 있는 야마오카 카게타카의 성에서 숙박하고 이튿날 니조의 새로운 저택으로 들어갔다.

9월 24일, 노부나가의 명령으로 사이토 신고가 엣추로 출진했다. 쿠니의 중앙부인 오오타호(太田保)에 있는 쓰케(津毛) 성에는 적인 시이나 미치유키(椎名 道之)·카와다 나가치카(河田 長親)가 군세를 배치해놓고 있었다. 그러나 오와리·미노 두 쿠니의 군세가 공격해온다는 말을 듣자마자 곧 물러나버리고 말았다. 이에 쓰케 성에는 진보 나가즈미의 군세를 남겨두고 사이토 신고는 다시 30리(12㎞)쯤 전진하여 진을 치고 각 방면으로 출격했다.

(11) 사카이에서 커다란 배를 시찰하다

9월 27일, 노부나가는 쿠키 요시타카에게 건조케 한 커다란 배를 시찰하기 위해 쿄토를 출발하여 야와타(八幡)까지 내려갔다. 이튿날인 28일에는 와카에에서 묵고 29일 이른 아침부터 텐노지로 가서 사쿠마 노부모리의 요새에서 잠시 휴식을 취한 뒤, 스미요시타이샤(住吉大社신사)의 신관의 집으로 옮겼다. 이때 텐노지와 스미요시 사이에서 매사냥을 했다.

30일, 이른 아침부터 사카이 항구로 갔다. 코노에 사키히사·호소카와 아키모토·잇시키 요시미치가 동행했다.

쿠키 요시타카는 커다란 배에 돛과 깃발을 세워 늘어놓고, 장막을 둘러 장식했다. 각 포구에서 모여든 병선에도 각각 무구를 갖추었다.

또한 사카이의 남북 2개의 장원에서는 노부나가를 위해 따로 배를 준비하고 외국에서 건너온 다기를 모아 최선을 다해서 장식했다. 그리고 사카이의 마치슈가 앞 다투어 헌상품을 끝도 없이 들고 찾아왔다. 사카이 안의 승속[僧俗]·남녀 모두가 노부나가를 보기 위해 의복을 차려입고 모여들었기에, 의복에 배게 한 훈향이 주위 일대에 향기롭게 감돌았다.

노부나가는 단신으로 쿠키의 커다란 배에 올라 시찰했다. 그것을 마친 뒤 이마이 소큐의 집으로 갔다. 소큐는 차를 끓여 노부나가에게 올렸다. 참으로 감사한 일로 소큐는 후대에까지 체면을 세웠다. 돌아오는 길에 노부나가는 참으로 감사하게도 베니야 소요(紅屋 宗陽)·텐노지야 소규(天王寺屋 宗及)·텐노지야 도시쓰(道叱) 세 사람의 집에도 들렀다가 스미요시 신사 신관의 집으로 돌아왔다.

노부나가는 쿠키 요시타카를 불러들여 황금 20개, 의복 10벌, 큰기러기 요리가 든 도시락 2개를 하사했다. 그리고 쿠키와 타키가와 카즈마스 두 사람에게 각각 1천 명분의 후치(녹봉)를 더해주었다. 또한 커다란 배와 도장을 하지 않은 배에 올라 지휘한 이누카이 스케조(犬飼 助三)·와타나베 사나이(渡辺 左内)·이토 마고다유(伊藤 孫大夫) 세 사람에게도 황금 6개에 의복을 더해 하사했기에 세 사람 모두 감사히 받았다.

10월 1일, 노부나가는 상경을 위해 스미요시를 출발했다. 도중에 야스미 신시치로의 성에서 잠시 휴식을 취한 뒤, 니조의 새로 지은 저택으로 돌아왔다.

이튿날, 노부나가가 집을 비운 사이에 도보슈인 주아미(住阿彌)가 악행을 저질렀기에 처벌했다. 또한 오래도록 부리고 있던 사이(さい)

라는 시녀도 같은 죄로 처벌했다.

(12) 옛추의 진

10월 4일, 사이토 신고는 옛추의 중앙부인 오오타호의 혼고(本鄕)에 진을 쳤다. 적인 카와다 나가치카와 시이나 미치유키는 이마이즈미(今和泉) 성을 지키고 있었다. 사이토가 적의 성 아래로 출동하여 화공을 가하고 새벽녘에 철수하려 했는데, 그때 적이 출격했다. 사이토는 싸움에 유리한 곳까지 유인하여 쓰키오카노(月岡野)라는 곳에서 전투를 벌였다. 곧 적을 무너뜨리고 머리 360개를 취했다. 이 기세를 몰아 계속 진격하여 각지에서 인질을 징집했다. 이를 진보 나가즈미의 성으로 보내고 진으로 돌아왔다.

10월 5일, 노부나가는 키나이와 오우미의 역사들을 불러모아 니조에 있는 자기 저택의 뜰에서 씨름을 하게 하고, 셋케와 세이가케 등의 공가 사람들에게도 구경케 했다.

10월 6일, 노부나가는 사카모토에서 배를 타고 아즈치 성으로 돌아왔다.

10월 14일, 초코지야마에서 매사냥을 했는데 노부타다가 기후에서 기른 매를 사용했으며, 노부나가의 기분이 매우 좋았다.

(13) 아라키 무라시게의 모반 및 기독교 선교사

10월 21일, 아라키 무라시게가 모반을 꾀하고 있다는 급보가 곳곳에서 날아왔다. 갑자기는 믿을 수 없었기에 노부나가는, "어떤 부족함이 있어서인가? 하고 싶은 말이 있다면 해보도록 하게."라며 마쓰이 유칸·아케치 미쓰히데·만미 시게모토를 파견하여 말을 전하게 했다. 대답은, "야심은 조금도 없습니다."라는 것이었기에 노부나가는 기뻐하며, "어머니를 인질로 이쪽에 맡기고, 괜찮다면 그대도 오도록 하게."라고 전했다. 그러나 아라키는 사실 모반을 꾀하고 있었기에 노부나가를 찾아오지는 않았다.

원래 아라키 무라시게는 다른 집안의 가신이었는데 쇼군 아시카가 요시아키가 노부나가를 적대시했을 때(1573), 노부나가의 편에 서서 활약했기에 셋쓰노쿠니의 지배를 허락한 것이었다. 그런데 자기 분수도 모르고 노부나가의 후의에 오만해져서 마침내는 모반을 꾀하기에 이른 것이었다.

노부나가는, "이렇게 된 이상 어쩔 수 없다."며 아즈치 성에 오다 노부타카·이나바 잇테쓰·후와 미쓰하루·마루모 나가테루를 남겨두고 11월 3일에 출진하여 쿄토 니조의 새로 지은 저택으로 들어갔다. 거기서도 노부나가는 아케치 미쓰히데·하시바 히데요시·마쓰이 유칸을 파견하여 설득케 했으나 아라키는 응하지 않았다.

거기에 이시야마 혼간지와 대치하고 있던 각지의 요새에 감찰을 위해 코쇼와 우마마와리들을 파견해 두었는데, 아라키가 이시야마 혼간지와 동맹을 맺는 선물로 이들을 사로잡아 살해할 것이라는 소문이 여러 가지로 들려왔으며 노부나가의 귀에까지 들어가 일이 참으로 난처하게 되었다고 생각했으나 달리 손을 쓸 방법이 없었다.

그런데 무슨 생각을 한 것인지 각 요새의 부장들이 이 감찰관들을 돌려보냈다. 노부나가는 기뻐하며 전원을 불러들여, "이번에 여러 가지 풍설이 있었음에도 불구하고 당황하지 않고 견뎌준 점은, 오다 가문의 명예이기도 하고 그대들 각자의 공이기도 하네."라고 칭찬한 뒤, 각자에게 의복을 내렸다. 고마운 일이었다.

11월 6일, 사이고쿠에 자리 잡고 있는 모리 쪽의 배 600여 척이 키즈 앞바다로 공격해 들어왔다. 쿠키 요시타카의 선대가 출격하자 적이 이를 포위하고 남쪽으로 밀어붙여 오전 8시 무렵부터 정오 무렵까지 해전이 펼쳐졌다. 처음 쿠키는 버텨내지 못할 것처럼 보였으나, 6척의 배에는 대포가 몇 문이고 실려 있었다. 적선을 가까이로 유인한 뒤 대장이 탔으리라 여겨지는 배에 포격을 가하여 이를 대파했다. 그러자 적선은 겁을 먹고 가까이 다가오지 못했다. 쿠키는 적선 수백 척을 키즈의 하구 쪽으로 몰고 가서 이를 격파했다. 이 해전을 구경하던 자들은 하나같이 쿠키 요시타카의 커다란 공에 감탄했다.

11월 9일, 셋쓰로 출진한 노부나가는 그날 야마자키에 진을 쳤다. 그리고 이튿날 타키가와 카즈마스·아케치 미쓰히데·니와 나가히데·우지이에 나오미치·안도 모리나리·이나바 잇테쓰로 하여금, 아쿠타가와·누카즈카(糠塚)·오오타(太田)·료시가와(猟師川) 일대에 진을 치고 적의 이바라키(茨木) 성에 대하여 오오타 북쪽 산에 요새를 건설하라고 명령했다.

오다 노부타다·오다 노부카쓰·오다 노부카네·오다 노부타카·에치젠 세력인 후와 미쓰하루·마에다 토시이에·삿사 나리마사·하라 마사시게·카나모리 나가치카 및 히네노 히로나리·히네노 히로쓰구(日根野 弘継)도 출진했다. 셋쓰 텐진바바에 진을 치고 타카쓰키 성에 있는 적에 맞서 텐진야마(天神山)에 요새를 건설하라고 명령했다.

노부나가는 높은 지대에 위치하여 사방을 내려다볼 수 있는 아마(安

滿)라는 곳에 진을 쳤으며, 그 아마에도 연락소로 삼기 위한 요새를 건설하라고 명령했다.

그런데 타카쓰키의 성주인 타카야마 우콘(高山 右近)은 기독교도였다. 노부나가는 묘안이 떠올랐기에 선교사를 불러들여, "이번에 타카야마가 우리 편에 서도록 일을 주선해주게. 성공하면 기독교 교회를 어디에 세워도 상관없네. 만약 성공하지 못한다면 기독교를 금하겠네."라고 말했다. 선교사는 이를 승낙하고 사쿠마 노부모리·하시바 히데요시·마쓰이 유칸·오오쓰 나가하루와 함께 타카쓰키로 가서 타카야마를 설득했다. 타카야마는 물론 아라키 무라시게에게 인질을 보내놓은 상태였으나, 인질을 희생하는 한이 있더라도 노부나가 편에 서는 것이 장래를 위해서 좋으리라 판단했기에 선교사의 설득에 응하여 타카쓰키 성을 넘겨주었다. 노부나가는 만족했다.

적이 지키고 있는 이바라키 성과 대치하기 위해 쌓고 있던 오오타 요새가 완성되었기에 에치젠 세력인 후와·마에다·삿사·하라·카나모리 및 히네노를 배치했다.

11월 14일, 오오타 요새를 쌓던 타키가와·아케치·니와·하치야·우지이에·안도·이나바 및 무토 키요히데·하시바 히데요시·호소카와 후지타카가 선진이 되어 아라키의 본거지인 이타미로 출동하여 아시가루 부대를 출격시켰다. 무토 키요히데의 부대가 먼저 적과 맞닥뜨려 전투를 벌였는데 말 위에서 엉겨붙어 적의 머리를 4개 취했다. 이를 아마로 보내 노부나가에게 살펴보게 했다. 부근을 불태우고 이타미로 접근하여 적의 성 근처에 있는 토네야마에 진을 쳤다.

요새는 그밖에도 곳곳에 쌓았다. 미노무라(見野村)에는 가도의 남쪽에 위치한 산 부근에 요새를 쌓고 하치야·니와 및 가모우 카타히데와 와카슈가 진을 쳤다. 오노하라(小野原)에는 오다 노부타다·오다 노부카쓰·오다 노부타카가 진을 쳤다.

11월 15일, 노부나가는 아마에서 코오리야마로 진을 옮겼다.

11월 16일, 타카야마 우콘이 코오리야마의 진으로 와서 노부나가에게 인사했다. 노부나가는 크게 기뻐하며 입고 있던 통소매옷을 벗어주고 거기에 하이바라 신에몬(埴原 新右衛門)이 헌상했던 비장의 말도 내주었다. 고마운 일이었다. 이번 일에 대한 은상으로 셋쓰 가운데 아쿠타가와를 타카야마에게 주고 더욱 충성을 다하라고 사자를 통해서 전했다.

11월 18일, 노부나가는 소지지(惣持寺)까지 나아갔으며, 오다 노부즈미 군으로 하여금 이바라키로 드나드는 길목을 지키게 했다. 또한 에치젠 세력인 후와 미쓰하루·마에다 토시이에·삿사 나리마사·카나모리 나가치카·하라 마사시게 및 히네노 히로나리·히네노 히로쓰구 등에게는 소지지에 요새를 쌓으라고 명령하고 오오타의 요새에서 나와 적의 성 가까이까지 진출케 했다.

11월 23일, 노부나가는 소지지를 다시 둘러보았다. 이튿날인 24일에는 중신들만 데리고 토네야마의 요새를 둘러보았다. 24일 오후 10시 무렵부터 눈이 내리기 시작하여 뜻밖에도 밤새 단속적으로 내렸다.

적의 성인 이바라키는 이시다 이요(石田 伊与)·와타나베 칸타이후(渡辺 勘大夫)·나카가와 키요히데(中川 淸秀) 세 사람이 지키고 있었다. 11월 24일 한밤중에 나카가와 키요히데가 아군으로 돌아서서 오다 쪽의 군세를 받아들이고 이시다·와타나베의 군세를 추방했다.

나카가와에게 돌아설 것을 권하고 알선한 것은 후루타 시게나리(古田重然)·후쿠즈미 히데카쓰·오로시 요리시게(下石 賴重)·노노무라 마사나리 네 사람의 생각에 의한 것이었다. 이 네 사람은 이바라키성 수비를 위한 부대로 배치되었다. 셋쓰 지방의 절반이 넘는 지역이 노부나가의 세력 밑으로 들어왔기에 상하 모두 만족했다.

11월 26일, 나카가와 키요히데에게 황금 30개를 주고, 그에게 협력한 가신 3명에게는 황금 6개에 의복을 더해서 하사했다. 타카야마 우콘에게도 금전 20개, 그의 카로 2명에게는 금전 4개에 의복을 더해서 하사했다.

11월 27일, 노부나가는 코오리야마에서 후루이케다(古池田)로 진을 옮겼다. 이날 아침에는 바람이 심하게 불어서 매우 추웠다. 저녁에 나카가와 키요히데가 후루이케다의 진으로 인사를 위해 찾아왔다. 노부나가로부터 장도와 말 및 마구 한 벌을 받았다. 노부타다로부터 오사후네 나가미쓰가 만든 칼과 말, 노부카쓰로부터 비장의 말, 노부타카로부터도 말, 노부즈미로부터는 칼을 받았기에 나카가와는 크게 감격하며 돌아갔다.

11월 28일, 노부나가는 적의 본거지 근방인 코야노(小屋野)까지 진출했다. 요소요소에 진을 쳐 사방에서 압박하라고 명령했다.

한편 일대 마을의 농민들은 모두 카부토야마(甲山)로 달아나버렸다. 노부나가는 허가도 얻지 않고 달아난 것을 괘씸하게 여긴 것인지 호리 히데마사·만미 시게모토에게 명령하여, 각 부대에서 징발한 대원들을 데리고 가서 산을 탐색케 했다. 발견된 농민들은 베어버렸으며, 각자 식량과 물자를 제한도 없이 징발해 가지고 왔다.

뒤이어 타키가와 카즈마스와 니와 나가히데를 출격시켰다. 두 부대는 니시노미야·우바라스미요시(茨住吉)·아시야(芦屋)·스즈메가마쓰하라(雀ヶ松原)·미카게(三陰)·타키야마(滝山)·이쿠타노모리(生田の森)로 진출했다. 그리고 적인 아라키 모토키요(荒木 元清)가 하나쿠마에 자리 잡고 있었기에 군세를 배치하여 그를 고립시키고 산길을 따라서 효고로 진격했다. 승속·남녀 구별 없이 모두 베어버리고 당탑·가람·불상·경권 등 건물 하나, 물건 하나 남기지 않고 전부 불태워버렸다. 그리고 스마(須磨)·이치노타니까지 나아가서 불을 질렀다.

(14) 아베 니에몬의 충절

아마가사키 옆에 오오와다(大和田)라는 곳이 있다. 오오사카에서 아마가사키나 이타미로 가려면 이곳을 지나야 하는 교통의 요충지다. 이곳의 성주는 아베 니에몬(安部 二右衛門)이라는 자였다. 오다 쪽으로 돌아선 시바야마 켄모쓰(芝山 監物)와 상의하여 아베도 오다 편에 서기로 결정했다.

12월 1일 밤, 하치스카 마사카쓰(蜂須賀 正勝)의 알선으로 아베와 시바야마가 코야노에 있는 진으로 인사를 왔다. 노부나가는 크게 기뻐하며 황금 200개를 내렸고, 두 사람은 감사히 받아들고 돌아갔다.

그런데 아베 니에몬의 아버지와 숙부가 이 사실을 듣고 거기에 반대했다.

"혼간지의 주지스님과 아라키 나리에 대해서 불의를 저지르는 것은 좋지 않다. 우리 두 사람은 절대로 찬성할 수 없다."라며 성의 텐슈카쿠로 올라가 둘이서 눌러앉아버렸다.

　이래서는 안 되겠다 싶었기에 아베는, "두 분의 말씀이 참으로 옳습니다. 편을 들지도 않을 거면서 황금을 받을 수는 없으니 금전은 돌려보내겠습니다."라며 두 사람을 달랬다. 그리고 시바야마 켄모쓰를 통해서, "역시 예전처럼 적으로 맞서겠습니다."라며 받았던 황금을 코야노의 진으로 돌려보냈다. 노부나가는, "그렇다면 어쩔 수 없군."이라고 말했다.

　그리고 아베는 아시가루 부대로 하여금 하치야 요리타카·아쓰지 사다유키의 진을 공격케 했다. 철포를 쏘며, "적이 되어 맞서주겠다."고 외치게 했다. 상황이 이랬기에 아버지와 숙부 모두 만족했다.

　아베는 아버지와 숙부를 완전히 속인 뒤, 다음으로 숙부를 사자로 삼아, "이와 같은 상황으로 예전과 달라진 것은 아무것도 없습니다."라고 아마가사키 성에 있는 아라키 무라쓰구(荒木 村次)와 오오사카에 보고케 했다. 아버지도 기뻐하며 텐슈카쿠에서 내려왔다. 이때를 놓치지 않고 그를 사로잡아 칼을 빼앗은 뒤, 곧 쿄토에 인질로 보냈다.

　12월 3일 밤, 아베는 코야노의 진으로 다시 찾아와서 위처럼 고심했던 일들을 자세히 아뢰었다. 노부나가는, "지난번의 충절보다 더욱 장한 일을 해주었구나, 참으로 장하다."라며 황공하게도 차고 있던 비장의 단도인 사몬지 및 말과 마구 한 벌을 내렸다. 그리고 상금으로 황금 200개를 내렸으며, 셋쓰 지방 가운데 카와베군(河辺郡) 일대의 지배를 허락했다. 시바야마 켄모쓰에게도 말을 내렸다.

　12월 4일, 타키가와 카즈마스와 니와 나가히데가 효고와 이치노타니를 불태우고 군세를 되돌려 이타미를 공격하기 위해 쓰카구치(塚口)에 진을 쳤다.

12월 8일 오후 4시 무렵, 모든 세력이 이타미를 향해 공격을 개시했다. 호리 히데마사·만미 시게모토·스가야 나가요리 세 사람을 지휘자로 삼아 철포부대를 이끌고 마을의 초입까지 밀고 들어가서 총격을 가하게 했다. 뒤이어 화살부대를 히라이 나가야스·나카노 카즈야스·시바야마 지타이후(芝山 次大夫)의 3개 부대로 나누고 불화살을 쏘아 마을을 불태우라고 명령했다. 오후 6시 무렵부터 오후 10시 무렵까지 적의 성 근처까지 밀고 들어가 공격했으나, 적이 성벽 부근에서 방어전을 펼쳐 만미 시게모토가 끝내 목숨을 잃고 말았다.

12월 11일, 곳곳에 적과 대치하기 위한 요새를 쌓으라고 명령하고 노부나가는 후루이케다로 진을 옮겼다.

각 요새에 포진한 부장은 쓰카구치에 니와 나가히데·하치야 요리타카·가모우 우지사토·타카야마 우콘·오다 노부타카. 케마무라(毛馬村)에는 오다 노부카네·타키가와 카즈마스·오다 노부카쓰·무토 키요히데. 쿠라하시(倉橋)에는 이케다 쓰네오키·이케다 모토스케(池田 元助)·이케다 테루마사(照政). 하라다(原田)에는 나카가와 키요히데와 후루타 시게나리. 토네야마에 이나바 잇테쓰·우지이에 나오미치·안도 사다하루·아쿠타가와 아무개. 코오리야마에 오다 노부즈미. 후루이케다에 시오카와 나가미쓰. 카모에 오다 노부타다의 군세. 타카쓰키 성에는 오오쓰 나가하루·마키무라 토시사다·이코마 카즈요시·이코마 카즈마사·유아사 나오무네·이노코 카즈토키(猪子 一時)·무라이 사다나리·타케다 사키치(武田 左吉). 이바라키 성에는 후쿠즈미 히데카쓰·오로시 요리시게·노노무라 마사나리. 나카지마에는 나카가와

키요히데. 히토쓰야(一ツ屋)에 타카야마 우콘. 오오와다에 아베 니에몬. 위와 같이 각지에 군세를 배치했다.

또한 하시바 히데요시를 돕게 하기 위해서 사쿠마 노부모리·아케치 미쓰히데·쓰쓰이 준케이를 하리마로 출진시켰다. 도중에 셋쓰 아리마 군(有馬郡)에 있는 적의 성인 산다(三田) 성에 맞서기 위해서 도조가와라(道場河原)·산본마쓰(三本松) 2곳에 성채를 쌓고 하시바 시데요시의 군세를 배치했다. 뒤이어 하리마로 출동하여 벳쇼 나가하루가 지키는 미키 성과 맞서고 있는 각 요새에 군량과 철포와 탄약을 보급하고 요새를 보강한 뒤 돌아왔다.

(15) 하타노의 성을 포위하다

아케치 미쓰히데는 그 걸음에 탄바로 진격하여 하타노 히데하루(波多野 秀治)·히데히사(秀尚) 형제가 지키는 야카미(八上) 성을 포위했다. 주위 30리(12km) 사방을 아케치 미쓰히데 자신의 군세로 포위하고 해자를 팠으며, 담장과 목책을 몇 겹으로 빈틈없이 둘렀다. 담장 아래에는 병사가 주류하는 오두막을 민가처럼 짓게 하여 교대로 엄중하게 경비토록 했다. 그야말로 개미 한 마리 드나들 수 없을 정도로 견고하게 진을 쳤다.

12월 21일, 노부나가는 후루이케다에서 쿄토로 돌아갔다. 이날은 눈이 조금 내렸다.

12월 25일, 아즈치로 돌아갔다.

권12 1579년(텐쇼 7년, 46세)

(1) 셋쓰의 진

노부나가는 오우미의 아즈치 성에서 새해를 맞이했다. 주요한 가신들은 셋쓰 이타미 지방의 각 요새에 진을 치고 있었기에 신년 인사를 하러 오지 못했다.

1월 5일, 쿠키 요시타카가 사카이 항구에서 아즈치로 와서 노부나가에게 신년 인사를 했다. 노부나가로부터, "지금은 오오사카의 정세에도 얼마간 여유가 생겼으니 고향으로 돌아가 처자의 얼굴을 보고, 가능한 한 빨리 돌아오도록 하게."라는 고마운 말과 함께 휴가를 얻었다. 쿠키는 만족하여 이세로 돌아갔다.

1월 8일, 코쇼와 우마마와리와 화살부대에게 명령하여 마부치(馬淵)에서 다듬어놓은 돌 350여 개를 옮기게 했다. 이튿날, 매사냥에서 잡은 기러기와 학을 그들에게 내렸기에 감사히 받았다.

2월 18일, 노부나가는 상경하여 니조의 새로 지은 저택으로 들어갔다. 21일에 히가시야마에서 매사냥을 했으며, 28일에도 역시 히가시야마에서 매사냥을 했다.

3월 2일, 카모의 산에서 매사냥을 했다.

3월 4일, 오다 노부타다·오다 노부카쓰·오다 노부카네·오다 노부타카가 상경했다.

3월 5일, 노부나가 부자가 셋쓰 이타미를 향해 출진하여 이날은 야마자키에 진을 치고 숙박했다. 이튿날에는 길을 가던 도중, 텐진바바(天神馬場)에서 매사냥을 했으며, 코오리야마에 진을 쳤다.

3월 7일, 노부나가가 후루이케다까지 진출하여 진을 쳤으며, 모든 세력이 이타미 사방에 진을 쳤다. 에치젠 세력인 후와 미쓰하루·마에다 토시이에·삿사 나리마사·하라 마사시게·카나모리 나가치카 등도 참진했다. 오다 노부타다는 카모의 카와기시(川岸)와 이케노우에(池の上)에 요새를 견고하게 쌓았다. 사방에 진을 친 각 세력도 요새를 쌓았으며 각각 전면에 해자를 파고 담벼락과 목책을 만들었다.

3월 13일, 오오쓰 나가하루를 타카쓰키 성으로 파견해두었었는데 병으로 세상을 떠났다는 소식이 들려왔다.

3월 14일, 노부나가는 타다(多田) 계곡에서 매사냥을 했다. 그 지방의 시오카와 칸주로(塩河 勘十郎)라는 자가 휴게소를 만들어 노부나가에게 술을 대접했기에 옷을 하사했다. 고마운 일이었다.

3월 30일, 노부나가는 매사냥을 하고 미노오(箕雄) 폭포를 구경했다. 이날 매 가운데 한 마리가 다리를 조금 다쳤다고 한다. 좋은 사냥물을 여럿 잡은 매로 노부나가가 다른 매와는 비교도 할 수 없을 만큼 아끼던 매였다. 매일같이 매사냥을 하여 노부나가도 지칠 법했으나, 그 강한 기력에는 모두가 감탄했다.

4월 1일, 오다 노부타다의 코쇼인 사지 신타로(佐治 新太郎)와

카나모리 진시치로(金森 甚七郎)가 말다툼 끝에 칼을 휘둘러 진시치로는 목숨을 잃었으며, 신타로는 할복을 했다. 두 사람 모두 나이는 20세 정도였다. 싸움이라고는 하나 그간 수련한 솜씨를 내보였기에 상하 사람들 모두 감탄했다.

4월 8일, 매사냥을 나간 노부나가는 후루이케다 동쪽에 있는 벌판에서 기분전환을 위해 한바탕 뛰어다녔다. 우마마와리와 코쇼들은 말을 타게 하고, 화살부대는 노부나가 곁에 두어, 말을 탄 자와 타지 않은 자 2개 조로 나누고, 말을 탄 자들로 하여금 말을 타지 않은 자들 속으로 뛰어들게 했다. 노부나가는 말을 타지 않은 자들 속에 섞여 말을 오른쪽 왼쪽으로 피하며 그들을 막았다. 한동안 한껏 뛰어다니며 기분전환을 한 뒤 바로 매사냥을 했다.

같은 날 하리마로 군세를 내었다. 에치젠 세력인 후와·마에다·삿사·하라·카나모리 및 오다 노부즈미와 호리 히데마사.

4월 10일, 니와 나가히데·쓰쓰이 준케이·야마시로 세력이 출진했다.

4월 12일, 오다 노부타다·오다 노부카쓰·오다 노부카네·오다 노부타카가 출진했다. 이번에 하리마의 미키 방면에 요새를 구축하는 일에 대한 감사 역할을 맡기기 위해 이노코 타카나리와 이이노오 히사키요를 동행케 했다. 오다 노부타다의 코야노와 이케노우에 두 요새에는 나가타 마사사다·마키무라 토시사다·이코마 카즈요시 세 사람을 두어 이를 지키게 했다.

4월 15일, 탄바에서 아케치 미쓰히데가 말을 헌상했는데, 노부나가는 그것을 미쓰히데에게 하사하겠다며 탄바로 돌려보냈다.

4월 17일, 칸토의 히타치노쿠니(常陸国아이바라키 현조슈)에 있는 타가야 시게쓰네(多賀谷 重経)가 멀리에서부터 말을 끌고와 헌상했다. 황적색 빛이 감도는 하얀 바탕에 흰색 반점이 있는 말로 키120)는 4치 8푼(15cm)이며, 7세인데 기름지고 튼튼한 준마였다. 지구력이 좋아서 300리(120km)를 왕복할 수 있다고 했다. 노부나가는 매우 기뻐했다. 아오치 요에몬에게 명령하여 시승토록 했다. 아오치에게는 오카자키 마사무네(岡崎 正宗)가 만든 칼을 하사했다. 이는 사사키 집안에 내려오던 것을 삿사 나리마사가 손에 넣어 황금 10개를 들여 금은으로 칼집을 장식한 뒤 노부나가에게 헌상한 물건이었다. 세상에 아오치의 이름이 잘 알려져, 고마운 일이었다. 타가야 시게쓰네에게는 통소매옷 5벌과 옷감 30필을 보냈다. 말을 끌고 온 사자에게는 은자 5개를 주었다.

  4월 18일, 시오카와 나가미쓰에게 은자 100개를 주었다. 사자는 모리 나가사다(森 長定란마루), 부사는 나카니시 곤베에(中西 権兵衛). 시오카와는, "과분한 하사품으로 더없이 감사하다."며 감격했다.

  이나바 사다미치가 지키고 있던 카와라구치(河原口) 요새로, 적이 지키고 있던 이타미 성에서 아시가루 부대를 출격시켰다. 시오카와 나가미쓰와 우지이에 나오미치가 곧바로 그들과 맞섰고 한동안 전투를 벌여 적의 무장 3명을 베었다.

  하리마의 미키 쪽으로도 적의 아시가루 부대가 공격해왔으나, 오다 노부타다 세력이 적의 목 10개 정도를 베고 승리를 거두었다는 보고가

---

120) 당시 말의 키는 4자(120㎝)를 표준으로 하여 그것을 넘은 만큼만 몇 치라고 말했다.

들이왔다.

4월 23일, 탄바에서 아케치 미쓰히데가 아직 둥지를 떠나기 전의 새끼 매를 잡아 헌상했다.

(2) 쿄토 시조 코유이초의 실가게 사건

이 무렵, 쿄토에서 전대미문의 사건이 일어났다.

시모교 시조 코유이초(小結町)에 있는 실가게에 후처로 들어가서, 이제는 70세쯤이 된 노파가 딸 1명과 함께 살고 있었다.

4월 24일 밤, 딸이 좋은 술을 사가지고 와서 어머니가 이젠 됐다고 했음에도 억지로 권해 술을 더 마시게 했다. 취해 쓰러진 어머니를 둘러메고 창고에 넣어둔 뒤, 밤이 깊어 사람들이 잠들었을 때 찔러 죽였다. 스스로 사체를 상자에 넣어 단단히 묶은 뒤, 자신의 집안은 법화종을 믿음에도 불구하고 정토종인 세이간지(誓願寺)의 스님을 불러 사람들의 눈에 띄지 않게 사체를 절로 옮겼다.

그 집에는 하녀가 하나 있었다. 딸은 그 하녀에게 아름다운 통소매옷을 내어주고 지난밤의 일은 누구에게도 말해서는 안 된다고 다짐을 두었다. 그러나 하녀는 나중에 발각되었을 때의 두려움을 생각하여, 무라이 사다카쓰가 있는 관아로 가서 사건을 고했다.

무라이 사다카쓰가 곧바로 딸을 잡아들여 취조했다. 4월 28일, 딸을 카미교 이치조의 길가에서 수레에 태워 시내를 돌아다니다 로쿠조 가와라에서 처형했다.

4월 26일, 노부나가는 후루이케다 부근으로 나가서 이번에도 기분 전환을 위해 예의 방법으로 한바탕 뛰어다녔다. 이전처럼 우마마와리와 코쇼에게 말을 타게 하고 이번에는 코노에 사키히사와 호소카와 아키모토에게도 말을 타게 했으며, 역시 2개 조로 나누어 말을 타지 않은 조가 말을 탄 조를 이리저리 신나게 끌고다녀 기분전환을 했다.

이번에 오다 노부타다는 하리마 미키 방면의 요지에 요새를 6개 쌓았다. 뒤이어 코데라 마사노리가 거성으로 삼고 있는 고차쿠(御着)성을 공격하여 성 아래에 불을 질렀다. 4월 28일, 노부타다는 아리마군까지 물러났으며, 거기서 노세군(野瀨郡)으로 직접 출동하여 농작물을 베어버렸다.

4월 29일, 노부타다는 후루이케다의 진으로 돌아와 노부나가에게 하리마 방면의 전황을 보고했다. 노부나가로부터 쿠니로 돌아가도 좋다는 허가가 떨어졌기에 이날은 토후쿠지에 도착했으며, 이튿날 기후 성으로 들어갔다.

에치젠 세력과 니와 나가히데는 적의 성인 오우고(淡河)와 대치하기 위한 요새를 구축하라는 명령을 받았다. 이를 완성한 뒤 후루이케다의 진으로 와서 보고했다. 에치젠 세력에게 쿠니로 돌아가도 좋다는 허락이 내려졌기에 쿠니로 돌아갔다.

그 외의 다른 군세에게는 이타미 방면에 진을 치라는 명령이 내려졌다. 쓰카구치에는 니와 나가히데·하치야 요리타카·가모우 우지사토. 쓰카구치의 히가시타나카(東田中)에는 후쿠즈미 히데카쓰·야마오카 카게스케·야마시로 세력. 케마(毛馬)에는 호소카와 후지타카·호소카와 타다오키·호소카와 마사오키. 카와바타(川端) 요새에는 이케다 쓰네오키 부자 3명. 타나카에는 나카가와 키요히데·후루타 시게나리. 시카쿠야시키(四角屋敷)에는 우지이에 나오미치. 카와라 요새에는 이나바 시다미치·아쿠디기외 이무게. 기모의 기외기시에는 시오카와 나가미쓰·안도 사다하루·이가 시치로(伊賀 七郎). 이케노우에에는 오다 노부타다의 군세가 교대로, 코야노 성에는 타키가와 카즈마스·무토 키요히데. 후카다에는 타카야마 우콘. 쿠라하시에는 이케다 모토스케.

이상과 같이 이타미 사방에 요새를 쌓고 2중, 3중으로 해자를 판 뒤, 장벽과 목책을 만들어 각자 엄중하게 경계하라고 명령했다.

(3) 니조·카라스마·산조니시·야마시나·사쿠겐·무토의 병사(病死)

5월 1일, 노부나가는 쿄토로 돌아왔다.

이 무렵, 니조 하루요시·카라스마 미쓰야스·산조니시 사네키·야마시나 토키쓰구(山科 言継)·사가 텐류지(天龍寺)의 사쿠겐 슈료(策彦 周良) 등의 주요 인사가 연달아 병으로 세상을 떠났다.

5월 3일, 노부나가는 쿠니로 돌아가기 위해 쿄토에서 나왔다. 야마나카고에(山中越え)를 넘어 사카모토로 나가서 코쇼들만 데리고 배에 올라 곧장 아즈치 성으로 들어갔다.

5월 11일, 길일이었기에 노부나가는 아즈치 성의 텐슈카쿠로 거처를 옮겼다.

5월 25일 밤, 하시바 히데요시가 하리마의 카이조지(海蔵寺) 요새로 병사들을 은밀히 들여보내 이를 빼앗아버렸다. 이렇게 되자 옆에 위치한 오우고 성에 있던 적들도 성을 버리고 퇴각했다.

(4) 법화종과 정토종의 종론

5월 중순에 정토종의 레이요 교쿠넨(靈誉 玉念)이라는 장로가 칸토에서 올라와 아즈치 거리에서 설법을 했다. 이 설법회에 법화종의 신도인 타케베 쇼치(建部 紹智)와 오오와키 덴스케(大脇 伝介)라는 두 사람이 참석했는데 의심스러운 부분이 있었기에 문답을 시도했다. 레이요 장로는, "젊으신 분들께 말씀을 드려봐야 불법의 깊은 뜻은 이해하지 못하실 것입니다. 두 분께서 좋겠다 싶은 법화종의 스님을 모셔오신다면 문답을 하도록 하겠습니다."라고 대답했다. 설법의 기간은 처음 7일을 예정했었으나, 11일 동안으로 연장했으며, 법화종 쪽으로 사자를 보냈다.

법화종에서도 그렇다면 종론[宗論]을 벌이자며 쿄토에서 초묘지(頂妙寺)의 닛코(日珖), 조코인(常光院)의 닛테이(日諦), 쿠온인(久遠院)의 니치엔(日淵), 묘켄지의 타이조보(大蔵坊), 사카이 아부라야 당주의 동생으로 묘코쿠지의 승려인 후덴(普伝) 등과 같은 뛰어난 승려들이 오기로 했다.

이를 전해듣고 쿄토와 아즈치의 승속들이 아즈치로 몰려들었다. 이 소식은 노부나가의 귀에도 들어갔다. "우리 집안의 가신들 가운데도 법화종의 신도들이 많으니 노부나가의 뜻에 따라서 알선하도록 하겠소. 그러니 일을 크게 벌이지 마시오."라고 스가야 나가요리·아베 이에사다·호리 히데마사·하세가와 히데카즈를 사자로 보내서 양 종파에 전했다.

정토종 쪽에서는 어떤 것이든 노부나가의 지시에 따르겠다고 승낙했으나, 법화종 쪽은 자신들이 이길 것이라고 한껏 오만해져 있었기에 승낙하지 않고 끝내는 종론을 벌이겠다고 했다.

그러자 노부나가는, "그렇다면 심판할 자를 파견할 테니 경과를 서류로 작성해서 승부를 보고하시오."라며 쿄토의 오산[五山] 가운데서도 손에 꼽힐 정도로 박학하다는 말을 듣고 있는 히노 난젠지(南禅寺)의 장로인 케이슈 텟소(景秀 鉄叟)를 심판으로 불러들였다. 마침 인가(因果) 거사가 아즈치에 와 있었기에 그도 역시 심판할 자로 삼아, 아즈치의 교외에 있는 정토종의 절인 조곤인(静厳院)의 불전에서 종론을 벌이게 되었다. 경내의 경비를 위해서 오다 노부즈미·스가야 나가요리·야베 이에사다·호리 히데마사·하세가와 히데카즈 다섯 사람이 파견되었다.

법화종 쪽에서는 초묘지의 닛코, 조코인의 닛테이, 쿠온인의 니치엔, 묘코쿠지의 후덴 및 묘켄지의 타이조보가 기록을 맡기로 했기에 눈부시게 화려한 승복을 입고 법화경 8권과 필기도구를 가지고 등장했다.

정토종 쪽은 검게 물들인 옷에 참으로 소박해 보이는 차림새였다. 칸토의 레이요 장로와 아즈치 타나카에 있는 사이코지의 장로인 세이요 테이안(聖誉 貞安) 두 사람이, 역시 필기도구를 들고 등장했다.

칸토의 레이요 장로가, "제가 먼저 말을 꺼낸 일이니, 제가 먼저 발언하겠습니다."라고 말하자 타나카의 테이안 장로가 그를 제지하고 첫 번째 물음을 얼른 던졌다. 다음에 양쪽의 문답을 적어놓겠다.

테이안; 법화경 8권 안에 염불이 있소?

법화종; 염불이라는 말은 있소.

테이안; 염불이 있다면, 법화종에서는 어째서 염불을 하는 자는 무간지옥에 떨어진다고 말하는 것이오?

법화종; 법화종에서 말하는 아미타와 정토종에서 말하는 아미타는 같은 것이오, 다른 것이오?

테이안; 어느 경전에서 말하든 아미타는 모두 같은 아미타요.

법화종; 그렇다면 정토종에서는 어찌하여 법화경의 아미타를 버리라고 말하는 것이오.

테이안; 아미타를 버리라는 것이 아니오. 염불을 할 때는 염불 이외의 모든 것을 버리라고 말하는 게요.

법화종; 염불을 할 때 법화경을 버리라는 경문이 있는 게요?

테이안; 법화경을 버리라는 경문은 있소. 정토경에는 각 사람에게 적절한 방편으로 법을 설파하면 각각의 깨달음에 도달케 할 수 있다고 적혀 있소. 또한 오로지 아미타불을 열심히 외우라고도 적혀 있소.

법화종; 무량의경[無量義經]에서는 방편으로 40여 년이나 법을 설파했으나 중생은 여전히 도를 얻지 못했다고 말하고 있소.

테이안; 40여 년 동안 법을 설파했으나 득도하지 못했으니 이전의 경전을 버려야 한다고 말한다면, 방좌[方座] 제4에서 말하는 묘[妙]라는 한 글자는 버려야 하는 것이오, 버려서는 안 되는 것이오?

법화종; 40여 년의 네 가지 묘 가운데 어떤 묘를 말하는 것이오?

테이안; 법화경의 묘요. 당신은 모르시는 게요?

법화종 쪽에서는 답을 할 수가 없어서 난처함에 빠졌다[121].

테이안이 거듭 말했다. "버려야 하는 것인지, 버려서는 안 되는 것인지를 물었는데 대답이 없소."

그러자 심판으로 참석한 자를 비롯하여 자리에 가득 들어찼던 자

---

121) 이 문답은 테이안이 사실을 왜곡한 질문을 던졌는데 법화종 쪽에서 그것을 간파하지 못했기에 대답이 막혀버린 것이라고 한다.

모두가 한꺼번에 웃었다. 청중이 법화종 쪽의 승려가 두르고 있던 가사를 벗겨냈다.

때는 1579년 5월 27일 정오 무렵, 칸토의 레이요 장로가 자리에서 일어나 부채를 펼쳐 춤을 추는 것처럼 보였다.

초묘지의 닛코는 '묘'라는 한 글자에 대답을 하지 못하여 모여 있던 사람들에게 호되게 맞았으며, 법화경 8권은 청중이 몰려들어 찢어버리고 말았다. 법화종의 승려와 신도들은 사방으로 뿔뿔이 흩어져 달아났다. 이를 오다 노부즈미 등이 동구와 나루터까지 추격하여 잡아왔으며, 종론의 승부를 적은 기록을 노부나가에게 전달했다.

노부나가는 한시도 지체하지 않고 역시 정오 무렵에 아즈치 산에서 내려와 조곤인으로 향했다. 법화종과 정토종 두 당사자를 불러들였다. 우선 칸토의 레이요 장로에게 부채를 하사했으며, 타나카의 테이안 장로에게는 접이식 부채를 하사하고, 두 사람을 크게 칭찬했다. 심판으로 참가한 케이슈 텟소 장로에게는 예전에 사카이 사람이 헌상했던 토바(東坡)의 지팡이를 주었다.

뒤이어 오오와키 덴스케를 불러들여, "1개 쿠니, 1개 군을 지배하는 자라 할지라도 해서는 안 될 일이거늘, 너는 속인으로 일개 소금장수인 초닌 아니냐. 이번에 레이요 장로에게 숙소를 제공하겠다고 나섰으면서 장로를 응원하지도 않고 남들이 부추기는 대로 문답을 시도하여 쿄토와 아즈치 안팎에서 소동이 일어나게 했다. 괘씸한 일이다."라고 엄중하게 말하고 그 자리에서 목을 베었다.

또한 묘코쿠지의 후덴을 불러, 예전부터 코노에 사키히사와 잡담을 나누던 중에 들었던 후덴의 행적에 대해서 물었다.

후뎬은 큐슈122)에서 상경하여 작년 가을부터 쿄토에 머물렀다. 모든 불경의 어느 경전에 어떤 내용이 있는지 보지 않고도 말할 수 있을 정도로 박식하다고 한다. 단, 어느 종파에도 속해 있지 않았다. 모든 종파를 배웠는데 그 가운데서도 법화종은 좋은 종파이지만, 노부나가의 지시가 있다면 어느 종파든 들어갈 수 있다고 늘 말해왔다. 후뎬의 행장을 살펴보면, 어떨 때는 홍매화가 그려진 통소매옷을 입고, 또 어떨 때는 금은박으로 무늬를 새긴 의장 등 좋은 옷을 입었으며, 옷이 낡아 떨어지면 불교의 연을 맺는 것이라며 그것을 사람들에게 주었다고 한다. 그럴듯한 얼굴을 했으나 자세히 살펴보니 통소매옷은 별로 가치도 없는 모조품이었다고 한다. 이처럼 박식한 후뎬이 스스로 납득하여 법화종으로 들어온다면 법화종이 더욱 번영할 것이라며 간절히 권했기에 금품을 받고 이번에 법화종에 속한 것이었다.

점잖은 나이에 거짓말을 한 셈이니 괘씸한 일이었다.

"법화종으로부터 이번 종론에서 이기면 평생 불편함이 없도록 해주겠다는 굳은 약속과 함께 금품을 받고, 관아에 신고도 하지 않은 채 아즈치로 온 것은, 평소의 말과는 다른 불경한 짓이오."라고 노부나가가 추급했다. "또한 종론이 벌어진 자리에서 자신은 발언하지 않고, 타인에게 문답을 하도록 한 뒤 승산이 있으면 그제야 나서려 기다리고 있었소. 비열한 속셈으로, 더없이 괘씸한 일이오."라고 거듭 말하고 후뎬의 목도 베었다.

나머지 법화종의 승려들에게는 다음과 같이 말했다.

---

122) 九州. 혼슈(本州)의 남서쪽에 있는 큰 섬. 치쿠젠·치쿠고·히젠·히고·부젠·분고·휴가·오오스미·사쓰마노쿠니로 이루어져 있었다.

"대체로 보면 무사들은 군무에 종사하느라 하루하루 고생을 하고 있는데, 승직에 있는 자들은 절이나 암자를 그럴듯하게 지어놓고 사치스러운 생활을 하고 있소. 그럼에도 불구하고 학문조차 닦지 않아 묘, 한 글자에도 답하지 못하다니, 참으로 용서할 수 없는 일이오. 하지만 법화종 사람들은 말솜씨가 좋소. 틀림없이 훗날 종론에서 졌다고는 말하지 않을 것이오. 종문을 변경하여 정토종의 제자가 되거나, 그게 싫다면 이번의 종론에서 진 이상 앞으로는 다른 종파를 비방하지 않겠다는 서약서를 제출하시오."

법화종의 승려들은 아무 말도 못하고 승낙한 뒤,

〈서약서

삼가 다음과 같이 서약합니다.

1. 이번에 오우미의 조곤인에서 정토종과 종론을 벌여 법화종이 패했기에 쿄토의 승려인 후덴 및 소금장수 덴스케가 목숨을 잃었습니다.

1. 앞으로는 결코 다른 종파를 비난하지 않겠습니다.

1. 법화종에 관대한 처분을 내려주시어 참으로 감사합니다. 저희 법화종의 승려들은 일단 종문을 떠났다가 새로이 허가를 얻은 뒤 다시 직에 종사하도록 하겠습니다.

1579년 5월 27일

법화종

우에사마[123]

---

123) 上樣. 고귀한 사람에 대한 존칭. 특히 천황이나 쇼군을 일컫는다.

정토종〉

이와 같은 서약서를 제출했다. 거기에 〈종론에서 패했습니다.〉라고 썼기에 법화종이 졌다는 사실을, 사리에 밝지 못한 아녀자까지도 후대에 이르도록 알 수 있게 되었다124). 다른 문구도 얼마든지 있는데 실패했다고 여러 승려들이 후회한다는 말을 듣고, 세상 사람들은 이를 웃음거리로 삼았다.

타케베 쇼치는 사카이 항구까지 달아났으나, 추격자에게 붙들려 체포되었다. 이번 소동은 오오와키 덴스케와 타케베 쇼치 두 사람의 행동이 발단이 되어 일어난 것이었기에 쇼치도 역시 참수당했다.

(5) 하타노 형제를 책형에 처하다

한편 탄바의 하타노 형제가 지키고 있는 야카미 성으로 아케치 미쓰히데가 작년부터 밀고 들어가 성을 포위한 채, 주위 30리 사방에 해자를 파고 견고한 담장과 목책을 몇 겹으로 둘러 공략하고 있었다. 농성하는 병사들 중에서는 이미 굶어죽은 자도 나왔다. 처음에는 풀과 나뭇잎을 먹었으며, 후에는 우마까지 잡아먹었고 끝내 견디지 못해 어쩔 수 없이 출격한 병사들을 아케치 세력이 전부 베어버렸다. 한편으로는 적에게 계략을 써서 하타노 형제 3명을 사로잡았다.

6월 4일, 하타노 형제를 아즈치로 호송했다. 노부나가는 세 사람을 아즈치 지온지(慈恩寺) 마을 밖에서 즉각 책형에 처했다. 세 사람 모두 체념한 것인지 얌전히 최후를 받아들였다고 한다.

---

124) 사실 종론에서는 법화종이 우세했으나 고의로 법화종이 졌다고 판정하고 이를 빌미로 당시 도전적인 자세를 취하던 법화종을, 노부나가가 탄압한 것이라고 한다.

6월 13일, 탄고의 마쓰다 셋쓰의 카미가 둥지를 떠나기 전의 새끼매 2마리를 헌상했다.

6월 18일, 오다 노부타다가 아즈치로 문안을 드리기 위해 찾아왔다.

6월 20일, 노부나가는 이타미 방면에 진을 치고 있는 타키가와 카즈마스·하치야 요리타카·무토 키요히데·니와 나가히데·후쿠즈미 히데카쓰 5명에게 새매·새끼 새매 3마리를, 아오야마 요조를 사자로 삼아 보냈다. 다섯 사람은 이를 감사히 받았다.

6월 22일, 하시바 히데요시를 돕고 있던 타케나카 시게하루가 하리마의 진중에서 병으로 세상을 떠났다. 노부나가는 그 후임으로 우마마와리로 있던 동생 타케나카 시게타카를 하리마로 파견했다.

6월 24일, 예전에 니와 나가히데에게 하사했던 찻사발인 슈코를 노부나가가 다시 거두어들였다. 그 대신 명도[名刀]인 칸나기리(鉋切)를 하사했다. 오사후네 나가미쓰가 만들었는데 매우 잘 만들어진 칼로 소유자들의 계보까지 첨부되어 있다.

7월 3일, 무토 키요히데가 이타미의 진중에서 병으로 세상을 떠났다.

7월 6일과 7일 이틀 동안 아즈치야마에서 씨름.

7월 16일, 토쿠가와 이에야스가 사카이 타다쓰구를 사자로 보내 말을 헌상했다. 오쿠다이라 노부마사(奧平 信昌)와 사카이 타다쓰구 두 사람도 말을 헌상했다.

7월 19일, 오다 노부타다에게 명령하여, 오다 요하치로(織田 与八郎)·마에다 겐이(前田 玄以)·아카자 나가카네 세 사람으로 하여금 이도 마사모토(井戸 将元)를 기후에서 베게 했다. 이유는 처자를 아즈치로 옮겨와 살게 하지 않고 다른 사람의 집을 이리저리 돌아다녔으며, 평소 아즈치에 머물지 않은 해이한 자였기 때문이었다. 또한 예전에는 문서를 위조하여 후카오 이즈미의 카미에게 가담했었다. 괘씸한 행적이 거듭되었기에 처단한 것이었다.

(6) 아카이 나오마사, 항복하다

7월 19일, 아케치 미쓰히데가 탄고 쪽을 향해서 진격하자 탄바의 우쓰(宇津) 성에 있던 우쓰 요리시게(宇津 賴重)가 성을 버리고 퇴각했다. 아케치는 이들을 추격하여 수많은 적을 베고 그 머리를 아즈치로 보냈다. 뒤이어 오니가(鬼箇) 성을 공격하여 부근을 불태운 뒤 오니가 성과 대치하기 위해 요새를 쌓고 군세를 배치했다.

8월 9일, 아카이 나오마사가 지키고 있는 탄바 쿠로이(黑井) 성으로 공격해 들어가서 밀어붙이자 적도 출격하여 성 밖으로 나왔다. 이를 공격했으며, 성 안으로 들어가려는 적을 뒤쫓아 외곽까지 한꺼번에 들어가서 공격하여 적의 뛰어난 무장 10여 명을 베었다. 아카이는 마침내 여러 가지 조건을 받아들여 항복하고 성에서 물러났다.

아케치 미쓰히데는 위와 같은 경위를 자세히 보고했다. 노부나가는 아케치가 오랜 동안 탄바에 머물며 진력하여 번번이 전과를 거둔 것은 비할 데 없는 공적이라며 감사하게도 표창장을 내렸다. 아케치는 천하에 더할 나위 없이 명예로운 이름을 알렸다.

7월 18일, 데와노쿠니(出羽國 야마가타·아키타 현.우슈) 타이호지(大宝寺)의 타이호지 요시오키(義興)가 준마 5필 및 매 11마리를 헌상했다. 이 가운데 흰 매가 한 마리 있었다.

7월 25일, 무쓰 토오노(遠野)의 토오노 마고지로(孫次郞)라는 자가 흰 매를 헌상했다. 이시다 카즈에(石田 主計)라는 응사가 홋코쿠 지방의 바닷길로 해서 풍파를 뚫고 가져왔다. 눈처럼 희고 맵시도 참으로 뛰어난 매였기에 그것을 본 사람 모두 감탄했다. 노부나가는 이를 매우 아꼈다.

또한 데와의 센포쿠(仙北)라는 곳의 마에다 토시노부(前田 利信)가 역시 매를 가지고 와서 헌상하고 노부나가에게 인사했다.

7월 26일, 이시다 카즈에와 마에다 토시노부 두 사람을 호리 히데마사의 저택으로 불러 접대를 하라고 호리에게 명령했다. 쓰가루의 난부 마사나오가 동석했다. 세 사람은 아즈치 성의 텐슈카쿠를 둘러보았는데, "이처럼 훌륭한 성은 지금까지 본 적도 들은 적도 없습니다. 평생의 추억이 될 것입니다. 감사합니다."라고 말했다.

토오노 마고지로에게는 답례로 우선 의복 10벌(참으로 훌륭한 것으로 오다 집안의 가문이 새겨져 있고 색도 10가지, 옷감도 10가지), 그리고 야크 꼬리의 흰 털 2개와 호랑이 가죽 2장. 이상의 3가지 물건을 주었다. 사자인 이시다 카즈에에게는 의복 5벌에 여비로 황금이 하사되었고, 이를 감사히 받았다. 마에다 토시노부에게는 의복 5벌에 황금을 더해서 주었다. 참으로 감사한 일이라며 감격하여 돌아갔다.

8월 2일, 지난번에 법화종과 종론을 벌인 세이요 테이안 장로에게 은자 50개, 조곤인의 장로에게 은자 30개, 히노의 케이슈 텟소 장로에게 은자 10개, 칸토의 레이요 교쿠넨 장로에게 은자 10개를 각각 보냈다. 감사한 일이었다.

8월 6일, 노부나가는 오우미노쿠니 안의 역사들을 불러 아즈치야마에서 씨름을 하게 하고 구경했다. 코가의 반 쇼린(伴 正林)이라는 자는 이제 18·9세쯤 된 듯했는데, 씨름을 잘해서 7명에게 이겼다. 이튿날에도 역시 씨름을 했는데 이날도 뛰어난 기량을 보였다. 이에 노부나가는 그 자리에서 쇼린을 가신으로 삼았다. 그 무렵에 마침 총포상인 요시로(与四郎)가 벌을 받아 감옥에 들어가 있었다. 이 요시로의 사택·자재·잡구를 몰수하여 쇼린에게 주고 녹봉으로 땅 100섬, 금은으로 장식한 장도, 단도 2개, 통소매옷, 말과 마구 1벌을 주었다. 더없이 명예로운 일이었다.

8월 9일에 시바타 카쓰이에가 카가로 출진하여 아타카·모토오리·코마쓰의 초입까지 불태우고, 논의 벼까지 베어버린 뒤 돌아왔다고 한다.

(7) 아라키 무라시게, 이타미 성에서 탈출하다

8월 20일, 노부나가의 명령으로 오다 노부타다가 기후에서 셋쓰로 출진했다. 이날은 카시와바라에서 묵고 이튿날 아즈치에 도착했다. 22일, 호리 히데마사를 데리고 출발하여 코야노에 진을 쳤다.

9월 2일 밤, 아라키 무라시게가 대여섯 명을 데리고 이타미 성에서 은밀히 빠져나와 아마가사키 성으로 들어갔다.

9월 4일, 하시바 히데요시가 하리마에서 아즈치로 돌아와 비젠의 우키타 나오이에가 항복을 청해와서 이를 허락했으니 그에 관한 문서를 받고 싶다고 말했다. 노부나가는, "사전에 나의 의견도 묻지 않고 담합하다니 괘씸하다."며 화를 내고 히데요시를 곧 하리마로 쫓아냈다.

9월 10일, 하리마의 적인 고차쿠·소네(曽禰)·키누가사(衣笠) 성이 공동작전을 펼쳐 미키 성에 병량을 공급하려 했다. 미키 성을 지키던 군세가 이 기회를 틈타 출격하여 타니 모리요시(谷 衛好)의 진지에 공격을 가해 타니를 베었다. 하시바 히데요시가 이를 보고 출격하여 전투를 벌였다. 이때 목숨을 빼앗은 적은 벳쇼 진타이후(別所 甚大夫)·벳쇼 산타이후(三大夫)·벳쇼 사콘노조(左近尉)·사이구사 코타로(三枝 小太郎)·사이구사 미치스케(道右)·사이구사 요헤이지(与平次)·토호리 마고타이후(砥堀 孫大夫). 이 외에도 아키·키이의 무사로 성명을 알 수 없는 자 수십 명을 베어 커다란 승리를 거두었다.

 9월 11일, 노부나가는 쿄토로 출발했으며 육로를 따라 세타를 돌아서 상경했다. 하리마의 미키 방면에서 전투가 벌어져 다수의 적을 베었다는 보고는 오우사카(逢坂)에서 받았다. 히데요시가 전에 아즈치에서 쫓겨났기에 그것을 안타깝게 여겨 전투에 힘써서 승리를 거둔 것이라 생각했기에, "미키 성을 함락시킬 때까지 더욱 힘을 내서 성의 출입구를 경계하고, 그 외에도 빈틈없이 노력하도록 하라."라는 고마운 서장을 써서 보냈다.

 이때 사가미노쿠니(相模国 카나가와 현소속)의 호조 우지마사(北条 氏政)의 동생인 우지테루(氏照)가 매 3마리를 쿄토에 머물고 있는 노부나가에게 헌상하러 왔다.

 9월 12일, 오다 노부타다가 이타미에 머물고 있는 군세의 절반을 데리고 아마가사키로 출동하여, 적의 성 부근인 나나쓰마쓰(七松)라는 곳에 요새 2개를 쌓았다. 시오카와 나가미쓰와 타카야마 우콘을 1개 부대로, 나카가와 키요히데·후쿠즈미 히데카쓰·야마오카 카게스케를 1개 부대로 편성하여 각 요새에 배치하고 그 외의 군세와 함께 코야노로 돌아왔다.

(8) 쓰네미 켄교 사건

9월 14일, 쿄토의 자토125)들이 소송을 일으켰다. 경위는 다음과 같다.

셋쓰의 효고에 쓰네미(常見)라는 부자가 있었다. 사람들에게 돈을 꿔줄 때마다 손해를 봐서는 자신도 틀림없이 가난해질 것이라고 생각했기에 평생 돈 걱정 없이 편안하게 살아갈 방법을 생각해냈다.

우선 이 쓰네미의 눈은 정상이었으나, 그 방면의 관계자들에게 손을 써서 1천 칸몬126)을 주고 켄교127)가 되었다. 다음으로 쿄토에서 살기로 마음먹고 쿄토의 켄교들에게 이야기하여 1천 칸몬을 출자하게 했다. 이렇게 해서 쓰네미 켄교라는 이름으로 쿄토에서 살았으며, 자토들로부터 허가료를 받기도 하고 높은 이자를 받기도 하여 몇 년 동안 사치스러운 생활을 했다.

자토들의 호소는, 종전에는 법규에 따르기만 하면 아무런 걱정도 없이 생업에 종사할 수 있었는데 부유한 자가 이처럼 뇌물을 써서 켄교가 되다니, 이는 질서를 어지럽히는 매우 유감스러운 일이다, 거기에 켄교들이 결탁하여 꿔준 돈의 원리[元利]를 징수할 때, 저울에 부정한 짓을 하여 더 많은 돈을 취하기에 피해를 보고 있다는 것이었다.

이번에 노부나가에게 소장을 제출하자 자토들의 말이 옳으며, 쓰네미 외 켄교들의 행위는 부정한 것이라는 판결이 내려졌다. 쓰네미

---

125) 座頭. 맹인 악사나 안마사, 침술사를 이르는 말.
126) 貫文. 예전에 동전을 세던 단위로 1칸몬은 동전 1,000개.
127) 檢校. 맹인에게 주어지는 관직.

들을 처벌하려 했으나 여러 가지로 사죄의 말을 하고 황금 200개를 헌상했기에 사면했다.

(9) 우지바시(다리)를 만들다

쓰네미 켄교 들이 헌상한 황금 200개를 자금으로 삼아 우지가와 보도인 앞에 다리를 놓으라고 마쓰이 유칸·야마구치 히데카게(山口秀景) 두 사람에게 명령했다. 먼 훗날까지를 생각해서 다리를 놓는 것이니 튼튼하게 만들라고 말했다.

예전에 정토종과 법화종이 종론을 벌였었는데 그때의 관대한 처분에 대한 사례로 쿄토 법화종의 승려들이 황금 200개를 헌상했다. 노부나가는 이를 자신이 가지고 있는 것도 마음 편한 일은 아니라며 이타미·오오사카·하리마의 미키 등 각지의 요새에 머물며 수고하고 있는 부장들에게 5개, 10개, 20개, 30개씩 나누어 지급했다.

9월 16일, 타키가와 카즈마스·니와 나가히데 두 사람에게 말을 하사했다. 고마운 일이었다. 아오치 요에몬이 사자의 역할을 맡았다.

(10) 오다 노부카쓰를 꾸짖는 서장

9월 17일, 이세노쿠니에 머물고 있던 오다 노부카쓰가 이가노쿠니로 군세를 침공시켜 그곳을 제압하려 했다. 그러나 전투가 벌어지자 쓰게 사부로자에몬(柘植 三郎左衛門)이 목숨을 잃었다.

9월 18일, 쿄토 니조에 있는 노부나가의 새로운 저택에서 셋케·세이가케의 공가들과 호소카와 아키모토가 축국 모임을 열었다. 노부나가는 구경만 했을 뿐이었다.

9월 21일, 노부나가는 쿄토에서 셋쓰의 이타미 방면으로 출진했다. 이날은 야마자키에서 묵었으며, 22일과 23일 이틀 동안은 비가 내렸기에 주류했다. 여기서 오다 노부카쓰에게 셋쓰 방면으로 출진하지도 않고 멋대로 전투를 벌인 것은 괘씸한 일이라는 뜻의 서장을 보냈다. 그 문면은 다음과 같았다.

〈이번에 이가와의 접경지에서 패했다고 들었는데 참으로 하늘의 도리에서 벗어나는 불경스러운 행동으로, 천벌이라고도 할 수 있을 것이다. 그 이유는 네가 셋쓰로 출진하면 이세의 무사와 민중이 고생을 하게 된다, 즉 이웃 쿠니와 전투를 치르게 되면 다른 쿠니로의 출진을 면할 수 있다는 의견에 휘둘려서, 더욱 적나라하게 말하자면 혈기에 휩싸여서 그것이 가장 옳은 생각이라고 믿었기에 이번 사태가 벌어진 것 아닌지. 참으로 안타까운 일이다. 셋쓰로 출진했다면 그것은 가장 먼저 천하를 위한 일이 되고, 아버지에 대한 효행, 형님인 노부타다에 대한 배려가 되어 결국은 너 자신의 현재·미래를 위한 공적이 되었을 것이다. 당연한 말이지만 사부로자에몬 및 그 외의 사람들을 죽게 한 것은 언어도단, 괘씸한 짓이다. 정말로 그런 생각으로 있다면 부자의 연이 끊어지게 될 것이라 명심하고 있어라. 더욱 자세한 이야기는 서장을 들고 가는 사자가 할 것이다.

9월 22일

노부나가

오다 노부카쓰 나리〉

9월 24일, 노부나가는 야마자키를 출발하여 후루이케다에 진을 쳤다.

9월 27일, 이타미를 포위하고 있는 요새를 시찰했다. 코야노에서는 타키가와 카즈마스의 진에 잠시 머물렀으며, 이후 쓰카구치에 있는 니와 나가히데의 진으로 가서 휴식을 취했다. 저물녘에 후루이케다로 돌아왔다.

이튿날인 9월 28일, 쿄토로 돌아갔다. 이날 처음으로 이바라키 성에 들렀다.

(11) 인신매매범

이 무렵, 시모교 바노초(場之町)에 있는 흥행장에서 문지기를 하고 있는 자의 아내가 평소 수많은 여자들을 유괴하여 이즈미의 사카이에서 팔고 있었다. 이 소문을 듣고 무라이 사다카쓰가 체포하여 취조한 결과 여자답지 않게 지금까지 80여 명이나 팔았다고 자백했다고 한다. 바로 처형했다.

9월 29일, 카가의 잇키 세력 가운데서 오오사카와 연락을 취하기 위해 온 자를 오오기마치 스에히데(正親町 季秀)가 사로잡아 노부나가에게로 호송했다. 노부나가는 크게 기뻐하고 그 자를 바로 처단했다.

(12) 거짓 문서

10월 1일, 야마자키의 초닌이 예전에 아케치 미쓰히데와 무라이 사다카쓰의 재판으로 결판이 내려진 소송사건에 대해서 거짓 문서를 작성하여 노부나가에게 직소[直訴]했다. 노부나가가 무라이에게 자문을 구하자, 그 재판에 관한 경위와 판결을 들려주었다. 노부나가는, "괘씸하다."며 그 초닌을 처형했다.

10월 8일, 오후 8시 무렵에 니조를 출발한 노부나가는 밤새도록 이동하여 이튿날인 9일 아침 일출 무렵, 아즈치에 도착했다.

(13) 이타미 성에서의 모반

타키가와 카즈마스가 사지 신스케(佐治 新介)라는 자를 중매자로 삼아 계략을 써서 이타미 쪽의 나카니시 신파치로(中西 新八郎)를 아군으로 끌어들였다. 10월 15일, 나카니시의 활약으로 아시가루 부대장인 호시노 사에몬(星野 左衛門)·야마와키 칸자에몬(山脇 勘左衛門)·오키 토사의 카미(隠岐 土佐守)·미야와키 마타베에(宮脇 又兵衛)가 배신을 하여 조로즈카(上臈塚)로 타키가와의 군세를 끌어들였다. 타키가와 세력은 다수의 적을 베어버렸다. 살아남은 적병들은 갑옷도 제대로 걸치지 못한 채 크게 당황해서 이타미 성 안으로 달아났다. 부자와 형제가 조로즈카에서 목숨을 잃은 자들은 그저 눈물을 흘리기만 할 뿐이었다.

이렇게 해서 오다 쪽의 군세는 이타미의 마을까지 별다른 타격도 없이 점령했으며, 성과 마을 사이에 있던 무사들의 집을 불태워 성을 고립시켰다. 강가에 있는 요새는 와타나베 칸타이후(渡辺 勘大夫)가 지키고 있었는데 그도 역시 혼란한 틈을 이용해서 오다 쪽으로 돌아서기 위해 타다(多田)에 있는 저택까지 철수했다. 그러나 사전에 청해오지도 않고 괘씸한 일이라며 할복을 명했다.

또한 히요도리즈카(鵯塚)는 노무라 탄고(野村 丹後)의 지휘로, 사이가의 군세까지 가담하여 지키고 있었는데 병사의 대부분이 목숨을 잃고 말았다. 노무라는 항복하고 물러나려 했으나, 이를 허락하지 않고 할복을 명하여 그 머리를 아즈치로 보냈다. 아라키 무라시게의 여동생은 노무라의 아내가 되어 있었는데 이타미 성 안에서 이 소식을 듣고 온 세상의 불행을 홀로 짊어진 듯 슬피 울었으며, 앞으로는 살아봐야 희망도 없을 테고 또 어떤 불행을 만나게 될지도 알 수 없는 일이라며 한탄하는 모습은 차마 눈 뜨고 볼 수 없을 정도로 가여웠다.

오다 쪽의 군세가 이타미 성을 사방에서 감싸고 망루를 세웠으며, 광부에게 땅굴을 파게 하여 공격했다. 성 안의 적들로부터 항복할 테니 목숨만은 살려달라는 청이 있었으나 이를 허락하지 않고 계속해서 공격을 퍼부었다.

10월 24일, 아케치 미쓰히데가 탄고와 탄바 2개 쿠니를 평정하고 아즈치로 개선하여 노부나가에게 보고했다.

(14) 호조 우지마사, 카이로 출진하다

10월 25일, 사가미의 호조 우지마사가 노부나가를 편들기로 하고 6만쯤의 군세를 동원하여 출진, 카이를 향해 키세가와(黃瀨川)를 사이에 두고 미시마(三島)에 진을 쳤다는 보고가 들어왔다. 타케다 카쓰요리도 카이의 군세를 이끌고 출진하여 후지산 기슭인 산마이바시(三枚橋)에 진지를 구축하고 대치했다. 토쿠가와 이에야스도 호조 우지마사와 공동작전을 펼치기 위해 스루가로 진격하여 각지에서 공격의 불길을 올렸다.

10월 29일, 엣추의 진보 나가즈미가 노부나가에게, 회색 바탕에 검은 반점이 있는 말을 헌상했다.

10월 30일, 비젠의 우키타 나오이에의 항복을 허락했기에 대리로 우키타 모토이에(宇喜多 元家)가 셋쓰의 코야노로 가서 오다 노부타다에게 예를 취했다. 하시바 히데요시가 알선을 한 일이었다.

11월 3일, 노부나가가 쿄토로 출발하여, 이날은 세타바시(勢田橋)의 다실에서 묵었다. 따르던 가신과 인사를 온 사람들에게 하얀 매를 보여주었다.

이튿날 쿄토로 들어갔다. 니조의 새로운 저택의 공사가 끝났기에 11월 5일, 이를 황실에 헌상하겠다고 청했다. 조정에서는 곧 음양사에게 날을 선정케 했으며, 11월 22일이 길일이라고 했기에 그날 동궁이 새로운 어소로 옮기기로 하고 그 준비를 시작했다.

11월 6일, 노부나가는 하얀 매를 데리고 키타노(北野) 부근으로 가서 메추라기 사냥을 했다.

11월 8일, 히가시야마에서부터 이치조지에 걸쳐서 매사냥을 했다. 하얀 매로 처음 사냥에 성공했다. 9일과 10일 이틀 동안, 이치조지와 슈가쿠지(修学寺)의 산에서 매사냥을 했다. 카미교 타치우리의 초닌들이 사냥터로 술과 안주를 가져와 접대했다. 노부나가는 초닌들 한 사람 한 사람에게 말을 건넸다. 감사한 일이었다.

11월 16일, 오후 10시 무렵, 노부나가는 새로운 저택에서 묘카쿠지로 옮겼다.

(15) 이타미 성에 인질을 남기고 물러나다

11월 19일, 이타미 성을 지키고 있던 아라키 큐자에몬(荒木 久左衛門)과 그 외의 주요한 부장들이 처자를 인질로 성에 남겨두고 아마가사키 성으로 물러났다. 이는 아마가사키와 하나쿠마 2개 성을 넘겨주면 인질인 처자들의 목숨은 살려주겠다고 오다 쪽에서 제시한 조건을 아라키 무라시게에게 전달하고 설득하기 위해서였다. 물러날 때 큐자에몬은,

〈몇 번이고 모리의 원군을 기다리며 아리오카 성(이타미 성)에 머물렀으나, 오늘 하늘의 옷을 남겨두고 아마가사키 성으로 물러나는구나〉라는 노래를 한 수 남기고 떠났다.

오다 노부즈미는 군세를 이타미 성으로 들어가게 하여 각 망루에 머물며 성 안을 지키게 했다. 이타미 성에 남겨진 처자들은 새장 속에 갇힌 형국이 되어 서로의 눈과 눈을 바라보고 있었다. 너무나도 커다란 두려움에 아라키 무라시게의 아내 다시(だし)가 아라키에게 보낸 노래.

〈저는 서리를 만나 시든 채 남겨진 덩굴풀입니다. 이제는 나니와(難波) 바다에 몸을 던져야 할 뿐입니다〉

아라키 무라시게의 답가.

〈하늘의 다리를 밟으려 나니와의 아마가사키에서 노력했으나 그 자부심도 꿈결처럼 덧없는 것이 될 줄은 몰랐구나〉

아코코(あここ)가 다시에게 보낸 노래.

〈찬바람 불어도 염불소리 끊이지 않으면, 저도 함께 갈 아미타정토로 가는 길이 어찌 괴롭겠습니까〉

오치요(お千代)가 아라키 무라시게에게 보낸 노래.

〈그토록 연모하던 우리 사이는, 당신과의 추억만 남기고 지는 꽃처럼 끝나는 건가요〉

아라키 무라시게의 답가.

〈백년해로하리라 여긴 우리 사이는 꿈이었다 할지라도 후세에 만났을 때는 결코 꿈처럼 덧없지는 않으리라 믿어주시게〉

이처럼 노래를 주고받았다.

(16) 동궁, 니조의 새로운 어소로 옮기다

11월 22일에 동궁이 니조의 새로운 어소로 거처를 옮겼다. 출발 시각은 오전 6시 무렵으로 정해져 있었으나, 8시 무렵이 되어 출발했다. 길은 이치조에서 무로마치 거리를 지나기로 했다.

행렬의 순서 등은 다음과 같았다.

선두에는 코노에 사키히사가 섰다. 다음으로 다섯 셋케인 코노에 노부모토·쿠조 카네타카(九条 兼孝)·이치조 우치모토(一条 內基)·니조 아키자네(二条 昭実)·타카쓰카사 노부후사(鷹司 信房). 이들은 가마에 탔다. 가마 옆을 이름 있는 사무라이들이 따랐다. 수행하는 사람들과 하인들은 가마 뒤를 별다른 순서 없이 따랐다.

다음으로 부교들인 오오토 사에몬노조(大藤 左衛門尉)·오오토 비젠의 카미·하야시 에치젠의 카미·오가와 카메치요마루(小河 亀千代丸). 텐소(伝奏 상소 등을 임금에게 전하는 자) 역할을 맡은 자는 오리에보시(折烏帽子 두건)와 스오(素襖 가문을 새긴 예복)에 하의는 하카마를 걷어 입었다.

동궁의 물품은 사방 5자(1.5m)쯤 붉은 옻칠을 한 중국식 궤짝에 넣어 그것을 대 위에 올렸다. 조시키(雜色 잡무를 맡은 자)는 오리에보시에 스오, 하의는 하카마를 걷어 입었다. 저마다의 술이 달린 쇠몽둥이를 든 채, 도검류를 지니기도 하고 허리를 곧게 펴기도 한 구경꾼들을 경계하며 지나갔다.

동궁의 거문고, 이는 비단 주머니에 넣었다. 시텐오지(四天王寺)의 악인이 따랐다. 거문고를 든 자는 1사람, 카자오리에보시(風折烏帽子 두건)에 누노히타타레(布直垂 예복의 일종)를 입었다.

동궁의 우산, 이는 하얀 우산 주머니에 넣었다. 그것을 든 자는 시초(仕丁 관청의 잡역부), 타테에보시(立烏帽子 두건)에 하얀 옷을 입었다.

첫 번째 가마에는 고노미야128)와 그의 생모인 와카미쓰보네(若御局)가 함께 탔다.

두 번째 가마에는 동궁의 비인 나카야마 조로(中山 上臈)와 역시 동궁의 비인 카주지(勸修寺) 조로.

세 번째 가마에는 유모.

네 번째 가마에는 코조로129)들.

다섯 번째 가마에는 시녀 가운데 차관.

여섯 번째 가마에는 고노미야의 유모.

이상 가마는 6채였다. 시초는 주토쿠(十德 학자 등이 입던 옷)를 입었다. 사무라이가 가마 좌우를 따랐다. 수행하는 여자들은 60명, 장옷에 가죽 버선을 신고 홑겹 가죽신을 신었다. 이 한 무리는 참으로 빛이 나는 듯했으며 의복에서 훈향의 냄새가 났는데 말로 표현할 수 없이 좋았다. 또한 하급 시녀들 가운데 의복이 담긴 자루 등을 든 자도 있었다.

당상관과 공가 가운데 따른 자는 아스카이 마사노리(飛鳥井 雅敎)·

---

128) 五宮. 동궁의 다섯 번째 황자. 훗날 노부나가의 양자가 되었다.
129) 小上臈. 공가의 딸 가운데 여관이 된 자.

니와타 시게야스(庭田 重保)·야나기하라 아쓰미쓰(柳原 淳光)·요쓰쓰지 킨토오(四辻 公遠)·칸로지 쓰네모토(甘露寺 経元)·지묘인 모토타카(持明院 基孝)·타카쿠라 나가스케(高倉 永相)·야마시나 토키쓰네(山科 言経)·니와타 시게미치(重通)·카주지 하레토요(勧修寺 晴豊)·오오기마치 노리히데(正親町 季秀)·나카야마 치카쓰나(中山 親綱)·나카노인 미치카쓰(中院 通勝)·카라스마 미쓰노부(烏丸 光宣)·히노 테루스케(日野 輝資)·미나세 카네나리(水無瀬 兼成)·히로하시 카네카쓰(広橋 兼勝)·요시다 카네카즈(吉田 兼和)·타케우치 나가하루(竹内 長治)·히가시보조 모리나가(東坊城 盛長)·미나세 치카토모(親具)·타카쿠라 나가타카(高倉 永孝)·하무로 사다후지(葉室 定藤)·마데노코지 아쓰후사(万里小路 充房)·요쓰쓰지 스에미쓰(季満)·시조 타카마사(四条 隆昌)·나카야마 요시치카(慶親)·로쿠조 아리치카(六条 有親)·아스카이 마사쓰구(雅継)·미나세 우지나리(氏成)·고조 타메나(五条 為名)·나카미카도 노부미쓰(中御門 宣光)·토미노코지 히데나오(富小路 秀直)·카라하시 아리미치(唐橋 在通) 이상. 각자 도보로 수행했다. 타테에보시에 비단 히타타레(直垂_{예복}), 무늬는 제각각. 맨발에 굵은 끈이 달린 조리130)를 신었다. 카자오리에보시(두건)의 끈은 넓게 짠 자줏빛 끈. 카스카이 마사노리는 네 가닥 실을 꼰 자주색 끈이었다. 요시다 신사의 신관인 요시다 카네카즈는 당상관 무리에 끼었기에 여기에 있었다. 이 사람은 여덟 가닥 실을 꼰 흰색 끈이었다.

---

130) 草履. 지금의 슬리퍼처럼 생긴 신.

가마 앞에 선 자가 길을 비키면 동궁의 가마. 가마를 짊어진 자들은 타테에보시에 흰 옷을 입었다. 호쿠멘(北面)의 무사(궁궐을 경호하는 무사) 11명. 이들은 오리에보시, 스오, 하카마, 뒤꿈치가 없는 짚신. 가마 조금 뒤로는 목동들도 따랐다.

뒤이어 세이가케의 공가들. 토쿠다이지 킨쓰나(德大寺 公維)·사이온지 사네마스(西園寺 実益)·산조니시 킨아키라(三条西 公明)·오오이노미카도 쓰네요리(大炊御門 経頼)·코가 스에미치(久我 季通)·산조 키미노부·카잔인 이에마사(花山院 家雅) 이상. 타테에보시에 비단 히타타레, 색은 여러 가지. 맨발에 굵은 끈이 달린 조리를 신고 가마에서 조금 떨어져 따랐다. 공가들을 따르는 사무라이와 하인들이 순서 없이 뒤를 이었다. 300명쯤이나 되었을까?

마침 가마의 발로 아침 해가 비춰들어 노부나가가 행렬을 바라보고 있는 곳에서 동궁의 모습을 뚜렷이 볼 수 있었다. 동궁은 눈썹을 그리고 타테에보시, 주황색 비단으로 지은 코노우시(小直衣 귀인이 입던 옷)에 하얀 비단 하카마였다. 예전에도, 앞으로도 이처럼 가까이서 뵙는 일은 없으리라. 위의와 아름다움은 도저히 말로 표현할 수 없을 정도였다.

시라카와 마사토모(白川 雅朝)와 레이제이 타메미쓰(冷泉 為満) 두 사람이 동궁의 가마 곁을 따랐다. 키쿠테이 하루스에(菊亭 晴季)가 발을 드는 역할이었다. 동궁의 검은 나카노인 미치카쓰가 들었다.

사례의 말을 전하는 역할은 카주지 하레토요가 맡았다고 한다.

11월 27일, 노부나가는 키타노 부근에서 매사냥을 했는데 아끼던 새매를 잃었다. 각지를 찾아보게 했더니 12월 1일에 탄바에서 발견되어 사로잡아가지고 왔다.

한편 이타미 성에는 처자들의 경호를 위해서 스이타(吹田) 아무개·호우카베(泊〃部) 아무개·이케다 이즈미 세 사람이 남아 있었는데 이케다 이즈미는 성 안의 상황을 어떻게 본 것인지,

〈나는 이슬처럼 스러지나 마음에 걸리는 것은 어린아이들. 어찌 될지 목숨을 건졌으면 싶구나〉

라는 노래 한 수를 남긴 뒤, 철포에 탄약을 넣어 스스로 머리를 쏘아 자결했다. 처자들은 더욱 조마조마해져 아마가사키에서 데리러 오기를 애가 타게 기다렸다. 참으로 가엾은 모습이었다.

12월 3일, 노부나가는 직속 가신 상하를 모두 묘카쿠지로 불러, 면직물·피륙·옷감 등 1천여 필을 쌓아놓고 우마마와리들과 그 외의 사람들에게 하사했다. 감사한 마음으로 받았다.

타카야마 우콘의 아버지인 타카야마 히다의 카미는 작년에 이타미 방면으로 들어갔던 괘씸한 자였기에 12월 5일에 아오키 쓰루(青木鶴)를 사자로 삼아 홋코쿠로 호송하여 시바타 카쓰이에의 감시 아래에 두었다.

(17) 이와시즈미 하치만구를 수축하다

12월 10일, 노부나가는 야마자키까지 나아갔다. 11일과 12일 이틀 동안은 비가 내렸기에 호샤쿠지(宝積寺)에 머물렀다.

이와시미즈(石清水) 하치만구(八幡宮신사)는 본전과 그 앞쪽의 전 사이에 예로부터 나무로 된 홈통이 걸려 있었다. 이것이 썩어서 비가 샜기에 가람이 심하게 썩었다. 이러한 상태를 전해들은 노부나가는

그곳을 수축하기로 했다.

바로 야마시로노쿠니 안에 있는 자신의 직할령의 다이칸인 타케다 사키치·하야시 코베에(林 高兵衛)·나가사카 스케이치(長坂 助一)를 불러서, 6간(11m)짜리 홈통을, 훗날까지도 위한 일이니 청동을 써서 5개로 나누어 주조하라고 명령했다.

예전에는 목수의 우두머리나 여러 장색의 우두머리들이 각자 필요 이상으로 공사비를 취해서 쓸데없는 비용이 들어가는 데 비해서 공사는 생각한 것처럼 진척되지 않았었다. 이번에는 필요한 공비 외에 조금도 허투루 쓰는 것이 없도록 하기 위해서 각 직종마다 감독을 맡을 담당자를 임명하여 하루라도 빨리 완성할 수 있게 노력하라고 엄중하게 명령했다. 대장장이·목수·제재업자·지붕을 이는 자·주조업자·기와 굽는 자 등을 소집하고, 또 야마토의 미와야마에서 목재를 베어 가져오게 했다.

하치만구의 신관들에게 기공식에 좋은 길일을 물었더니 항례에 따라 조정에서 일시를 지시해줄 것이라고 했다. 문의를 한 뒤 기다렸더니 길일과 길한 시각을 선정하여 1579년 12월 16일 오전 6시 무렵이라는 칙서가 내려왔다.

(18) 이타미 성의 인질을 처단하다

이때에 이르러서도 아라키 쪽에서는 아마가사키와 하나쿠마 2개 성을 넘겨주지 않았는데, 이는 각 무장들이 인질로 잡힌 처자와 육친을 버리고 자신들만 살겠다는 뜻 외에 아무것도 아니었기에 전대미문의 행보가 아닐 수 없었다.

이타미 성에 남겨진 수많은 처자들은 현재의 정황을 듣고, 이게 꿈인지 생시인지 분간하지 못했으며, 사랑스러운 사람들과의 이별을 슬퍼하는 모습은 그 무엇과도 비할 데가 없었다. 어떤 사람은 어린 아들을 끌어안았고, 혹은 임신한 사람도 있었다. 어찌해야 좋겠느냐고 한탄하며 몸부림치고 애를 태웠으며, 목청껏 울며 슬퍼하는 모습은 차마 눈을 뜨고 볼 수 없을 정도였다. 이러한 모습을 보고 들으면, 마음이 다부진 무사라 할지라도 목석은 아니었기에 눈물을 흘리지 않은 자가 없었다.

　노부나가는 야마자키에서 정황에 대한 보고를 듣고, 가엾이 여기기는 했으나 악인을 벌하기 위해서 이타미 성에 있는 인질들을 처단하라며 상세한 지시를 내렸다.

　아라키 무라시게의 식구들은 쿄토에서 처단하라고 명령했기에 12월 12일 저녁부터 밤에 걸쳐서 쿄토로 호송했다. 묘켄지에 커다란 감옥을 마련하여 30여 명쯤의 여자들을 수용했다. 호우카베 아무개·스이타 아무개 및 아라키 큐자에몬의 아들인 지넨(自念) 세 사람은 무라이 사다카쓰의 관청에 있는 감옥에 넣게 했다. 이 외에 셋쓰노쿠니에서 상당한 지위에 있는 자들의 처자를 모아서 타키가와 카즈마스·하치야 요리타카·니와 나가히데 세 사람에게 맡기고 책형에 처하라고 명령했다.

　이러한 가운데 아라키 고로에몬(荒木 五郎右衛門)이라는 자는, 평소 아내와의 사이가 그렇게 친밀하지는 않았으나 아내를 이렇게 내버려두는 것은 도리에 어긋나는 일이라며 아케치 미쓰히데를 통해서 호소하여 자신의 목숨과 아내의 목숨을 맞바꾸게 해달라고 여러 가지로 탄원했다. 그러나 끝내는 들어주지 않았으며, 결국은 부부 두 사람 모두 처단당했다. 딱한 일이기는 했으나 어쩔 수 없는 일이었다.

쿄토로 호송된 자들은 모두 눈물을 흘리며 부모와 형제들에게 각자 마지막 편지를 써서 남겼다.

12월 13일 오전 8시 무렵에 인질 122명을 아마가사키 부근의 나나쓰마쓰에서 책형에 처하기로 결정하고 모두를 끌어냈다. 과연 이름 있는 자들의 아내들이었기에 아름답게 옷을 차려입고, 벗어날 수 없는 운명이라 깨달은 듯 차분하게 늘어서 있었다. 이 아름다운 여자들을 더없이 우락부락한 무사들이 넘겨받아, 어린아이가 있으면 어머니에게 안게 한 채 차례차례 기둥으로 끌어올려 책형에 처했다. 그리고 차례차례 철포로 쏘아 죽이거나 또는 창이나 칼로 찔러 죽였다. 122명의 여자들이 일제히 슬퍼하며 울부짖는 소리는 하늘에도 닿을 듯했으며, 이를 지켜보는 사람들은 눈앞이 캄캄해지고 마음까지 오그라드는 듯하여 동정의 눈물을 참을 수가 없었다. 그 모습을 본 자들은 스무 날이고 한 달이고 처형당한 여자들의 얼굴이 떠올라 잊을 수가 없었다고 한다.

이 외에도 여자 388명, 이들은 중급 이하 무사들의 처자와 시녀들이었다. 남자 124명, 이들은 여자들에게 붙여놓았던 젊은이들 등이었다. 합계 510여 명. 야베 이에사다에게 감독을 명하여, 이들을 4채의 집에 몰아넣고 마른 풀을 쌓아 불태워 죽이게 했다. 바람이 일어 불길이 번짐에 따라서 물고기가 몸을 비틀며 튀어오르듯, 이리저리로 우르르 몰려다녔으며 뜨거운 불꽃에 숨이 막혀 펄쩍펄쩍 뛰어오르기도 하고, 비명이 연기와 함께 하늘에 울렸다. 지옥에 있는 귀신의 가책이

바로 이럴까 여겨졌다. 간이 오그라들고 혼백이 나간 듯하여 두 번 다시 돌아보려는 자가 없었다. 가엾은 모습은 말로 다 표현할 수가 없었다.

이타미 성에는 코쇼들을 20일씩 교대로 머물게 했으며, 12월 14일에 노부나가는 아마자키에서 쿄토의 묘카쿠지로 돌아왔다. 그리고 12월 16일에 아라키 무라시게의 식구들을 쿄토에서 처단하라고 명령했다.

여기에 이르기까지의 경위를 들어보면 딱한 마음을 금할 길이 없다. 지난해 10월 하순, 아라키 무라시게는 마가 낀 것인지 노부나가에게 대적하기 시작했다. 노부나가는 11월 3일에 바로 상경했다. 같은 달 9일에 출진하여 텐진바바에 요새를 쌓았다. 그러나 아라키와 가신들은 타카쓰키 성과 이바라키 성 모두 견고하니 간단히는 함락시킬 수 없을 것이라 생각하고 있었는데, 버팀목이라고도 기둥이라고도 믿고 있던 타카야마 우콘과 나카가와 키요히데가 오다 쪽으로 돌아서버리고 말았다. 이때까지만 해도 사태가 이렇게까지 되리라고는 생각지 못했으나, 노부나가는 코야노까지 간단히 진을 옮겼으며 빈틈없이 이타미 성을 포위하라고 명령했다.

12월 1일 밤, 아베 니에몬도 오다 쪽으로 돌아서서 오오사카·아마가사키에서 이타미로 연결되는 통로를 차단해버렸다. 이렇게 되자 아라키 쪽은 상하 모두 난처한 지경에 놓이고 말았다.

그런데 아키의 모리 테루모토가 1월 15일이 지날 무렵까지는 반드시 출진하여 니시노미야나 코시미즈(越水) 부근에 본진을 두고, 킷카와 모토하루·코바야카와 타카카게·우키타 나오이에를 아마가사키에 포진케 한 뒤, 사이가·오오사카의 군세에게 선진을 맡게 하여 양쪽에서 공격, 오다 세력을 내몰아 아라키의 생각대로 셋쓰를 지배할 수 있게 해주겠다고 참으로 진심인 듯 서약서를 적어 보내왔기에 모든 자들이 신불에게 기원하며 모리의 구원을 의지하고 있었다.

올해 2월 18일, 노부나가는 다시 상경했으며 3월 5일에 출진하여 후루이케다에 진을 쳤고, 노부타다는 카모의 강변 가까이에 요새를 쌓았으며 이타미 성의 사방에 해자를 파고 견고한 울타리와 목책을 이중, 삼중으로 둘렀다. 이타미 성은 그야말로 새장 속의 새와 같은 형국이 되어버리고 말았다.

이후 사태가 어떻게 될지 걱정이 되기는 했으나 봄이나 여름에 모리의 군세가 구원을 오면 반드시 결말이 날 것이라며 기다리고 있었다. 어떤 숲이나 수풀에서도 봄이면 꽃이 피는 법이니, 백화가 만발하고 셋쓰노쿠니도 온화함을 맞이하게 되리라 밤낮으로 기다리는 동안 곧 봄도 떠나서 소귀나무 꽃, 복숭아꽃, 자두꽃은 벌써 졌으며, 나무들의 녹음이 짙어졌고 겹옷을 홑옷으로 갈아입었으며, 병꽃나무의 꽃, 소쩍새, 장마철의 근심과 함께 시간이 흘렀다. 그러는 사이에 격렬한 전투로 아버지를 잃고 자식을 앞세우는 등, 누구에게나 커다란 탄식이 끊이지 않았다. 그랬기에 어떻게 된 일이냐며 몇 번이고 추고쿠 쪽으로 사자를 보냈더니, 병마의 식량이 마련되는 대로 7월 중에라도 출진하겠다며 다시 훗날을 약속하는 대답이 돌아왔다. 그런데 8월이 되자 쿠니 안에 사건이 일어나서 출진할 수 없다는 말을 전해왔다.

이제는 나무들도 벌써 잎을 떨구었고 숲도 점차 말라가고 있었기에 불안함에 전의마저 상실하여 어찌해야 좋을지 모르게 되었다. 그러자 아라키 무라시게가, "하타노 형제처럼 호락호락 책형에 처해져 목숨을 잃을 수는 없다. 성 안의 군량이 떨어질 듯하면, 그 이전에 군세를 출격시켜 코야노와 쓰카구치로 진격, 전투를 치르기로 하자. 그 사이에 이타미에 남아 있는 3천의 군세를 3단으로 배치하여 아녀자를 감싸고 퇴각하기는 식은 죽 먹기와 같은 일일 것이다. 만약 이 계획을 실행에 옮기지 못한다면 아마가사키와 하나쿠마 2개 성을 넘겨주고 목숨만은 건질 수 있도록 하자."라며 성 안의 전원에게 기운을 불어넣었다. 그리고 9월 2일 밤, 아라키 무라시게는 대여섯 명만을 데리고 이타미 성에서 은밀히 빠져나와 아마가사키 성으로 옮겼다.

성 안에 있던 사람들은 더욱 기력을 잃었으며 모든 사람들이 앞날을 근심하고 있을 때인 10월 15일, 호시노 사에몬·야마와키 칸자에몬·오키 토사의 카미 등 아시가루 부대장 3명이 오다 쪽으로 돌아섰다. 평소에는 이타미에서 한 부대의 우두머리를 맡을 정도 되는 무사들의 처자는 인질로 매일 밤 성 안으로 들여보내두었었는데, 운이 다한 것인지 새벽이 되자 인질들을 돌려보냈다. 이에 호시노 등은 조로즈카로 오다 쪽의 군세를 받아들였다. 오다 세력은 아라키 쪽 병사를 다수 베어버리고 별다른 타격도 없이 마을을 점령했으며, 성과 마을 사이에 있는 무사들의 저택을 불태워 성을 고립시켰다. 와타나베 칸타이후가 기슭의 요새에서 타다의 저택까지 철수했지만 그를 할복케 했으며, 또 히요도리즈카는 노무라 탄고가 대장이 되어 지키고 있었는데 그도 항복했으나 받아주지 않고 할복케 했다.

그런 다음 아케치 미쓰히데가, "아마가사키와 하나쿠마 2개 성을 넘겨주고 목숨을 빌도록 하라."고 제시했다. 고마운 말이라며 아라키에게 그 말을 전했으나 결론이 나지 않았다. 이에 이타미 성의 주요한 부장들은, "이러한 이치를 아라키에게 전달하여 두 성을 건네주도록 설득하겠습니다. 만약 아라키가 동의하지 않는다면, 저희가 선진을 맡을 테니 군세를 출진시켜 바로 아마가사키 성을 공략하시기 바랍니다."라고 서약하고 처자를 인질로 성에 남겨놓은 채, 호우카베·스이타·이케다 이즈미를 처자들의 경호를 위해 남겨두고 11월 19일에 아마가사키로 출발했다.

그러나 사태가 호전되지 않으리라고 본 이케다 이즈미는 철포에 탄약을 넣어 스스로의 머리를 쏘아 자결했다. 세상에 목숨만큼 덧없는 것도 없다.

아마가사키에서는, 어제까지만 해도 그럴듯한 말을 하던 이름 있는 무사들이 인질이 된 처자·육친보다 자신들의 몸을 걱정하는 듯한 말만을 전해왔다. 처자들은, "이래서는 아무래도 벗어날 수 없는 운명인 듯하니 스님을 모셔와야겠습니다."라며 각자 절의 승려에게 시주를 하고 염주나 수의를 받아 극락왕생을 빌며 몸을 삼갔다. 시주로는 금은을 낸 자도 있었으며, 입고 있던 의복을 바친 자도 있었다. 예전부터 아끼던 화려한 비단이나 명주보다, 지금은 수의가 훨씬 더 고맙게 여겨졌다. 세상을 주름잡던 시절에는 듣기만 해도 섬뜩한 기분이 들었으나 수의를 받고, 또 계명을 받자 마음이 든든해진 듯했다.

천년이고 만년이고 함께하자 약속했던 부부, 부모와 자식, 형제자매의 사이가 찢겼으며, 뜻밖에도 쿄토에서 사람들에게 부끄러운 모습을 보이게 되었으나, 이제는 아라키도 원망하지 않고 전생에서 자신이 범한 죄 때문에 이처럼 비참한 결말을 맞이하게 된 것이라고 포기했다.

모두가 저마다 편지를 써서 그것을 남겼다.

한편 12월 16일 오전 8시 무렵, 아라키 무라시게의 식구들을 수레 1대에 2명씩 태워 쿄토 시내를 돌게 했다. 순서는 다음과 같았다.
첫 번째, 스이타 아무개, 나이 20세쯤, 이는 아라키의 동생.
노무라 탄고의 아내, 나이 17세, 이는 아라키의 여동생.
두 번째, 아라키의 딸, 15세, 하야토의 아내, 임신 상태.
다시, 21세.
세 번째, 아라키의 딸, 다고(だご), 13세, 하야토의 아내의 여동생.
스이타 아무개의 아내, 16세, 스이타 이나바의 딸.
네 번째, 와타나베 시로, 21세, 아라키 모토키요의 아들. 와타나베 칸타이후가 딸과 결혼시켜 양자로 삼았다.
아라키 신노조(荒木 新丞), 19세, 모토키요의 동생.
다섯 번째, 소사이(宗祭), 즉 이타미 겐나이(伊丹 源内)의 딸, 35세, 이타미 야스다유(安大夫)의 아내, 8세 된 아들이 있다.
카와라바야시 에치고(瓦林 越後)의 딸, 17세, 키타가와라 요사쿠(北河原 与作)의 아내.
여섯 번째, 아라키 요베에(与兵衛)의 아내, 18세, 무라타 이나바의 딸.
이케다 이즈미의 아내, 28세.
일곱 번째, 아라키 엣추의 아내, 13세, 다시의 여동생.
마키 사베에(牧 左兵衛)의 아내, 15세, 다시의 여동생.
여덟 번째, 호우카베 아무개, 50세 정도.
아라키 큐자에몬의 아들 지넨, 14세.
이 외에도 수레 3대에 아이들을 유모들과 함께 7, 8명씩 태웠다.

가미교 이치조의 길가에서 무로마치 거리까지 쿄토 시내를 끌고 돌아다녔으며, 로쿠조가와라에 도착했다.

처단을 맡은 담당 부교는 에치젠 세력인 후와 미쓰하루·마에다 토시이에·삿사 나리마사·하라 마사시게·카나모리 나가치카 5명. 이 외에도 관인, 전령, 잡역, 처형 도구와 사체를 맡을 자 등 수백 명. 전부 갑옷을 입었으며 투구를 쓰고 장도와 왜장도를 뽑아 들고 활에 화살을 걸어 더없이 무시무시한 모습으로 수레의 전후를 경호했다.

여자들은 모두 안에 수의를 입고 그 위에 화려한 옷을 아름답게 입었는데, 과연 이름 있는 자들의 아내와 딸들이었기에 벗어날 수 없는 운명이라는 사실을 깨닫고는 조금도 동요하지 않은 채 차분한 태도를 취했다.

아라키 무라시게의 아내인 다시는 유명한 미인이었다. 예전 같았으면 사람들에게 쉽사리 얼굴을 보이는 일조차 없었을 테지만, 운명이 어그러지면 어쩔 수 없는 법이었기에 참으로 난폭한 잡인들의 손에 걸려 무릎을 꿇린 채 수레에 태워졌다. 마지막 순간에도 다시는 수레에서 내리자 허리띠를 고쳐 메고, 머리를 높다랗게 다시 틀어올리고, 옷의 목깃을 뒤로 하여 멋지게 목이 잘렸다.

이를 본 다른 여자들도 모두 훌륭한 최후를 맞이했다. 그러나 시녀와 하녀들은 사람들의 시선에도 아랑곳하지 않고 몸부림치며 울부짖었기에, 참으로 딱하게 보였다.

아라키 큐자에몬의 아들로 14세인 지넨과 이타미 야스다유의 8세 된 아들은 둘 모두 조용히, "마지막 자리는 어디인가?"라며 깔아놓은 가죽 위에 앉아 스스로 목을 내밀어 베개 했다. 이를 보고 과연 일류 무장의 아들은 어렸을 때부터 훌륭하다며 그들을 칭찬하지 않는 자가 없었다.

아라키 무라시게 한 사람이 저지른 일 때문에 일문, 일족의 상하 헤아릴 수도 없이 많은 자들이 서로 헤어져 피눈물을 흘렸다. 이 목숨을 잃은 사람들의 원한이 두렵다며 모두 혀까지 굳어버리는 듯한 느낌이었다.

이전부터 부탁을 받았던 각 절의 승려들이 사체를 거두어 명복을 빌어주었다. 이처럼 많은 자를 처단한 것은 역사 이래 처음 있는 일이었다.

12월 18일 밤이 되어 노부나가는 니조의 새로 지은 어소로 들어가 동궁에게 수많은 금은과 피륙 등을 헌상했다. 이튿날인 19일, 쿄토를 출발했는데, 길을 가는 도중 종일 비가 왔으나 아즈치 성으로 돌아갔다. 경사스러운 일이었다.

권13 1580년(텐쇼 8년, 47세)

(1) 미키 성, 항복하다

정월 1일, 하루 종일 눈이 내렸다. 최근 셋쓰 방면에 각자 진을 치고 각고의 노력을 하고 있으니 신년 인사는 생략해도 좋다는 지시가 지난해 겨울부터 내려져 있었기에 부장들이 성으로 찾아오지는 않았다.

1월 6일, 하리마 미키 방면의 하시바 히데요시가, 벳쇼 토모유키(別所 友之)가 지키고 있던 미야노우에(宮の上) 요새 근방까지 밀고 들어가자 토모유키는 전투를 피한 채 미키 본성으로 철수하여 벳쇼 나가하루와 합류했다.

1월 11일, 미야노우에에서 적지를 살펴본 하시바 히데요시는, 벳쇼 요시치카(吉親)가 지키고 있는 타카노오(鷹の尾) 성 아래로 군세를 밀고 들어가게 했다. 요시치카도 끝까지 지킬 수 없으리라 판단하여 본성으로 철수했다. 이들을 뒤쫓아 미키 성으로 공격해 들어가자 성 안에서 용기 있는 무사들이 출격하여 응전했다. 하시바 히데요시는 계속해서 그들을 밀어붙였다. 그때 혼마루에서 불길이 치솟아 성

일부가 불에 탔다.

1월 15일, 하시바 히데요시를 돕기 위해 참진해 있던 벳쇼 시게무네가 미키 성 안에 있던 코모리 요소자에몬(小森 与三左衛門)이라는 자를 불러내, 벳쇼 나가하루·요시치카·토모유키에게 서장을 전하게 했다. 〈셋쓰의 아라키 일족이나 탄바의 하타노 형제와 같은 최후를 맞아서는 후세에까지 웃음거리가 될 터이니, 안타까운 일입니다. 헛되이 몸부림치지 말고 자결하는 것이 좋을 듯합니다.〉라고 적어 보내자, 〈저희 세 사람은 할복할 테니, 성 안 장병들의 목숨은 살려주십시오.〉라고 코모리를 사자로 보내 탄원하는 답장을 전해왔다. 그 답장에는 다음과 같이 적혀 있었다.

〈재작년부터 인고의 세월을 보내며 적으로 맞서온 이상, 그쪽에서 청해오신 뜻도 삼가 거절할 생각이었습니다. 그러나 뜻밖에도 성 안의 사람들이 마음을 바꾸었기에 더는 어쩔 수 없는 일이 되어버리고 말았습니다. 이렇게 된 이상 지금까지 충절을 다해준 사람들이 전원 목숨을 잃는 것은 가엾은 일이니, 연민을 베푸시어 그들의 목숨을 살려주신다면 저희 세 사람은 할복할 각오입니다. 이러한 뜻을 틀림없이 전해주시기 바랍니다.

벳쇼 토모유키

벳쇼 요시치카

벳쇼 나가하루

아사노 나가요시 나리

벳쇼 시게무네 나리〉

위와 같은 답장을 하시바 히데요시에게 전하자 히데요시는 감명하여, "성 안의 병사들은 살려주겠다."며 술 두어 통을 성 안으로 보냈다.

벳쇼 나가하루는 이것으로 만족했다. 처자와 형제 및 가신들을 불러, 1월 17일에 할복할 생각이라는 사실을 전했다. 그리고 술잔을 나누어 이번 생의 마지막 인사를 했다. 가엾은 일임은 말할 것도 없었다.

뒤이어 나가하루는 벳쇼 요시치카에게 17일 오후 4시 무렵에 할복을 하라고 말을 전했다. 그러자 요시치카는, "배를 가르면 하시바는 틀림없이 머리를 취해 도읍의 거리를 돌게 한 뒤 아즈치로 보낼 것이다. 그래서는 세상 사람들이 이래저래 떠들어댈 테니, 이는 안타까운 일이다. 차라리 성에 불을 질러 뼈도 알아볼 수 없도록 불길 속에서 죽겠다."라며 자신의 거처에 불을 질렀다. 이를 본 가신들이 요시치카를 뜯어말렸으며, 억지로 배를 가르게 했다.

1월 17일 오후 4시 무렵, 벳쇼 나가하루는 3세가 된 어린 아들을 무릎에 앉혀 눈물을 머금은 채 찔러 죽였다. 뒤이어 아내를 불러 아들과 마찬가지로 찔러 죽였다. 벳쇼 토모유키도 역시 아내를 찔러 죽였다. 사체가 몇 구고 나뒹구는 모습은 차마 눈 뜨고 볼 수 없는 광경이었다.

다음으로 벳쇼 형제는 손을 마주잡고 널따란 툇마루로 나섰다. 정해진 자리에 앉은 뒤, 가신들을 불렀다. "이번에 농성을 함에 있어서 식량이 떨어졌기에 우마까지 잡아먹으면서도 끝까지 성문을 굳게 지켜주셨소. 그대들의 뜻, 전대미문의 활약에는 아무리 감사의 인사를 해도 다함이 없을 것이오. 이렇게 된 이상, 우리가 할복하여 그대들의 목숨을 구할 수만 있다면 더할 나위 없이 기쁠 것이오."라는 말을 남기고 나가하루는 배를 갈랐다. 미야케 히젠 뉴도가 카이샤쿠를 맡았다.

그런 다음 뉴도는, "이제 나리의 커다란 은혜를 입을 자는 많을 테지만, 나리의 뒤를 따를 자는 없을 듯하오. 나는 카로 직을 맡은 집안에서 태어났으나 안타깝게도 그리 커다란 역할은 해내지 못했소. 하고 싶은 말은 많지만, 그저 나리의 뒤를 따르겠소. 미야케 히젠 뉴도의 최후를 똑똑히 지켜보시오."라고 말하고 배를 열십자로 가른 뒤, 내장을 꺼내어 숨을 거두었다.

벳쇼 토모유키는 오랜 세월 부리던 가신들을 불러 장도·칼·단도·의상 등을 마지막 선물로 나누어주고, 형 나가하루가 배를 가른 단도로 훌륭하게 배를 갈랐다. 나가하루 26세, 토모유키 25세, 참으로 안타까운 일이었다.

이때 세상에서 보기 드문 훌륭한 일이 있었다. 벳쇼 요시치카의 아내는 하타케야마 소슈(畠山 総州)의 딸이다. 자결을 각오하고 남자아이 둘, 여자아이 하나를 좌우에 앉혀서, 장하게도 한 명씩 찔러 죽인 뒤, 자신도 목을 찔러 한 자리에서 목숨을 끊었다. 훌륭한 최후라고는 하나 가엾은 일이었다.

그 후, 성 안의 사람들은 목숨을 구했다. 그 가운데 코쇼 하나가 세상을 떠난 사람들이 마지막을 읊은 노래가 적힌 종이를 들고 나왔다. 비통한 심정이 적혀 있어서 누구나 깊이 감동했으며, 동정의 눈물을 금할 길이 없었다.

이렇게 해서 벳쇼 3명의 머리는 아즈치로 보내졌다. 노부나가를 적대시하던 자들은 전부 처단되었으며, 노부나가의 위광은 더욱 높아졌다. 그리고 하시바 히데요시는 커다란 각오로 강적을 이처럼 정벌했기에 무용과 지략 모든 면에서, 무사로서의 이름을 크게 날렸다.

2월 21일, 노부나가는 상경하여 묘카쿠지로 들어갔다.

2월 24일, 하얀 매로 이치조지·슈가쿠지·마쓰가사키야마(松ヶ崎山)에서 종일 매사냥을 하여 많은 사냥물을 얻었다.

2월 26일, 노부나가는 혼노지를 숙소로 삼기로 결정하고 그곳으로 가서 무라이 사다카쓰에게 공사에 대한 지시를 내렸다.

2월 27일, 야마자키로 출마. 여기서 오다 노부즈미·시오카와 나가미쓰·니와 나가히데 세 사람에게 효고 및 하나쿠마 방면으로 가서, 하나쿠마 성에 대치하기 적당한 곳을 선택하여 요새를 견고하게 만들고 이케다 쓰네오키 부자 세 사람에게 수비를 맡긴 뒤 돌아오라고 명령했다.

2월 28일, 종일 비가 내렸기에 노부나가는 야마자키에 머물렀다. 네고로지의 이와무로보(岩室坊)가 찾아와서 인사를 올렸다. 말과 옷을 하사했으며, 이와무로보는 감사한 마음으로 받아가지고 돌아갔다.

2월 29일과 30일은 야마자키의 서쪽 산에서 하얀 매로 매사냥을 했다.

3월 1일, 코오리야마에 도착. 도중의 텐진바바·오오타 부근에서 매사냥을 했다.

한편 조정에서 이시야마 혼간지에, 노부나가와 화목하라고 권고하는 칙사가 파견되었다. 칙사가 되어 간 자는 코노에 사키히사·카주지 하레토요·니와타 시게야스였다. 노부나가는 칙사의 보좌로 마쓰이 유칸과 사쿠마 노부모리를 동행케 했다.

이번 코오리야마에서의 매사냥에서는 카토 히코자에몬(賀藤 彦左衛門)이 분홍빛이 감도는 말을 헌상했다.

3월 3일, 이타미 성으로 들어가 아라키 무라시게의 거성의 상태를 살펴보았다. 뒤이어 효고 방면을 시찰할 생각이었으나, 요새의 건설은 이미 끝났으며, 앞의 세 사람도 돌아간 뒤였기에 중지했다.

3월 7일, 노부나가는 이타미에서 야마자키로 돌아갔다. 도중에 키타야마에서 매사냥을 했다.

3월 8일, 쿄토로 돌아가 묘카쿠지로 들어갔다.

3월 9일, 호조 우지마사가 매 13마리를 헌상했다. 코우도리(鴻取), 쓰루도리(鶴取), 마나즈루도리(真鶴取), 란도리(乱取)라는 4종류였다. 그와 함께 말 5마리. 이상을 쿄토 혼노지에서 헌상했다. 사가미의 응사가 노부나가의 매를 올려놓는 대에 헌상할 매를 앉혔다. 이날 알선을 맡은 자는 타키가와 카즈마스.

3월 10일, 우지마사의 사자가 노부나가에게 인사를 했다. 헌상품인 장도와 물품의 목록을 피로한 것은 사쿠마 노부모리. 헌상품은 목이 긴 백자 20개, 말린 전복 1상자, 전복 300개, 말린 해삼 1상자, 이즈에가와에서 만든 술 2짐과 안주 3종.

호조 우지마사가 보낸 사자는 카사하라 야스아키(笠原 康明). 동생인 우지테루가 보낸 사자는 마미야 쓰나노부(間宮 綱信). 부사는 하라 이즈미의 카미.

오다 가에서 말을 전하기 위해 나선 자는 타키가와 카즈마스, 그의 보좌는 보쿠안(牧庵). 호조 가에서 온 사자의 말을 듣는 역할은 타케이

세키안·타키가와 카즈마스·사쿠마 노부모리 세 사람.

오다·호조 두 집안이 연을 맺었으며, 칸토 8개 주는 호조 가의 영토임이 승인되었다.

헌상품인 장도와 물품의 목록을 수납하고 두 집안의 연이 맺어진 일에 대해서 카사하라 야스아키가 예를 표했다. 우지테루가 전하는 인사는 마미야 쓰나노부가 전했다. 뒤이어 카사하라와 마미야 두 사람 및 부사인 하라 이즈미의 카미가 자신들의 인사를 전했다.

사람들이 물러나고 난 뒤 노부나가가 호조 가의 사자들에게 전한 말은 참으로 만족스러운 것이었다. "타키가와 카즈마스에게 안내를 맡길 테니 쿄토를 천천히 둘러보고 그런 다음에 아즈치로 오시오."라고 전하고, 그날 노부나가는 쿄토에서 출발했다. 오오쓰의 마쓰가사키 부근에서 하얀 매를 사용하여 사냥을 하고 저녁이 되어 배에 올라 야바세에서 내려 아즈치 성으로 들어갔다.

3월 13일, 아베 이에사다를 사자로 삼아 금은 100개를 호조 가에서 온 사자인 카사하라와 마미야 두 사람에게 주고, "쿄토에서 고향으로 들고 갈 선물이라도 사게."라는 말을 전했다.

3월 15일, 노부나가는 오쿠시마야마에서 매사냥을 하기 위해 배에 올라 초묘지 젠린보(善林坊)에 도착, 그곳을 숙소로 삼았다. 3월 19일까지 닷새를 머물렀다. 노부나가의 자랑거리인 하얀 매는 나는 모습이 특히 뛰어나서 매우 진귀하다는 말을 듣고 여기저기서 매사냥을 구경하기 위해 사람들이 몰려들었다. 란도리라는 매가 뛰어난 비상력으로 사냥물을 여럿 잡았다. 19일, 아즈치 성으로 돌아왔다.

(2) 매승[賣僧] 무헨

무헨(無辺)이라는, 각지를 떠돌아다니는 행각승이 이시바지(石馬寺) 사자에보(栄螺坊)의 숙방[宿坊]에서 얼마 전부터 머물고 있었다. 종종 신비한 영험을 내보인다는 소문이 초닌들 사이에서 돌아, 자신도 축시[丑時]의 비법을 전수받겠다며 그에 상응하는 사례를 준비하여 남녀가 밤낮으로 몰려들었기에 문 앞에 기다란 줄이 생길 정도였다. 노부나가도 무헨에 대해서 몇 번인가 들었기에 그 인물을 만나보고 싶다고 말했다.

3월 20일, 사자에보가 무헨을 데리고 아즈치야마로 왔다. 노부나가는 곧 마구간까지 나가서 무헨을 맞아들였다. 가만히 바라보더니 생각에 잠긴 듯한 모습이었다.

"객승의 고향은 어디시오?"라고 물었다. "무헨[131])입니다."라고 대답했다. 다시, "중국 사람인가, 인도 사람인가?"라고 묻자, "그저 수행자일 뿐입니다."라고 대답했다. 노부나가는, "인간이 태어나는 곳은 삼국뿐이라던데 그 이외의 사람이라고 하는 건 이상한 일 아닌가? 그렇다면 요괴일지도 모르겠군. 어디 한번 불로 지져봐야겠다. 불을 준비하라."라고 명령했다. 이 말에 무헨은 궁지에 몰려, "데와의 하구로산(羽黒山) 출신입니다."라고 대답했다.

요컨대 매승이었던 것이다. 최근 들어서는, "태어난 곳도 없고 사는 곳도 없으며, 오로지 포교활동에만 전념한다."고 말하며 돌아다녔고, 사람들이 가져오는 금품은 자신의 것으로 삼지 않고 자신에게는 욕심이 없다며 숙소로 묵고 있는 곳에 전부 주었다. 그러나 그 숙소로

---
131) 無邊[무변]. 무한한 세계를 일컫는다.

몇 번이고 돌아가서 계속 머물렀기에 욕심이 없다고 말했지만 아무래도 욕심이 없는 것처럼은 여겨지지 않았다.

그야 어찌 되었든 신비한 영험을 내보인다고 노부나가도 들었기에, "그럼 영험함을 보여주시오."라고 재촉했으나, 그 어떤 영험함도 드러내지 못했다. 노부나가는, "무릇 신비한 영력을 가진 사람은 얼굴부터 눈빛까지 범상치 않으며, 인물 전체도 더없이 존귀하게 보이는 법이거늘 너는 산 속에 사는 비천한 자에게도 미치지 못하는 놈이다. 아녀자를 속이고 나라의 보물을 헛되이 쓰게 하다니, 괘씸하기 짝이 없구나."라고 말하고, "이제 됐으니 무헨에게 수치를 맛보게 해주어라."라고 명령했다. 무헨은 속인과 같은 머리를 하고 있었는데 그것을 듬성듬성 가위로 잘랐으며, 알몸으로 만들어 오랏줄로 묶고 거리로 내몰았다.

그 후, 자세히 들어보니 무헨은 축시의 비법을 전수한다며 아이가 생기지 않는 여자나 병에 든 여자 등에 대해서 배꼽 맞대기라는 것을 행했다고 한다. 노부나가는 앞날을 위해서라며 자신의 영지와 각 쿠니를 소유하고 있는 다이묘들에게 무헨을 잡아들이라고 명령했다. 곧 잡혀왔기에 출두케 하여 규명하고 처형했다.

"사자에보는 어찌하여 이 성 아래에 그처럼 괘씸한 자를 묵게 했는가?"라고 물었더니, "이시바지 불당에 비가 새어 그것을 수선하기 위해 기부금을 받으려 잠시 동안만 빌려주기로 하고 머물게 한 것입니다."라고 대답했다. 이에 노부나가는, 기부를 위해서라면 자신이 내겠다며 은자 30개를 하사했다.

3월 21일, 노부나가가 사가미의 호조 우지마사에게 보낸 물품은 호랑이 가죽 20장, 옷감 300필을 100필씩 3상자, 외국에서 들여온

모직물 15장. 이는 카사하라 야스아키가 전달했다. 호조 우지테루에게는 단자 2상자. 이는 마미야 쓰나노부가 전달했다.

3월 25일, 노부나가는 오쿠노시마로 들어가 산 속에서 야영했다. 3월 28일까지 매사냥을 했다. 여기서 신세를 졌다며 나가타 마사다에게 흰 바탕에 얼룩이 있는 말을, 이케다 히데오(池田 秀雄)에게 검은 말을 하사했다.

3월 28일, 아즈치 성으로 돌아왔다.

윤3월 1일, 이타미 성 근무를 30일 교대로 하고, 아베 이에사다를 파견했다.

윤3월 2일, 하나쿠마 성의 적이 출격하여 이케다 쓰네오키가 지키는 요새를 공격해왔다. 바로 아시가루 부대가 응전했다. 이케다 모토스케·테루마사 형제는 나이가 15·6세로 아직 어렸으나 맹렬하게 돌격하여 불꽃을 튀기며 싸웠다. 아버지인 이케다 쓰네오키도 달려나가 강용한 적 대여섯 명을 창으로 베었다. 형제는 비할 데 없는 활약으로 자신들의 이름을 드높였다.

(3) 이시야마 혼간지, 퇴각하겠다는 서약서를 쓰다

앞서 이시야마 혼간지에 대해서 오오사카에서 물러나라고, 황공하게도 조정에서 칙사를 파견했었다. 이에 주지인 켄뇨 코사와 그의 아내가 주요한 자들의 의견을 물었다. "어떻게 하면 좋을지, 조금도 망설이지 말고 마음속에 생각한 바를 남김없이 말씀해보시오."라고 자문을 구했더니, 시모쓰마 라이소(下間 賴総)·히라이 에치고·야기 스루가의 카미·이노우에(井上) 아무개·후지이 토자에몬(藤井 藤左

衛門)과 그 외의 사람들이 평의를 했는데 장기간에 걸친 농성으로 지친 것인지, 혹은 시세의 흐름을 읽은 것인지, 이번에는 화목을 해야 한다는 결론을 제출했다.

주지는, 지금 여기서 칙명을 받들지 않는 것은 하늘의 도리에도 어긋나니 두려운 일이다, 그뿐만 아니라 노부나가 자신이 출마하여 아라키·하타노·벳쇼를 정벌한 것처럼 일족 및 우리와 연이 있는 자들을 처단할 것이다, 각지에 성을 51개소나 유지하고 있지만 최근에는 고생을 하고 있는 상하의 사람들에게 상조차 내리지 못하고 있으니, 감사의 표시로 하다못해 목숨만이라도 살려주기로 하자, 라고 생각했다. 오는 7월 20일까지 오오사카에서 물러나기로 결정하고, 칙사인 코노에 사키히사·카주지 하레토요·니와타 시게야스 및 마쓰이 유칸·사쿠마 노부모리 등에게 승낙하겠다는 답을 주고, 서약서를 쓸 테니 검열관을 파견해달라고 요청했다. 이 뜻을 아즈치에 전했더니 아오야마 타다모토를 검열관으로 임명했다.

윤3월 6일, 아오야마가 아즈치에서 텐노지로 그날에 도착했다. 이튿날인 7일, 서약서 작성에 입회하여 서명하는 것까지 지켜봤다. 서약서에 서명한 사람들로 시모쓰마 라이쇼의 아들인 추시(仲之)에게는 황금 15개, 시모쓰마 라이렌(賴廉)에게도 황금 15개, 시모쓰마 라이류(賴龍)에게도 황금 15개, 주지의 아내에게는 황금 20개, 주지에게는 편지를 곁들여 황금 30개를 주었다.

(4) 시바타 카쓰이에, 노토와 카가를 제압하다

윤3월 9일, 시바타 카쓰이에가 카가로 진격했다. 소에카와·테도리

가와를 건너 미야노코시(宮ノ腰)에 진을 치고 곳곳을 불태웠다. 잇키 세력은 노노이치(野の市)라는 곳에 강을 앞에 두고 들어앉아 있었다. 시바타 카쓰이에는 노노이치의 잇키 세력을 여럿 베어 내몰고 군량을 빼앗아 수백 척의 배에 실은 뒤 거기에서부터 차례차례 각지를 불태우며 점점 안으로 들어가 엣추와의 경계선을 넘었다. 그리고 안요지고에(安養寺越え) 부근까지 진격하여 안요지자카(安養寺坂)를 오른쪽에 두고 하쿠산 기슭의 골짜기들로 침입, 구석구석에까지 남김없이 불을 질렀다.

또한 코토쿠지(光德寺)의 주지가 들어앉아 있는 키고시(木越)의 경내 마을을 제압하여 수많은 잇키 세력을 베었다. 뒤이어 노토노쿠니(能登国, 이시카와 현 북부, 노슈) 스에노모리(末盛)에 있는 도히 치카자네(土肥 近真)의 성을 공략하여 쟁쟁한 무사 수 명을 베고 그곳에 진을 쳤다. 마침 그곳에 살고 있던 초 쓰라타쓰(長 連龍)가 이이노야마(飯の山)에 진을 치고 시바타 세력과 협력하여 곳곳을 불태웠다.

(5) 아가의 사찰 안 마을을 점령하다

윤3월 10일, 우쓰노미야(宇都宮)의 우쓰노미야 테이린(貞林)이 타치카와 산자에몬(立川 三左衛門)을 사자로 삼아 말을 헌상해왔다. 당당하게 살이 오른 준마로 승마감도 좋아서 매우 마음에 들었기에 노부나가는 소중하게 기르기로 했다. 답례로 면직물 30필, 표범과 호랑이 가죽 10장, 금실로 무늬를 놓은 비단 20필, 의복 1벌, 황금 30개를 타치카와 산자에몬에게 주어 보냈다. 감사히 받아들이고 돌아갔다.

윤3월 16일부터 스가야 나가요리·호리 히데마사·하세가와 히데카즈 세 사람을 담당 부교로 삼아 아즈치 성의 남쪽, 새로 낸 길 북쪽에 수로를 내게 했다. 그 흙으로 논을 메우게 하여 기독교 신부의 저택 부지로 주었다.

이때 가모우 카타히데의 가신인 후세 키미야스를 우마마와리로 맞아들이고, 후미진 땅을 메우게 하여 그에게도 역시 저택 부지를 주었다. 감사하고 영광스러운 일이었다.

우마마와리·코쇼들에게도 토리우치(鳥打)의 후미진 곳을 메워 마을을 만들라고 토목공사를 명하고, 북서쪽 호숫가에 선착장을 몇 군데 만들게 했으며, 담당 지역마다에 나무와 대나무를 심게 했다. 그리고 후미진 땅을 더욱 메우게 하여 각자에게 저택 부지로 주었다. 그 자들은 이나바 교부·타카야마 우콘·히네노 로쿠로자에몬(日根野六郎左衛門)·히네노 히로쓰구(弘継)·히네노 한자에몬(半左衛門)·히네노 진우에몬(勘右衛門)·히네노 고우에몬(五右衛門)·미즈노 나오모리·나카니시 곤베에·요고 카쓰히사(与語 勝久)·히라마쓰 스케주로(平松 助十郎)·노노무라 몬도·카와지리 히데타카.

이렇게 명령해두고 노부나가는 매일 화살부대원을 몰이꾼 삼아 매사냥을 했다.

4월 1일, 야베 이에사다를 대신하여 무라이 사다나리로 하여금 이타미 성을 관리하게 했다.

4월 11일, 초코지야마에서 매사냥을 하기 위해 나섰는데, 도도노하시(百々の橋)에서 진보 나가즈미의 사자가 기다리고 있다가 말 2마리를 헌상했다.

4월 24일, 이바야마로 매사냥을 갔다. 니와 우지카쓰의 가신들이 공사를 위해 산에서 돌을 끌어내리고 있었는데, 그것을 노부나가가 지나는 바로 앞으로 떨어뜨리고 말았다. 노부나가는 니와의 가신들 가운데 나이 많은 자를 불러 부주의를 질책하고 한 사람을 손수 베었다.

하리마노쿠니 시소우군(宍粟郡)에 우노 민부(宇野 民部)가 들어앉아 있었다. 4월 24일, 하시바 히데요시가 민부의 아버지와 숙부의 성을 공격하여 빼앗고 250여 명을 베었다. 뒤이어 우노 시모쓰케(宇野 下野)의 거성도 공격하여 이 역시도 격파하고 여기서도 다수의 적을 베었다. 그런 다음, 우노 민부의 성은 높은 산의 험한 땅에 있었기에 기슭을 불태우고 3군데의 요충지에 요새를 쌓아 엄중하게 대치하도록 군세를 배치했다.

이 기세를 몰아 아가(阿賀)로 직접 공격해 들어가자 아키에 인질을 보내두었던 적이 배를 타고 퇴각했다. 이에 전투도 하지 않고 아가에 있는 사찰 안의 마을을 점령했다. 하시바 히데요시는 그곳의 정세를 시찰하고 사찰 경내에 군세를 주류케 했다. 또한 농민들을 불러 경작지의 명세서를 제출하라고 명령했다. 그런 다음 군을 히메지(姬路)로 모이게 했다.

히메지는 사이고쿠로 통하는 가도의 한 거점이자, 또 적인 우노 민부의 성에서도 가까운 곳으로, 이러한 2가지 조건에서 요충지였다. 이에 히데요시는 히메지 성에 머물기로 하고 성의 공사를 명령했다.

뒤이어 하시바 히데요시는 동생인 히데나가의 군세에 다시 병사를 증강하여 타지마로 진격케 했다. 하시바 히데나가는 단기간에 타지마를 평정하고 오오타가키(太田垣)에 성을 쌓았으며, 수하의 병사들을 선발하여 각지에 배치했다.

이렇게 해서 하리마·타지마 두 쿠니를 평정했다. 노부나가의 위광은 더욱 빛났으며, 경사스러운 일이었다. 이처럼 하시바 히데요시가 결사의 각오로 두 쿠니를 평정한 일은 천하에 체면을 세우고 후대에까지 명예를 얻은 더할 나위 없는 활약이었다.

한편, 홋코쿠 방면에서는 시바타 카쓰이에가 카가로 진격하여 오래도록 싸움을 펼치고 있었다. 노부나가는 이 방면의 정황이 근심스러웠기에 키노시타 스케히사(木下 祐久)·우오즈미 하야토 두 사람을 사자로 시바타에게 파견하여 그곳의 정황을 보고하라고 전했다.

키노시타·우오즈미가 돌아와 카가·노토 두 쿠니를 거의 평정한 상황을 상세하게 보고하자, 노부나가는 기뻐하며 먼 길을 다녀온 노고에 대한 상으로 의복에 두건을 더하여 그들에게 하사했다. 두 사람은 감사히 받았다. 그리고 노부나가의 고마운 뜻을 전하러 온 사자라며 시바타 카쓰이에도 키노시타·우오즈미 두 사람에게 말을 선물했다.

5월 3일, 오다 노부타다·오다 노부카쓰가 아즈치로 왔다. 각자 자신의 저택 공사에 관한 지시를 내렸다.

5월 5일, 아즈치야마에서 씨름이 행해졌다. 오다 가 일문 사람들이 구경했다.

5월 7일, 아즈치 성 아래의 수로·나루터·도로 등 모든 공사가 완료되었다. 니와 나가히데·오다 노부즈미는 장기간에 걸쳐서 공사에 힘을 쏟았기에 휴가를 얻었다. "두 사람 모두 영지로 돌아가 용무를 처리하고 가능한 한 빨리 돌아오라."는 고마운 말을 받아, 노부즈미는 타카시마로, 나가히데는 사와야마로 돌아갔다.

5월 17일, 오우미노쿠니 안의 역사들을 불러들여 아즈치야마에서 씨름을 행했다. 우마마와리들이 구경했다.

히노의 초코·쇼린·아라시카가 뛰어난 기능으로 승리했으며, 초코에게 상으로 은자 5개를 하사했고, 이를 감사히 받았다. 코가노타니(甲賀の谷)에서 역사 30명이 왔다. 노부나가는 "고생했다."며 황금 5개를 하사했다. 고마운 일이었다. 후세 키미야스 수하의 후세 고스케(布施五介)라는 자를, 노부나가는 '좋은 역사'라며 녹봉 100섬을 주고 자신의 수하에 두기로 했다. 이날의 씨름에서는 아라시카·키치고·쇼린이 뛰어난 기능으로 승리했기에 상으로 쌀 50섬씩을 하사했다. 감사히 받았다.

(6) 이시야마 혼간지의 주지, 오오사카에서 물러나다

4월 9일, 이시야마 혼간지의 주지가 오오사카에서 물러나게 되었다. 절은 일단 신임 주지인 쿄뇨 코주(教如 光寿)에게 맡기겠다는 사실을 칙사에게 전했다.

그러나 사이가나 아와지시마(淡路島)에서 출정해온 신도들이, 최근 샛길을 통해서 은밀히 옮겨오는 군량에 의지하여 농성하고 있고 또 처자까지도 돌보며 기껏 지금까지 버텨왔는데 이제 와서 이곳을 버리고 떠나기는 안타깝다고 생각하여, 주지와 그 부인은 퇴거시키고 자신들은 신임 주지를 지키며 어쨌든 당분간 이 성에 머무는 것이 좋겠다고 저마다 말했기에 신임 주지도 그 방침에 찬성하고 위와 같은 뜻을 주지에게 전했다.

주지·부인·시모쓰마 라이소·히라이 에치고·야기 스루가의 카미 등은 물러날 것이라는 뜻을 칙사에게 통고하고, 사이가에서 그들을 맞이할 배를 오게 했으며 4월 9일에 오오사카에서 물러났다.

(7) 이와시미즈 하치만구의 수축을 완성하다

한편, 이와시미즈 하치만구(신사)의 수축에 관해서는 타케다 사키치·하야시 코베에·나가사카 스케이치 3사람을 담당 부교로 임명하고 작년 12월 16일에 기공식을 집행했었다.

애초에 이 일을 시작한 것은 본전과 마에도노(前殿) 사이에 목제 홈통이 걸려 있는데 그것이 썩어서 빗물이 새고 건물도 썩었기 때문으로, 이번에는 후대까지를 위해서라며 청동으로 길이 6간(11m)짜리 홈통을 5개로 나누어 주조하라고 명령했다.

올해 3월, 임시로 지은 전에 신체[神體]를 옮기고 곧 마에도노·본전의 지붕을 이고, 사쿠라몬(桜門)과 회랑을 완성했다. 신사의 전이 높고 당당하게 세워졌으며, 건물 앞쪽에 금박을 입혀 빛이 났고, 칠보를 박아 장엄했다. 5월 26일에 신체를 본전으로 옮겼다.

'신은 사람의 공경으로 위엄을 더한다.'는 말은 이를 뜻하는 것일까? 노부나가의 무운은 더욱 뻗어나갔으며, 오다 가 일문의 번영은 더욱 견고한 것이 되었다. 신분의 고하를 막론하고 사람들이 무리지어 와서 참배를 했으며, 더욱 숭엄하게 예배했다.

기공으로부터 9개월, 8월 중순까지 모든 공사가 완료되었다.

(8) 하시바 히데요시, 이나바호우키로 출동하다

하리마의 시조우군에 들어앉아 있던 우노 민부가 6월 5일 밤에 퇴각을 시작했다. 아라키 시게카타(荒木 重型)·하치스카 이에마사(蜂須賀 家政)가 이들을 추격하자 뜻 있는 무사들이 속속 되돌아와 여기저기서 전투가 벌어졌다. 쟁쟁한 무사 수십 명을 베었다.

이튿날인 6월 6일, 하시바 세력은 이 기세를 몰아 이나바·호우키노쿠니(伯耆国돗토리 현 중부·서부,하쿠슈) 두 쿠니 부근까지 진격하여 곳곳에서 공격의 불길을 올렸다. 동쪽의 군세가 침공해왔다는 말을 듣자 접경지 부근의 성주들은 하나같이 응전을 위해 출동한 것이 아니라, 각자 연줄을 찾아서 항복을 청해왔다. '인질을 내고, 노부나가 공께 인사를 가겠습니다.'라는 말을 보고했더니 노부나가는 크게 기뻐하며, "하시바 히데요시, 거듭 공을 세우는구나."라고 감탄했다.

6월 13일, 노부나가가 끌어안고 있던 역사인 엔조지 겐시치가 과오를 범해 노부나가의 심기를 건드렸기에 해고당했다.

6월 24일, 오우미노쿠니 안의 역사들을 불러들여 아즈치야마에서 씨름을 했다. 새벽녘부터 밤에 이르기까지 등불을 밝히고 계속했다. 아사오 산고가 연달아 승리하여 6명을 쓰러뜨렸다. 가모우 우지사토의 수하인 코이치(小一)라는 역사가 좋은 씨름을 선보였기에 칭찬을 들었다. 오오노 야고로(大野 弥五郎)도 매번 좋은 씨름을 선보였기에 이때 노부나가가 그를 수하로 받아들였다. 명예로운 일이었다.

이타미에서 아라키 무라시게를 이반하여 노부나가 편에 선 자들인 나카니시 신파치로·호시노 사에몬·미야와키 마타베에·오키 토사의 카미·야마와키 칸자에몬 이상 5명에게는 이케다 쓰네오키를 도우라고 명령했다.

6월 26일, 토사의 지배를 허락했던 초소카베 모토치카(長宗我部 元親)가 아케치 미쓰히데를 통해서 인사의 표시로 매 16마리 및 설탕 3천 근(1.8톤)을 헌상했다. 이에 노부나가는 우마마와리들에게 설탕을 분배했다.

6월 30일, 오다 노부타다가 아즈치로 돌아왔다.

(9) 이시야마 혼간지 철수하다

이시야마 혼간지의 주지가 사이가로 물러난 후, 7월 2일에 후지이 토자에몬·야기 스루가의 카미·히라이 에치고 세 사람이 주지의 사자로 인사를 왔다. 칙사 역할을 했던 코노에 사키히사·카주지 하레토요·니와타 시게야스가 이 세 사람을 데리고 돌아온 것이었다. 이들을 맞이한 것은 마쓰이 유칸·사쿠마 노부모리. 주지가 노부나가에게 감사의 뜻으로 은자 100개를 헌상했다. 오다 노부타다가 사자의 인사를 받았다. 노부나가는 만나지 않았다.

노부나가로부터는 주지의 아내에게 편지를 보냈다. 편지에 더해 보낸 선물은 다음과 같았다. 황금 30개를 주지에게, 황금 20개를 부인에게, 황금 15개를 시모쓰마 라이류에게, 역시 황금 15개를 시모쓰마 라이렌에게, 역시 황금 15개를 시모쓰마 라이쇼의 아들인 추시에게 따로 황금 25개를 이번의 사자로 온 앞의 다섯 명에게 주었다. 이튿날, 감사의 말을 전하고 돌아갔다.

그러는 사이에 신임 주지도 오오사카를 건네주겠다고 승낙했다.

8월 2일, 신임 주지가 오오사카에서 철수하게 되었다. 칙사로 코노에 사키히사·카주지 하레토요·니와타 시게야스가 파견되었다. 칙사의 보좌로는 아라야 젠자에몬(荒屋 善左衛門). 노부나가가 칙사와 동행토록 한 사자는 마쓰이 유칸·사쿠마 노부모리. 오오사카 성이라고도 할 수 있는 이시야마 혼간지의 당우[堂宇]를 넘겨받는 일의 켄시로는 야베 이에사다가 임명되었다.

원래부터 오오사카는 일본 제일의 땅이었다. 그 이유는 나라·사카이·쿄토에서 가깝고, 특히 토바·요도에서 오오사카의 중심까지 배로 교통이 직접 연결되어 있으며, 동시에 사방이 자연의 요해를 이루고 있다. 북쪽으로는 카모가와(鴨川)·시라카와·카쓰라가와·요도가와·우지가와 등의 커다란 강이 몇 줄기고 흐르고 있으며, 또 20~30리(8km~12km) 범위 안에서는 나카쓰가와(中津川)·스이타가와(吹田川)·에구치가와(江口川)·칸자키가와(神崎川)가 흐른다. 동남쪽에서 동북쪽에 걸쳐서는 멀리로 니조가타케(尼上ヶ岳)·타쓰타야마(立田山)·이코마야마(生駒山)·이이모리야마(飯盛山) 등이 보이며, 그 기슭으로는 도묘지가와(道明寺川)·야마토가와(大和川)에 새로 개척한 운하와 타쓰타 계곡의 물이 흘러들어서, 오오사카 성 아래까지 30리·40리 사이에서는 대소의 하천이 광범위하게 그물망처럼 흐르고 있다. 서쪽은 널따란 바다로 일본 각지는 물론 중국·조선·남만의 배가 드나든다. 오기칠도[132]의 산물이 모여들어 매매되고 있으며, 그 이윤으로 풍부한 경제력을 지니게 된 항구도시이기 때문이다.

그곳으로 근린 각 쿠니에서 잇코슈의 신도들이 모여들었다. 카가에서 성곽건축 기술자를 불러 사방 8정(870m) 안의 부지를 정비하고

---

132) 五畿七道. 옛 일본의 행정구역.

중앙의 높은 대에 그들이 '물 위의 당(水上の御堂)'이라 부르는 당우를 높다랗게 세웠다. 앞에는 연못을 파서 일련탁생[一蓮托生]의 연을 심고, 뒤에는 홍서[弘誓]의 배를 띄웠다. 불전에는 등불을 훤히 밝혔으며, 아미타불의 이름을 외우는 승려와 신도들의 목소리가 가득했고, 극락왕생에 방해가 되는 번뇌와 죄업을 제거했다.

이 불법 번영의 영지를 흠모하여 민가가 처마를 맞대고 늘어섰으며, 부유한 집의 밥 짓는 연기가 쉴 새 없이 피어오르게 되었다. 오로지 이 종문에 귀의한 신도가 먼 지방에서부터도 강이나 바다를 건너 참배를 왔기에 아침저녁, 밤낮으로 길에 사람의 모습이 끊이질 않았다.

이처럼 이시야마 혼간지는 번영했으나, 뜻밖에도 천마[天魔]에 홀려버리고 말았다. 노부나가가 어느 해에 노다·후쿠시마를 공격했다. 노다·후쿠시마가 함락되면 다음은 오오사카가 공격받을 것이라 생각하여 승려의 신분임도 돌아보지 않고 잇키를 일으켰다. 이 때문에 노부나가의 작전이 뜻대로 펼쳐지지 않았기에 노다·후쿠시마를 공격하던 군대를 철수시켰다.

그때의 원한을 잊지 않은 것인지 노부나가는 지금으로부터 5년 전의 여름에 신도가 이 절로 참배가는 것을 금지했으며, 이를 어기고 참배를 온 신도들을 적으로 간주하여 사로잡았다. 그리고 곳곳에 진을 쳤다. 하라다 나오마사에게 명령하여 텐노지에 요새를 쌓아 대치하게 했다. 오오사카 쪽에서는 이 요새가 완성되기 전에 막아야겠다며 바로 잇키 세력을 텐노지로 출격케 했다. 전투가 벌어져 하라다 나오마사·반 야스히로·반 코시치로·미노우라 부에몬을 비롯하여 쟁쟁한 자들이 목숨을 잃었고, 오오사카 쪽은 그 기세를 몰아 텐노지를 포위했다. 이에 노부나가는 이를 후방에서 공격하기 위해 소수의 군세를 이끌고 출진했다. 이날은 전투가 두 번 벌어졌는데, 두 번 모두 오오사카 쪽이 패하여 수많은 병력을 잃었다. 대군이 소수의 병력에게 패했으니 참으로 안타까웠으리라.

그러나 말법시[末法時]에 아수라가 날뛰듯, 오오사카도 투쟁심을 불태워 미흡하나마 코즈(高津)·마루야마(丸山)·히로시바(広芝)를 비롯하여 외성 51개소를 쌓고 들어가 지켰으며, 성 아래의 마을에서 5만 섬의 연공을 징수하여 운을 하늘에 맡기고 5년 동안 견고히 지켰다. 그러나 자신들 편은 날이 갈수록 쇠약해져서 출격조차 할 수 없어졌으며, 계략도 뜻대로 펼칠 수가 없었다. 노부나가의 위광은 더욱 성대해져서 전국 대부분이 노부나가에게 굴복하게 되었다. 이러한 때에 칙명이 내려오기도 했고, 시세에 따르는 일이 되기도 했기에 성에서 물러나겠다고 승낙한 것이었다.

이 오오사카에 본거지를 둔 지도 49년이라는 세월이 흘렀다. 그 사이에 세월은 하룻밤의 꿈처럼 흘러갔고, 현실의 세상을 돌아보니 생사거래[生死去來], 유위전변[有爲轉變]은 번개·아침이슬처럼 덧없이 스러졌다. 확실한 것은 오로지 일심전념으로 염불의 공덕을 쌓으면 부처의 세계로 왕생할 수 있다는 사실뿐이었다. 아무리 그렇다고는 해도 오래도록 정들었던 이 땅을 떠나야 한다는 슬픔에 상하 모두 눈물에 잠겼다.

그러나 자신들이 오오사카에서 물러나고 나면 반드시 노부나가가 와서 이곳을 살펴보리라 생각했기에 구석구석까지 보수하고 청소를 하게 했으며, 활·창·철포 등의 무기를 전부 밖에 내놓았고, 안에는 자재·잡구를 정리하여 보기 좋게 꾸며두고, 칙사 및 노부나가가 파견한 관리들에게 넘겨주었다.

8월 2일 오후 2시 무렵, 사이가·아와지시마에서 데리러 올 배 수백 척을 불러들였으며, 최근에 쌓은 외성에 있던 자를 비롯하여 신도들 각자 연고를 의지하여 바다와 뭍길로 거미의 새끼를 흩어놓은 것처럼 뿔뿔이 길을 떠났다. 마침 그러한 운명의 때가 찾아온 것인지 횃불이 흉한 바람을 타고 당우에 옮겨붙어 수많은 가람이 한 동도 남지 않고 사흘 밤낮 검은 구름이 되어 타버리고 말았다.

(10) 우지바시를 둘러보다

8월 12일, 노부나가는 쿄토를 출발하여 우지바시(다리)를 둘러보고 배로 직접 오오사카까지 내려갔다.

(11) 사쿠마·하야시·니와·안도

오오사카에서 노부나가는 사쿠마 노부모리를 징계하는 문서를 자필로 써내려갔다. 내용은 다음과 같다.

〈통고

1. 사쿠마 노부모리·노부히데 부자는 5년 동안 텐노지 성에 머물렀으나 그 사이에 특별한 공적도 없었다. 세간에서 이를 이상히 여겨도 어쩔 수 없는 일이다. 노부나가도 동감이며, 변호의 여지도 없다.

1. 그 의도를 추측해보건대 오오사카 쪽을 커다란 적이라 생각하여 무력도 행사하지 않고, 계략을 펼치는 활동도 하지 않고 단지 진을 치고 있는 요새를 견고히 하며 몇 년인가 시간이 흐르면 적은 승직에

있는 자들이니 마침내는 노부나가의 위광에 굴복하여 철수할 것이라고 예측한 것은 아닌지. 그러나 그것은 무사가 취해야 할 길이 아니다. 이러한 정황 아래에서는 승패의 기회를 엿보아 단번에 전투로 몰고 가면 노부나가를 위한 일이 되고, 또 사쿠마 부자를 위한 일도 되며, 병사들의 노고도 끝이 날 테니 이야말로 무사가 취해야 할 길이었다. 그럼에도 지구전[持久戰]만을 고집한 것은 분별없고 미련스러운 행동이었다.

1. 탄바는 아케치 미쓰히데가 평정하여 천하에 체면을 세웠다. 하시바 히데요시는 여러 쿠니에서 비할 데 없는 공적을 세웠다. 또한 이케다 쓰네오키는 적은 녹봉을 받으나 단기간에 하나쿠마를 공략하여 그 역시도 천하의 칭찬을 들었다. 사쿠마 부자는 이를 듣고 분발하여 당당하게 전과를 올렸어야만 했다.

1. 시바타 카쓰이에는 그들의 활약을 듣고, 이미 에치젠 1개 쿠니를 영유하고 있는 몸이면서도 천하의 평판을 마음에 두어 이번 봄에 카가로 진격, 1개 쿠니를 평정했다.

1. 무력에 의한 작전에 진전이 없으면 이익을 주어 유도하는 등 계략을 펼치고, 그래도 충분하지 않은 부분이 있다면 노부나가에게 보고하고 그 지도를 받아 결말을 보았어야 했다. 그런데 5년 동안 한 번도 상세히 보고하지 않은 것은 직무태만이자 괘씸한 일이다.

1. 지난번에 야스다 야스마사가 올린 보고에는, 오오사카 잇키를 공략하면 주변에 남아 있는 작은 성들은 대부분 퇴각할 것이라 적혀 있었고, 사쿠마 부자는 여기에 함께 서명했다. 그러나 스스로는 아무런 보고도 올리지 않고 야스다에게 보고서를 보내게 한 것은 자신의

수고를 덜기 위해 야스다의 보고에 편승하여 이런저런 의견을 밝힌 것 아닌지.

1. 노부나가의 가신 중에서도 노부모리는 특별히 대우를 해주지 않았는가. 미카와에서도, 오와리에서도, 오우미에서도, 야마토에서도, 카와치에서도, 이즈미에서도 힘을 보태게 해주었으며, 거기에 네고로지 무리들도 붙여주었으니 키이에서도 힘을 보탠 셈이다. 세력은 작은 자들이나 7개 쿠니에 걸쳐서 힘을 보태게 했으니, 거기에 자신의 군세를 더해 출동하면 그 어떤 전투를 하더라도 그렇게 쉽사리 패하지는 않았을 것이다.

1. 오가와·카리야(刈屋)의 미즈노 노부모토가 죽은 이후, 그 땅의 지배를 명령했으니 이전보다 가신의 숫자도 늘어났을 것이라 생각했으나, 그런 것 같지도 않고 오히려 미즈노 당시의 신하들 여럿을 해고했다. 설령 그랬다 할지라도 그에 상당하는 후임자를 보충했다면 예전과 같았을 텐데, 한 사람도 보충하지 않고 해고한 자들에게 주었던 땅을 직할하여 자신의 수입으로 삼고 그것을 금은으로 바꾸었다니 있을 수 없는 일이다.

1. 야마자키를 지배케 했더니 예전부터 노부나가가 눈여겨 보아왔던 자들을 곧 몰아낸 것은, 이 역시 앞서 이야기한 오가와·카리야에서의 일과 같은 것이다.

1. 예전부터 데리고 있던 가신에게는 녹봉을 올려주고 상응하는 세력을 더하고 새로이 사무라이를 받아들였다면 이와 같은 결과에 이르지는 않았을 것이다. 그럼에도 불구하고 인색하여 재산을 쌓기에만 마음을 썼기에 지금에 이르러 천하에 체면을 잃었으며, 그 악평이

중국·조선·남만에까지 전해졌다.

1. 예전에 아사쿠라가 패해서 달아났을 때, 전기[戰機]를 읽는 눈이 좋지 않다고 꾸짖었더니 인정하기는커녕 오히려 자랑을 늘어놓아 그 자리의 분위기를 망쳐놓았다. 그때 노부나가는 체면이 말이 아니었다. 그처럼 큰소리를 쳤으면서 오래도록 한 곳에 진을 치고 머물며 보인 비겁한 행동은 전대미문이다.

1. 노부히데의 죄상은 일일이 적으려 해도 도무지 다 적을 수가 없다.

1. 대략을 말하자면 노부히데는 무엇보다 욕심이 많고 성격이 까다로워서 좋은 가신을 맞아들이지 않는다. 게다가 직무에 태만하다는 평판이 있다. 요컨대 부자 모두 무사에 어울리는 마음가짐이 부족하기에 이와 같은 꼴이 된 것이다.

1. 오로지 힘을 보태러 온 자들만 부리고, 우리의 아군이 되겠다는 자를 노부나가에게 소개하고 나면 이번에는 그 자를 써서 군무를 본다. 자신의 사무라이를 맞아들이지 않아서 영내에 녹봉으로 내리지 않은 쓸데없는 땅을 만들고, 실제로는 자신의 직할로 삼아 비겁한 수입을 얻고 있다.

1. 힘을 보태고 있는 자들이나 직속 사무라이들조차 노부모리 부자를 멀리하는 것은 다른 이유 때문이 아니다. 분별 있는 척하며 자랑을 하고, 자애심 깊은 척하며 솜 안에 바늘을 숨겨놓고 그것을 만지게 하는 것처럼 차가운 마음으로 다루기에 그렇게 된 것이다.

1. 노부나가가 집안을 다스린 이후 30년 동안 일하고 있으나, 그 사이에 사쿠마 노부모리가 비할 데 없는 공을 세웠다고 칭해지는

일은 한 번도 없었으리라.

1. 노부나가가 집안을 다스리는 동안 싸움에서 진 일은 없으나, 토오토우미에 군세를 파견했을 때는 당연히 적과 아군이 서로 이기기도 하고 지기도 했으니 졌다고 한다면 틀림없이 그랬다고도 할 수 있으리라. 그러나 토쿠가와 이에야스의 응원요청이 있었기에 서툰 싸움을 했다 할지라도, 형제가 목숨을 잃거나, 혹은 고개가 끄덕여질 만한 가신이 목숨을 잃었을 정도의 활약을 했다면, 노부모리는 운이 좋아서 생환한 것이라고 다른 이들도 납득했을 것이지만, 자신의 군세 가운데서는 단 한 사람도 목숨을 잃은 자가 없었다. 그럼에도 불구하고 동료인 히라테 히로히데의 죽음을 지켜보기만 했을 뿐, 태연한 얼굴을 하고 있었다. 이것만 봐도 위 각 조의 내용대로 소양을 갖추지 못했다는 사실을 분명히 알 수 있다.

1. 사정이 이러하니 어딘가의 적을 제압하여 지금까지의 치욕을 씻고 그런 연후에 복직하든, 혹은 전장에서 목숨을 바쳐야 할 것이다.

1. 부자 모두가 머리를 깎고 코야산(高野山)으로 물러나 해를 거듭하면 혹은 사면의 날이 찾아올지도 모르겠다.

위와 같이 텐노지 성에 머무는 수년 동안 이렇다 할 공적도 세우지 못한 자의 미련스러운 모습을, 이번 야스다의 일로 상세히 알 수 있었다. 애초부터 천하를 지배하는 노부나가에게 말대답을 한 자는 그때가 처음이었으니, 이렇게 된 이상 위 마지막의 2개 조를 실행하라. 이를 받아들이지 않는다면 두 번 다시 사면할 일은 없을 것이라 알고 있으라.

1580년 8월 일〉

자필로 이렇게 쓰고 쿠스노키 초안·마쓰이 유칸·나카노 카즈야스 세 사람을 사자로 삼아 사쿠마 노부모리 부자에게 파견하여 토오토우미로 물러날 것을 명령했다.

사쿠마 부자는 채비도 변변히 갖추지 못한 채 코야산으로 물러났다. 그러나 거기에도 머물러서는 안 된다는 뜻의 명령이 있었기에 코야산에서 나와 키이의 쿠마노(熊野) 오지로 정처 없이 달아났다. 그러는 사이에 오래도록 사쿠마 집안을 섬겨오던 사람들로부터도 버림을 받아 몸에 두를 것조차 부족한, 보기에도 딱한 신세가 되어버리고 말았다.

8월 17일, 노부나가는 오오사카에서 쿄토로 들어갔다. 쿄토에서는 카로인 하야시 히데사다 및 안도 모리나리 부자·니와 우지카쓰를 토오토우미로 추방했다. 이유는 예전에 노부나가가 오와리에서 고심하고 있을 때, 노부나가를 적대시했기 때문이었다.

(12) 카가 잇키의 주모자를 처단하다

11월 17일, 시바타 카쓰이에가 계략으로 카가 잇키 세력의 주요한 자들을 곳곳에서 사로잡아 처단했다. 그 머리가 아즈치에 도착하자 노부나가는 이를 마쓰하라초(松原町)의 서쪽에 효수했다.

머리는 와카바야시 나가토·그의 아들인 우타노스케(雅楽助)·와카바야시 진파치로(若林 甚八郎)·우쓰로 탄바(宇津呂 丹波)·그의 아들인 토로쿠로(藤六郎)·키시다 조토쿠(岸田 常徳)·그의 아들인 신시로(新四郎)·스즈키 요시아키(鈴木 義明)·그의 아들인 우쿄노신(右京進)·스즈키 지로우에몬(次郎右衛門)·스즈키 타로·스즈키 우네메

(采女)·쿠보타 쓰네타다(窪田 経忠)·쓰보사카 신고로(坪坂 新五郎)·나가야마 쿠로베에(長山 九郎兵衛)·아라카와 이치스케(荒川 市介)·토쿠다 코지로(德田 小次郎)·미하야시 젠시로(三林 善四郎)·쿠로세 마사요시(黒瀬 政義) 이상 19명.

노부나가는 이만저만 기뻐한 것이 아니었다.

(13) 토쿠가와 이에야스, 타카텐진 성을 포위하다

토오토우미의 타카텐진 성은 타케다 카쓰요리가 군세를 보내 지키게 하고 있었다. 이를 토쿠가와 이에야스가 공격하여 울타리를 두르고 포위했으며, 이에야스 스스로가 진에 머물렀다.

권14 1581년(텐쇼 9년, 48세)

(1) 폭죽

정월 1일, 각지의 다이묘·쇼묘·무장들의 연초 인사는 면제되었다. 아즈치에 있는 우마마와리들만은 서쪽 문으로 들어와 동쪽 문으로 물러나는 동안 노부나가가 접견하겠다는 말이 내려왔기에 사람들 모두 그럴 생각으로 있었으나 밤부터 오전 10시 무렵까지 비가 내렸기에 그것도 중지되었다.

아즈치 성 아랫마을의 북부인 마쓰하라초의 서쪽, 호숫가 부근에 마장을 짓기로 하고, 스가야 나가요리·호리 히데마사·하세가와 히데카즈 세 사람을 담당 부교로 삼아 새해 첫날부터 공사를 시작했다.

정월 2일, 노부나가가 매사냥에서 잡은 수많은 기러기와 학을 아즈치 각 마을의 초닌들에게 하사하기로 했다. 초닌들은 감사한 일이라며 사사키(沙々貴) 신사에서 축하를 위해 노 공연을 열고, 그 회장에서 하사품을 받았다.

정월 3일, 타케다 카쓰요리가 토오토우미의 타카텐진 성을 포위한 토쿠가와 이에야스 세력을 후방에서 공격하기 위해 카이·시나노의 군세를 동원하여 출진했다는 보고가 들어왔다. 오다 노부타다가 기후에서 출진하여 오와리의 키요스 성에 진을 쳤다.

정월 4일, 요코스가 성의 수비대로 미즈노 나오모리·미즈노 타다시게(水野 忠重)·오오노의 3개 부대를 파견했다.

1월 8일, 우마마와리들은 15일에 있을 사기초133)에 폭죽을 준비하고, 각자의 취향대로 두건과 복장을 꾸며 그것을 입고 출장하라는 명령을 내렸다. 오우미 사람들에게도 폭죽을 가지고 사기초에 참가하라고 명령했다.

출장한 자들은 히라노 사다히사(平野 定久)·타가 쓰네노리·고토 타카하루(後藤 高治)·가모우 우지사토·쿄고쿠 타카쓰구·야마자키 히데이에·야마오카 카게무네·오가와 스케타다. 그리고 야마오카 카게스케·이케다 히데오·큐토쿠 사콘노효에·나가타 마사사다·아오치 모토요시·아쓰지 사다유키·신도 카타모리.

당일 마장에 입장한 순서는 벽제를 위해서 코쇼들이 입장. 뒤이어 노부나가. 노부나가는 검은 남만풍의 모자를 쓰고, 눈썹을 그린 화장을 하고, 빨간색 호코(ほうこう)를 입고, 중국 비단으로 소매 없이 지은 하오리134)를 입고, 호랑이 가죽 각반을 둘렀다. 말은 흰 바탕에 반점이 있는 것. 발이 매우 빨라서 하늘을 나는 말처럼 보였다. 칸토에서 와 있던, 마술[馬術] 전문가인 야시로 쇼스케(矢代 勝介)에게도 타보게 했다.

---

133) 左義長. 신년을 축하하기 위해 문 앞에 장식했던 소나무나 새끼줄을 모아 정월 15일에 불태우는 행사.
134) 羽織. 일본 옷 위에 입는 짧은 겉옷.

뒤이어 코노에 사키히사·이세 사다카게. 오다 가 일문 사람들, 즉 오다 노부카쓰·오다 노부카네·오다 노부타카·오다 나가마스(織田長益)·오다 노부즈미. 이 외의 사람들도 아름답게 치장하고 각자의 취향에 따라 준비한 복장으로 입장했다.

10기, 혹은 20기씩을 한 조로 묶어 빨리 달리게 했다. 말 뒤에 폭죽을 매달아 점화하고 한꺼번에 신명나게 떠들어대며 말을 달리게 하여 그대로 거리로 나갔다가 다시 마장으로 돌아오게 했다. 구경꾼들이 몰려들어 모두가 이 모습에 감탄했다.

1월 23일, 아케치 미쓰히데에게 명하여, 쿄토에서 우마조로에[135]를 행할 테니 각자 가능한 한 아름답게 차려입고 출장하라는 지령을 노부나가의 인장이 찍힌 문서로 각 쿠니에 보내게 했다.

2월 19일, 오다 노부카쓰·오다 노부타다가 상경, 니조의 묘카쿠지를 숙소로 삼았다.

2월 20일, 노부나가가 상경, 혼노지로 들어갔다.

2월 23일, 기독교 국가로부터 흑인이 왔다. 나이는 26·7세쯤으로 보였다. 이 사내는 전신이 소처럼 검었으며, 건강해 보이는 훌륭한 체격이었다. 게다가 힘이 세서 10명 이상의 몫을 했다. 신부가 데리고 와서 노부나가에게 인사를 시켰다. 노부나가의 위광 덕분에 고금에 알지 못했던 삼국의 명물과, 이처럼 진귀한 인물을 가까이서 볼 수 있었으니, 참으로 고마운 일이었다.

2월 24일, 홋코쿠의 에치젠에서 시바타 카쓰이에·시바타 카쓰토요

---

[135] 馬揃え. 기마무사의 열병식.

(柴田 勝豊)·시바타 산자에몬(三左衛門)이 상경하여 여러 가지 진귀한 물건을 헌상하고 인사를 올렸다.

(2) 쿄토 우마조로에

2월 28일, 키나이 및 근린 각지의 다이묘·쇼묘·무장들을 소집하고 준마를 모아, 쿄토에서 우마조로에를 행해 임금에게도 관람케 했다.

카미쿄의 궁궐 동쪽에 남북으로 길이 8정(870m)의 마장을 마련하고, 그 안에 양탄자로 감싼 높이 8자(2.4m)짜리 기둥을 종렬로 나란히 세워 울타리를 만들었다.

궁궐의 동문 담장 밖에 임시로 궁전을 세웠다. 임시로 지은 것이기는 하나 금은으로 장식했다. 당일에는 임금이 세이료덴에서 이곳으로 납시었다. 공경·텐조비토들도 다수 화려한 의상으로 열석했기에 의복에 머금게 한 훈향이 주변 일대에 감돌았다. 셋케와 세이가케 사람들이 임시 궁전 좌우에 마련된 관람석에 늘어앉아 임금의 주위를 수호했다. 참으로 위의 넘치고 아름다운 모습이어서 붓으로도 말로도 다 표현할 수 없으며, 이를 본 자 모두 더없이 화려하다고 생각했다.

노부나가는 시모쿄의 혼노지를 오전 8시 무렵에 나와서 무로마치 거리를 북쪽으로 올라가, 이치조에서 동쪽으로 꺾어져 마장으로 들어갔다.

마장에 들어간 순서는 다음과 같다.

첫 번째는 니와 나가히데 및 셋쓰·와카사의 무리와 니시가오카(西岡)의 카와시마 카즈노부(革島 一宣).

두 번째는 하치야 요리타카 및 카와치·이즈미의 무리와 네고로지의

오오가쓰카(大ヶ塚) 무리·사노의 무리.

세 번째는 아케치 미쓰히데 및 야마토·카미야마시로의 무리.

네 번째는 무라이 사다나리 및 네고로·카미야마시로의 무리.

다음으로 오다 가 일문 사람들. 오다 노부타다는 기마 80기와 미노·오와리의 무리들을 따르게 했다. 오다 노부카쓰는 기마 30기와 이세의 무리들을 따르게 했다. 오다 노부카네는 기마 10기. 오다 노부타카도 기마 10기. 오다 노부즈미도 기마 10기. 뒤이어 오다 나가마스·오다 나가토시·오다 칸시치로(織田 勘七郎)·오다 노부테루(信照)·오다 노부우지·오다 스오우(周防)·오다 마고주로(孫十郎).

뒤이어 공가들. 코노에 사키히사·오오기마치 스에히데·카라스마 미쓰노부·히노 테루스케·타카쿠라 나가타카.

다음으로 옛 막부의 신하들. 호소카와 아키모토·호소카와 후지카타·이세 사다카게·잇시키 미쓰노부(一色 滿信)·오가사와라 나가토키(小笠原 長時).

다음으로 우마마와리와 코쇼들. 모두 15기씩 한 조가 되라는 명을 받았다.

다음으로 에치젠의 무리들. 시바타 카쓰이에·시바타 카쓰토요·시바타 산자에몬노조·후와 미쓰하루·마에다 토시이에·카나모리 나가치카·하라 마사시게.

다음으로 화살부대 100명. 노부나가 본대의 선두로 히라이 나가야스와 나카노 카즈야스 두 사람이 인솔했으며, 두 갈래로 나뉘어 2열로 전진했다. 전원이 손으로 던지는 화살을 허리에 차고 있었다.

노부나가의 말을 끌고 나오게 한 순서는 다음과 같다. 마구간의

장관은 아오치 요에몬이 담당했다. 왼쪽의 선두에 서서 국자를 든 자는 미치게(みちげ), 여물통을 든 자·깃발을 든 자. 오른쪽의 선두에는 물통을 든 자·깃발을 든 자, 국자를 든 자로는 이마와카.

첫 번째 말은 오니아시게(鬼芦毛). 안장 위에 덮은 천은 중국에서 온 것, 안장 밑으로 늘인 천도 마찬가지, 구름 모양 무늬는 붉은색 금란[金襴]이었다. 두 번째 말은 코카게(小鹿毛), 세 번째는 오오아시게(大芦毛), 네 번째는 토오토우미산 카게(鹿毛), 다섯 번째는 코히바리(小雲雀), 여섯 번째는 카와라게(河原毛). 이들 말은 무쓰의 쓰가루를 시작으로 일본 전국의 다이묘·쇼묘들이 앞 다투어 이야말로 명마라고 생각하여 멀리까지 끌고 와 노부나가에게 헌상한 수많은 말 가운데서도 특히 뛰어난 말들이었다. 일본에 이 이상의 말은 없으리라. 마구 역시도 모두가 각각 훌륭한 것이었다. 말의 곁을 따르는 무리들의 차림새는, 타케에보시(두건), 노란색 스이칸(水干 상의), 흰색 하카마(하의), 맨발에 짚신이었다.

일곱 번째는 타케이 세키안, 산속 마귀할멈의 분장을 했다. 그 외에 승려들, 즉 쿠스노키 초안·쿠스노키 초운·마쓰이 유칸이 노부나가 앞에서 벽제를 했다. 여덟 번째는 의자를 든 자 4명, 책임자는 이치와카(市若). 의자에는 금색 바탕에 구름과 파도가 새겨져 있었다.

노부나가는 오오구로(大黒)라는 말에 올라 좌우에 코쇼들·코비토[136]들을 따르게 했다. 왼쪽에 앞장선 코쇼와 코비토 5명. 지팡이를 든 자는 키타마루(北若), 왜장도를 든 자는 히시야(ひしや), 무카바

---

136) お小人. 무가에서 잡일을 하던 자.

키137)를 든 자는 코이치마루(小市若). 오른쪽에 앞장선 코쇼와 코비토는 6명. 무카바키를 든 자는 코코마와카(小駒若), 장도를 든 자는 이토와카(糸若), 왜장도를 든 자는 타이토우. 뒤를 따르는 코쇼들은 총 27명, 전원이 빨간색 통소매옷 위에 흰색의 두툼한 민소매옷. 노부나가의 무카바키는 금색 바탕에 호피무늬를 자수한 것. 안장 위의 깔개, 옆으로 늘인 천, 고삐, 복대, 꼬리를 감싼 천 모두 마찬가지. 말의 몸통에 두른 술이 달린 장식 끈에는 영락[瓔珞]이 매달려 있었다.

노부나가의 차림새는, 눈썹을 그려넣은 화장을 하고, 금사[金紗]로 지은 호코를 걸쳤다. 이 금사는 이번에 오다 가 일문 사람들의 옷을 마련하기 위해 쿄토·나라·사카이에서 진귀한 중국 옷감을 찾아보게 했는데 근린 각지에서 앞 다투어 고급 천을 여럿 헌상한 가운데 하나였다. 옛날에 중국이나 천축에서 제왕을 위해 짠 천인 듯 사방에 휘갑이 쳐져 있고 가운데에 사람 모양을 멋지게 짜넣었다. 이제는 천하태평의 시대가 되었기에 천황·상황의 호코를 만들기 위해 수입한 것이었다. 이 옷감은 일부러 노부나가를 위해서 짠 듯 잘 어울렸다. 지난날의 명품을 볼 수 있다니, 참으로 고마운 시절이다.

두건은 중국식 관으로 뒤에 꽃을 꽂았다. 타카사고다유(高砂大夫)의 분장일까? 〈매화꽃 꺾어 머리에 꽂으면, 2월의 눈 옷에 떨어지네〉라는 노래의 우의일까?

안에 입은 통소매옷은 홍매화 무늬의 천과 흰색 천을 섞은 것. 그 흰색 천마다에 오동잎 당초무늬. 그 위에 붉은색 비단 통소매옷,

---

137) 行縢. 사냥이나 승마 때 보호용으로 입는 옷.

소매 끝에 금실로 자수를 놓은 것을 입었다. 이는 예전에 중국에서 일본으로 3두루마리가 건너온 것 가운데 1두루마리였다. 호소카와 타다오키가 쿄토에서 찾아내어 헌상한 것이었다. 고금의 명물이 모여드는 것은 노부나가의 위광에 의한 것임은 말할 필요도 없으리라.

민소매 옷은 붉은색 단자로 오동잎 당초무늬. 하카마도 마찬가지. 허리에 모란의 조화를 꽂았다. 이는 천황에게서 받은 물건이라고 한다. 허리에 두르는 짧은 도롱이는 야크 꼬리의 흰 털. 장도는 금은 장식. 단도는 날밑이 없는 칼로 금은으로 장식. 허리에 채찍을 꽂고 활을 쏠 때 끼는 장갑은 흰색 가죽에 오동 무늬. 신은 진홍색 모직물, 신의 목은 중국 비단.

노부나가의 차림새도 그렇고, 마장에 들어서는 의식도 그렇고, 스미요시묘진(住吉明神신)이 출현할 때의 모습이 이렇지 않을까 싶을 정도였기에 모두 경외감을 품었다.

한편, 근린 각지에서 참가한 다이묘·쇼묘·무장들도 화려한 의식이니 이는 중요하다고 생각하여 각자의 두건 및 차림새에 신경을 써서, 가능한 한 멋을 부렸다. 사람들의 의상을 보면 아래는 대부분 홍매화 무늬나 붉은 줄무늬, 위는 금은박·당자수·금란·중국 능직·무늬를 넣어 짠 천으로 지은 통소매옷. 민소매 겉옷과 하카마도 마찬가지. 각자 허리에 짧은 도롱이를 둘렀다. 혹은 금색 비단, 혹은 붉은색 끈목, 자수를 놓은 작은 깃발을 등에 꽂은 자도 있었다. 마구에도 멋을 부려, 장식용 밧줄·껑거리끈·고삐는 각자 붉은색 고급 끈목에 술을 달고, 또 말의 몸통에서 꼬리에 걸쳐 금란단자를 덮고 술로 장식, 금색 비단·붉은색 끈목을 더한 자도 있었다. 또한 오색 실로 꼬아 만든 껑거리끈도 있었다. 버선·짚신에 이르기까지 오색 실로 만든 자도 있었다. 장도는 대부분 금은 장식이었다. 다양한 취향은 아무리 칭송해도 다 표현할 수가 없다. 수백 명에 이르는 사람이었기에 전부 자세히는 쓸 수 없다.

처음에는 15기씩 1개 조라는 지시가 있었으나, 마장이 넓었기에 3개 조, 혹은 4개조씩이 한 무리가 되어 갈마들며 사이를 두지 않고, 말끼리 부딪치지 않도록 하며 울타리를 오른쪽에서 왼쪽으로 지났는데, 오전 8시 무렵부터 정오 무렵까지 행진이 계속되었다. 준마가 모여 있었으나 여기에 전부 다 적을 수는 없다.

노부나가도 물론 수시로 말을 갈아타고 참으로 나는 새처럼 달렸다. 칸토에서 온 야시로 쇼스케에게도 마술을 펼쳐보이게 했다. 오다 노부타다는 흰 바탕에 반점이 있는 말이었는데 이는 매우 빠른 말이었다. 차림새도 매우 아름답고 화려했다. 오다 노부카쓰는 회백색 말로, 이는 각별히 다리가 튼튼한 말이어서 비할 데 없이 강건했다. 이외에도 누구의 말이나 전부 뛰어난 명마로, 말로 이루 다 표현할 수 없을 정도였다. 각자 어울리는 차림새로 이 역시 취흥을 더해주었다.

마지막으로 말을 달리게 하여 임금에게 내보였다. 하나같이 뛰어난 기수, 화려한 차림이었으니, 우리나라는 물론 이국에서도 이 정도의 예는 없었을 것이다. 구경 온 사람들은 신분의 고하를 막론하고 이와 같은 태평성대로 서민들까지 생활에 어려움이 없는 경하스러운 시대에 태어났다는 기쁨, 역사가 시작된 이래 가장 성대한 의식을 보았다는 사실이, 평생의 추억이 될 테니 참으로 고마운 일이었다.

기마행진 도중, 천황이 노부나가에게 12명의 칙사를 파견하여,

"이처럼 재미있는 행사를 볼 수 있어서 참으로 기쁘게 생각하오."라는 고마운 말씀을 전하게 했다. 노부나가의 명예는 참으로 다 기록할 수 없을 정도였다.

저녁에 이르러 노부나가는 마장에서 물러나 혼노지로 돌아갔다. 더없이 축하하고 축하할 일이었다.

3월 5일, 조정에서 요망해왔기에 다시 기마행진을 했다. 이번에는 이전의 우마조로에 가운데서 명마 500여 기를 선발하여 출장시켰다. 복장은 전원 검은 갓에 호코를 입고, 검은 하오리에 정강이 부분을 조인 하의, 허리에 짧은 도롱이를 둘렀다.

천황을 비롯하여 공가·황후·여관들이 다수 아름다운 의장으로 나와서 구경했다. 흥에 겨워 기뻐하는 모습, 이만저만한 것이 아니었다. 노부나가의 위광 덕분에 황공하게도 천황을 가까이서 뵐 수 있게 되었다며, 고마운 시절이라고 구경 온 무리 모두 신분의 고하를 막론하고 손을 모아 감사·숭경했다.

3월 6일, 진보 나가즈미·삿사 나리마사 및 엣추노쿠니 안의 사무라이들이 상경했다. 또한 카가·에치젠·엣추 3개 쿠니의 다이묘들도 이번 우마조로에에 참가했으며, 그 후에도 쿄토에 머물고 있었다.

이 틈에 적인 카와다 나가치카가 군세를 움직이려고 유명한 도공[刀工]인 고 요시히로가 있는 마쓰쿠라(松倉)라는 곳에서 반란을 일으켰다. 작전상 에치고에서 우에스기 카게카쓰(上杉 景勝)의 군세를 끌어들였으며, 잇키 세력을 지휘하여 삿사 나리마사의 군세가 지키고 있는 코이데(小井手) 성을 3월 9일에 포위했다.

한편, 시바타 카쓰이에는 카가의 하쿠산 기슭인 후토우게(府峠)라는 곳에 간단한 진소를 설치하고 군세 300명쯤을 배치하여 부근 영지에서 거둔 수납물을 관리토록 하고 있었는데, 카가의 잇키 세력이 카와다·우에스기에 호응하여 봉기했고 후토우게를 공격하여 깨뜨리고 시바타가 배치해두었던 병력을 전멸시켰다. 시바타는 카가노쿠니의 경비를 위하여 사쿠마 모리마사를 배치해두었었는데, 사쿠마가 후토우게로 공격해 들어가 잇키 세력 다수를 베고 진소를 탈환했다. 이는 매우 커다란 공적이었다.

3월 9일, 노부나가가 호리 히데마사에게 이즈미노쿠니의 경작지와 수확량을 살펴서 그 수량을 보고하라고 명령하고, 그를 이즈미로 파견했다.

3월 10일, 노부나가는 쿄토에서 아즈치로 돌아왔다.

3월 12일, 진보 나가즈미 및 엣추노쿠니의 사무라이들이 아즈치에 도착했다. 사무라이들은 말 9마리를 헌상했다. 삿사 나리마사도 안장·등자·재갈과 검은 갑옷을 헌상했다.

3월 15일 아침, 노부나가는 마쓰하라초의 마장에서 헌상한 말을 타보았다. 엣추노쿠니의 사무라이들이 모두 노부나가에게 인사를 했다. 노부나가는 사무라이들 한 사람 한 사람에게 말을 건넸다. 감사한 일이었다. 여기서 우에스기 카게카쓰가 엣추로 침공하여 코이데 성을 포위했다는 사실을 보고했다. 노부나가는 곧 에치젠의 무리인 후와 미쓰하루·마에다 토시이에·하라 마사시게·카나모리 나가치카·시바타 카쓰이에에게 선진으로 한시도 지체하지 말고 출진할 것을 명령했으며, 각자에게 돌아가도 좋다는 허락을 내렸다. 에치젠의 무리 및 진보·삿사 등이 밤을 낮 삼아 급히 달려 엣추에 도착했다.

3월 24일, 삿사 나리마사가 진즈가와(神通川)·리쿠도지가와(六道寺川)를 건너 토나미군(礪波郡)의 나카다(中田)라는 곳까지 달려갔다. 그러나 적인 우에스기 카게카쓰·카와다 나가치카는 쿄토에서 군대가 출진했다는 소식을 듣고 3월 24일 오전 6시에 진을 풀고 코이데 방면에서 철수했다. 삿사 나리마사가 적이 지른 불길을 30리(12 km) 밖에서 보고 조간지가와(常願寺川)·코이데가와(小井手川)를 건너 추격했으나 적은 이미 물러난 뒤였기에 달리 손을 쓸 방법이 없었다. 그러나 코이데 성에서 농성전을 펼치던 아군에게는 숨통이 트였다.

한편, 호소카와 후지타카·타다오키·마사오키 부자 셋은 번번이 충절을 다했기에 작년에 탄고노쿠니를 받았다. 이에 호소카와 후지타카는 본거지를 탄고로 옮기고 그 전까지 거성으로 삼고 있던 쇼류지 성을 노부나가에게 헌상했다. 노부나가는 3월 25일에 야베 이에사다·이노코 타카나리 두 사람을 조다이로 삼아 쇼류지로 파견하여 호소카와의 영지였던 땅의 경작지와 수확량을 살핀 뒤 성에 머물라고 명령했다.

(3) 타카텐진 성의 굶어 죽은 자와 전사자

토오토우미의 타카텐진 성에서 농성하던 타케다 쪽 병사들은, 군량이 떨어져 절반 이상이 굶어죽었다. 남아 있던 장병이 3월 25일 오후 10시 무렵에 출격하여 성을 감싸고 있던 울타리를 깨고 밀려들었다. 여기저기서 싸움이 벌어졌는데, 토쿠가와 이에야스 군세가 취한 수급은 다음과 같다.

스즈키 시게쓰구(鈴木 重次)·스즈키 시게노리(重愛)가 취한 수급 138. 미즈노 카쓰나리(水野 勝成)가 15. 혼다 시게쓰구(本多 重次)가

18. 나이토 노부나리(內藤 信成)가 7. 스가누마 타다히사(菅沼 忠久)가 6. 미타케 야스사다(三宅 康貞)가 5. 혼다 히코지로(彦次郎)가 21. 토다 타다쓰구(戸田 忠次)가 7. 혼다 미쓰토시(光俊)가 5. 사카이 타다쓰구가 42. 이시카와 야스미치(石川 康通)가 16. 오오스가 야스타카(大須賀 康高)가 177. 이시카와 카즈마사(数正)가 40. 마쓰다이라 야스타다(松平 康忠)가 10. 혼다 타다카쓰(忠勝)가 22. 우에무라 쇼에몬(上村 庄右衛門)이 6. 오오쿠보 타다요(大久保 忠世)가 64. 사카키바라 야스마사(榊原 康政)가 41. 토리이 모토타다(鳥居 元忠)가 19. 마쓰다이라 토쿠(督)가 13. 마쓰다이라 겐바노조(玄蕃允)가 1. 쿠노 무네요시(久野 宗能)가 1. 마키노 칸파치로(牧野 菅八郎)가 1. 이와세 우지노리(岩瀬 氏則)가 1. 콘도 야스모치(近藤 康用)가 2. 그 외를 포함하여 수급 총 686.

위에서 부대장 격의 수급은 다음과 같다.

스루가의 가신단 가운데서는 오카베 나가야스(岡部 長保)·미우라 우콘(三浦 右近)·모리카와 비젠의 카미(森川 備前守)·모토이시 이즈미의 카미(朶石 和泉守)·아사히나 야로쿠로(朝比奈 弥六郎)·신도 요베에(進藤 与兵衛)·유히 카헤에(由比 可兵衛)·유히 토타이후(藤大夫)·오카베 타테와키(岡部 帯刀)·마쓰오 와카사의 카미(松尾 若狭守)·나사토 겐타(名郷 源太)·무토 우지사다(武藤 氏定)·무카사 히코사부로(六笠 彦三郎)·칸노오 타지마의 카미(神尾 但馬守)·안자이 헤이에몬(安西 平右衛門)·안자이 하치로베에(八郎兵衛)·미우라 우타노스케(三浦 雅楽助). 쿠리타(栗田) 부대의 주요한 자 및 시나노의 무리 가운데서는 쿠리타 쓰루히사(栗田 鶴寿)·그의 동생 2명·카쓰마타 치카라노스케(勝股 主税助)·쿠시키 쇼자에몬(櫛木 庄左衛門)·미즈시마 빗추(水島 備中)·야마가미 빈고의 카미(山上 備後守)·와네가와 우타노스케(和根川 雅楽助). 오오도(大戶) 부대 가운데 주요한 자는 오오도 탄고의 카미(丹後守)·우라노 우에몬(浦野 右衛門)·에도 우마노조(江戶 右馬丞). 요코타(橫田) 부대의 주요한 자는 쓰치하시 고로베에노조(土橋 五郎兵衛尉)·후쿠시마 혼메노스케(福島 本目助). 요다 노토의 카미(依田 能登守)의 부대 가운데 주요한 자는 요다 타테요시(立慶)·요다 모쿠자에몬(木工左衛門)·요다 부베에(部兵衛)·다이시겐(大子原)·카와산조(川三蔵)·에도 리키스케(力助).

타케다 카쓰요리는 오다·토쿠가와의 무위를 두려워하여, 타카텐진 성에서 군량이 떨어져 고생하고 있는 카이·시나노·스루가 3개 쿠니의 쟁쟁한 상하 무사 다수를 구원도 하지 않고 그냥 내버려두어 천하에 수치를 내보였다. 노부나가의 위광도 있었을 테지만, 토쿠가와 이에야스는 천하에 체면을 세웠다.

미카와노쿠니의 변방에 토로(土呂)·사자키(左崎)·오오하마·와시즈카(鷲塚)라는, 해안에서 가까운 요충지가 있다. 이곳은 경제력도 풍부하고 인구도 많은 지역이다. 오오사카(이시야마 혼간지)에서 주지대리가 파견되어 잇코슈가 흥했기에 인구의 과반수가 신도가 되었다. 토쿠가와 이에야스는 아직 장년에도 이르기 이전부터 이 잇키를 반드시 정벌하기로 결심하고 오랜 세월에 걸쳐 부지런히 여기저기서 스스로가 몇 번이고 전투를 벌였고 몇 번이고 전과를 거두어 이름을 드날렸다. 단 한 번도 싸움에서 패하지 않았으며, 마침내는 뜻을 이루어 미카와

1개 쿠니를 평정했다. 그간의 고생과 공적은 이루 헤아릴 수 없는 것이었다.

그 후, 토오토우미의 미카타가하라에서 타케다 신겐과 대진하여 전투를 벌였다. 그리고 타케다 카쓰요리와 나가시노에서 전투를 벌였다. 이 2번의 싸움에서도 매우 커다란 공을 세웠다. 무와 덕 양쪽 모두가 뛰어났기에 신불의 가호가 있었던 것이다.

3월 28일, 노부나가는 스가야 나가요리를 노토노쿠니 나나오 성의 성주대리로 파견했다.

4월 10일, 코쇼 대여섯 명을 데리고 치쿠부시마로 참배를 갔다. 히데요시의 성인 나가하마(長浜)까지는 말로 가고, 거기서 호수 위 50리(20km) 길을 배로 갔다. 아즈치에서부터 수륙 합쳐서 편도만 150리(60km), 왕복 300리 길을 그날로 다녀왔다. 이러한 일은 한 번도 들어본 적이 없다. 그러나 노부나가의 기력은 일반 사람과 달라서, 그의 튼튼함에는 모두가 감탄했다.

길이 머니 오늘은 나가하마에서 묵을 것이라고 모두가 생각하고 있었다. 노부나가가 성으로 돌아와보니, 여자들 가운데 니노마루까지 나간 자도 있었고, 혹은 쿠와노미데라의 약사여래로 참배를 간 자도 있었다. 성 안의 사람들은 깜짝 놀라 어찌할 바를 몰랐으며, 허둥지둥했다. 노부나가는 태만하게 놀던 자들을 묶었으며, 쿠와노미데라로 사람을 보내 여자들을 내려보내라고 명령했다. 절의 장로가, "자비를 베푸시어 여자들을 살려주시기 바랍니다."라며 사과의 말을 건네왔기에 여자들과 함께 그 장로까지 처단했다.

4월 13일, 하세가와 히데카즈·노노무라 마사나리 두 사람에게 봉토를 과분하게 내렸다. 고마운 일로 크게 체면을 세웠다.

4월 16일, 와카사의 헨미 마쓰네가 병사했기에 노부나가는 헨미의 소유령이었던 8천 섬 가운데 새로이 주었던 몫, 즉 무토 토모마스·아와야 우쿄노스케(粟屋 右京亮)의 옛 영지였던 3천 섬을 타케다 모토아키에게 주었다. 헨미의 원래 소유령이었던 나머지는 니와 나가히데가 어렸을 때부터 데리고 있던 미조구치 사다카쓰(溝口 定勝)라는 자를 노부나가가 데리고 있기로 하고 헨미 마쓰네의 후계자로 임명하여 5천 섬을 주었다. 그리고 미조구치에게 와카사노쿠니의 메쓰케138)를 명하여, 와카사에 머물며 쿠니 안 사무라이들을 감독하고 그 선악을 보고하라고 황공하게도 인장이 찍힌 문서로 명령하였다. 미조구치에게는 후대에까지 자랑할 만한 체면, 더할 나위 없는 일이었다.

4월 19일, 타케다 모토아키·미조구치 사다카쓰가 기후로 와서 오다 노부타다에게 감사의 말을 건넸다.

(4) 마키노오데라의 파멸

앞서 이즈미노쿠니의 경작지와 수확량 조사를 호리 히데마사에게 명령했었다. 호리는 마키노오데라(槙尾寺)의 소유령에 대해서도 토지 목록을 제출하라고 명령했는데, 절의 승려들이 검사 결과 토지의 일부를 몰수당할까 두려워하여 산 아래 마을을 점거하고 목록 제출을 거부했다.

이러한 보고를 들은 노부나가는, "소동을 일으켰으면서 사죄도 하지 않고 명령에 따르지 않다니, 괘씸하다. 당장 공략하여 승려 전원의

---

138) 目付. 무사의 위법을 감찰하던 직.

목을 베고 당탑은 불태워라."라고 명령했다.

마키노오데라라는 곳은 원래부터 수목에 뒤덮인 높은 산 위에 있어서 험한 산길을 오르면 오른쪽에 10정(1km) 정도의 폭포수가 흐르는데 수량이 많고 소용돌이치며 소리가 우렁차게 울리고 암석이 깨져 어지러이 튀는 매우 험한 땅이었다. 절의 승려들은 이 험한 땅에 의지하여 끝까지 저항할 태세였다. 그러나 호리 히데마사의 군세가 산 아래에 진을 치자 끝까지 지키지 못하리라 깨달았기에 절에서 물러날 각오를 하고 자재·도구 등을 인연이 있는 사람들을 통해서 옮겼다.

마키노오데라의 본존은 사이고쿠 33개소 순례의 네 번째로, 매우 영험한 관음보살이다. 절은 코야산 코고부지(金剛峯寺)에 속하며, 커다란 가람을 갖추어 번성하고 있었다. 코보(弘法) 대사가 어렸을 때 마키노오데라의 이와부치 곤조(岩淵 勤操) 승정 아래서 수학했는데, 한 글자를 들으면 열 글자, 천 글자를 깨우쳤다. 스승과 제자의 연이 얕지 않았기에 대사는 12세 때 이와부치 곤조 승정을 수계[授戒]의 스승으로 삼아 마키노오데라에서 출가했다. 그 후, 더할 나위 없는 도심[道心]을 발휘하여 곳곳의 영지를 방문하며 수행했다. 그 가운데서도 아와노쿠니(阿波国 토쿠시마 현, 아슈)의 타이류지산(大竜寺山)에서는 오곡을 끊고 허공장 구문지법[虛空藏 求聞持法]으로 수행했다. 마지막 날 새벽, 샛별이 떨어져 대사의 입으로 들어갔고, 이후부터 8만 4천의 경전을 마음속에서 깨달았다고 한다.

그토록 유서 깊은 마키노오데라가 노부나가의 위광에 두려움을 느낀 것인지, 말세가 되어 관음보살의 힘도 다한 것인지, 이제는 황폐해지기 직전에 이르렀다. 한탄을 해봐야 소용없는 일이었다.

4월 20일, 말법시가 되면 언쟁만이 성하리라는 불교의 말처럼, 밤이 되자 노소의 승려 7·800명이 무장을 하고 전원 관음당에 모였다. 본존과의 작별을 애석히 여기고, 오래도록 정들었던 곳에서 흩어져야 한다는 슬픔에 모두가 한꺼번에 터뜨린 울부짖음이 천둥처럼 모든 가람에 울려퍼졌다. 그런 다음 힘없는 발걸음으로 눈물을 흘리며 절을 떠나 각자 인연에 의지하여 부랑하듯 뿔뿔이 흩어졌다. 차마 눈 뜨고 볼 수 없을 만큼 딱한 모습이었다.

835년 3월 21일 오전 3시 30분 무렵, 코보 대사가 62세로 입적한 뒤 올해는 747년째가 된다. 신기하게도 같은 날인 이번 달 21일에 마키노오데라에서 승려들이 철수했다. 이는 코야산이 파멸로 향하는 시작이었던 것일까?

4월 21일, 아즈치야마에서 씨름을 개최했다. 오오쓰카 신파치가 거듭 승리를 거두었기에 상으로 노부나가의 영지 가운데서 100섬을 내렸다. 두 번째로 타이토우가 뛰어난 기능을 선보였으며, 세 번째로는 나가타 마사사다 소속의 우메(うめ)라는 역사가 재미있는 솜씨를 보여주었다. 노부나가는 이 두 사람에게도 거듭 말을 건네주었다. 고마운 일이었다.

4월 25일, 미조구치 사다카쓰가 조선에서 온 매 6마리를 손에 넣어 이를 노부나가에게 헌상했다. 근래 들어서는 구할 수 없었던 것으로, 노부나가는 '진귀하다.'고 기뻐하며 소중히 비장했다.

5월 10일, 이즈미 마키노오데라의 가람을 오다 노부즈미·하치야 요리타카·호리 히데마사·마쓰이 유칸·니와 나가히데가 살펴보고, 각자가 건축용재로 쓸 수 있을 만한 것을 얼마간 해체하여 몰수했다.

그 외의 당탑·사암·승방 및 경권은 호리 히데마사가 책임자로 입회하여 남김없이 불태워버렸다.

5월 24일, 엣추의 마쓰쿠라에 진을 치고 있던 적 카와다 나가치카가 병으로 세상을 떠났다. 노부나가의 노여움을 산 자들은 전부 자연스럽게 목숨을 잃고 만다.

6월 5일, 사가미의 호조 우지마사가 말 3마리를 헌상했다. 타키가와 카즈마스가 중간에서 일을 처리했다.

6월 11일, 엣추 간카이지(願海寺)의 성주인 테라사키 모리나가(寺崎 盛永)·키로쿠로(喜六郎) 부자를 소환하여 어떤 건에 대해서 심문했다. 그 후, 부자의 신병을 니와 나가히데에게 맡겨, 사와야마 성에 감금케 했다.

(5) 노토노쿠니의 카로들, 자결하다

6월 27일, 노토 나나오 성에서 옛 성주 때부터 카로로 있던 유사 쓰구미쓰(遊佐 続光)·그의 동생·이타미 마고사부로(伊丹 孫三郎) 세 사람이 걸핏하면 반역을 획책했기에 스가야 나가요리에게 명령하여 그들을 할복케 했다. 이에 누쿠이 카게타카(温井 景隆)와 그의 동생인 미야케 나가모리(三宅 長盛)도 머지않아 자신들 역시 처분당할 것이라 깨닫고 달아나버렸다.

(6) 톳토리 성을 포위하다

6월 25일, 하시바 히데요시가 군세 2만을 이끌고 추고쿠로 출진했다. 비젠·미마사카로 진격했고 다시 타지마 방면에서 이나바로 침공해 들어갔다.

킷카와 쓰네이에(吉川 經家)가 지키고 있는 톳토리 성은 사방 모두가 인가에서 멀리 떨어진 험한 산성이다. 이나바노쿠니는 북쪽에서부터 서쪽에 걸쳐서 바다가 널따랗게 펼쳐져 있다. 톳토리 성과 서쪽의 해안은 25정(2.7km)쯤 떨어져 있는데 마을의 자락을 스치며 동남쪽부터 서쪽으로 커다란 강이 흐르고 있다. 이 강에는 다리가 없어서 배로 건너야 한다. 성에서 20정(2.2km)쯤 떨어진 곳, 이 강가에 중계를 위한 외성이 있다. 또한 하구에도 중계를 위한 외성이 있다. 아키에서부터 군세를 맞아들이기 위해서 이 2곳에 외성을 쌓은 것이다.

톳토리 성 동쪽으로 7·8정(760~870m)쯤 떨어진 곳에 비슷한 높이의 산이 있다. 하시바 히데요시는 이 산에 올라 적의 성을 둘러보고 본진을 설치했다. 그런 다음 곧 톳토리 성을 포위케 하여 중계를 위한 외성 2곳과의 사이를 차단했다. 본성과 외성에 각각 울타리를 둘러 포위하고 적의 성에서 5·6정(550~650m) 내지 7·8정 거리까지 다가가서 각 부대의 진을 치게 했다. 해자를 파고 울타리를 두르고, 다시 해자를 파고 울타리를 둘렀으며, 흙으로 담을 높다랗게 쌓고 빈 틈 없이 2중, 3중으로 망루를 세우게 했다. 부대장들의 진에는 특히 견고한 망루를 쌓게 했다.

후방에서부터 공격하지 못하도록 포위진 뒤편에도 해자를 파고 담과 울타리를 세웠다. 말을 타고 돌아다녀도 멀리서 쏜 화살에 맞지 않도록 둘레 20리(8km) 사이에 전후하여 흙담을 높이 쌓게 했다. 그 안쪽에 민가처럼 진소를 짓게 하고 밤이면 각 진소마다 햇불을 대낮처럼 밝히게 했으며, 엄중하게 순회하라고 명령했다. 바다에는 경비를 위한 배를 배치했으며 바닷가 마을들은 불태워버렸다. 탄고·타지마에서 해상을 통해 배로 자유로이 군량을 실어올 수 있도록 하여, 이 방면에서의 전쟁을 몇 년 동안이고 결판이 날 때까지 이곳에 머물며 할 수 있도록 세심하게 준비해두었다.

아키의 군세가 후방에서부터 공격해 들어오면 2만여의 군세 가운데서 활과 철포를 쏘는 수천 명을 선발하여 우선 원거리 전투를 벌이게 한 뒤, 진지로 공격해 들어오면 충분히 애를 먹게 한 다음 한꺼번에 밀고 들어가 적 전원을 베어버려 추고쿠 방면을 단번에 평정하기 위해 견고한 진을 치게 한 것이다.

7월 6일, 엣추 키부네(木舟)의 성주인 이시구로 시게쓰나(石黒成綱) 및 카로인 이시구로 요자에몬(与左衛門)·이토 지우에몬(伊藤次右衛門)·미즈마키 우네메노쇼(水巻 釆女佐) 등의 일문 30기 정도가 아즈치를 향해 출발했다. 도중에 사와야마에서 니와 나가히데가 일행을 사로잡아 할복을 명하기로 얘기가 되었는데, 이시구로 등이 나가하마까지 와서 그 낌새를 알아차리고 움직임을 멈췄다. 이에 니와 나가히데가 나가하마까지 출동하여 민가에 숨어 있는 이시구로 등을 포위했다. 역시 이시구로 등은 저항했고 니와의 군에서도 뛰어난 자 두엇이 목숨을 잃었다. 전투 끝에 살아남은 일문의 17명은 집안에서 할복하여 목숨을 끊었다.

7월 11일, 시바타 카쓰이에가 에치젠의 야생에서 잡은 어린 매 6마리를 헌상했다. 동시에 다듬은 돌 수백 개도 헌상했다.

7월 15일, 아즈치 성의 텐슈카쿠 및 소켄지(惣見寺)에 등롱을 여럿 달아놓고, 또 우마마와리들을 새로 닦은 길에 배치하고, 후미진 땅에 배를 띄우게 하고, 모두에게 횃불을 밝히게 했다. 성 아래 일대가 훤하고 등불이 물에 비추어 말로 표현할 수 없을 만큼 재미있었기에 사람들이 무리를 지어 몰려들어 구경했다.

7월 17일, 노부나가가 비장하던 말인 히바리게[139]를 오다 노부타다에게 주었다. 유명한 준마였다. 테라다 젠우에몬을 사자로 명하여 기후로 가져가게 했다.

같은 날, 사와야마에 감금해두었던 테라사키 모리나가·키로쿠로 부자에게 할복을 명했다. 아들인 키로쿠로는 아직 나이 어린 17세였는데, 얼굴과 자태 모두 매우 아름답게 자란 젊은이로, 그 마지막 언행은 가엾은 것이었다. 부자가 서로 인사를 나눈 뒤, 아버지인 테라사키 모리나가, "아버지가 앞서 가는 것이 도리다."라며 먼저 배를 갈랐다. 젊은 무사가 그의 목을 쳐주었다. 그러자 키로쿠로는 아버지가 할복하여 흘린 피를 손바닥으로 받아 핥고, "저도 함께 가겠습니다."라며 훌륭하게 배를 갈랐다. 훌륭한 최후였으나, 가엾어서 차마 지켜볼 수가 없었다.

7월 20일, 데와 타이호지의 타이호지 요시오키가 인사로 매와 말을 헌상해왔다. 이튿날 답례로 통소매옷과 옷감 등을 보냈다.

7월 21일, 아키타(秋田)의 안도 치카스에(安東 愛季)의 인사가 있었다. 안내를 한 것은 신도 우에몬(神藤 右衛門). 야생에서 잡은 어린 매 5마리, 살아 있는 백조 3마리를 헌상했다. 위의 매 가운데 둥지를 떠나기 전에 잡은 매가 1마리 있었다. 노부나가는 이를 아껴

---

139) 雲雀毛. 몸통은 누른 빛과 흰색이 섞여 있고 갈기와 꼬리가 검은 털.

비장했다. 안도 치카스에게 답례로 보낸 것은 통소매옷 10벌, 여기에는 노부나가의 문장이 새겨져 있었다. 단자 10두루마리. 따로 황금 2개를 내렸는데 이는 사자로 온 오노기(小野木)라는 자에게 준 것이다.

7월 25일, 오다 노부타다가 아즈치로 왔다. 노부나가는 모리 나가사다를 사자로 삼아 아래의 세 사람에게 단도를 보냈다. 오다 노부타다에게 오카자키 마사무네가 만든 칼. 오다 노부카쓰에게 아와타구치 요시미쓰(粟田口 吉光)가 만든 칼. 오다 노부타카에게도 아와타구치 요시미쓰가 만든 칼. 하나같이 유명한 일물[逸物]로 고가의 물건이었다.

(7) 8월 초하루의 우마조로에

8월 1일, 키나이 및 근린 각지의 다이묘와 무장들을 아즈치로 소집하여 우마조로에를 개최했다.

노부나가의 차림새는 하얀 의복, 갓을 쓰고, 호코를 입고, 호랑이 가죽 각반, 아시게를 탔다. 코노에 사키히사 및 오다 가 일문 사람들의 차림새는, 아래에 하얀 홑옷, 위에는 비단 홑옷, 혹은 꽃무늬가 들어간 통소매옷을 한쪽 팔만 끼워 입었으며, 하카마는 금란·단자·금은박 등 여러 가지였다. 갓도 여러 가지였으며 모두 호코를 입고 말에 올랐다. 수많은 사람들이 몰려들어 구경했다.

8월 6일, 아이즈(会津)의 아시나 모리타카(蘆名 盛隆)의 인사가 있었는데 말을 헌상했다. 이는 오우 지방에서 유명한 말로 보기 드문 명마라는 것이었다.

8월 12일, 오다 노부타다가 오와리·미노노쿠니의 사무라이들을 기후로 소집하여 나가라가와 강변에 마장을 짓게 했다. 앞뒤에 높다랗게 토담을 쌓게 하고 좌우에 높이 8자(2.4m)짜리 울타리를 두르게 하여 매일 승마 훈련을 시켰다.

8월 13일, 이나바노쿠니 톳토리 성을 구원하기 위해 아키에서 모리 테루모토·킷카와 모토하루·코바야카와 타카카게가 출진할 것이라는 풍설이 나돌았다. 이에 노부나가는 쿠니 내에 있는 부장들은 명령이 떨어지면 노부나가의 선진으로 출진할 수 있도록 밤낮 없이 조금도 방심하지 말고 출동태세를 갖추고 있으라고 명령했다.

탄고에서는 호소카와 후지타카 부자 3명, 탄바에서는 아케치 미쓰히데, 셋쓰에서는 이케다 쓰네오키를 대장으로 삼았으며, 타카야마 우콘·나카가와 키요히데·아베 니에몬·시오카와 키치다유(塩河 吉大夫)에게 먼저 명령이 있었고, 이 외에도 근린 각지의 무장, 우마마와리에게도 물론 출진 준비를 하고 대기하라는 명령이 떨어졌다. "이번에 모리의 군세가 톳토리 구원을 위하여 출진하면 노부나가 자신도 출진할 테니, 동서의 군세가 맞닥트려 전투를 치르게 될 것이다. 사이고쿠 세력을 철저히 깨부수어 일본 전국을 남김없이 노부나가의 지배하에 둘 생각이다."라고 말했기에 부장들도 그럴 각오로 임했다.

그 가운데서도 호소카와·아케치 두 사람은 커다란 배에 군량을 싣게 했으며, 호소카와는 배의 지휘자로 마쓰이 야스유키(松井 康之)를 임명했고, 아케치도 배의 지휘자를 임명하여 이나바의 톳토리가와(鳥取川)에 정박케 했다.

8월 14일, 노부나가는 비장의 말 3마리를 하시바 히데요시에게 보냈다. 사자는 타카야마 우콘. "톳토리 방면을 자세히 시찰하고 돌아와서 보고하라."는 명령도 받았기에 말을 끌고 톳토리의 진으로 향했다. 하시바 히데요시는, "과분한 명예로, 감사한 일입니다."라고 말했다고 한다.

(8) 코야히지리를 처단하다

8월 17일, 코야히지리140)를 탐색하여 수백 명을 잡아다 각지에서 연행케 한 뒤 전부 처단했다.

그 이유는, 코야산에서 셋쓰 이타미의 잔당들을 끌어안고 있었다. 그 가운데 한두 명 출두시키지 않으면 안 될 자가 있었기에 노부나가가 인장이 찍힌 문서로 코야산에 명령을 내렸으나, 코야산에서는 그에 대한 대답을 하지 않았다. 뿐만 아니라 노부나가가 파견한 사자 10명쯤을 살해하기까지했다. 코야산에서는 노부나가의 노여움을 산 자들을 번번이 끌어안았고, 이를 괘씸히 여겼기에 이와 같은 처치에 나선 것이었다.

(9) 노토·엣추의 각 성을 파괴하다

노부나가는 노토노쿠니의 4개 군을 마에다 토시이에에게 주었다. 고마운 일이었다.

이에 앞서 스가야 나가요리에게 명하여 노토·엣추노쿠니 안의 성을 하나씩만 남기고 다른 성은 전부 파괴하게 했다. 스가야는 명령대로 행하고 아즈치로 돌아왔다.

---

140) 高野聖. 코야산을 중심으로 각지를 돌아다니며 모금활동을 하던 승려.

(10) 오다 노부카쓰, 이가를 평정하다

9월 3일, 오다 노부카쓰가 이가노쿠니로 출진했다.

코가 방면에서 출발한 부대의 선진은 코가의 무리·타키가와 카즈마스·가모우 우지사토·니와 나가히데·쿄고쿠 타카쓰구·타가 쓰네노리·야마자키 히데이에·아쓰지 사다유키·아쓰지 사다히로, 그리고 오다 노부카쓰.

시가라키(信楽) 방면에서는 호리 히데마사·나가타 마사사다·신도 카타모리·이케다 히데오·야마오카 카게무네·아오치 모토요시·야마오카 카게스케·후와 나오미쓰·마루오카 민부쇼유(丸岡 民部少輔)·아오키 겐바노조(青木 玄蕃允)·타라오 미쓰모토(多羅尾 光太).

카부토(加太) 방면에서는 타키가와 카쓰토시(滝川 雄利)를 대장으로 삼아 이세의 무리, 거기에 오다 노부카네.

야마토 방면에서는 쓰쓰이 준케이와 야마토의 무리.

이처럼 각 방면에서 침공해 들어갔다.

쓰게(柘植)의 후쿠치(福地) 아무개가 항복을 해왔기에 허락하고 인질을 보내게 한 뒤, 쓰게 성 경호를 위해 후와 나오미쓰로 하여금 성으로 들어가게 했다. 또한 카와이(河合)의 타야(田屋) 아무개라는 자도 항복하고 유명한 차단지인 '야마자쿠라'와 '킨코'를 바쳤다. 그러나 노부나가는 '킨코'는 돌려주고 '야마자쿠라'만을 받아서 그것을 타키가와 카즈마스에게 하사했다.

9월 6일, 시가라키 방면의 부대와 코가 방면의 부대가 합류, 하나가 되어 적의 미부노(壬生野) 성·사나고(佐那具)·미네오로시(峯伏) 등으로 진격했다. 오다 노부카쓰는 미다이(御代) 강변에 진을 쳤으며,

타키가와 카즈마스·니와 나가히데·호리 히데마사 및 오우미의 무리·와카사의 무리도 접근해서 진을 쳤다.

9월 8일, 노부나가는 카토 요주로(加藤 与十郞)·만미 시게모토의 아들·이노코 타카나리·안자이 아무개 4사람을 불러들여 각자에게 봉지를 내렸다. 고마운 일이었다.

또한 통소매옷을 다음 사람들에게 내렸다. 카노 에이토쿠·그의 아들인 미쓰노부(光信)·키무라 타카시게·키무라 시게아키·오카베 마타에몬·그의 아들·미야니시 유자에몬·그의 아들·타케오 겐시치(竹尾 源七)·마쓰무라(松村) 아무개·고토 코조·교부(刑部)·신시치·나라 다이쿠. 각 장색들의 우두머리에게 수많은 통소매옷을 하사했다. 모두 감사히 받았다.

9월 10일, 사나고와 미네오로시를 각 세력이 공격하여 사원과 이치노미야(一之宮)를 비롯한 일대 전부를 불태웠다. 그러자 사나고에서 적의 아시가루(보병) 부대가 출격했다. 타키가와 카즈마스·호리 히데마사 2개 부대가 때를 가늠하고 있다가 돌격하여 강용한 무사 10여 명을 베었고, 그날은 각자의 진으로 물러났다.

9월 11일, 사나고를 공략할 예정이었으나 적이 밤중에 퇴각해버리고 말았다. 사나고에는 오다 노부카쓰의 군세를 일부 주류시키고, 각 세력은 더욱 안으로 진격해 들어갔다. 각 방면에서 공격해 들어온 군세가 합류했기에 여기서 각 군(郡)으로 공격해 들어갈 담당부대를 결정했다. 각자의 재량으로 작전을 펼쳐, 각지의 성을 파괴하라고 명령했다.

아가군(阿我郡)은 오다 노부카쓰가 담당했으며, 이를 제압했다.

야마다군(山田郡)은 오다 노부카네가 제압했다.

나바리군(名張郡)은 니와 나가히데·쓰쓰이 준케이·가모우 카타히데·타가 쓰네노리·쿄고구 타카쓰구 및 와카사의 무리. 위의 각 부대가 각지에서 벤 적은 오바타(小波多) 부자와 형제 3명·히가시타하라(東田原)의 타카바타케 시로(高畠 四郎) 형제 2명·니시타하라(西田原)의 성주 아무개·요시하라의 성주 요시하라 지로(吉原 次郎).

아야군(綾郡)은 타키가와 카즈마스·호리 히데마사·나가타 마사사다·아쓰지 사다유키·후와 미쓰하루·야마오카 카게타카·이케다 히데오·타라오 미쓰모토·아오키 겐바노조·아오치 모토요시 및 코가의 무리. 위의 각 부대가 각지에서 벤 적은 카와이의 성주인 타야 진노조(田屋 甚之丞)·오카모토 아무개·코쿠후(国府)의 타카야(高屋) 부자 3명·카스야 쿠로우도(糟屋 蔵人)·미노부의 성주인 아무개·아라키(荒木)의 타케노야 사콘(竹野屋 左近). 그리고 키코(木興)의 성을 공략하여 카미핫토리토(上服部党)·시모핫토리토(下服部党)를 전멸시켰다. 이 외에도 다수의 적을 베었다.

위의 내용 외에도 잇키 세력이 야마토노쿠니와의 접경지 부근인 카스가야마(春日山)로 달아난 것을 쓰쓰이 준케이가 산 속으로 들어가 탐색하여 지도자 격 75명, 그 외에 헤아릴 수 없을 정도의 숫자를 베었다.

이렇게 해서 이가노쿠니를 평정했기에 4개 군 가운데 3개 군은 오다 노부카쓰의 소유령, 1개 군은 오다 노부카네의 소유령으로 주었다.

추고쿠, 이나바노쿠니의 톳토리에서 타카야마 우콘이 돌아와 톳토리 방면의 견고한 포진 상태를 도면으로 자세히 보고했다. 노부나가는 여기에도 크게 만족했다.

10월 5일, 이나바 교부·타카하시 토라마쓰(高橋 虎松)·하후리 시게마사 등에게 봉지를 주었다.

10월 7일, 흰 매가 털갈이를 했으며, 처음으로 새장에서 나왔다. 노부나가는 에치가와 부근에서 아침에 매사냥을 했다. 돌아오는 길에 쿠와노미데라에서 새로 조성한 마을로 직접 가서 시찰하고 기독교 교회에 들렀다. 여기서 토목공사에 관한 명령을 내렸다.

(11) 노부나가, 이가를 시찰하다

10월 9일, 노부나가는 이가노쿠니를 시찰하기 위해 오다 노부타다·오다 노부즈미를 데리고 아즈치를 출발했다. 그날은 한도산(飯道山)으로 올라가 거기서 오우미노쿠니를 전망하고 한도지(飯道寺)에서 묵었다.

10월 10일, 이치노미야에 도착했다. 노부나가는 잠시도 쉬지 않고 이치노미야 위에 있는 쿠니미야마(国見山)라는 높은 산에 올라 우선 쿠니 안의 형세를 전망했다.

노부나가가 휴식·숙박할 어전을 타키가와 카즈마스가 훌륭하게 지었으며, 오다 노부타다의 어전도 그 외의 여러 사람들이 꼼꼼하게 지어두었다. 진귀한 음식을 장만하여 식사를 내주고, 극진한 정성으로 접대했다. 오다 노부카쓰·호리 히데마사·니와 나가히데도 휴게소와 숙소를 경쟁하듯 훌륭하게 지었다. 어전의 만듦새도 그렇고 식사의 내용도 그렇고, 매우 훌륭한 것이었으며, 길을 가다 휴식을 할 때에도 술과 안주를 낼 수 있도록 준비해두었다. 노부나가는 크게 흡족해했으며, 각 장수들이 노부나가를 숭경하고 그 위광을 두려워하여 삼가는 모습은 붓으로도 말로도 다 표현할 수가 없을 정도였다.

10월 11일, 비가 내렸기에 그대로 체재.

10월 12일, 노부나가는 오다 노부카쓰의 진소, 쓰쓰이 준케이·니와 나가히데의 진소 그리고 안쪽의 오바타(小波多)라는 곳까지 카로 10명쯤을 데리고 시찰했다. 그런 다음 요소요소의 마을을 지적하여 요새를 쌓으라고 명령했다.

10월 13일, 이가의 이치노미야에서 아즈치 성으로 돌아왔다.

10월 17일, 초코지야마에서 매사냥을 했다. 이가노쿠니를 평정했던 각 세력이 모두 귀환했다.

10월 20일부터 아즈치 성 아래의 토목공사를 개시했다. 노부나가는 "북쪽과 남쪽 2개소, 새로 조성한 거리와 토리우치에 계속해서 기독교 신자들을 위한 주거를 짓게 하라."고 코쇼와 우마마와리들에게 명령했으며, 늪지를 메꿔 민가를 짓게 했다.

(12) 톳토리 성의 파멸

이 무렵, 이나바의 톳토리에서는 1개 군의 남녀 모두가 달아나서 성 안으로 들어가 농성했다. 그러나 일반 농민 및 그 외의 사람들 모두 장기전에 대한 준비가 없었기에 곧 굶어죽기 시작했다.

처음에는 닷새에 1번 혹은 사흘에 1번씩 종을 울리고 그것을 신호로 잡병들이 전원 목책 부근까지 나와서 나뭇잎이나 풀을 캤는데, 특히 벼의 그루터기는 좋은 먹거리인 듯했으나 나중에는 그마저도 전부 캐버렸으며, 성 안에서 키우던 우마를 잡아먹었고 추위도 더해졌기에

약한 자들이 끝도 없이 굶어죽었다. 아귀처럼 굶주린 남녀가 목책 부근까지 쓰러지듯 다가와 괴로움에 허덕이며, "우리를 풀어줘, 살려줘."라고 슬피 울며 부르짖는 모습은 딱해서 차마 눈 뜨고 볼 수 없을 정도였다. 이들을 철포로 쏘아 쓰러뜨리면, 아직 숨이 붙어 있는 자에게까지 사람들이 몰려들어 손에 손에 든 날붙이로 팔다리를 뜯어내고 살을 벗겨냈다. 오체 중에서도 특히 머리 부분은 맛이 좋은 듯, 하나의 머리를 두고 몇 사람이 서로 빼앗으려 했으며, 그것을 취한 자는 머리를 끌어안고 달아났다. 목숨이 오락가락하는 순간이 되면 이처럼 더없이 비정한 일들이 벌어지는 법이다.

한편, 대의를 위해서 자신의 목숨을 희생하겠다는 도의[道義]도 존경스러운 것이다. 성 안에서 항복을 청해오며, "킷카와 쓰네이에·모리시타 도요(森下 道与)·나사 야마토노스케(奈佐 日本介) 세 장수의 머리를 내줄 테니 성 안에 남아 있는 자들의 목숨은 살려주었으면 한다."고 탄원해왔다. 이를 노부나가에게 보고하고 그 지시를 기다리자, "그렇게 하라."라는 답이 돌아왔다. 이에 히데요시가 바로 승낙하겠다고 성 안에 대답하자, 한시도 지체하지 않고 세 장수 모두 할복하여 그 머리를 내주었다.

10월 25일, 톳토리 성의 포위를 풀어 농성하던 자들의 목숨을 구해주었다. 그야말로 아귀처럼 마르고 기력이 쇠해서 더없이 측은한 모습이었다. 너무나도 측은한 모습에 먹을 것을 주자, 너무 많이 먹어서 과반수가 목숨을 잃고 말았다.

톳토리 성은 이렇게 해서 마무리 지어졌으며, 성 안을 보수·정돈케 하고 성주대리로 미야베 케이준을 입성케 했다.

(13) 호우키의 난조로 출진하다

호우키에는 오다 쪽의 난조 모토쓰구(南条 元続)·오가모 모토키요(小鴨 元清) 형제 2사람이 거성으로 삼고 있는 성이 있었다. 10월 26일, 킷카와 모토하루가 침공하여 난조의 성을 포위했다는 보고가 들어왔다. 하시바 히데요시는, "난조를 돕지 않고 그냥 내버려두어 세상의 웃음거리가 된다는 것은 견딜 수 없는 일이다."라며 킷카와 세력을 후방에서부터 공격, 동서의 군세가 서로 칼을 맞대어 일전을 치를 결심을 했다.

10월 26일, 우선 선발대를 출격시켰으며 10월 28일에 하시바 히데요시가 출진했다. 이나바노쿠니 안, 호우키와의 접경지 부근에 야마나카 유키모리의 동생인 카메이 사네노리(亀井 真矩)가 오다 편에 서서 지키고 있는 성이 있었다. 하시바 히데요시는 여기까지 진군했다. 이곳에서 호우키까지는 산과 계곡이 이어진 매우 험한 길이었으나 난조의 성을 향해서 발걸음을 서둘렀다.

난조 모토쓰구는 우에이시(羽衣石)라는 성을 지키고 있었다. 난조의 형인 오가모 모토키요는 이와쿠라(岩倉)라는 성에 자리를 잡고 있었다. 두 사람이 오다 편에 서겠다는 태도를 바꾸지 않았기에 킷카와 모토하루가 진격하여 두 성을 공격하기 위해 우에이시에서 30정(3.3km)쯤 떨어진 우마노야마(馬之山)라는 곳에 진을 쳤다.

10월 29일, 엣추의 삿사 나리마사가, 쿠로베(黒部)에서 기른 말·올해 태어난 망아지·2세 된 망아지를 비롯하여 총 19마리를 헌상했다.

11월 1일, 칸토 시모쓰케의 니나가와고(蜷川郷)에 있는 미나가와 히로테루(皆川 広照)가 명마 3필을 헌상했다. 네고로지의 치샤쿠인(智積院)은 미나가와의 숙부다. 이 치샤쿠인도 미나가와의 사자와 동행하여 함께 왔다. 호리 히데마사가 중간에서 일을 처리했다. 노부나가는 미나가와 히로테루에게 답장을 보내고 답례품을 더했다. 옷감 100필, 적색 안료 50근, 호랑이 가죽 5장. 따로 황금 1개를 사자로 온 세키구치 이와미(関口 石見)에게 주었다.

한편, 하시바 히데요시는 호우키의 우에이시 부근에서 7일 동안 머물며 쿠니 안으로 병사들을 출동시켜 군량을 모으게 했다. 하치스카 이에마사·아라키 시게카타 두 사람을 킷카와 세력에 대비하여 우마노야마에서 대치케 하고, 히데요시 자신은 우에이시·이와쿠라 두 성과 연락하여 군세와 군량 및 탄약을 충분히 보급했다. 그런 다음 내년 봄에 킷카와 세력과 결전을 치르자고 말을 해두었다.

11월 8일, 하시바 히데요시는 하리마의 히메지로 돌아갔다. 킷카와 모토하루도 달리 손을 쓸 수 없었기에 군세를 되돌렸다.

(14) 아와지시마를 평정하다

11월 17일, 하시바 히데요시와 이케다 모토스케 두 사람이 아와지시마로 군대를 내었다. 이와야(岩屋)에 상륙하여 공격하자 적이 항복을 청해와 협의가 이루어졌다. 이에 이케다 모토스케의 군세를 이와야에 주류시켜 경비에 임하라고 명했다.

11월 20일, 하시바 히데요시는 히메지로 돌아갔다. 이케다 모토스케도 동시에 군을 거두었다. 아와지시마를 누구의 봉지로 삼을지 노부나가는 아직 결정하지 않았다.

11월 24일, 이누야마의 오다 카쓰나가(織田 勝長)가 아즈치로 와서 처음으로 노부나가에게 인사를 했다. 그는 예전에 노부나가가 타케다 신겐과 우호관계에 있을 때, 신겐이 노부나가의 막내아들을 양자로 삼고 싶다고 청해왔기에 카이로 보냈던 사람이었다. 그런데 결국 오다와 타케다의 관계가 악화되었기에 타케다 가에서 돌려보낸 것을 이누야마의 성주로 삼았던 것이다. 노부나가는 통소매옷·칼·매·말·창 외에도 여러 가지 물건을 갖추어 카쓰나가에게 주었다. 카쓰나가의 측근에게까지 각각 상응하는 물건을 내렸다.

(15) 악당을 처단하다

오우미의 나가하라 옆, 노지리(野尻)의 토젠지(東善寺)에 엔넨(延念)이라는 유복한 주지가 있었다.

12월 5일, 근방의 하치야(蜂屋) 마을에서 사는 하치(八)라는 사내가 여자를 써서 돈을 뜯어낼 궁리를 했다. 젊은 여자를 고용하여 비오는 날 저녁에 토젠지로 가서, "잠시 비를 피하게 해주십시오."라고 청하게 했다. 엔넨은, "곤란하다."며 거절했으나 여자는 정원 구석에 불을 피우고 몸을 녹였다. 그러자 하치가 뒤따라 들어와서, "출가한 몸으로 젊은 여자를 묵게 하다니 있을 수 없는 일이다."라고 트집을 잡고는 입을 다물고 있을 테니 돈을 달라고 요구했다. 엔넨이 거절하자 하치는 더욱 행패를 부렸다.

그 지역의 다이칸인 노노무라 마사나리와 하세가와 히데카즈 둘이서 그 남녀를 잡아다 심문한 뒤, 남녀 모두 처형했다. 딱하게도 자멸하고만 셈이다.

연말에 전국 각지의 다이묘·쇼묘와 일문 사람들이 아즈치로 와서 노부나가에게 인사를 했기에 문전성시를 이루었다. 연말의 선물로 금은·박래품·의복·피륙 등 훌륭한 물건들을 너도 나도 앞 다투어 헌상했다. 여러 가지 고가의 헌상품은 그 숫자도 헤아릴 수 없을 정도였다. 이 사람들이 노부나가를 두려워하고 숭경하는 모습은 이만저만한 것이 아니었다. 노부나가의 더할 나위 없이 행복한 모습은 일본에서 비할 자가 없었다. 노부나가의 위광에 대해서는 말할 필요도 없으리라.

연말의 인사를 위해 하시바 히데요시가 하리마에서 찾아와 통소매옷 200벌을 헌상했다. 그 외에 안채의 여자들에게도 각각 통소매옷을 선물했다. 이처럼 훌륭하고 많은 선물은 지금껏 없었다며 아즈치 성 안의 상하 모든 사람들이 놀랐다.

노부나가는, 〈이번에 이나바노쿠니의 견고한 성인 톳토리와 적의 대군을 맞아 몸을 바칠 각오로 싸워 1개 쿠니를 평정한 일은, 전대미문의 일로 무사의 자랑이다.〉라는 표창장을 써서 히데요시에게 주었다. 히데요시는 이를 받아 크게 체면을 세웠다. 노부나가도 만족하여 12월 22일에 명물로 알려진 다도의 도구 12종을 상으로 하사했다. 히데요시는 이를 받아들고 하리마로 돌아갔다.

권15 1582년(텐쇼 10년, 49세)

(1) 신년하례

정월 1일, 근린 각지의 다이묘·쇼묘와 오다 가 일문 사람들 모두가 아즈치에 머물며 신년 인사를 위해 성으로 들어왔다. 굉장한 인파였기에 도도노하시에서부터 소켄지(절)로 오르는 곳의 산기슭에 쌓아놓은 돌담을 밟아 무너뜨리고 말았다. 돌과 함께 굴러떨어져 목숨을 잃은 자도 있었다. 다친 사람은 수를 헤아릴 수 없을 정도였다. 칼을 드는 역할을 맡은 젊은이 가운데 칼을 분실하여 난처해진 자들도 여럿 있었다.

노부나가에게 인사를 한 순서를 보면, 가장 먼저 오다 가 일문의 사람들이 인사를 했다. 두 번째는 근린 각지의 다이묘와 쇼묘들. 세 번째는 아즈치에 머물고 있는 사람들.

이번 인사에는 다이묘든 쇼묘든 똑같이 연하의 축하금으로 100푼씩 직접 지참해서 오라고 호리 히데마사·하세가와 히데카즈 두 사람을 통해서 알렸다.

소켄지의 비샤몬도(毘沙門堂)와 무대를 본 뒤 앞쪽 문으로 들어와

산노몬(三の門)의 안, 텐슈카쿠 아래에 있는 시라스141)로 들어갔다. 여기서 노부나가가 각자에게 말을 건넸다. 앞서 이야기한 대로 오다 노부타다·오다 노부카쓰·오다 나가마스·오다 노부카네 및 그 외 오다가 일문 사람들, 다음으로 각지의 다이묘·쇼묘들 순서였다. 일동 모두 단을 올라 건물 안으로 들어가서 황송하게도 천황이 왔을 때 쓸 방을 구경했다.

뒤이어 우마마와리·코가의 무리 등이 시라스로 불려왔다. 잠시 기다리고 있자니, "시라스에서는 모두 추울 테니 남쪽의 전으로 들어 코운지(江雲寺) 어전을 보도록 하라."라는 지시가 전달되었기에 그곳을 둘러보았다.

방은 전부 금으로 장식되었으며, 각 방 모두에 카노 에이토쿠에게 명하여 각지의 풍경을 그리게 한 그림이 있었다. 산도 있고 바다도 있고 전원도 있고 마을도 있는 다양한 풍경이 참으로 재미있어서 말로는 표현할 수 없을 정도였다.

"여기서 복도를 따라 가서 천황의 방을 구경하라."는 지시가 있었기에 황송하게도 천황이 행행하여 쓸 방을 구경했다. 참으로 고맙고도 평생의 추억이 될 만한 일이었다.

복도부터 천황의 방까지는 전부 노송나무껍질로 이은 지붕이었으며, 금속장식이 햇빛에 반짝였고 방 안은 전부 금으로 장식되어 있었다. 사방 모두 벽에 금박을 칠했으며, 그 위에 물감을 두툼하게 바른 그림이 그려져 있었다. 금속장식 부분은 전부 황금을 사용했으며,

---

141) 白洲. 하얀 모래를 깔아놓은 곳.

돌기를 새긴 바탕에 당초문양을 팠고, 천장은 자잘한 격자 모양. 방의 위와 아래 모두 반짝여 그 감탄스러운 모습은 마음으로도 말로도 표현하기 어려울 정도였다. 다다미는 빈고에서 만든 고급 재질로 푸르스름한 빛을 띠었으며, 테두리는 흰 바탕에 검은 무늬가 있는 것이나 붉은 바탕에 무늬가 들어간 띠였다. 정면의 2칸 안쪽에 천황의 자리인 듯, 발이 쳐져 있고 1단을 높여 마련한 상단의 공간이 있었다. 금으로 장식하여 밝게 빛났으며 묘향[妙香]이 사방에 떠돌고 있었다. 거기에서부터 동쪽으로 연달아 방이 몇 개고 있었다. 여기에도 금박 위에 풍요로운 색채로 여러 가지 그림이 그려져 있었다.

천황의 방을 구경한 뒤, 처음 모였던 시라스로 내려가자, "부엌 입구로 오라."는 지시가 있었기에 가보니 노부나가 마구간 입구에 서 있었다. 100푼씩의 축하금을 황송하게도 노부나가 자신이 직접 받아서는 뒤쪽으로 던져 넣었다. 각지의 다이묘와 쇼묘들은 그 외에도 금은과 박래품 등 여러 가지 진귀한 물건을 헌상했다. 그 숫자는 헤아릴 수도 없을 정도였다.

(2) 폭죽

노부나가는 1월 15일의 사기초에 폭죽을 가지고 출장하라고 오우미의 무리들에게 명령했다. 명령을 받은 사람들은 히라노 사다히사·타가쓰네노리·고토 타카하루·야마오카 카게무네·가모우 우지사토·쿄고쿠 타카쓰구·야마자키 히데이에·오가와 스케타다. 그리고 야마오카 카게스케·이케다 히데오·큐토쿠 사콘노효에·나가타 마사사다·아오치 모토요시·아쓰지 사다히로·신도 카타모리.

당일 마장에 가장 먼저 들어간 것은 스가야 나가요리·호리 히데마사·하세가와 히데카즈·야베 이에사다 및 코쇼들·우마마와리들. 두 번째는, 키나이의 무리들과 근린 각지의 다이묘·쇼묘들. 세 번째는 오다 노부타다·오다 노부카쓰·오다 나가마스·오다 노부카네와 그 외의 일문 사람들. 네 번째가 노부나가였다.

노부나가는 쿄토에서 염색한 직물로 지은 통소매옷에 두건을 쓰고, 위로 약간 길고 네모진 갓을 쓴 가벼운 차림이었다. 허리에 두른 짧은 도롱이는 야크 꼬리의 흰 털, 단도, 각반은 빨간 금란에 겉은 홍매화. 신은 검붉은 모직물. 말은 니타(仁田) 아무개가 헌상한 야바카게와 오우에서 헌상한 점박이 말·토오토우미산의 밤색 말로, 전부 비장의 말 3마리. 노부나가는 이들 말을 번갈아 갈아탔다. 야시로 쇼스케에게도 말을 타게 했다.

이날은 눈이 내리고 바람도 불어서 매우 추웠다. 오전 8시 무렵부터 오후 2시 무렵까지 말을 탔다. 사람들이 몰려들어 감탄하며 구경했다. 저녁이 되어 말을 거두었다. 경하스러운 날이었다.

예전에 추방당했던 사쿠마 노부모리·노부히데 부자는 각지를 유랑했는데, 노부모리가 키이노쿠니의 쿠마노에서 병사했다. 노부나가는 이를 딱하게 여긴 것인지 1월 16일에 아들인 노부히데를 사면하고 옛 영지를 다시 주었다. 사쿠마 노부히데는 미노의 기후로 가서 오다 노부타다에게 감사의 말을 올렸다.

1월 21일, 비젠의 우키타 나오이에도 병으로 세상을 떠났기에 하시바 히데요시가 우키타 가의 카로들을 데리고 아즈치로 와서 이와 같은 경위를 보고했다. 카로들은 노부나가에게 황금 100개를 헌상하고 인사를 했다. 노부나가는 가독을 우키타 히데이에(宇喜多 秀家)가 계승하는 것을 승인하고 카로들 각자에게 말을 하사했다. 일동은 감사하고 귀국했다.

(3) 이세의 다이진구에 기부하다

1월 25일, 이세의 다이진구(大神宮_{신사})에서 시키넨센구[142]가 300년 동안 끊겼으니, 노부나가의 원조를 얻어 가까운 시일 안에 부활시키고 싶다고 다이진구의 우와베 사다나가(上部 貞永)가 호리 히데마사를 통해서 청해왔다.

"어느 정도의 비용을 준비하면 되겠는가?"라고 묻자, "1천 관만 있으면 그 외의 비용은 모금으로 실시할 수 있을 듯합니다."라고 대답했다. 노부나가는, "재작년에 이와시미즈 하치만구를 수축할 때 처음에는 300관이 필요하다고 했었으나, 실제로는 1천 관이 들었으니, 다이진구는 1천 관 가지고는 어림도 없을 것이다. 서민에게 피해를 주어서는 안 된다."며 일단 3천 관을 기부하라고 명령하고, 그 외에는 필요에 따라서 기부하겠다고 말했다. 이에 히라이 나가야스를 담당 부교로 삼아 우와베 사다나가를 보좌하게 했다.

1월 26일, 모리 나가사다를 사자로 삼아 오다 노부타다에게 파견했다. "예전에 기후 성의 창고에 돈 1만 6천 관을 보관해두었다. 아마도 구멍에 끼워 엮은 줄이 삭아 끊어졌을 터이니, 노부타다가 담당자를 임명하여 다시 엮도록 하고, 신사의 신전을 짓는 데 필요하다는 청이 있으면 건네주도록 하라."라는 지시를 전하게 했다.

---

142) 式年遷宮. 정해진 해에 새 신전을 짓고 제신을 옮기는 일.

(4) 키이 사이가의 진

1월 27일, 키이의 사이가에서 스즈키 시게히데가 그곳의 쓰치하시 모리시게를 할복케 했다. 그 경위는 작년에 쓰치하시 모리시게가 스즈키 시게히데의 장인을 살해했다. 그 원한을 갚기 위해 스즈키가 이번에 노부나가에게 은밀히 허락을 얻어 쓰치하시의 거처를 공격, 모리시게를 할복으로 내몬 것이었다.

위와 같은 경과를 보고하자, 노부나가는 스즈키를 응원하기 위해 오다 노부하루를 대장으로 삼아 네고로의 무리들과 이즈미의 무리들을 파견했다. 그러자 쓰치하시 모리시게의 아들인 네고로지의 센시키보(千識坊)가 쓰치하시에 있는 저택으로 달려가 형제들과 함께 농성을 했다.

(5) 키소 요시마사의 충절

2월 1일, 시나노 키소(木曽)의 키소 요시마사(義昌)가 아군으로 돌아섰으니 타케다 정벌군을 내라고, 나에기(苗木)의 토오야마 토모타다가 계략에 성공을 거두었음을 오다 노부타다에게 보고했다. 노부타다는 곧바로 히라노 칸에몬(平野 勘右衛門)을 사자로 삼아 이 사실을 노부나가에게 고했다. 그러자 노부나가의 지시는, "타케다 쪽과 경계를 마주하고 있는 토오야마의 군세를 내어, 키소에게서 인질을 받도록 하라. 그런 다음에 출마하겠다."라는 것이었다. 이에 토오야마 토모타다 부자는 우선 키소 요시마사와 협의하여 요시마사의 동생인 키소 요시토요(義豊)를 인질로 보내게 했다. 노부나가는 기뻐하며 요시토요를 스가야 나가요리에게 맡겼다.

2월 2일, 타케다 카쓰요리·노부카쓰(信勝) 부자 및 타케다 노부토요는 키소 요시마사가 모반했다는 소식을 듣고 신푸(新府)의 새로운 성에서 출진하여 1만 5천쯤의 군세로 스와의 우에노하라(上原)까지 진출, 진을 치고 각 방면으로 출격할 태세를 갖추었다.

2월 3일, 노부나가가 각 방면에서 출진하라고 명령을 내렸다. 스루가에서는 토쿠가와 이에야스, 칸토에서는 호조 우지마사, 히다에서는 카나모리 나가치카가 대장이 되어 진격하라고 명령했으며, 이나(伊那)에서는 노부나가와 노부타다가 2갈래로 진공하겠다고 지령을 내렸다.

2월 3일, 노부타다는 모리 나가요시·단 타다나오(団 忠直)를 선진으로 삼아 오와리·미노의 군세를 이끌고 키소·이와무라 두 방면으로 출진케 했다.

타케다 쪽에서는 이나로 들어오는 입구를 경비하기 위해 타카가사와(瀧ヶ沢)에 요새를 쌓고 시모조 노부우지(下条 信氏)를 배치해두었다. 그러나 그의 카로인 시모조 쿠베에(九兵衛)가 반역하여 2월 6일에 노부우지를 추방하고 오다 편으로 돌아서서 이와무라 방면에서 카와지리 히데타카의 군세를 맞아들였다.

한편 사이가 방면을 보면, 키이 사이가에 있는 쓰치하시 모리시게의 저택을 공격함에 있어서 그 켄시로 노노무라 마사나리를 파견했다. 물론 오다 노부하루가 조금도 방심하지 않고 밀고 들어갔기에 센시키보는 끝까지 지키지 못할 것이라 생각하여 30기쯤을 데리고 퇴각했다. 이를 사이토 로쿠다유(斎藤 六大夫)가 추격하여 센시키보를 베었다.

2월 8일에 그 머리를 아즈치로 가져가 노부나가에게 직접 확인토록 하자, 모리 나가마사를 통해서 통소매옷과 말을 사이토 로쿠다유에게 상으로 내렸다. 이를 받은 사이토는 크게 체면을 세웠다. 센시키보의 머리는 아즈치 성 아래의 도도바시에 효수되었으며 모두가 이를 구경했다.

2월 8일, 쓰치하시 모리시게의 저택을 공략하여 잔당을 제거했다. 저택의 보수·청소를 명하고, 오다 노부하루를 성주대리로 삼아 성으로 들어가게 했다.

2월 9일, 노부나가는 시나노로 출진함에 있어서 다음과 같은 명령을 발했다.

〈명령

1. 노부나가가 출마함에 있어서는 야마토의 군세를 출진시키겠다. 이는 쓰쓰이 준케이가 인솔하여 출진할 것 쓰쓰이는 그리 알고 적절한 준비를 해둘 것 단, 코야산 부근에는 무장을 약간 남기고, 또한 요시노의 입구를 경계할 것을 명한다.

1. 카와치 렌판슈(連判衆)는 에보시가타(烏帽子形)·코야산·사이가 방면을 경계할 것.

1. 이즈미 1개 쿠니는 키이에 맞서 경계할 것.

1. 미요시 야스나가는 시코쿠로 출진할 것.

1. 셋쓰노쿠니는 아버지인 이케다 쓰네오키가 쿠니를 지키고, 아들 둘의 군세로 출진할 것.

1. 나카가와 키요히데는 출진할 것.

1. 타다는 출진할 것.

1. 카미야마시로의 무리는 출진 준비를 빈틈없이 갖추어둘 것.
1. 하시바 히데요시는 추고쿠 지방 전체를 경비할 것.
1. 호소카와 후지타카는 아들 타다오키 및 잇시키 미쓰노부를 출진시키고, 후지타카는 그 쿠니를 경호할 것.
1. 아케치 미쓰히데는 출진 준비를 해둘 것.

이상, 멀리로 출진하는 것이니 군세는 소수를 이끌고, 재진 중의 군량이 끊기지 않도록 준비해둘 필요가 있다. 단, 소수라고는 해도 대부대와 마찬가지로 상응하는 힘을 발휘하도록 분골쇄신하여 활약하지 않으면 안 된다.

2월 9일 인장〉

2월 12일, 오다 노부타다가 출진하여 그날은 도타(土田)에 진을 치고 묵었다. 13일에는 코노에 진을 치고 묵었으며, 14일에는 이와무라에 진을 쳤다. 노부나가는 타키가와 카즈마스·카와지리 히데타카·모리 나가히데·미즈노 나오모리·미즈노 타다시게를 파견했다.

2월 14일, 신슈 마쓰오(松尾)의 성주인 오가사와라 노부미네(小笠原 信嶺)가 오다 편에 서겠다고 청해왔기에 단 타다나오·모리 나가요시를 선진으로 삼아 쓰마고(妻子) 방면에서 세이난지(晴南寺)로 진격케 했다. 그리고 키소토우게(木曽峠 고개)를 넘어 나시노토우게(梨子峠)로 군세를 올려보내자, 오가사와라 노부미네가 이에 호응하여 곳곳에서 싸움의 불길을 올렸다.

적의 이이다(飯田) 성에는 반자이 오리베(坂西 織部)·호시나 마사나오(保科 正直)가 들어앉아 있었는데, 지키지 못할 것이라 보고 2월 14일 밤이 되자 퇴각했다. 2월 15일, 이를 30리(12km)쯤 추격한 모리 나가요시가 이치다(市田)라는 곳에서 뒤처진 자 10기쯤을 베었다.

2월 26일, 적이 이마후쿠 마사카즈(今福 昌和)를 대장으로 삼아 아시가루 부대를 야부하라(薮原)에서 토리이토우게(鳥居峠)로 진격시켰다. 토오야마 토모타다 부자가 가세한 키소 요시마사 군세도 나라이사카(奈良井坂)에서 달려 올라가 토리이토우게에서 전투가 벌어졌다. 목숨을 빼앗은 적은 아토베 지부노조(跡部 治部丞)·아리가 빈고의 카미(有賀 備後守)·카사이 아무개·카사하라 아무개. 수급의 총수는 40여 급, 강용한 적을 베었다. 키소 방면에서 가세하기 위해 달려온 군세는 오다 나가마스·오다 아무개·오다 마고주로·이나바 사다미치·오하라 카게히사(尾原 景久)·쓰카모토 코다이젠·미즈노 토지로(水野 藤次郎)·야나다 히코시로(簗田 彦四郎)·니와 우지쓰구(丹羽 氏次). 위의 군세가 키소 요시마사와 함께 토리이토우게를 점령했다. 적인 바바 노부하루의 아들인 마사후사(昌房)는 후카시(深志) 성에 들어앉아 토리이토우게와 대치하는 진을 펼쳤다.

오다 노부타다는 이와무라에서 험한 땅을 넘어 히라야(平谷)까지 전진했다. 이튿날 이이다로 진을 옮겼다. 오오시마 성은 적인 휴가 무네히데(日向 宗栄)가 지키고 있었는데 그가 성주였으며, 오바라 쓰구타다(小原 続忠)·타케다 노부카도(武田 信廉) 및 칸토의 안나카 카게시게(安中 景繁) 등도 가담하여 오오시마 성을 지키고 있었다. 노부타다가 공격해 들어가자 전황이 좋아지기는 어려우리라 생각했는지 밤중에 퇴각해버렸다. 이에 노부타다는 오오시마 성을 점령하고 그곳으로 들어갔으며, 여기에는 카와지리 히데타카·모리 나가히데를 주류케 하고, 모리 나가요시·단 타다나오 및 마쓰오의 성주인 오가사와라 노부미네 등으로 하여금 선진에 서서 더욱 앞쪽에 있는 이이다로 진격하라고 명령했다.

그러자 앞쪽에 살고 있던 농민들이 자신의 집에 불을 지르고 이쪽을 향해서 왔다. 그 이유는 타케다 카쓰요리는 요즘 새로운 세금과 노역을 부과하고, 또 새로이 관소를 설치하는 등, 서민은 고통이 끊일 날이 없었다. 중범죄를 저지른 자라도 뇌물을 주면 사면받고, 가벼운 죄라도 본보기를 보인다며 책형에 처하거나 참수를 했다. 그랬기에 사람들은 탄식하며 슬퍼했고 신분의 상하를 막론하고 카쓰요리를 싫어했으며, 마음속으로는 노부나가의 영지가 되었으면 좋겠다고 바라고 있었기에 이번이 좋은 기회라며 오다 쪽에 협력하기 위해 이쪽으로 온 것이었다.

한편 노부나가는, "키소·이나 방면의 정황을 자세히 살펴 보고하라."며 무코(聟)·이누(犬)라는 두 코모노(小者잡일을 하던 자)를 사자로 삼아서 시나노의 전선으로 파견했다. 두 사람이 돌아와, "노부타다 경은 오오시마까지 진격했으며, 특이할 만한 사항은 없습니다."라고 보고했다.

그런데 타케다 쪽에서는 얼마 전에 토오토우미 방면의 경계를 위해서 스루가의 에지리(江尻)에 성을 쌓고 아나야마 바이세쓰(穴山 梅雪)를 배치해 두었었다. 이번에 토쿠가와 이에야스를 통해서 아군 편으로 돌아서라고 권하자 아나야마는 바로 승낙하고 카이의 후추(府中)에 인질로 보내두었던 처자를, 2월 25일의 비 내리는 밤을 틈타서 몰래 빼내었다.

아나야마 바이세쓰가 반역했다는 소식을 접한 타케다 카쓰요리 부자 및 타케다 노부토요는 본거지의 성을 지키기로 마음먹고 2월 28일에 스와의 우에노하라에서 물러나 신푸 성으로 군세를 철수시켰다.

(6) 오다 노부타다, 타카토오 성을 공략하다

3월 1일, 오다 노부타다는 이이시마에서 군세를 출발시켰으며, 텐류가와(天竜川)를 건너 카이누마하라(貝沼原)에 집결케 했다. 마쓰오의 성주인 오가사와라 노부미네를 길잡이 삼아 카와지리 히데타카·모리 나가히데·단 타다나오·모리 나가요시 및 아시가루 부대를 선발대로 출발시켰으며, 노부타다는 가려 뽑은 측근 10명쯤을 데리고 니시나 모리노부(仁科 盛信)가 지키고 있는 타카토오 성 아래를 흐르는 강 앞에 위치한 높은 산으로 달려 올라갔다. 성의 구조와 동정을 살펴본 뒤, 그날은 카이누마하라에 진을 쳤다.

타카토오 성은 3면이 험한 산이고 뒤편은 산등성이가 이어져 있다. 성 자락에는 서쪽에서 북쪽으로 후지카와(富士川)가 소용돌이치며 흘러 매우 견고한 성이다. 주변 마을에서 성까지는 30리(12km) 정도의 거리가 있는데, 아래로는 넓은 강이 흐르고 위로는 높은 산이 있으며 절벽 옆의 길은 말이 1마리씩밖에 지나지 못하는 험한 길이다. 그러나 강 하류 쪽에 얕은 여울이 있었다. 마쓰오의 오가사와라 노부미네를 길잡이 삼아 밤 사이에 이곳을 건넌 모리 나가요시·단 타다나오·카와지리 히데타카·모리 나가히데 등이 강에 면한 성의 정문 쪽으로 밀고 들어갔다.

호시나 마사나오는 이이다의 성주였으나 이이다 성에서 물러난 이후, 타카토오 성에 들어가 있었다. 호시나는 여기서 성 안에 불을 지르고 오다 쪽으로 돌아서야겠다고 생각하고 이 계획을 오가사와라 노부미네에게 밤이 되어 알렸는데, 이를 노부타다에게 전달할 시간조차 없었다.

3월 2일 새벽, 공격 개시. 노부타다는 산등성이를 따라가서 성의 뒤편을 공격했고, 앞쪽의 문은 모리 나가요시·단 타다나오·모리 나가히데·카와지리 히데타카·오가사와라 노부미네가 공격했다. 적도 앞쪽의 문으로 출격하여 몇 시간 동안 전투가 벌어졌다. 적의 다수를 베자 살아남은 자들이 달아나 성 안으로 들어갔다. 이러한 가운데 노부타다는 스스로 무기를 쥐고 병사들과 앞을 다투듯 성벽 부근까지 돌진하여 울타리를 부수고 성벽 위로 올라가, "한꺼번에 밀고 들어가라."라고 호령했다. 코쇼들과 우마마와리들이 지지 않겠다는 듯 몰려들어갔다. 앞뒤에서 정신없이 밀고 들어가 불꽃을 튀기며 싸웠다. 적과 아군 모두에서 부상병이 나왔으며, 칼에 맞아 쓰러진 자들이 나뒹굴었다.

성 안의 장병들은 처자를 한 사람씩 불러내 찔러 죽이고, 자신은 물론 싸우다 죽을 각오로 달려들었다. 이때 스와 카쓰에몬(諏訪 勝右衛門)의 아내는 칼을 빼들고 공격군을 베며 돌아다녔는데, 그 비할 데 없는 활약은 전대미문이었다. 또한 열대여섯 살의 아름다운 젊은이 가운데 하나가 부엌 구석에서 활을 쏘아 다수의 공격군을 쓰러뜨리다 화살이 떨어지자 칼을 빼들고 적을 베었으며, 마침내는 목숨을 잃고 말았다. 사상자가 서로 뒤얽혀서 그 숫자를 헤아릴 수 없을 정도였다.

목숨을 빼앗은 적은 니시나 모리노부·하라 마사히데(原 昌栄)·카스가 카와치의 카미·와타나베 킨다유(渡辺 金大夫)·하타노 겐자에몬(畑野 源左衛門)·히시 에치고의 카미(飛志 越後守)·칸바야시 주베에(神林 十兵衛)·이마후쿠 마타자에몬(今福 又左衛門). 오야마다 마사유키(小山田 昌行)는 니시나 모리노부의 부대장이었다. 오야마다 마사사다(昌貞)·오바타 이나바의 카미·오바타 고로베에·오바타 세이자에몬·스와 카쓰에몬·이이시마 민부노조·이이시마 코타로·이마후쿠 마사카즈(昌和). 수급의 총수는 400여 급이었다. 니시나 모리노부의 머리는 노부나가에게 보냈다.

이번에 오다 노부타다는 험준한 땅을 넘어 토고쿠의 강호로 이름이 높은 타케다 카쓰요리에게 싸움을 걸었다. 그리고 견고하기로 이름이 높아 이곳이야말로 요충지라며 강용한 무사들로 하여금 지키게 한 타카토오 성으로 단번에 공격해 들어갔다. 토고쿠·사이고쿠에 자신의 이름을 떨치며 노부나가의 후계자로서의 역할을 훌륭하게 수행했다. 대대로 전해져야 할 공적이자, 이야말로 후대의 본보기라고 할 수 있으리라.

3월 3일, 오다 노부타다는 카미스와(上諏訪) 방면으로 진격하여 곳곳을 불태웠다. 그곳에 있는 스와타이샤(諏訪大社신사)는 일본에 둘도 없을 만큼 신비하고 영험함이 현저한 곳이었다. 그러나 본전을 비롯하여 건물 전부가 단번에 잿더미가 되어버리고 말았다. 신의 위광으로도 어쩔 수 없는 일이었다. 칸토의 안나카 카게시게는 오오시마에서 퇴각한 뒤, 스와코(諏訪湖호수) 부근에 있는 타카시마라는 조그만 성에서 다시 농성하고 있었다. 그러나 그곳도 지키지 못할 것이라는 사실을 깨닫고 성을 오다 카쓰나가에게 넘겨준 뒤 물러났다.

키소 방면에서는 토리이토우게의 군세가 후카시로 진군하여 공격했다. 후카시 성은 바바 마사후사가 지키고 있었는데 지키기 어려울 것이라 판단하여 항복하고 성을 오다 나가마스에게 넘겨준 뒤 물러났다.

(7) 토쿠가와 이에야스, 스루가에서 카이로 침공하다

토쿠가와 이에야스는 아나야마 바이세쓰를 길잡이 삼아 따르게 하여 스루가에서 후지카와를 따라 전진하여 카이노쿠니로 침공, 몬주도(文殊堂)의 기슭에 있는 이치카와(市川)로 진격했다.

(8) 타케다 카쓰요리, 신푸에서 퇴각하다

타케다 카쓰요리는 타카토오 성에서 한동안 버텨줄 것이라 생각했으나 뜻밖에도 성이 빠르게 떨어졌으며, 오다 노부타다가 벌써 신푸를 향해 진격해오고 있다는 보고가 곳곳에서 들어왔다. 신푸 성에 모여 있던 일문 사람들과 가신들 모두 싸움에 대한 대책은 조금도 세우지 않고 각자 처자들을 피난시키기에만 분주해서 다른 일은 전부 잊고 커다란 소란이 벌어진 상태였기에 카쓰요리 아래에는 한 무리의 부대도 모여들지 않았다.

이러한 가운데 타케다 노부토요는 시나노의 사쿠군(佐久郡) 코모로(小諸)로 들어가서 한동안은 방어전을 펼칠 각오로 카쓰요리와 헤어져 시모소네 카타노리(下曽根 賢範)를 의지하여 코모로로 물러났다. 카쓰요리는 고립되었으며, 오다 쪽의 공격을 홀로 감당하게 되었다.

3월 3일 오전 6시 무렵, 타케다 카쓰요리는 신푸 성에 불을 지르고 퇴각했다. 성에는 각지에서 보내두었던 인질이 다수 남아 있었다. 그들을 가두어둔 채로 불태워 죽이는 꼴이 되어버리고 말았다. 인질들이 한꺼번에 슬피 우는 소리가 하늘에까지 울려 퍼질 듯했으며 그 애달픈 모습은 무슨 말로도 표현할 수 없을 정도였다.

작년 12월 24일, 코후(古府)에서 신푸의 새로운 성으로 카쓰요리와 부인들과 타케다 일문이 옮길 때에는 가마와 수레에 금은을 박고 말과 안장도 아름답게 꾸미고, 근린의 무장들도 말을 타고 따르게 하여 귀히 모시게 했었다. 구경을 나온 사람들이 무리를 이루었었다. 영화를 자랑하며 평소 규중 깊은 곳에서 사람들에게는 함부로 얼굴도 드러내지 않고 애지중지 보살핌을 받으며 총애를 얻었던 부인들이 그로부터 얼마 지나지도 않아서 완전히 변해버린 모습이 되었다. 카쓰요리의 부인, 카쓰요리의 측실인 타카바타케 오이(高畠 おい), 카쓰요리의 숙모, 신겐의 막내딸, 신겐의 아버지인 노부토라가 쿄토 공가의 딸에게서 낳은 딸, 그 외에 타케다 일문·친척의 부인들과 시중을 드는 자 등 200여 명 가운데 말에 탄 것은 20명을 넘지 않았으리라. 쟁쟁한 부인과 자녀들이 익숙지 않은 산길을 걷느라 발이 피로 물드는 등, 달아나는 자의 가엾은 모습은 차마 눈 뜨고 볼 수 없을 정도였다.

예전에 살았던 코후에도 머물 수 없었기에 그리움을 아쉬워하며 곧 출발하여 오야마다 노부시게(小山田 信茂)를 의지하기 위해 카쓰누마(勝沼)라는 곳의 산 속에서 코마카이(駒飼)라는 산골로 달아났다. 마침내 오야마다의 성에 가까워졌을 무렵, 오야마다는 카쓰요리 일행을 받아들이겠다고 사전에 승낙을 해두었음에도 불구하고 갑자기 무정하게 뿌리치며 성으로 받아들일 수 없다고 말했다. 카쓰요리 일행은 상하 할 것 없이 망연자실, 어찌할 바를 몰랐다.

신푸를 떠날 때 따르던 무사는 5·600명쯤 되었다. 도중에 하나둘씩 달아나서 지금은 차마 달아나지 못한 자 겨우 41명만이 남아 있을 뿐이었다. 타고(田子)라는 곳의 민가에 급히 울타리를 두르고 그곳을 숙소로 삼아 발을 쉬었다. 카쓰요리는 왼쪽을 보고, 오른쪽을 보았다. 수많은 여자들이 카쓰요리 한 사람에 의지하여 여기저기 앉아 있었다. 홀로 이런저런 생각이 들었으나, 그저 생각만 할 뿐 달리 손을 쓸 방도가 없었다. 가혹한 운명을 가져다준 사람들을 베어버리는 일조차 지금은 그저 생각하기만 할 뿐 자기 혼자만의 힘으로는 해낼 수 있는 일이 아니었다.

1개 쿠니의 주인으로 태어난 사람은 다른 쿠니로 침략하고 싶어 하며, 수많은 사람을 죽이는 것은 일상다반사다. 노부토라에게서 신겐, 신겐에게서 카쓰요리까지 타케다 3대 동안에 죽인 사람이 수천이라고 하지만, 사실 그 정확한 숫자는 알 수 없다. 세상의 성쇠, 시절의 변이는 막을 도리가 없다. 눈 깜빡할 사이에 인과 역전, 지금의 상태가 되어버리고 말았다. 하늘을 원망 말라, 사람을 탓하지 말라. 어둠에서 어둠으로 길을 방황하며 고난의 늪에 빠졌구나. 아아, 가엾은 타케다 카쓰요리.

(9) 노부나가, 카이로 진입하다

3월 5일, 노부나가가 근린 각지의 군세를 이끌고 출진했다. 그날은 오우미노쿠니 안의 카시와라(柏原)에 있는 조보다이인(上菩提院)에서 묵었다. 이튿날, 니시나 모리노부의 머리를 가져왔기에 로쿠(呂久) 나루터에서 살펴본 뒤, 기후로 보내서 나가라가와 강변에 걸어두게 했다. 이를 상하의 사람들이 구경했다. 7일에는 비가 내렸기에 기후에 머물렀다.

3월 7일, 오다 노부타다가 카미스와에서 코후(甲府)로 진입, 이치조 쿠란도(一条 蔵人)의 사택에 진을 쳤다. 거기서 타케다 카쓰요리의 일문·친척·가신들을 탐색하여 붙잡아다 전부 처단했다. 다음과 같은 자들이다. 이치조 노부타쓰(一条 信龍)·키요노(清野) 미마사카의 카미·아사히나(朝比奈) 셋쓰의 카미·스와 엣추의 카미·타케다 카즈사의 스케·이마후쿠 마사카즈·오야마다 노부아리(小山田 信有)·타케다 노부카도·야마가타 사부로베에(山県 三郎兵衛)의 아들·타케다 노부치카(武田 信親). 이들 전원을 처단했다.

오다 카쓰나가·단 타다나오·모리 나가요시에게 아시가루 부대를 인솔케 하여 코즈케노쿠니(上野国군마 현조슈)로 파견하자 오바타 노부자네(小幡 信真)가 인질을 보냈을 뿐, 이렇다 할 일도 일어나지 않았다. 스루가·카이·시나노·코즈케 4개 쿠니의 사무라이들이 노부타다에게 복종하겠다는 인사를 하기 위해서 각자 연줄에 의지하여 찾아왔다. 이에 노부타다가 머무는 진 앞은 사람들로 혼잡했다.

3월 8일, 노부나가는 기후에서 이누야마까지 나아갔다. 9일에는 카네야마(金山)에서 묵었으며, 10일에는 코노에 진을 치고 묵었다. 11일에 이와무라에 도착.

(10) 타케다 카쓰요리 부자, 할복하다

3월 11일, 타키가와 카즈마스는 타케다 카쓰요리 부자와 부인들 및 일문 사람들이 코마카이 산 속으로 달아났다는 사실을 알았기에 험한 산을 헤치고 들어가 탐색을 시작했다. 그랬더니 타고라는 곳의 민가에 급히 만든 울타리를 두른 채 머물고 있었다. 이에 타키가와 마스시게(滝川 益重)·사사오카 헤이에몬(笹岡 平右衛門)에게 선진의 지휘를 명하여 포위케 했다.

카쓰요리 일행은 달아날 수 없으리라 깨닫고 참으로 아름다운 여인들, 아이들을 한 사람씩 불러 마치 꽃을 꺾기라도 하듯 40여 명을 찔러 죽였다. 그런 다음 남은 자들은 뿔뿔이 흩어져서 달려나가 싸우다 목숨을 잃었다.

타케다 카쓰요리의 와카슈인 쓰치야 마사쓰네(土屋 昌恒)는 활을 쥐고 화살을 메겨서는 쏘고, 메겨서는 쏘며 화살의 숫자가 다할 때까지 쏘아서 쟁쟁한 무사 여러 명을 쓰러뜨린 뒤, 카쓰요리의 뒤를 따라서 할복했다. 높은 이름을 후대에까지 전할 만큼 비할 데 없는 활약이었다.

타케다 카쓰요리의 아들인 노부카쓰는 16세. 과연 훌륭한 집안의 자제로 인품도 좋고 얼굴도 아름답고 피부도 백설 같아서, 그 용모가 누구보다도 뛰어났다. 노부카쓰를 본 사람들은 숨이 턱 막혔으며, 애정을 품지 않는 자가 없었다. 그러나 세상은 무상한 법이다. 슬프게도 노인을 뒤에 남겨두고 젊은이가 먼저 세상을 떠나는 것은 흔히 있는 일로, 나팔꽃은 석양을 기다리지 않고 시들며 사람의 목숨도 아지랑이처럼 덧없는 것이다. 노부카쓰도 역시 집안의 명예를 지키기 위해 용감하게 칼을 휘두르다 목숨을 잃고 말았다. 후세에 이름을 남길 만한 훌륭한 활약이었다.

적과 맞서다 목숨을 잃었거나, 혹은 주인의 뒤를 따라 할복한 자들은, 타케다 카쓰요리·타케다 노부카쓰·나가사카 미쓰카타(長坂 光堅)·아키야마(秋山) 키이의 카미·오바라(小原) 시모쓰케의 카미·오바라 쓰구타다·아토베 카쓰스케(跡部 勝資)·그의 아들·아베(安部) 카가의 카미·쓰치야 마사쓰네·다이류지 린가쿠(大龍寺 麟岳). 린가쿠는 나이 든 몸으로 비할 데 없는 활약을 했다. 그 외의 사람까지 포함하여 무사는 41명. 여성들은 50명. 3월 11일 오전 10시 무렵에 전원이 할복, 혹은 적의 손에 목숨을 잃었다.

타케다 카쓰요리 부자의 머리는 타키가와 카즈마스를 통해서 오다 노부타다에게 보내져, 이를 살펴보게 했다. 노부타다는 이를 세키 카헤이지(関 可平次)·쿠와하라 스케로쿠(桑原 助六)에게 들려 노부나가에게 가져가게 했다.

(11) 엣추 토야마 성에 진보 나가즈미를 가두고 잇키 세력이 봉기하다

한편, 엣추의 토야마(富山) 성에는 진보 나가즈미가 자리를 잡고 있었다. 이번에 노부나가 부자가 시나노 방면으로 출진하자 타케다 카쓰요리는, "요해지에 의지하여 싸움을 펼친 결과 오다 세력을 전부 물리쳤으니, 이 기세에 올라타 엣추노쿠니에서도 잇키 세력을 봉기시켜 그 쿠니를 마음껏 지배하도록 하라."라고 마치 사실인 양 엣추노쿠니의 사무라이들에게 허위정보를 흘렸다. 엣추에서는 이를 사실이라 믿고 코지마 로쿠로자에몬(小島 六郎左衛門)·카로토 시키부(加老戸 式部) 두 사람이 잇키 세력을 지휘하여 진보 나가즈미를 성 안에 감금하고 3월 11일에 토야마 성에 무혈입성, 부근에서 전쟁의 불길을 올렸다.

시바타 카쓰이에·삿사 나리마사·마에다 토시이에·사쿠마 모리마사 등은, "토야마의 잇키 세력이 점거한 성은 시일을 지체하지 않고 저희 일동이 포위했으니 낙성까지 며칠 걸리지도 않을 것입니다."라고 보고했다. 노부나가의 답은 다음과 같은 것이었다.

〈타케다 카쓰요리·타케다 노부카쓰·타케다 노부토요·나가사카 미쓰카타를 비롯하여 타케다 가 숙로들의 목을 모두 베었으며, 스루가·카이·시나노를 전부 평정했으니 걱정할 필요 없다. 카이에서 보고가 왔기에 통보하는 것이다. 그쪽의 잇키도 만족스럽게 처단하지 않으면 안 되는 것은 물론이다.

3월 13일.

시바타 카쓰이에 나리

삿사 나리마사 나리

마에다 토시이에 나리

후와 나오미쓰 나리〉

3월 13일, 노부나가는 이와무라에서 네바네(禰羽根)로 진을 옮겼으며, 14일에 히라야를 넘어 나미아이(浪合)에 진을 쳤다. 타케다 카쓰요리 부자의 머리를 세키 카헤이지·쿠와하라 스케로쿠가 이곳으로 가져와서 살펴보게 했다. 노부나가는 야베 이에사다에게 명하여 그 머리를 이이다까지 가져가게 했다.

15일 정오 무렵부터 비가 세차게 내렸다. 이날은 이이다에 진을 쳤으며, 카쓰요리 부자의 머리를 이이다에 내걸었다. 상하 사람들이

이를 구경했다. 16일에는 그대로 머물렀다.

(12) 타케다 노부토요의 할복 및 시모소네 카타노리의 충절

시나노의 사쿠군 코모로에 시모소네 카타노리가 자리 잡고 있었다. 타케다 노부토요는 시모소네를 의지하여 단 20기쯤만을 데리고 그곳으로 철수했다. 시모소네는 성에 수용하기로 승낙하고 노부토요를 니노마루로 불러들인 뒤, 무정하게도 변심하여 니노마루를 포위하고 건물에 불을 질렀다.

노부토요의 와카슈 가운데 아사히나 야시로(朝比奈 弥四郎)라는 자가 있었다. 이번 싸움에서 목숨을 버릴 수밖에 없을 것이라 각오하고 우에노하라의 진에 머물 때, 스와에 있는 요메이지(要明寺)의 장로를 도사[導師]로 삼아 계를 받고 불도에 입문했으며, 도호까지 받았다. 그 도호를 표찰에 써서 목에 걸고 마지막까지 싸웠으며, 노부토요가 할복하자 카이샤쿠 하고 뒤를 따라서 자신도 할복했다. 참으로 훌륭했다. 노부토요의 조카사위 가운데 모모이(百井)라는 자도 여기서 함께 할복했다.

시모소네 카타노리는 타케다 노부토요를 따라온 무사 11명도 그곳에서 할복케 하고, 오다 편에 서겠다는 증거로 노부토요의 머리를 가지고 노부타다의 진으로 찾아갔다. 노부타다는 이를 하세가와 요지에게 명하여 노부나가에게로 가져가게 했다.

3월 16일, 노부나가가 이이다에 머물고 있을 때, 타케다 노부토요의 머리가 도착했다. 니시나 모리노부가 타던 비장의 말과, 타케다 카쓰요리가 타던 말도 헌상했으나, 카쓰요리가 타던 말은 노부타다에게 물려주었다. 타케다 카쓰요리가 마지막까지 차고 있던 칼은 타키가와 카즈마스를 통해서 노부나가에게 헌상되었다. 이를 가져온 사자인 이나다 큐조(稻田 九藏)에게 노부나가는 통소매옷을 하사했다. 고마운 일이었다.

타케다 카쓰요리·타케다 노부카쓰·타케다 노부토요·니시나 모리노부 4명의 머리를 쿄토로 가져가 내걸라는 명령을 주어, 하세가와 소닌을 쿄토로 올라가게 했다.

3월 17일, 노부나가는 이이다에서 오오시마를 거쳐 이이시마로 나아가 진을 쳤다.

(13) 하시바 히데요시, 비젠으로 출진하다

3월 17일은 하시바 히데카쓰[143]가 관례식 이후 처음으로 무구를 두르고 출진한 날로, 비젠의 코지마(兒島)에 적의 성이 하나 남아 있었기에 하시바 히데요시가 보좌하여 그곳으로 출진, 공격했다. 노부나가에게로 이에 관한 보고가 들어왔다.

(14) 카미스와에 진을 치게 하다

3월 18일, 노부나가는 타카토오 성에 진을 쳤다.

3월 19일, 카미스와의 홋케지(法花寺)에 진을 치고 각 부대의 진에 대해서 일일이 지시를 내렸다.

진을 친 부장들은 오다 노부즈미·스가야 나가요리·야베 이에사다·호리 히데마사·하세가와 히데카즈·후쿠즈미 히데카쓰·우지이에 유

---

143) 羽柴 秀勝. 노부나가의 아들로 히데요시의 양자가 되었다.

키쓰구(氏家 行継)·타케나카 시게타카·하라 마사시게·무토 야스히데(武藤 康秀)·가모우 우지사토·호소카와 타다오키·이케다 모토스케·하치야 요리타카·아쓰지 사다유키·후와 나오미쓰·타카야마 우콘·나카가와 키요히데·아케치 미쓰히데·니와 나가히데·쓰쓰이 준케이. 이 외에 우마마와리들의 진에 대해서도 하나하나 지시를 내렸다.

(15) 키소 요시마사, 인사를 오다

3월 20일, 키소 요시마사가 노부나가의 진으로 찾아와서 말 2마리를 헌상했다. 알선한 것은 스가야 나가요리. 그 자리에서 안내역을 맡은 것은 타키가와 카즈마스. 노부나가는 칼과 황금 100개를 주었다. 칼의 모양은 금은가루를 뿌린 위에 투명한 칠을 하고 금속구 부분에는 도금, 음각으로 무늬가 새겨져 있고, 쇠못과 코가이[144]에는 12신장이 새겨져 있었는데, 고토 코조가 만든 것이었다. 또한 봉지를 더하여, 시나노 가운데 2개 군을 내렸다. 요시마사가 물러날 때, 노부나가는 마루까지 마중을 나갔다. 더없는 영광이었다.

3월 20일 저녁, 아나야마 바이세쓰가 인사를 와서 말을 헌상했다. 노부나가는 단도와 작은 칼에 칼주머니·부싯돌 쌈지를 더해 내주었다. 단도의 모양은 금은가루를 뿌린 위에 투명한 칠을 하고, 금속구 부분은 도금, 음각으로 무늬가 새겨져 있었다. 작은 칼은 자루에까지 금은가루를 뿌리고 그 위에 투명한 칠을 한 것이었다. 노부나가는, "잘 어울리오."라고 말했다. 또한 아나야마의 소유지였던 곳을 그대로 인정해주었다.

오가사와라 노부미네도 인사를 와서 말을 헌상했다. 말은 노부나가

---

144) 笄. 칼집에 꽂아넣는 가늘고 납작한 도구.

의 마음에 드는 것이어서 그대로 비장했다. "이번의 충절, 훌륭했소."라며 소유지였던 땅을 그대로 인정해주겠다는 문서에 인장을 찍어 야베 이에사다·모리 나가사다로 하여금 건네주게 했다. 고마운 일이었다.

3월 21일, 호조 우지마사가 하야마(端山)라는 자를 사자로 보내 말과 에가와에서 만든 술·희고 긴 술병 등을 헌상했다. 타키가와 카즈마스의 알선이었다.

(16) 타키가와 카즈마스, 코즈케노쿠니를 받다

3월 23일, 노부나가는 타키가와 카즈마스를 불러 코즈케노쿠니 및 시나노 가운데 2개 군을 내렸다. "나이도 지긋하신데 먼 지방으로 파견하기는 미안하지만, 칸토 8개 주의 경계를 명하겠소. 노후에 한 번 더 애를 써주신다 생각하시고 코즈케에 머물러 주시오. 토고쿠 지배의 중개자로 모든 일을 일임하겠소."라고 말하고, 황공하게도 노부나가가 비장하고 있던 갈색 몸에 검은빛 갈기가 난 말을 내렸다. "이 말을 타고 코즈케노쿠니로 들어가시게."라고 말했다. 타키가와 카즈마스는 천하에 체면을 세웠다.

(17) 각 세력에게 군량을 지급하다

3월 24일, 노부나가는 "각 부대 모두 주류 중이기에 군량미가 부족할 것이다."라며 스가야 나가요리에게 명령하여 장병들의 명부를 정리하게 한 뒤, 시나노의 후카시에서 장병들의 숫자에 따라 녹미를 지급했다. 고마운 일이었다.

3월 25일, 코즈케노쿠니의 오바타 노부자네가 코후로 와서 오다 노부타다에게 귀순의 인사를 했다. 노부타다는 오바타에게 쿠니로 돌아가도 좋다는 허가를 내렸다. 타키가와 카즈마스가 오바타와 동행하여 코즈케로 출발했다.

3월 26일, 호조 우지마사가 말의 사료값으로 쓰라며 쌀 1천 가마를, 스와까지 싣고 와서 헌상했다.

(18) 각 세력을 돌려보내다

노부나가는 노부타다가 이번에 견고하기로 이름 높은 타카토오 성을 공략했기에 그 공에 대한 상으로 금은가루를 뿌린 위에 투명한 칠을 하여 장식한 칼을 하사했다. "천하지배의 권한도 물려주겠다."고 말했다.

토고쿠에서는 당장 손을 번거롭게 할 일도 없었기에 노부타다는 노부나가에게 감사의 인사를 올리기 위해 코후를 출발하여 3월 28일, 스와에 도착했다. 이날은 한때 호우가 내리고 바람도 불었기에 매우 추웠다. 많은 사람들이 얼어 죽었다.

노부나가는, "스와에서 후지산 기슭을 구경하고 스루가·토오토우미를 돌아서 귀경하기로 하겠다. 병사들은 이곳에서 돌아가고, 각 장수들만 노부나가를 따르도록 하라."라는 지시를 내렸다. 노부나가의 출진으로 함께 따라왔던 병사들은 스와에서의 임무를 마치고 3월 29일에 키소와 이나 방면으로 각각 흩어져 자신의 집으로 돌아갔다.

(19) 타케다의 옛 영지를 분배하다

3월 29일, 노부나가는 타케다의 옛 영지를 다음과 같이 분할하여 지급하겠다고 발표했다.

기[記]

카이노쿠니는 카와지리 히데타카에게 주겠다. 단, 아나야마 바이세쓰가 예전부터 지배하고 있던 곳은 제외.

스루가노쿠니는 토쿠가와 이에야스에게 주겠다.

코즈케노쿠니는 타키가와 카즈마스에게 주겠다.

시나노노쿠니 가운데 타카이(高井)·미노치(水內)·사라시나(更科)·하니시나(埴科) 4개 군은 모리 나가요시에게 주겠다. 모리는 카와나카지마(川中島) 성에 머물 것 이번에 선진에 서서 진력했기에 상으로 내린 것이었다. 체면을 세웠다.

시나노노쿠니 키소다니(木曽谷)의 2개 군은 키소 요시마사의 소유지이니, 예전 그대로.

시나노노쿠니 아즈미(安曇)·치쿠마(筑摩) 2개 군을 키소 요시마사의 소유지로 추가하겠다.

시나노노쿠니의 이나 1개 군은 모리 나가히데에게 주겠다.

시나노노쿠니의 스와 1개 군은 카와지리 히데타카에게 주겠다. 이는 카이노쿠니 일부에 아나야마 바이세쓰의 소유령이 있기에 그곳을 대체하는 땅이다.

시나노노쿠니 치이사가타(小県)·사쿠(佐久) 2개 군은 타키가와 카즈마스에게 주겠다.

이상, 시나노노쿠니 12개 군.

이와무라는 단 타다나오에게, 이번에 진력했기에 주겠다.

카네야마·요나다지마(米田島)는 모리 나가사다에게 주겠다. 이는 나가사다의 형인 모리 나가요시에게 있어서도 고마운 일이었다.

또한 카이·시나노 2개 쿠니에 대해서 다음과 같은 훈령을 발포했다.

〈쿠니의 규정(国掟) 카이·시나노 양 쿠니

1. 관소·코마노쿠치145)는 세를 징수해서는 안 된다.

1. 농민에게는 정규의 연공 이외에 위법한 세를 부과해서는 안 된다.

1. 충절을 다한 자는 발탁하고 반항하는 사무라이는 할복시키거나, 혹은 추방할 것.

1. 재판은 세심히 잘 살펴서 구명한 뒤에 판결할 것.

1. 쿠니 안의 사무라이들은 정중하게 대하되, 빈틈없이 경계할 것.

1. 대체로 봉토의 주인이 욕심을 부리기에 가신들이 곤궁해지는 법이다. 소유령 상속 때에는 함부로 자신의 직할령으로 삼지 말고 여러 사람에게 분배·지급하고, 또 새로운 가신들을 맞아들일 것.

1. 쿠니 사람으로 봉공을 희망하는 자가 있으면 고용관계를 조사하여 이전에 고용했던 자에게 알린 뒤에 채용할 것.

1. 각 성은 견고하게 수축해둘 것.

1. 철포·탄약·군량을 비축해둘 것.

1. 지배하는 소유령 내에서는, 봉토의 주인의 책임하에 도로를 건설할 것.

1. 소유령의 경계가 복잡하여 영유권에 관한 논쟁이 있다 할지라도

---

145) 駒口. 짐말에 대한 관소.

원한을 품어서는 안 된다.

위의 규율 외에 좋지 않은 사태가 발생한 경우에는 출두하여 직접 신고할 것.

1582년 3월 일〉

노부나가가 쿠니로 돌아가는 동안에는 시나노의 스와에 오다 노부타다를 머물게 하고, 카이에서 후지산 기슭을 본 뒤 스루가·토오토우미로 돌아서 쿄토로 들어가겠다는 뜻을 밝혔다.

4월 2일, 한때 비가 내렸으나 이전부터 발표를 해둔 일이었기에 노부나가는 스와를 출발하여 다이가하라(大ヶ原)에 도착했다. 타키가와 카즈마스의 지휘로 숙소를 마련하고 식사를 준비했는데, 상하 수백 명을 위하여 임시 숙소를 만들고 충분한 대접을 했다.

호조 우지마사가 무사시노(武蔵野)에서 새 사냥을 하여 잡은 꿩을 500마리 이상이나 헌상했다. 노부나가는 스가야 나가요리·아베 이에사다·후쿠즈미 히데카쓰·하세가와 히데카즈·호리 히데마사 다섯 사람에게 담당케 하여, 우마마와리들을 불러다 명부를 기입하게 한 뒤, 멀리서 도착한 진귀한 물건을 분배했다. 노부나가의 위광에 의한 것으로 감사한 일이었다.

4월 3일, 다이가하라를 출발하여 5정(550m)쯤 가자 이야말로 명산이라 일컬어지는 후지산이 산들 사이로 보였다. 새하얀 눈이 쌓인, 참으로 아름답고 훌륭한 경치가 눈에 들어오자 모두의 마음이 설레었다.

타케다 카쓰요리가 머물던 카이의 신푸 성이 불탄 흔적을 둘러보고, 거기서 코후로 들어갔다. 오다 노부타다가 타케다 신겐의 저택지를 정비하여 훌륭한 임시 어전을 지었기에 노부나가는 그곳에서 머물렀다. 여기서 니와 나가히데·호리 히데마사·타가 쓰네노리에게 휴가를 주었다. 세 사람은 쿠사쓰(草津)의 온천으로 몸을 치유하기 위해 갔다.

(20) 에린지를 허물다

한편, 이번에 에린지(惠林寺)가 롯카쿠 지로를 숨겨둔 사실이 발각되었기에 에린지를 처단하기로 했다. 오다 노부타다가 에린지 처단의 담당자로 임명한 것은 오다 모토히데(織田 元秀)·하세가와 요지·세키 나가야스·아카자 나가카네(赤座 永兼)였다.

위의 담당자들은 에린지로 가서 절 안의 승려와 사람들을 노소 남김없이 산문으로 집합케 한 뒤, 2층으로 올라가게 했다. 회랑의 문에서부터 산문에 걸쳐서 풀을 쌓아놓고 불을 붙였다. 처음에는 검은 연기가 피어올라 보이지 않았으나, 점차 연기가 가라앉고 불길이 솟아오르자 2층의 사람들 모습이 보이기 시작했다. 카이센 조키(快川 紹喜) 장로는 조금도 소란을 피우지 않고 똑바로 앉은 채 꼼짝도 하지 않았다. 그 외의 노소·동자·젊은이들은 뛰어오르기도 하고 펄쩍 뛰기도 하고 서로 끌어안고 울기도 했는데, 초열지옥·대초열지옥과 같은 불길에 그을려서 지옥·축생도·아귀도의 괴로움에 비명을 지르는 모습은 차마 눈 뜨고 볼 수 없었다.

이렇게 해서 장로 격인 자들만 해도 11명을 불태워 죽였다. 그 가운데 이름이 알려진 사람은 호센지(宝泉寺)의 셋신(雪岑) 장로, 토코지(東光寺)의 란덴(藍田) 장로, 타카야마 초젠지(長禅寺)의 장로, 다이카쿠(大覚) 장로, 초엔지(長円寺)의 장로, 카이센 조키 장로,

이 가운데서도 카이센 장로는 세상에 알려진 명승으로 예전에 조정으로부터 황공하게도 엔조(円常) 국사라는 국사호까지 받았다. 최근 국사호를 하사받는다는 것은 명예로운 일로, 천하에 체면을 세운 일이었다.

4월 3일, 에린지는 이렇게 해서 멸망했다. 노소·상하 150여 명이 불에 타죽고 말았다.

이와는 별도로 곳곳에서 처단한 자는 스와 교부·스와 우네메(采女)·다미네(段嶺)의 사무라이 아무개·나가시노의 스가누마 미쓰나오(菅沼 満直). 이들은 농민들이 사로잡아 살해한 뒤, 머리를 가지고 온 것이었다. 농민들에게는 상으로 황금이 주어졌다. 이를 들은 농민들이, 여기저기서 일단 이름이 알려진 자를 찾아내어 죽이고 그 머리를 가져왔다.

(21) 이이바마 우에몬노조를 처단하다

이이바마 우에몬노조를 생포하여 끌고 온 자가 있었다. 이이바마는 예전에 아케치 성에서 타케다 쪽으로 돌아서서, 사카이 엣추의 카미의 친척을 다수 죽였기에 이번에는 사카이 엣추의 카미에게 명령하여 이이바마를 처단케 했다. 아키야마 만카(秋山 万可)·아키야마 셋쓰의 카미는 하세가와 히데카즈에게 명하여 처단케 했다.

호조 우지마사가 말 13필 및 매 3마리를 헌상했다. 이 가운데는 학을 잡는 매가 있었다고 한다. 사자로 온 교쿠린사이(玉林斎)가 노부나가에게로 가져갔으나 전부 노부나가의 마음에 들지 않았기에 반환했다.

(22) 모리 나가요시, 이이야마의 잇키를 제압하다

모리 나가요시는 카와나카지마의 카이즈에 주류하고 있었다. 4월 5일, 이이야마(飯山)에 진을 치고 있던 이나바 사다미치로부터, 잇키가 봉기하여 이이야마를 포위했다는 보고가 들어왔다. 이에 모리는 이나바 시게미치(稻葉 重通)·이나바 교부·이나바 노리미치(典通)·쿠니에다 시게모토(国枝 重元) 등을 이이야마로 파견하여 이나바 사다미치를 응원하게 했다. 오다 노부타다도 단 타다나오를 파견했다. 그러자 적은 산 속으로 철수하여 낡은 성인 오오쿠라(大蔵)를 보강하고 이모카와 치카마사(芋川 親正)라는 자를 잇키 세력의 지휘자로 삼아 성 안에 들어앉았다.

4월 7일, 적이 나가누마(長沼) 방면으로 8천 명 정도를 출격시켰다. 이에 모리 나가요시가 달려가 맞섰는데, 때를 가늠하다 한꺼번에 공격해 들어가서 7·80리(28~32km)쯤 추격전을 펼쳐 1,200여 명을 베었다. 그리고 오오쿠라 성을 공격하여 여자와 아이 1천여 명을 베었다. 이상, 수급의 총수는 2,450여나 되었다.

이와 같은 정황이었기에 이이야마를 포위했던 잇키 세력도 물론 퇴각했다. 모리 나가요시는 이이야마를 인계받아 자신의 군세를 주류시켰다. 이나바 사다미치는 노부타다의 본진이 있는 스와로 돌아갔으며, 이나바 시게미치·이나바 교부·이나바 노리미치·쿠니에다 시게모토는 오우미의 아즈치로 돌아가서 위의 경과를 보고했다.

모리 나가요시는 매일 산 속으로 출동하여 곳곳에서 인질을 보내게 하고, 또 농민들에게는 마을로 돌아가라고 명령하는 등 분골쇄신, 활약했다.

(23) 노부나가, 카이에서 돌아오다

4월 10일, 노부나가는 토고쿠의 전후 처리를 마치고 코후를 출발했다. 거기에 젠코지(善光寺)에서부터 흘러드는 후에후키가와(笛吹川)라는 강이 있다. 다리가 있었기에 도보인 자들을 건너게 하고, 말에 탄 자들을 건너게 했으며, 이날은 우바구치(右左口)에 진을 쳤다.

토쿠가와 이에야스는 노부나가의 행로에 매우 세심한 배려를 기울여서, 병사가 짊어진 철포에 대나무가 닿지 않도록 베어냈으며, 가도를 확장하고 돌을 치우고 물을 뿌렸다. 길 좌우에는 물 샐 틈도 없이 촘촘하게 경계병을 배치했다. 노부나가가 가는 길, 숙박지마다에 막사를 견고하게 짓고 이중·삼중으로 울타리를 둘렀으며, 장병들을 위해 조그만 막사를 1천 채 이상이나 노부나가의 막사 주위에 짓고, 가신들에게 명령하여 조석의 식사를 정성껏 준비하게 했다. 노부나가는 이에야스의 마음 씀씀이를 매우 기특하게 여겼다.

4월 11일 이른 아침에 우바구치에서 출발했다. 온나자카(女坂)를 올라 산지로 들어섰다. 골짜기에 휴게소와 마구간이 훌륭하게 세워져 있었고 술과 안주의 대접이 있었다. 카시와자카(柏坂)도 산이 깊고 나무가 울창하게 우거져 있었으나, 길 좌우의 커다란 나무를 베고 길을 정비하고 돌을 치우고 산과 봉우리에는 경계병을 배치했다. 카시와자카 고개에 휴게소가 아담하게 세워져 있었으며, 술과 안주가 나왔다. 이날은 모토스(本栖)에 진을 쳤다. 모토스에도 숙소가 빛이 나듯 훌륭하게 세워져 있고 이중·삼중으로 울타리를 둘렀으며, 거기에 장병들의 막사가 1천 채 이상이나 숙소 주변에 세워져 있고, 장병들의 식사도 준비되어 있었다. 이에야스의 배려는 고마운 것이었다.

4월 12일, 모토스를 새벽에 출발했다. 한겨울 같은 추위였다. 후지산 기슭의 카미노가하라(かみのが原)·이데노(井出野)에서 코쇼들이 말에 올라 떠들썩하고 신나게 말을 달렸다. 후지산을 보니 높은 봉우리에 눈이 쌓여 하얀 구름 같았다. 참으로 드물게 보는 명산이었다. 역시 기슭에 있는 히토아나(人穴동굴)를 보았다. 거기에도 휴게소가 세워져 있었고 술과 안주가 제공되었다.

센겐(浅間) 신사의 신관과 사람들이 길을 청소해놓고 도중까지 마중을 나와서 노부나가에게 인사를 했다. 옛날에 미나모토노 요리토모(源 頼朝)가 사냥을 할 때 막사를 세웠던 카미이데(上井出)에 마루야마(丸山)가 있다. 서쪽의 산에는 시라이토(白糸) 폭포라는 명소도 있다. 이 부근에 대해서 상세히 묻고, 우키시마가하라(浮島ヶ原)에서 한동안 승마를 즐기다 센겐 신사로 돌아갔다.

이번에 호조 우지마사는 공동작전으로 출진했으나, 코코쿠지(興国寺)·카네쓰키멘(鐘突免)에 진을 치고, 때를 놓친 채 군세를 내어 스루가 가도의 후지산 서쪽 기슭으로 진군, 아군의 지역인 센겐 신사의 경내를 비롯하여 모토스까지 그 일대에 불을 질렀다. 그러나 센겐 신사는 요해의 땅이기에 토쿠가와 이에야스는, 비록 하룻밤 묵을 곳이지만 경내에 금은으로 아름답게 장식한 숙소를 짓고 주위에는 장병들을 위해서 막사를 줄줄이 세워 극진하게 접대했다. 여기서 노부나가는 요시미쓰가 만든 단도, 이치몬지(一文字)가 만든 장도, 검은 말을 이에야스에게 주었다. 전부 노부나가가 아끼던 물건이었다.

4월 13일의 이른 아침에 센겐 신사를 출발하여 우키시마가하라에서 아시타카야마(足高山)를 왼쪽에 두고 타고의 포구를 지나 후지카와를 건넜다. 칸바라(蒲原)에 휴게소가 설치되어 있었고 술과 안주가 제공되었다. 잠시 말을 멈추고 그 지역 사람에게 후키아게(吹上)의 소나무와 롯폰마쓰(六本松)·와카노미야(和歌之宮)의 유래에 대해서 묻고, 멀리로 보이는 이즈우라(伊豆浦)와 메라가사키(目羅ヶ崎) 등에 대해서도 이야기를 들었다. 코코쿠지·요시하라·산마이바시·카네쓰키멘·텐진가와(天神川), 이즈와 사가미의 경계에 있는 후카자와(深沢) 성 등에 대해서도 물었다. 칸바라 해변을 지나서 유이(由井)로 갔고 물가의 파도에 옷깃을 적신 뒤 키요미가세키(淸見ヶ関), 오키쓰 앞바다의 하얀 파도를 보고, 미호가사키(三保ヶ崎), 미호의 마쓰바라(松原), 하고로모(羽衣)의 소나무 등을 바라보니 바다는 잠잠하고 천하는 잘 다스려져 한가로웠다. 각지의 명소를 흥미롭게 구경한 뒤, 에지리의 미나미야마(南山)를 넘어서 쿠노우(久能) 성을 시찰하고 그날은 에지리 성에서 묵었다.

4월 14일, 에지리를 동이 트기 전에 출발했다. 스루가의 후추(府中) 초입에 휴게소가 세워져 있었고 술과 안주가 제공되었다. 여기서 이마가와 씨의 옛터와 센본자쿠라(千本桜)의 유래를 자세히 듣고, 아베카와(安倍川)를 건넜다. 이 강 하류 왼편의 산자락에 타케다 카쓰요리가 최근에 지은 모치후네(持舟) 성이 있다. 또한 산 속의 가도 옆 마리코(丸子) 강가에 외성인 산성이 있다. 험한 지세로 유명한 우쓰노야토우게(宇津ノ谷峠)로 오르는 초입에 휴게소가 세워져 있고 술과 안주가 제공되었다.

우쓰노야토우게를 넘자 타나카가 마침내 가까워졌으며, 후지에다

(藤枝)의 숙소 초입에 참으로 아담한 이쓰와리노하시(僞の橋)라는 명소가 있었다. 길 왼편, 타나카 성에서 산자락이 해안으로 뻗은 곳에 하나자와(花沢) 성이 있었다. 이는 예전에 오하라 시게자네(小原 鎮実)가 지키고 있을 때, 타케다 신겐이 이 성을 공격했다가 실패하여 수많은 장병의 목숨을 잃고 퇴각한 성이었다. 근처의 야마자키에 토메(当目)의 코쿠조(虚空蔵) 보살이 모셔져 있다. 상세히 물은 뒤, 이날은 타나카 성에서 묵었다.

4월 15일, 타나카를 새벽에 출발하여 후지에다의 역참을 넘었다. 세토가와(瀬戸川) 강변에 휴게소가 세워져 있어서 술과 안주가 제공되었다. 세토가와를 건너자 세토의 소메메시(染飯 주먹밥)라는 가도의 명물을 파는 가게가 있었다. 시마다(島田) 마을은 유명한 도공(刀工)이 살고 있는 곳이다. 거기서 오오이가와(大井川)를 건넜다. 강 속을 수많은 인부들이 건너 나그네를 무사히 건너게 해주었다. 마키노하라(牧野原) 성을 오른쪽으로 보며 스와노하라(諏訪之原)를 지나서 키쿠카와(菊川)를 건너 올라가니 사요노나카야마(小夜ノ中山)였다. 거기에 휴게소가 아담하게 세워져 있고 술과 안주가 제공되었다. 여기에서 닛사카(日坂)를 넘어 카케가와(懸川)에서 묵었다.

4월 16일, 카케가와를 이른 아침에 출발했다. 미쓰키(見付)의 코쿠후(国府) 위쪽, 카마타가하라(鎌田ヶ原)·미카노자카(三ヶ野坂)에 휴게소가 세워져 있어서 술과 안주가 제공되었다. 이곳에서 마무시즈카(馬伏塚)·타카텐진·코야마(小山)를 한눈에 내려다보고 이케다(池田)의 역참을 지나 텐류가와에 도착했다. 여기에는 배다리가 놓여 있었는데 오구리 요시타다(小栗 吉忠)·아사이 미치타다(浅井 道忠)·

오오하시(大橋) 아무개 세 사람이 책임자로 배치되어 있었다.

이 텐류가와는 시나노의 강들이 모여 흐르는 커다란 강으로 수량이 풍부해서 우렁차게 흐르고, 수면은 황량하며, 폭이 넓어서 그야말로 쉽사리 배다리를 놓을 수 있는 곳이 아니었다. 거기에 배다리를 놓았다는 것은 역사가 시작된 이래 처음 있는 일이었다. 쿠니 안의 사람들을 동원하여 굵은 밧줄 수백 가닥을 걸치고 여러 척의 배를 모아, 말도 건널 수 있을 만큼 매우 견고하고 참으로 훌륭하게 설치를 해놓았다. 강 속과 다리 앞뒤에 파수꾼을 빈틈없이 배치해놓았다. 세 책임자의 고충은 이만저만한 것이 아니었으리라.

이 다리를 공사하는 데에만도 이에야스가 쓴 금액은 상당한 것이었으리라. 여러 쿠니의 먼 곳까지 도로를 정비하고 하천에는 배다리를 놓고 길가에 경계병을 배치하고 숙소마다에 막사를 짓고, 또 끊임없이 길 곳곳에 휴게소와 마구간을 여럿 훌륭하게 지어놓고, 식사 재료는 쿄토와 사카이로 사람을 파견하여 각지의 진귀한 물건들을 사들여서, 노부나가를 진심으로 숭경하며 접대했다. 그 외에 노부나가를 따르는 장병들에게도 수일 동안에 걸쳐 식사를 제공했으며, 1,500채씩이나 되는 오두막을 가는 곳마다에 설치하는 등, 이에야스의 세심한 배려와 커다란 수고는 참으로 대단한 것이었다. 바로 그랬기에 길을 가는 도중의 어느 지방에서나 장병들 모두 이에야스의 노고에 감사한 것으로, 그 공적은 말로 다 표현할 수가 없었다. 노부나가가 감격하고 기뻐한 것은 말할 필요도 없는 일이었다.

다이텐류(大天竜)는 배다리로 건너고 쇼텐류(小天竜)도 건너 하마마쓰에서 묵었다. 여기서 코쇼들과 우마마와리들 전원에게 집으로 돌아가도 좋다고 허락했기에 저마다 혹은 혼사카(本坂)를 넘고, 혹은 이마기레(今切)에서 하마나코(浜名湖)를 건너 먼저 돌아갔다. 화살부대와 철포부대만이 남아 노부나가를 수행하게 되었다.

작년에 노부나가는 니시오 요시쓰구에게 명령하여, 황금 50개로 군량 8천여 가마니를 조달하게 했었다. 이는 이번과 같은 때에 쓰기 위한 것이었다. 그러나 노부나가는, "이제는 필요 없어졌다."며 8천여 가마니를 이에야스의 가신들에게 나누어주었다. 모두가 고마운 마음으로 받고 감사의 말을 전했다.

4월 17일 이른 아침에 하마마쓰를 출발하여 이마기레의 나루터를 건넜다. 여기에는 지붕이 달린 배를 장식해서 준비해놓았으며, 배 안에서 술과 안주가 제공되었다. 그 외에 수행하는 자들을 위해서도 배가 여러 척 준비되어 있었다. 배의 운행을 맡은 책임자들이 혹은 앞장서고, 혹은 뒤에서 따라오며 빈틈없이 강을 건너게 해주었다.

배에서 내려 7, 8정(800m)쯤 가자 오른쪽으로 하마나노하시(浜名橋)라고, 크지는 않지만 이름이 알려진 명소가 있었다. 이에야스의 가신인 와타나베 야이치로(渡辺 弥一郎)라는 자가 신경을 써서 하마나노하시와 이마기레의 유래, 그리고 뱃사람의 생활 등을 여러 가지로 설명해주었기에 노부나가는 감탄하여 황금을 하사했다. 와타나베 야이치로는 자신만의 재치로 체면을 세운 것이다. 시오미자카(汐見坂)에는 휴게소와 마구간이 각각 세워져 있었고, 술과 안주가 제공되었다. 저녁이 되어 비가 내리기 시작했기에 요시다에서 묵었다.

4월 18일, 요시다가와(吉田川)를 건넜다. 고이(五位)에는 휴게소가 아담하게 세워져 있었고 앞쪽의 입구에 세련된 다리가 걸려 있었으

며 목욕탕을 새로이 만들었고, 진귀한 음식들을 갖추어 술과 안주가 제공되었다. 이만저만 훌륭한 음식들이 아니었다. 혼샤카·나가사와의 가도는 산지였기에 여기저기에 암석들이 노출되어 있었다. 그런데 이번에 쇠막대기를 박아 바위를 깨고 돌을 치우고 땅을 다져놓았다. 야마나카의 호조지(宝蔵寺) 경내에 휴게소가 멋지게 세워져 있었으며, 승려와 시동과 노소 모두가 마중을 나와서 노부나가에게 인사했다. 쇼다(正田) 마을에서 오오히라가와(大比良川)를 건넜다. 오카자키 성 아래를 흐르는 무쓰타가와(むつた川)·야하기가와(矢作川)에도 공사를 하여 다리를 걸어놓았다. 도보인 자들이 건넜으며, 말에 탄 자들도 그대로 건넜다. 야하기의 역참을 지나 치류우에서 묵었다. 여기에는 미즈노 타다시게가 임시 숙소를 지어놓았으며, 식사를 접대했다.

4월 19일, 키요스까지 갔으며, 4월 20일에 기후에 도착했다.

4월 21일, 미노의 기후에서 아즈치로 돌아오는 도중에 있는 로쿠 나루터에 이나바 잇테쓰가 지붕 달린 배를 장식하여 준비해 놓았으며, 배 안에서 술과 안주를 접대했다. 타루이에서는 오다 카쓰나가가 임시 숙소를 세워놓고 술과 안주를 접대했다. 이마스(今洲)에서는 후와 나오미쓰가 휴게소를 세워놓고 술과 안주를 접대했다. 카시와바 라에서는 스가야 나가요리가 휴게소를 세워놓고 술과 안주를 접대했 다. 사와야마에서는 니와 나가히데가 휴게소를 세워놓고 술과 안주를 접대했다. 야마자키에서는 야마자키 히데이에가 휴게소를 세워놓고 술과 안주를 접대했다.

이때 쿄토·사카이·키나이·근린 각지의 사람들이 문안을 위해 멀리까지 찾아왔기에 노부나가의 임시 거처·휴게소의 문 앞은 사람들로 북적거렸다. 길을 오는 중에도 여러 가지 물건들이 다수 헌상되었다. 노부나가의 위광이 미치지 않는 곳 없이 널리 이르러, 참으로 고마운 시절이었다.

(24) 오다 노부타카, 아와노쿠니를 받다

이번에 노부나가는 아와노쿠니를 오다 노부타카에게 주었다. 이에 노부타카는 군대를 이끌고 출진하여 5월 11일, 스미요시에 도착했다. 여기서 바다를 건너 시코쿠로 갈 배를 마련했으며, 준비는 절반까지 진행되었다.

(25) 토쿠가와 이에야스·아나야마 바이세쓰, 상경하다

노부나가는 이번 봄에 토고구로 출진하여 타케다 카쓰요리·타케다 노부카쓰·타케다 노부토요 외에 타케다 카쓰요리 일문의 쟁쟁한 자들을 베어 뜻을 이루었다. 그리고 스루가·토오토우미 2개 쿠니를 토쿠가와 이에야스에게 주고, 아나야마 바이세쓰에게는 본령[本領]을 안도(安堵 소유를 그대로 인정해줌)해주었다. 이에 대한 감사의 뜻을 올리기 위해 이번에 이에야스와 바이세쓰가 아즈치로 오기로 했다. 노부나가는, "이 둘은 정중히 대접하지 않으면 안 된다."며 우선 가도를 정비케 하고, "두 사람의 숙박지마다에 쿠니를 소유한 자·군을 소유한 다이묘들이 나가서 가능한 한 정성껏 대접해야 한다."고 명령했다.

5월 14일, 이에야스와 아나야마 바이세쓰가 오우미의 반바(番場)에 도착했다. 니와 나가히데가 반바에 세워둔 임시 숙소에서 식사를 마련하여 하룻밤 대접했다. 같은 날에 오다 노부타다가 상경하는 길에 반바에 들러 잠시 휴식을 취했다. 이때에도 니와 나가히데가 술과 안주를 대접했다. 노부타다는 그날 아즈치로 출발했다.

5월 15일, 이에야스는 반바를 출발하여 아즈치에 도착했다. 노부나가는, "숙사는 다이호보(大宝坊)가 좋을 것이다."라며 그들에 대한 접대를 아케치 미쓰히데에게 명령했다. 미쓰히데는 쿄토와 사카이에서 진귀한 식재료들을 조달하고 크게 마음을 써서 접대했다. 15일부터 17일까지 3일 동안에 이르렀다.

(26) 하시바 히데요시, 빗추의 성들을 공격하다

하시바 히데요시는 추고쿠 쪽의 빗추노쿠니(備中国오카야마 현 서부,비슈)로 진출해 있었다. 스쿠모즈카(宿面塚) 성은 별 어려움 없이 공략하여 수많은 적을 베었다. 뒤이어 옆에 있는 에쓰타(えつた) 성으로 공격해 들어가자 적은 항복하고 물러나 타카마쓰 성과 합류하여 그곳을 지켰다. 이에 히데요시는 다시 타카마쓰 성으로 공격해 들어갔다. 지세를 둘러보고 판단하여 쿠모쓰가와(くもつ川)·에쓰타가와(えつた川)라는 2개의 강을 둑으로 막고 물을 넘치게 하여 수공을 가하기로 했다.

아키에서 모리 테루모토·킷카와 모토하루·코바야카와 타카카게가 군세를 이끌고 달려와 히데요시의 군세와 대치했다.

노부나가는 이러한 정세를 듣고, "지금 아키 세력과 가까이 마주하게 된 것은 하늘이 주신 절호의 기회다. 직접 출진하여 추고쿠의 쟁쟁한 자들을 베고 큐슈까지 단번에 평정해버리겠다."라고 결심했다. 호리 히데마사를 사자로 파견하여 히데요시에게 여러 가지 지시를 전달하게 했다. 아케치 미쓰히데·호소카와 타다오키·이케다 쓰네오키·시오카와 키치다유·타카야마 우콘·나카가와 키요히데에게는 선진으로 출진할 것을 명령하고, 그 자리에서 각자에게 쿠니로 돌아가도 좋다는 허가를 내렸다.

5월 17일, 아케치 미쓰히데는 아즈치에서 사카모토 성으로 돌아갔으며, 그 외의 사람들도 각자 자신의 쿠니로 돌아가 출진 준비를 했다.

(27) 코우와카다유와 우메와카다유

노부나가는, "5월 19일에 아즈치야마 소켄지에서 코우와카다유에게 춤을 추게 하고, 이튿날에는 야마토의 노(能)는 특별할 것도 없으니, 탄바의 사루가쿠인 우메와카다유에게 노를 공연케 하여 이에야스와 그가 데리고 온 사람들에게 이번 여로에서의 피로를 잊을 수 있게 구경토록 하라."라고 명령했다.

당일, 높은 관람석 안에는 코노에 사키히사·노부나가·이에야스·아나야마 바이세쓰·쿠스노키 초안·초운·마쓰이 유칸·타케이 세키안이, 바닥의 관람석에는 코쇼들·우마마와리들·토시요리(年寄)들·이에야스의 가신들이 앉았다.

첫 번째 춤은 '타이쇼쿠칸(大織冠)', 두 번째는 '타우타(田歌)'. 춤을 아주 잘 추어서 노부나가의 기분이 매우 좋았다. 노는 이튿날 공연케 하라는 지시가 있었으나, 아직 해가 높을 때 춤이 끝나버렸기에, 이날 우메와카다유가 노를 공연했다. 그런데 노는 매우 서툴러서 흥이 나지 않았기에 노부나가가 크게 화를 내며 우메와카다유를 심하게 질책했다. 코우와카다유가 있는 곳으로 스가야 나가요리·하세가와 히데카즈 두 사람을 사자로 보내서, "노 공연 후에 춤을 추는 것은 격식에 맞지 않으나, 나리께서 소망하시니 춤을 하나 보여주게."라는 뜻을 전하게 했다. 이에 코우와카다유는 '와다사카모리(和田酒盛)'를 추었다. 이것도 역시 뛰어난 완성도였기에 노부나가는 마음이 풀렸다.

노부나가는 모리 나가사다를 코우와카다유에게 보내서 그를 불러들여 상으로 황금 10개를 주었다. 코우와카다유는 체면을 세웠으며, 평판도 좋았기에 감사히 받았다. 뒤이어 우메와카다유가 노의 공연을 만족스럽게 하지 못한 것은 괘씸한 일이라고 생각했으나, 황금 주기를 아까워하는 것이라고 세상에서 말이 오갈지도 모를 일이었기에 위의 뜻을 분명하게 전달한 뒤, 우메와카다유에게도 금화 10개를 주었다. 과분하고도 고마운 일이었다.

5월 20일, 니와 나가히데·호리 히데마사·하세가와 히데카즈·스가야 나가요리 네 사람에게 토쿠가와 이에야스의 접대를 준비하라고 명령했다. 장소는 코운지의 어전. 이에야스·바이세쓰·이시카와 카즈마사·사카이 타다쓰구 외에도 이에야스의 가신들에게 식사를 내주었으며, 황공하게도 노부나가 자신 역시 상을 나란히 하고 함께 식사를 하여 경의를 표하는 모습은 이만저만한 것이 아니었다. 식사가 끝나자 이에야스와 상하의 사람들 모두 남김없이 아즈치 성으로 불러 홑옷을 주었으며, 환대한 것은 말할 필요도 없는 일이었다.

(28) 토쿠가와 이에야스·아나야마 바이세쓰, 나라와 사카이를 둘러보다

5월 21일, 이에야스 일행이 상경했다. 노부나가는, "이번에 쿄토·오오사카·나라·사카이를 천천히 둘러보도록 하시게."라고 말하고, 안내자로 하세가와 히데카즈를 동행케 했다. 오다 노부즈미·니와 나가히데 두 사람에게는, "오오사카에서 이에야스 공을 접대하라."고 명령했다. 두 사람은 오오사카로 출발했다.

(29) 아케치 미쓰히데, 추고쿠로의 출진을 준비하다

5월 26일, 아케치 미쓰히데는 추고쿠로 출진하기 위해 사카모토를 출발하여 탄바에 있는 자신의 성인 카메야마(亀山) 성에 도착했다.

27일, 카메야마에서 아타고야마(愛宕山)에 참배, 하룻밤을 묵었다. 미쓰히데는 생각한 바가 있었는지, 신 앞에 참배하고 타로보(太郎坊) 앞에서 2번이고 3번이고 점괘를 뽑아보았다고 한다.

28일, 니시노보(西坊)에서 렌가146) 모임을 개최했다. 첫 번째 시가는 아케치 미쓰히데.

〈때는 지금 비가 내리는 오월이로구나〉 아케치 미쓰히데.

〈물 차오르는 정원의 여름 산〉 니시노보 교유(西坊 行祐).

〈꽃 떨어지는 물가의 끝을 막아〉 사토무라 조하(里村 紹巴).

이와 같은 노래 100구를 불러 신 앞에 바쳤다147).

5월 28일, 탄바의 카메야마 성으로 돌아갔다.

(30) 노부나가, 상경하다

---

146) 連歌. 복수의 사람이 번갈아 시를 읽어나가는 형식의 노래.
147) 위 노래에서 아케치 미쓰히데가 역심을 드러내자, 사토무라 조하가 이를 깨닫고 아케치를 만류하는 노래를 부른 것이라고 한다.

5월 29일, 노부나가가 상경했다.

아즈치 성 혼마루를 지키는 자로 쓰다 겐주로(津田 源十郞)·카토 효고노카미(加藤 兵庫頭)·노노무라 마타에몬(野々村 又右衛門)·토오야마 신쿠로(遠山 新九郞)·세기 야자에몬(世木 弥左衛門)·이시바시 겐파치(石橋 源八)·쿠시다 추베에(櫛田 忠兵衛). 니노마루를 지키는 자로는 가모우 카타히데·키무라 타카시게·우지이 스케모토(雲林院 祐基)·나루미 스케에몬(鳴海 助右衛門)·소부에 히데시게(祖父江 秀重)·미노우라 지로우에몬(蓑浦 次郞右衛門)·후쿠다 미카와의 카미·센푸쿠 토오토우미의 카미(千福 遠江守)·마쓰모토 타메타리(松本 為足)·마루모 나가테루·우가이(鵜飼) 아무개·마에바 야고로(前波 弥五郞)·야마오카 카게스케(山岡 景佐). 이들을 남겨두고 코쇼들 2·30명을 데리고 상경했다. "곧 추고쿠로 출진해야 할 터, 전쟁 준비를 한 채 대기하고 있다가 명령이 떨어지면 바로 출진하라."라고 명령을 내렸기에 이때는 코쇼들 이외에는 수행하지 않았다.

(31) 역심을 품은 아케치 미쓰히데

그런데 이때 생각지도 못했던 사태가 발발했다.

6월 1일, 탄바의 카메야마에서 아케치 미쓰히데가 노부나가에 대한 반역을 꾀하고 아케치 히데미쓰(明智 秀滿)·아케치 지우에몬(明智 次右衛門)·후지타 덴고(藤田 伝五)·사이토 토시미쓰 등과 상의하여 노부나가를 쓰러뜨리고 천하의 주인이 될 계획을 세웠다.

카메야마에서 추고쿠로 갈 때는 미쿠사야마(三草山)를 넘는 것이 보통이다. 그러나 미쓰히데는 그곳으로 향하지 않고 카메야마에서

말머리를 동쪽으로 향했다. "오이노야마(老の山)로 올라가 야마자키를 돌아서 셋쓰 땅으로 진군할 것이다."라고 병사들에게는 말해두고, 앞서 상의했던 부장들에게 선진을 명령했다.

6월 1일 밤, 군세가 오이노야마에 올랐다. 오른쪽으로 꺾어지면 길은 야마자키·텐진바바를 지나서 셋쓰 가도, 왼쪽으로 내려가면 쿄토로 나서는 길이었다. 여기서 왼쪽으로 내려가 카쓰라가와를 건넜을 때 마침 날이 밝기 시작했다.

(32) 노부나가, 혼노지에서 할복하다

아케치 미쓰히데의 군세는 단숨에 노부나가의 숙소인 혼노지를 포위했으며, 병사들이 사방에서 난입했다.

노부나가와 코쇼들은 아랫사람들 사이에서 싸움이 벌어진 것이라고 생각했으나, 그게 아니었다. 아케치 세력이 함성을 지르며 어전을 향해 철포를 쏘기 시작했다. 노부나가가, "이런, 모반이로구나. 어떤 놈의 짓이냐?"라고 묻자, 모리 나가사다가, "아케치 군세인 듯합니다."라고 대답했다. 노부나가는, "어쩔 수가 없구나."라고 한마디.

아케치 세력이 끊임없이 어전으로 치고 들어갔다. 앞의 당에 모여 있던 경호병들도 어전으로 들어가 합류하여 하나가 되었다. 마구간 쪽에서는 야시로 쇼스케·반 타로자에몬(伴 太郎左衛門)·반 쇼린·무라타 키치고가 맞서 싸우다 목숨을 잃었다. 그 외에도 추겐인 토쿠로·토하치(藤八)·이와(岩)·신로쿠(新六)·히코이치(彦一)·야로쿠(弥六)·쿠마·코코마와카(小駒若)·토라와카(虎若)·그의 아들인 코토라와카(小虎若)를 비롯하여 24명이 부엌에서 목숨을 잃었다.

어전 안에서 목숨을 잃은 자는 모리 나가사다·모리 나가우지(森長氏)·모리 나가타카(長隆) 형제 세 사람·오가와 아이헤이(小河 愛平)·타카하시 토라마쓰·카나모리 요시이리(金森 義入)·스가야 카쿠조(菅谷 角蔵)·우오즈미 쇼시치(魚住 勝七)·타케다 키타로(武田 喜太郎)·오오쓰카 마타이치로·카노 마타쿠로(狩野 又九郎)·스스키다 요고로(薄田 与五郎)·이마가와 마고지로(今川 孫二郎)·오치아이 코하치로(落合 小八郎)·이토 히코사쿠(伊藤 彦作)·쿠쿠리 카메(久々利 亀)·타네다 카메(種田 亀)·야마다 야타로·이이카와 미야마쓰(飯河 宮松)·소부에 마고(祖父江 孫)·카시와라 나베(柏原 鍋) 형제·이치운사이 신아미·히라오 히사스케(平尾 久助)·오오쓰카 마고조(大塚 孫三)·유아사 나오무네·오구라 마쓰주(小倉 松寿).

코쇼들은 적에게 뛰어들고 또 뛰어들다 목숨을 잃었다. 유아사 나오무네·오구라 마쓰주 두 사람은 마을의 숙소에서 변이 일어났음을 알고 적병들 사이로 섞여들어 혼노지 안으로 달려들어가 적과 싸우다 목숨을 잃었다. 부엌 입구에서는 타카하시 토라마쓰가 한동안 적이 들어오는 것을 막으며 비할 데 없는 활약을 했다.

노부나가는, 처음에는 활을 쥐고 두 번째, 세 번째 바꿔쥐며 화살로 방어전을 펼쳤으나 활들은 전부 시간이 지나면 줄이 끊어지고 말았다. 그 뒤에는 창으로 싸웠으나 옆구리에 창상을 입어 물러났다. 그때까지도 옆에 여자들이 따르고 있었는데, "여자들은 이젠 됐다. 서둘러 탈출하라."라고 말해서 물러나게 했다.

어전에는 이미 불이 붙어 가까이까지 불에 타기 시작했다. 노부나가는 적에게 마지막 모습을 보여서는 안 된다고 생각한 것인지, 어전 안쪽 깊은 곳으로 들어가 광으로 쓰는 방의 문을 안쪽에서 닫고 원통하게도 할복하고 말았다.

(33) 오다 노부타다, 니조의 어소에서 할복하다

오다 노부타다는 이 변고를 듣고 노부나가와 합류하기 위해 묘카쿠지를 나섰으나 무라이 사다카쓰 부자 셋이 달려와 노부타다에게 말했다. "혼노지는 이미 패했으며, 어전까지 불에 탔습니다. 적은 반드시 이곳으로도 공격해 들어올 것입니다. 니조의 새로운 어소는 견고하게 지어져 농성하기에 좋을 것입니다." 이를 듣고 곧 니조의 새로운 어소로 들어갔다. 노부타다는, "이곳은 곧 전장이 될 터이니 동궁과 어린 황자께서는 궁궐로 옮기시는 편이 좋을 듯합니다."라고, 본의 아니게 동궁과 어린 황자에게 작별인사를 한 뒤, 궁궐로 보냈다.

이곳에서의 평의는 의견이 분분했다. "퇴각하십시오."라고 주장하는 자도 있었다. 그러나 노부타다는, "이 정도의 모반이니 적은 만에 하나라도 우리를 놓치지 않을 것이다. 잡병들의 손에 잡혀 목숨을 잃는다는 것은 후대에까지 불명예스러운 일로 체면이 서지 않을 것이다. 여기서 할복하겠다."라고 말했다. 기특한 각오는 마음이 아플 정도였다.

이런저런 준비를 하고 있는 사이에 아케치의 군세가 곧 공격해 들어오기 시작했다. 이노코 타카나리·후쿠즈미 히데카쓰·노노무라 마사나리·시노카와 효고노카미(篠川 兵庫頭)·오로시 요리시게·모리 요시카쓰·아카자 나가카네·단 타다나오·사카이 엣추의 카미·사쿠라기 덴시치(桜木 伝七)·사카가와 진고로(坂川 甚五郎)·핫토리 코토타(服部 小藤太)·오자와 로쿠로사부로·핫토리 로쿠베에(六兵衛)·미즈노 큐조·야마구치 한시로(山口 半四郎)·반 덴자부로·사이토 신고·코노 젠시로(河野 善四郎)·테라다 젠에몬(寺田 善右衛門) 외에도 각자가 차례차례 적 속으로 뛰어들어 목숨을 빼앗기도 하고 빼앗기기도 하며 물러서지 않고 싸웠다. 적과 아군이 서로 얼굴을 아는 사이의 싸움이었기에 칼날에서 불꽃을 내뿜는 듯하여, 그야말로 장량[張良]이 지력을 발휘하고 번쾌[樊噲]가 위력을 휘두르는 것에도 뒤지지 않을 정도였다. 각자가 모두 공을 세웠다.

그 가운데서도 오자와 로쿠로사부로는 시정의 에보시 장수 집에서 기숙하고 있었다. 노부나가가 자결했다는 소식을 듣고는, "그렇다면 노부타다 경이 계시는 곳으로 가서 함께하도록 하겠다."고 말했다. 숙소의 주인을 비롯하여 이웃집 사람들까지 달려와서, "니조의 어소도 이미 적이 포위해버렸으니 들어가실 수 없을 것입니다. 마지막까지 숨겨드려서 반드시 목숨을 건질 수 있게 해드릴 테니 여기서 물러나시기 바랍니다."라고 여러 가지로 설득했다. 그러나 오자와는 그들의 말을 듣지 않고 마치 아케치 군인 것처럼 가장하여 창을 짊어지고 거리를 지나 니조로 올라갔다. 집의 주인과 이웃사람들이 안타까이 여겨 뒤를 따라가 바라보니, 오자와는 어소 안으로 뛰어들어갔다. 노부타다에게 인사를 하고 그런 다음 정문의 수비를 맡았다. 수비를 맡은 자들이 힘을 합쳐, 차례차례 적에게로 달려들었다. 그들의 활약상은 말로 표현할 수 없을 만큼 매우 훌륭한 것이었다.

이래저래 하는 동안 적은 코노에 사키히사 저택의 지붕으로 올라가, 어소를 내려다보는 위치에서 화살과 철포로 공격을 가했다. 사상자의 숫자가 늘어나서 싸우는 자의 모습이 점점 줄어들었다. 마침내 적이 어소로 진입하여 건물에 불을 붙였다. 노부타다는, "내가 할복을 하고 나면 마룻바닥을 뜯어내어 유체를 마루 아래에 숨기도록 하라."라고 말한 뒤, 카마타 신스케(鎌田 新介)에게 카이샤쿠를 명했다. 일문 사람들, 주요한 가신들, 로도 등이 그 자리에서 목숨을 잃어 사체가 산란한 모습을 보자 가엾다는 생각이 들었다. 노부타다가 있는 곳 가까이까지 건물이 타들어왔다. 마침내 노부타다는 할복했으며, 카마타 신스케는 어쩔 수 없이 그의 목을 쳐서 떨어뜨렸다. 마지막 명령대로 노부타다의 유체는 숨겨두었다가 훗날 화장을 했다. 가엾은 모습은 지켜보기 가슴 아플 정도였다.

여기서 목숨을 잃은 사람들은, 오다 나가토시·오다 카쓰나가·오다 칸시치로·오다 모토히데·오다 코토지(織田 小藤次)·스가야 나가요리·이노코 타카나리·무라이 사다카쓰·무라이 키요쓰구(村井 淸次)·무라이 사다나리·핫토리 코토타·나가이 신타로(永井 新太郞)·노노무라 마사나리·시노카와 효고노카미·오로시 요리시게·시모카타 야사부로(下方 弥三郞)·카스가 겐파치로(春日 源八郞)·단 타다나오·사쿠라기 덴시치·테라다 젠에몬·반 덴자부로·타네무라 히코지로(種村 彦次郞)·모리 요시카쓰·모리 이와(毛利 岩)·사이토 신고·사카이 엣추의 카미·아카자 나가카네·쿠와하라 스케로쿠·쿠와하라 큐조(桑原 九蔵)·사카가와 진고로·야마구치 코벤(山口 小弁)·코노 젠시로·무라세 토라(村瀬 虎)·삿사 세이조(佐々 淸蔵)·후쿠즈미 히데카쓰·오자와 로쿠로사부로·히지카타 지로베에(土方 次郞兵衛)·이시다 마고자에몬(石田 孫左衛門)·미야타 히코지로(宮田 彦二郞)·아사이 세이조(浅井 淸蔵)·타카하시 후지(高橋 藤)·오가와 겐지로(小河 源四郞)·칸베 지로사쿠(神戸 二郞作)·오오와키 키하치(大脇 喜八)·이누카이 마고조(犬飼 孫三)·이시구로 히코지로(石黑 彦二郞)·오치 코주로(越智 小十郞)·히라노 신자에몬(平野 新左衛門)·히라노 칸에몬·미즈노 소스케(水野 宗介)·이노우에 마타조(井上 又蔵)·마쓰노 헤이스케(松野 平介)·이이노오 토시나리(飯尾 敏成)·카토 타쓰(賀藤 辰)·야마구치 한시로·타케나카 히코하치로(竹中 彦八郞)·카와사키 요스케(河崎 与介)·무라이 무네노부·핫토리 로쿠베에·미즈노 큐조.

예전에 안도 모리나리에게 과실이 있었기에 추방했었다. 그때 안도의 가신 가운데 마쓰노 헤이스케라는 자가 있었다. 무용이 뛰어나고 재지를 갖춘 자라는 말을 들었기에 노부나가는 마쓰노를 부하로 받아들이고 상응하는 소유지를 내렸다. 마쓰노는 체면을 세우게 되었다. 이때 마쓰노 헤이스케는 먼 곳에 있었기에 싸움이 끝나고 난 뒤에야 묘켄지에 도착했다. 아케치 쪽의 사이토 토시미쓰와 전부터 알고 지내던 사이였기에, 사이토 쪽에서 묘켄지로 사람을 보내, "한시라도 빨리 오셔서 아케치 나리께 인사를 올리도록 하십시오. 조금도 사양하실 것 없습니다."라는 말을 전하게 했다. 그러나 마쓰노는 노부나가가 자신을 받아주었을 때의 일들을 절의 승려들에게 자세히 들려주고, 〈황공하게도 과분한 녹봉을 받았으면서 정작 일이 생겼을 때는 참진하지 못했소. 그런데 적에게 항복하여 아케치를 주군으로 섬긴다는 건 있을 수 없는 일이오.〉라는 편지를 사이토 앞으로 써서 남겨놓고 노부나가의 뒤를 따라 할복했다. '도의[道義]에 비하자면 목숨은 가볍다.'라는 말은 이와 같은 일을 두고 하는 것이리라.

또한 히지카타 지로베에라는 자는 대대로 오다 집안을 섬겨오던 가신이었다. 노부나가가 자결했을 때, 카미쿄의 야나기하라(柳原)라는 곳에 있었기에 때를 놓쳐서 전투에 참가하지 못했다. 노부나가가 자결했다는 소식을 듣고, <그 자리에 함께 하지 못했다는 건 참으로 안타까운 일이다. 뒤를 따라서 할복하도록 하겠다.>라는 편지를 지인에게 보내고, 자신이 거느리고 있던 아랫사람들에게 무구·칼·의복 등을 유품으로 건네준 뒤, 훌륭하게 할복했다. 더없이 명예로운 일이었다.

(34) 아즈치 성을 지키던 자들의 모습

6월 2일 오전 8시 무렵, 노부나가 부자 및 일문의 사람들과 쟁쟁한 가신들을 베고 난 뒤 아케치 미쓰히데는, "달아난 자가 있을 터이니, 각 집들을 수색하라."라고 명령했다. 병사들이 쿄토 내의 민가로 마구 들어가서 달아난 자들을 탐색하는 모습은 차마 눈 뜨고 볼 수 없을 정도였다. 도읍의 소동은 이만저만한 것이 아니었다.

그 후, 아케치 미쓰히데는 오우미의 군세가 공격해 들어올 것이라 생각했기에, 세타 쪽으로 군대를 나아가게 하여 세타의 성주인 야마오카 카게타카·야마오카 카게스케 형제에게, "인질을 보내라, 아케치 쪽에 협력하라."라고 말했다. 그러나 야마오카 형제는, "노부나가 공의 은혜는 가벼운 것이 아니다. 감사히 여기고 있으니 결코 협력할 수 없다."라고 대답한 뒤, 세타의 다리에 불을 붙이고 성에도 불을 지른 뒤 산 속으로 퇴각했다. 그랬기에 아케치는 새로운 군세를 얻는 데 실패했으며, 세타의 다리 부근에 진을 치게 하여 수비부대를 남겨두고 자신은 사카모토 성으로 돌아갔다.

6월 2일 오전 10시 무렵, 아즈치에도 풍문이 전해져 아케치 미쓰히데가 모반을 일으켜 노부나가·노부타다 부자 및 일문 사람들과 가신들이 할복했다는 소식이 들려오기 시작했다. 상하의 사람들 모두 이 소문을 듣기는 했으나, 자신의 입으로 먼저 섣부른 소리를 해서는 안 된다고 생각했기에 처음에는 서로의 눈만 쳐다보며 삼가고 있었으나, 점차 커다란 소동으로 번져갔다. 그러는 동안에 쿄토에서 달아난 하인들이 돌아와서, 마침내 소문이 사실임을 알게 되었다. 이렇게 되자, 스스로 어떻게 처신을 해야 할지 알 수 없어서, 울며 슬퍼하는 자도 있었다. 평소 쌓아두었던 귀중품이나 가재도구도 내팽개친 채 집마저 버리고, 미노·오와리 사람들은 처자만을 데리고 각자 자신들의 쿠니를 향해서 물러났다.

2일 밤이 되자 야마자키 히데이에가 자택에 불을 지르고 아즈치에서 자신의 거성인 야마자키로 물러났기에 소동이 더욱 커졌다. 가모우 카타히데는 이렇게 된 이상, 규중의 부인들과 아이들을 우선은 히노타니(日野谷)까지 물러나게 해야 한다고 사람들과 상의를 마쳤다. 아들인 가모우 우지사토로 하여금 히노에서 코시고에(腰越)까지 마중을 나오게 했으며, 우마와 인부들도 히노에서 불러들였다.

6월 3일 오후 2시 무렵 여자들에게, "자리를 옮기시기 바랍니다."라고 말했다. 여자들은, "정히 아즈치를 버리고 떠나야 한다면, 텐슈카쿠에 있는 금은·장도·검을 꺼내고 성에 불을 붙인 뒤에 떠나도록 하십시오."라고 말했다. 그러나 가모우 카타히데는 보기 드물 정도로 욕심이 없는 사람이었다. '노부나가 공께서 지금까지 심려를 기울여서 금은으로 꾸며놓아, 천하에 둘도 없는 성으로 만드셨는데 가모우 한 사람만의 생각으로 불태워서 덧없이 재로 만들어버린다는 것은 참으로 황공한 일이다. 게다가 금은과 명물 등을 멋대로 꺼낸다면 세상의 조롱거리가 되고 말 것이다.'라고 생각했다. 아즈치 성은 키무라 타카시게에게 맡기고 부인들 각자에게 경호병을 붙여서 물러나기 시작했다. 신분이 낮은 여자들은 도보로 따랐기에 발에 피가 배었으며, 그 가엾은 모습은 차마 눈 뜨고 볼 수 없을 정도였다.

(35) 토쿠가와 이에야스, 사카이에서 퇴각하다

이러한 중에 토쿠가와 이에야스·아나야마 바이세쓰·하세가와 히데카즈 일행은 이즈미의 사카이에서 노부나가 부자가 자결했다는 소식을 듣고, 채비도 제대로 갖추지 못한 채 우지 타하라(田原)를 거쳐서 물러났다. 그러나 도중에 잇키 세력을 만나 아나야마 바이세쓰는 살해당하고 말았다. 토쿠가와 이에야스와 하세가와 히데카즈는 쿠와나에서 배를 타고 아쓰타 항구에 도착했다.

◎ 옮긴이의 말

하루도 전쟁이 끊이지 않았던 일본의 전국시대[戰國時代]에 등장하여 그 혼란을 수습하고 일본 통일의 초석을 놓았던 무장 오다 노부나가의 일생을 서술한 『신장공기(信長公記, 신초코키)』는 늘 오다 노부나가를 가까이서 모셨던 가신인 오오타 규이치(太田 牛一)라는 사람이 평소 자신이 작성한 기록을 바탕으로 기술한 오다 노부나가의 전기라고 할 수 있는 책이다.

이 『신장공기』에는 몇 개의 이본[異本]이 있는데 각 내용에 커다란 차이는 없지만, 일반적으로 전15권으로 이루어진 책과 전16권으로 이루어진 책 2종류가 있다. 전15권으로 이루어진 책은 오다 노부나가가 아시카가 요시아키(足利 義昭)를 옹호하여 쿄토로 들어간 1568년부터 혼노지의 변(本能寺の変)으로 세상을 떠난 1582년까지의 일들을 1년 1권의 형식으로 기록했으며, 전16권으로 이루어진 책은 위의 전15권에 1568년 이전의 일들을 한꺼번에 기록한 수권을 더한 책이다.

이 『신장공기』는 사료적으로도 높은 가치를 인정받고 있으며, 특히 수권을 제외한 15권은 신빙성이 매우 높아서 오다 노부나가에게 관심이 있는 사람이라면 한 번쯤은 반드시 읽어보아야 할 책이다.

한편 『신장공기』를 저술한 오오타 규이치라는 사람은 오다 노부나가보다 7살 많은데, 오다 노부나가가 스무 살쯤이었던 1554년 무렵부터 오다 노부나가를 섬기기 시작한 듯하다. 노부나가의 아버지인 오다 노부히데가 병으로 세상을 떠난 것이 1552년이니 노부나가가 가독[家督]을 물려받은 직후부터 그를 섬긴 셈이 된다. 그리고 활 솜씨를 인정받아 늘 노부나가 가까이에서 일하며 그의 일생을 자신의 눈으로 직접 보았다. 노부나가 사후에는 잠시 토요토미 히데요시를 섬겼으며, 이후에는 히데요시의 아들인 히데요리(秀賴)를 섬기기도 했었다. 그러다 말년에는 집필활동에 전념하여 오다 노부나가는 물론 토요토미 히데요시, 토요토미 히데요리, 토쿠가와 이에야스의 군기[軍記]와 전기를 집필했다.

이 책은 1921년에 콘도(近藤) 출판부에서 간행한 『사적집람(史籍集覽) 19』(3판)를 저본으로 삼았으며, 이후 출간된 현대어역 『신장공기』(신인물문고 및 교육사 간)를 참고로 하여 국내 최초로 번역·출간한 도서다. 『사적집람』을 저본으로 삼았다고는 하나, 두 권의 현대어역본이 없었다면 출간까지는 훨씬 더 오랜 시간이 걸렸을 것이며 평이한 말로 풀어쓰는 데에도 많은 어려움을 겪었으리라. 이 자리를 빌려 두 권의 현대어역본에 감사의 말을 전한다.

글을 옮김에 있어서는 무엇보다 정확성에 크게 신경을 썼다. 그러나 일본어의 특성상, 특히 인명이나 지명에 있어서 여러 가지 설이 존재하기에 어떤 것을 택해야 할지 고민한 부분이 여러 군데 있다. 이 『신장공기』 및 일본의 전국시대에 관해서는 옮긴이보다 더욱 깊이 있고 전문적인 지식을 가진 분들이 우리나라에도 여럿 계신 것으로 알고 있다. 혹시 이 책에서 오류나 아쉬운 부분이 발견된다면 언제든 연락주시기 바란다. 판을 거듭할 때 적극적으로 반영하도록 하겠다.

마지막으로 일본의 역사나 인물에 대한 책은 앞으로도 꾸준히 출간할 예정이다. 시리즈를 완성하는 데 시간이 얼마나 걸릴지는 모르겠으나 앞으로 나올 책에도 많은 관심을 가져주시기 바란다.

카와나카지마 전투 이후의 세력도(1570)

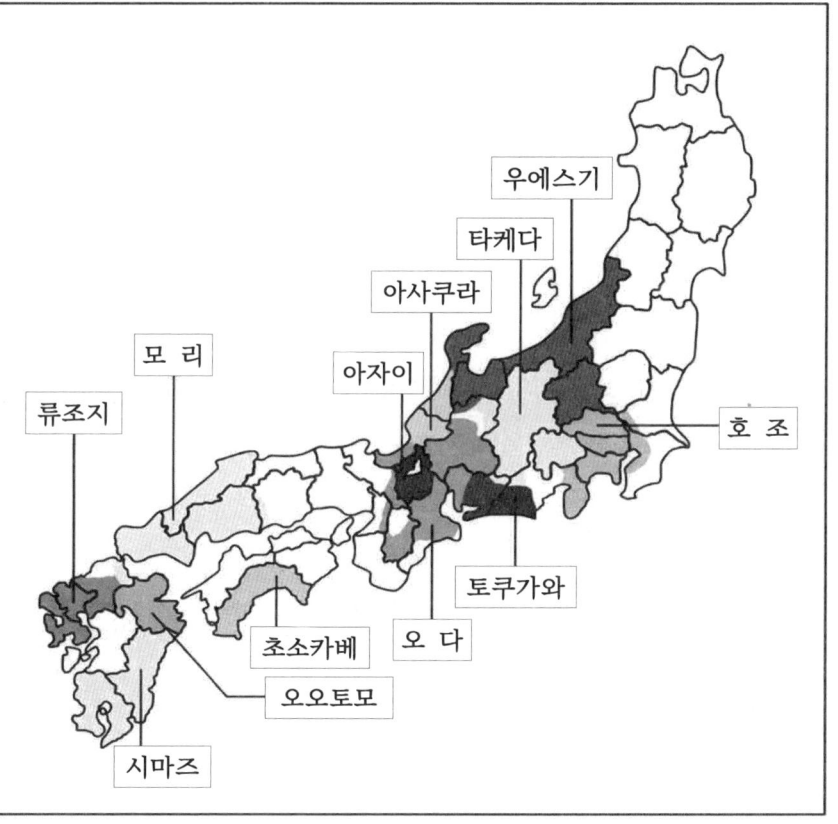

약 700년 동안 일본을 지배했던 칼의 역사
사무라이 이야기(상, 하)
—문고간행회 편집부 엮음 각권 15,000원

일본 최초의 무가정권을 수립한 기념비적 인물
(전기) 다이라노기요묘리
—가사마쓰 아키오 지음 16,800원

전국시대 최고의 무장으로 꼽히는 다케다 신겐의 일대기
(소설) 다케다 신겐
—와시오 우코 지음 13,400원

치열했던 가와나카지마 전투, 그 중심에 섰던 우에스기 겐신의 인간상
(소설) 우에스기 겐신
—요시카와 에이지 지음 13,400원

일본 역사상 최대의 미스터리인 혼노지의 변을 소재로 한 소설
(소설) 아케치 미쓰히데
—와시오 우코 지음 13,000원

오다 노부나가와 도쿠가와 이에야스의 어린 시절을 그린 소설
젊은 날의 도쿠가와 이에야스
—와시오 우코 지음 12,000원

혼돈의 전국시대를 평정한 진정한 영웅
(전기) 도쿠가와 이에야스
—나카무라 도키조 지음 14,000원

독재는 어떻게 태어나는가? 파시즘의 창시자
(개정증보판) 무솔리니 나의 자서전
—베니토 무솔리니 지음 17,000원

당대 최고의 지적 유희가 낳은 기서, 미시마 유키오가 극찬한 작품
가축인 야푸
—누마 쇼조 18,000원

일본을 대표하는 두 거장(소설+만화)의 만남
(삽화와 함께 읽는) 도련님
—나쓰메 소세키 지음 / 곤도 고이치로 그림 11,200원

한 편의 시처럼 펼쳐놓은 '비인정'의 세계
풀베개
—나쓰메 소세키 지음 11,800원

인간의 심리를 날카롭게 파헤친 성장소설
갱부
—나쓰메 소세키 지음 12,600원

일본의 국민작가 나쓰메 소세키의 주옥같은 단편
나쓰메 소세키 단편소설 전집
—나쓰메 소세키 지음 13,000원

인간 나쓰메 소세키의 정신세계를 엿볼 수 있는 한 권의 책
나쓰메 소세키 수상집
—나쓰메 소세키 지음 13,000원

암울한 현실에 맞서 치열한 삶을 살았던 작가들의 이야기
일본 무뢰파 단편소설선
—사카구치 안고 외 지음 13,000원

미에 대한 끝없는 탐구, 예술을 위한 예술
일본 탐미주의 단편소설 선집
—무로우 사이세이 외 지음 13,000원

옮긴이 **박현석**

나쓰메 소세키, 다자이 오사무, 와시오 우코, 나카니시 이노스케, 후세 다쓰지, 야마모토 슈고로, 에도가와 란포, 쓰보이 사카에 등의 대표작과 문제작을 꾸준히 번역해 소개하고 있다. 국내 최초로 번역한 작품도 상당수 있으며 앞으로도 국내에 잘 알려지지 않은 작가·작품을 소개하여 획일화된 출판시장에 다양성을 부여할 계획이다.

또한 일본 역사에 관한 책도 '인물과 사건으로 읽는 일본, 칼의 역사' 시리즈로 구성하여 우리에게 아직은 낯선 일본의 역사도 함께 소개할 예정이다. 이 시리즈를 통해서 일본인들의 저변에 흐르는 사상을 조금이나마 엿볼 수 있으리라 여겨진다. 시리즈로는 지금까지『사무라이 이야기』(상·하),『다이라노 기요모리』,『도쿠가와 이에야스』를 출간했다.

신장공기 (오다 노부나가)

1판 1쇄 인쇄 2025년 6월 10일
1판 1쇄 발행 2025년 6월 20일

지은이 오타 규이치
옮긴이 박현석
펴낸이 박현석
펴낸곳 玄 人(현인)

등 록 제 2010-12호
주 소 서울시 도봉구 덕릉로 62길 13, 103-608호
전 화 010-2012-3751
팩 스 0505-977-3750
이메일 gensang@naver.com

ISBN 979-11-90156-55-4

* 잘못 만들어진 책은 교환해 드립니다.
* 이 책 내용의 일부 또는 전부를 재사용하시려면
  반드시 玄人의 동의를 얻어야 합니다.